宮城顗選集

第一巻

論集

法藏館

宮城　顗師

刊行の辞

宮城顗先生は三年余にわたる療病生活ののち、二〇〇八年十一月二十一日浄土に還帰されました。その直後から選集刊行の声があがり、驚くほどの早さでそれが実現したのは、ひとえに先生のご教化の賜物によるものであります。

この選集は一九五七年、先生二十六歳のときの書き下ろし文「浩々洞」（金沢大学暁烏敏賞受賞）に始まり、二〇〇五年、病床に就く五か月ほど前の講演「汝、起ちて更に衣服を整うべし」（宗祖親鸞聖人七百五十回御遠忌真宗本廟お待ち受け大会の記念講演）に至る四十八年間の講演等の中から精選したものであります。

思えば、この選集の内容が、近代において親鸞の教学を外に開かれた清沢満之の浩々洞に関する論から始まり、その跡を継いだ曾我量深・金子大榮・安田理深・蓬茨祖運らのもとでの研鑽による教学を明らかにし、真宗大谷派なる教団の問題を背負って、「汝、起ちて…」の示唆に富む講演で終わっていることは、まことに意義のあることではないかと愚考するところであります。

先生は日ごろから、聞思とは釈尊にはじまる仏教の歴史観を限りなくわが身に聞き開いていくことだとおっしゃっていましたが、その歴史観をわが身にうけて歩まれた先生の具体的な足跡をこのような選集として刊行できたのは、賛助会員としてご協力くださった四百余名の方々の熱いご支援の賜物と深く感謝申し上げる次第であります。

最後に、この選集を真っ先に提案し、編集の先頭に立って下さった元九州大谷短期大学副学長小林博聞氏が昨年の十一月二日に逝去されたことをお知らせし、氏のご功績に対して皆様と共に深甚の感謝の意を表して刊行の辞といたします。

二〇一〇年一一月

宮城顗選集刊行会

宮城　顗　選集　第一巻　論集　目次

刊行の辞

浩々洞 3

第一章　その歴史 5

一、精神主義時代 5

二、恩寵主義時代 16

三、その衰滅まで 28

第二章　その背景 34

一、宗教法案をめぐつて 34

二、新仏教の建設 39

三、旧仏教の純化 47

四、社会への目覚め 49

五、日露戦争に際して 54

六、内村の日曜学校 59

第三章　その意義 65

一、清沢満之の消極主義 65

二、極限において自己を問う　68
三、時代を超えて生きる清沢満之の精神　69

源信 ―― 71

一、『往生要集』の成立 ―― 73
略伝　73
『要集』の意図　74
『要集』の構成　75
二、厭欣の心 ―― 79
我はこれ故仏　79
横川隠棲　81
厭欣の心　83
三、誠の心 ―― 86
止観の行　86
念仏為本　88
聖衆来迎　89

浄心念仏　91

極楽依正　93

信を以て首とす　96

四、広開一代教――99

常に我身を照らす　99

広開の心　101

曇鸞――『論註』『讃阿弥陀仏偈』を中心にして――105

一、はじめに――107

二、その生涯――109

誕　生　109

いまだ志学ならず　113

神仙の術　118

焚焼仙経帰楽邦　124

浄業さかりにすすめつつ　129

三、その著作――137

著作通覧　137
四、浄土論註　143
仏道発見の歓喜　143
三経一論　150
時の自覚　153
大乗菩薩の論　159
本願他力の道　163
無上の世界　171
無上の世界　173
一、はじめに　173
二、無上尊　174
三、無上心　187
四、無上涅槃　206

哀れなるかな、悒怱の間に　219
一、「悒怱の間」とは　219
二、仏法に身をひたす　224
三、不気味な意識操作　228
四、習俗への問いかけ　231

『教化研究』掲載論文　237

読誦大乗　239
大教院をめぐって ―宗門の土壌―　257
宗教家とは何か ―智慧に生きる者―　269
心中の背景にあるもの ―近松の作品をとおして―　279
愚痴・通請・別選　291
師子身中の虫　303

『九州大谷研究紀要』掲載論文　307
等活地獄考　―岩本泰波著「無明の深坑」批判―　309
胎生の世界　337
想地獄考　351
「時機純熟」考　365
真実の教　―主観性の克服―　383

『大地塾報』掲載論文　395
願っていること　397
なにごとのおわしますか　401
等活ということ　405
良源をめぐる三人　―増賀・性空・源信―　413
親鸞聖人の帰京について　417

「歎異と改邪」を承けて 423
「一人」に凝視されている者として
――『歎異抄』添え文の意味するもの―― 429
新たなる出発を期して 435
大地自然の鼓動 441
日常性のなかで 449
建言我一心 459

収載論文初出・所収一覧 463
あとがき

凡　例

一、引用文献、および本文の漢字は、常用体のあるものは、常用体を使用した。

一、引用文献は、以下のように略記する。

『真宗聖典』（東本願寺出版部刊）……………「聖典」

『真宗聖教全書』……………………………「真聖全」

『大正新修大蔵経』…………………………「大正蔵」

一、本文は、おおむね原文の通りとした。ただ、見出しや西暦表示、引用文献および頁数などは、編集段階で補ったところがある。

宮城　顗　選集　第一巻　論集

浩々洞

第一章　その歴史

一、精神主義時代

浩々洞の誕生

明治三十二（一八九九）年六月以来、東京浅草別院に勉学中であつた新法主光演（句仏上人）の補導として東京にあつた清沢満之のもとに、所謂後の浩々洞三羽烏、暁烏敏、佐々木月樵、多田鼎の諸氏が集まつたのは、彼等が京都の真宗大学を卒業した、三十三年九月の事であつた。

三人の清沢満之との交わりはすでに古い。即ち、明治二十七（一八九四）年、清沢が京都尋常中学に教鞭をとつていた頃、三人とも生徒として、その講義を受けていた。しかし、この時の彼等の師弟関係は、清沢の発病、垂水療養のためわずか五ケ月あまりで断たれてしまつた。

そして二年、その交りが再び交わされる。あの白川党の改革運動の時である。当時揃つて真宗大学の学窓にあつた三人は、白川村に立籠つて教団革新の狼烟を挙げた、清沢満之・今川覚神・稲葉昌丸ら諸氏に、いち早く呼応して立ちあがつた。爾来年余、三人は、三十年の十二月に改革同盟会が解散され、清沢満之亦三河大浜の自坊にひきこもるまで、清沢らと志を同じくして運動に奔走したのである。その間、彼等は屢々清沢を白川村に訪うては、親しく教を受けていた。煩瑣な死学問の研究にのみ汲々たる宗学者、無内容で生命なき信仰家、自己一身の求道を他処に専ら政治に狂奔している宗政家、そういう人達ばかりで充満していた当時にあつて、深い学理探求と宗門愛の底に、厳しい求道の歩みを続けている清沢に、彼等青年が強く心ひかれていた事は、容易にうなずける。改革運動当時、清沢を白川村に訪うた多田鼎が、「清沢師は確かに一種の信仰をもつている」と敬服し、真宗大学卒業とともに、清沢のもとで「釈尊」の研究に従事する決心をした事にも、或は亦、暁烏敏が、外交官たらんとの志を抱きながら、猶清沢の膝下で人格修養につとめる覚悟をもつた事にも、彼等の清沢へのなみ〳〵ならぬ尊崇の念がうかがえる。そこには、単に学問によつて結ばれた師弟というのみでなく、もつと根元的全人格的なつながりがうまれていたのであろう。

明治三十三（一九〇〇）年の八月、三河三為会での清沢の講義を聞きに集まつた三人は、一夕清沢を囲んで語り明かしたが、その席上、彼等はその願を打明け、話は具体化するに至つた。九月、真宗大学卒業とともに、三人は東京の満之の宿に集まつたのである。

当時清沢満之は、東本願寺より宗教事情視察を命ぜられて渡欧中であつた近角常観の依頼で、その宿舎、本郷森川町宮裏に住んでいた。そこに集まつた暁烏ら三人は、おそらく信ずべき師とその居を共にしうる歓びに、夫々新たなる出発を期したのであろう。

そして「この頃、誰がいひ出したとなく、私達は手紙を書いても『清沢方』と書くのが何だか気持が悪いから、此処に何とかいふ名をつけたらといひ出した。よからうといふので、何といふ名にするとなると仲々むづかしくなつた。そこで或る日、先生や月見師や私達と青年会の諸君も来て、思ひ思ひに書いて見た。そして遂に『浩々洞』といふ名をつけることにした」（『清沢満之全集』（法藏館発行）第八巻二三〇頁（以下『満之全集』と略す））―月見覚了の命名だつたという―。此処に、まことに無邪気な提案を動機として、浩々洞の名が誕生したのである。

浩々とは、云うまでもなく、ひろ〴〵として大いなるさまを意味する。一切の形骸、紛飾を去つて、物そのもの、真理そのものに直入した世界、それは一切の対立をさつた、ひろ〴〵とした世界である。階上・階下、僅か五間の陋屋に住んで、まず浩々たらんとの願がかゝげられたのである。

こうして、浩々洞は誕生した。

洞の特色は議論と大笑なり

浩々洞の生活は、「恰も古代の僧伽を目前に見るが如くに感ぜられた。仏教の僧団にはいふべからざる美はしい長所を含むのであるが、其のうるはしさを現代に実現したのが洞の生活であつた」（『満之全集』第八巻二九七頁）という如きものだつたと云われる。

自から般那窟と名付けた一室に机を並べた暁烏・多田・佐々木の三人のうち、多田は『華厳経』によつて釈尊研究に従い、佐々木は一乗教を研究すべく馬鳴の論部に読み耽つている。その横で暁烏は経済学や国法学の本を読み、夕方になると神田一橋の外国語学校へ露語の勉強に出かけて行く。亦清沢を囲んで共にエマーソンの論文集を輪読したり、毎日曜の夜には、内外の有志が、清沢の居室樹心窟でその講話を聞き、心ゆくまで議論を闘わせる。洞の真向にあつた大日本仏教青年会の真岡湛海・和田鼎・小林孝平、近所に住んでいた萩野仲三郎・吉田賢龍等という人達も、殆ど連日やつて来ては議論に加わつてゆく――。

自から師と仰ぐ清沢満之と居を共にし、自己の全分を出し切つて聞法に、勉学に努めうる、この洞での生活は、まことに、暁烏の「あの折のことを今思ひ出しても涙の出るやうな嬉しい気がする」（『満之全集』

第八巻二六〇頁）という懐旧や多田の「我等の此の世に於ける浄土なりき」（『満之全集』第八巻二三二頁）という懐旧にふさわしいものであつたであろう。

この様な浩々洞の性格を形作つたものは、やはり、多田をして「先生が内厳外寛の高風、自から我が兄弟を化せるがためならむか。『言志録』に曰く。以春風接人、以秋霜自粛と。正に先生の謂なり」（『満之全集』第八巻二五四頁）と書かしめたような清沢満之の人格の高さ、あくまで一学仏道の徒としての厳しい生活態度にあつたと云うべきであろう。したがつて、多くの人々が彼を慕つて洞に集まつたのも、決して、単に彼の学識にひかれてではなかつた。人々は、彼の人格・求道者としての厳しさにふれる事によつて、自からの問に目覚めさせられていつた。そして人々は、その自己本来の問題をもつて彼に問い、彼亦その問を自からの問として問答往復する。人々は、その議論によつて、彼から答を得たのではなく、問をより純粋に、そしてより深められて行つたのである。道を求むる者の厳しさと、共に同じ道を歩む者としての深い共感、連がりが洞を満たしていたのも、当然な事であつた。ある人の「洞の特色は議論と大笑となり」という言葉も、そんな洞の性格を物語つている。

洞の特色をなしていた議論、それはもとより、清沢を知る殆どすべての人が指摘する、彼の議論好きと、青年達の若々しい学究心にも起因していたのであらう。がそれとともに思い合わされるのは、彼の「ソクラテス」に関する論文の一章である。彼が終生ソクラテスを敬慕していた事は有名であるが、この論文においてその理由を、自から七ケ条をあげて明らかにしている。即ち、その、青年教育を以て主眼とせること、教育の方法に於て問答の手段によれること、その学説の周備円満せること、円満なる実行者たること、等々である。そのうちの第二、青年教育を問答法によつた事を称揚せる項において、彼は次の様に述ている。

「唯だ夫れ、問難往復は以て自他を叩尽して、遺憾なきにいたるを得るに庶幾きものか。精細切実なる教育は、問答法に限ると云ふも不可なかるべし。而して、無一物の態度は、正に此の法の精神を貫徹するの妙致にあらずや。師と弟子とが同等の資格にあるにあらずば、必らず注入的の傾向に陥り、師の余知を以て、弟子の脳中に強いて注入するの弊を免れざるを覚ゆ。是れ弟子の方に於いて、言語文句を盲誦暗記するの止む能はざる原因たるが如し。盲誦暗記の苦痛の結果、所謂死学問、活字引を養成するは、決して善良の教育法にあらざるなり。無一物の師、無邪気の弟子、問難往復、以て事理を討究する、是れ開発的教育に至当の方法たらずや。かくの如くして達し得られたる知識こそ、真個の活動的の学殖たるを得ん」と。（『満之全集』第六巻三五七～三五八頁）

この論文が書かれたのは、三十三（一九〇〇）年の一月であったが、更に早く、三十一年の四月に、白川村の寓居よりの大井清一宛書簡に於ても「小生の教育誘導主義は、各個人の思想意向、又は嗜好等を考察して、其の最も強勢なる方針に進行するの縁助を附加するを以て専要とするにあり」（『満之全集』第八巻七頁）と述べている。従つて浩々洞が、一貫してその様な教育観をもつていた彼にとつて、それを実行に移すべき天与の場として考えられたとしても、自然な事であつたらう。洞に於て、師弟の間に交わされた議論の底には、その様な彼の意図が含まれていたと云える。

しかし、唯その様な問答往復による開発的教育というだけの事ならば、一私塾の出来事と云うにすぎない。従つて問題は、どの様な事柄が師弟の間で議論されていたかという事であろう。

安藤州一の『信仰座談』を始め、多くの人々の懐旧談に頻繁に見出されるのは、パン問答である。パン無ければ人は死ぬ。人間の現実社会における問題の殆んどは、パン問題に帰着する。それは、未だ学生の頃より早くも青年の心を悩ませる問題であつた。或者は亦、パンの不均等な配分に憤つて、その理由を詮索し、その平均化に奔走する。或者は亦、自からの信ずる道を歩まんとすれば、妻子にパンを与える事が出来なくなるという責任問題に悩む。パンが人間の理想を、信念を、行動を限界づける。そんな人間にとつて、パンの増減有無にかゝわらず進みうる大道安慰とは何なのか。それは人間の限界に立つて、その限界を超出しうる道を、我が身はいかにして安慰の門に入るべきかを、問う事でもあつた。清沢満之が door is open と云つたエピクテタスの語録を愛読し、「哲学者は死の問題を研究すべきもの也」と云い、従容自己の信念に殉じたソクラテスを敬慕して止まなかつたのも、そこに人間究極の問題に生きた人を見たからであつた。その様な人間究極の問題に立つて、先生を始め洞人達は、ひたすらその安慰の門を求めたのである。

或はその様な事は、僧徒たるものの当然な事であつて、敢て取挙げるまでもない事と云われるかもしれない。亦事実そうに違いはない。しかし、次章で詳論するが如き、浩々洞誕生当時の我国仏教界の中において、この洞の特色を見るとき、それは決して当然の事として看過する事の出来ない意義をもつていたのである。即ち、合理主義的・現実主義的な当時の社会風潮が、その故に仏教を非現実的、厭世的の故を以て嫌悪し、「最初は仏教と云ふことを云つても人に嫌はれ、何となく気がきかなく見えたので、仏教を研究せんとするものも仏教信者等といふ事を押し匿して、そつと仏書を懐にして歩るいて読んだ時代があつたのである。それから少し進んで仏教信者と表向きに云ふ様になつても、可成信仰などといふことは避けて、唯世間的に働けとか、社会的に活動せよとかの一天張りの時代があつた」（「新仏教十年史」・境野黄洋・『新仏教』XIノ7）のであり、従つて、当時の僧徒の多くは教理の合理的研究・社会的事業のいずれにしろ、いかにして仏教を現時社会に存続せしめるかの一事に腐心していたのである。従つて、「僧侶と云へば法を説くものにして、求めるものでないかの如く思はれた。如何にして安心を研究すべきか、如何にして信仰を説明すべきかに苦しんだ話は、嫌になる程聞いたが、自分が真面目に信念を求めるに苦しんだ話を聞いたことはない」（楠秀丸『満之全集』第八巻五九一頁）と云うのが、その一般的な風潮であつた。その中にあつて、浩々洞が上述の様な議論を通して、自からの安慰の門を求めていたという事は、その様な時代に生きる一人の人間として、究極の問を以つて仏教に問うて行くという方向、仏教本来の方向がとらえ直された事を意味していた。清沢満之の云う〝実験〟には、その様な回転の自覚があつたのであり、謂う所の積極から消極へ、布教専一から自利求道第一への転換があつたのである。

師弟の間に交わされた議論こそ、「精神主義は吾人の世に処するの実行主義にして、其の第一義は、充分の満足を精神内に求め得べきことを信ずるにあり。而して其の発動するところは、外物他人に追従して苦悩せざるにあり。交際協和して人生の幸楽を増進するにあり。完全なる自由と絶対的服従とを双運して、以て此の間に於ける一切の苦患を払掃するに在り」（『満之全集』第六巻五頁）という精神主義をその精神とする浩々洞の真面目であつたのである。

『精神界』の発行

明治三十四（一九〇一）年一月、浩々洞から雑誌『精神界』第一号が発行された。この『精神界』によつて、はじめて、浩々洞は、単に清沢満之を知り、私淑する人々の集りという私的な集まりから、公的な、歴史の中の事実にまで高められたのである。以後この『精神界』によつて、清沢満之を始め、浩々洞同人の信仰・思想に触れた人々が次々とその話を聞きに洞を訪れた。三十四年の十一月三日を第一回に、以後毎週開催された日曜講話は、その発展・組織されたもので、清沢を始め各洞人が交々講話を行つた。

『精神界』の発刊を企図したのは、暁烏敏であつた。彼は大学を卒業するに際して、自から僧侶たるにふさわしくない事を思つて、政治を通して仏教精神を世に弘めようと志したが、――清沢満之の反対もあり、いつとなく、その志は消えてしまつたのであるが――同時に、折角清沢先生と居を共にするのに唯自分の勉強・修養だけで日を過すのは惜しい。さしあたつて先生を中心に余り仏教用語を用いないで一般人に仏教の真意を伝えうる様な雑誌を発行したい、と考えたのである。彼はこの計画を、時の真宗大学主幹、関根仁応に謀り、その運動によつて本山から出版補助金を受ける事に成功した。是は彼がまだ大学在学中の事である。この話は、三為会での夜、清沢満之の下に集まろうという話が決まつた時、すでに皆の賛成をえているのだから、恐らく洞が誕生して以来、直ちに諸種の準備にかゝつていたのであろう。暁烏はその発刊の頃を回想して次の様に云つている。「何分京都からひよつと出の私達は一向方角がつかぬので、かねて俳句の添削をして貰ふために京都にゐた頃から文通をしてゐた、高浜虚子氏を訪ねて万事教へて貰うた。雑誌の体裁は三宅雪嶺氏の『日本人』に倣つた。雑誌の名は、みんな寄つて思ひ思ひに書いたのを投票して、『精神界』と決めた。表紙絵とカットは、中村不折君にたのんだらよいといふことに決つたので、虚子氏の紹介で不折君を訪ねてこれを依頼した。同君は快く諾して書いてくれられた。『発刊の辞』は九月の頃から既に私が書いてゐた。みんなの意気込は非常なものであつた。いよいよ一月から雑誌を出すといふことになつた。三人が仕事の分担をした。多田君は編輯に、佐々木君は会計に私は庶務に、その責任を持つことにした。そして一々先生の指導を仰ぐやうにした。署名人は私になれといふことであつた。明治三十四（一九〇一）年一月の十五日に、勢ひこめてゐた『精神界』の第一号が出た。先生は巻頭に、『精神主義』といふ一文を草された。——その時分の私達は在東京のすべての精神的に働く人達を自分の内に取り容れて行かうといふ決心をもつてゐた」（『満之全集』第八巻三〇二〜三〇三頁）と。

そして暁烏敏の筆になる「誕生の辞」は「『精神界』は、何故に世に出づるやと問ふ者あらば、我等は反つて問はむと欲す。鶴は何故に空に鳴き、鶯は何故に園に歌ふやと。『精神界』は、何故に世に出づるやと問ふ者あらば、我等は却つて問はむと欲す。夏何故にさみだれ、冬何故にしぐるゝやと」と歌い出し、「苦と悲との谷を去りて、安慰と歓喜との野に遊ばむと欲する者は、こゝに来れ。光明はとこしへにこゝにましまさむ」と結ばれていた。

信仰は「信仰せざる能はざるが故に、之を信仰する」（仏教の将来『満之全集』第八巻六〇六頁）ものである。その信仰に生きる者の態度は、浩々として自然である。その信仰の自然な流露の跡、それこそがこの『精神界』である。今この『精神界』が世に生れ出るには、まことに、生れるべきものが、生れるべくして生れた必然性をもつているのである——。恐らく「発刊の辞」の草稿をあれこれと練つていた暁烏敏には、そんな自負と喜びが溢れていたのであろう。

この『精神界』の発刊を待つて始めて、清沢満之の究極的な思想であり、信仰内容である精神主義も、次々と世に弘められる事となつた。若しも『精神界』に掲載された「吾人の世に在るや、必ず一つの完全なる立脚地なかるべからず」（『満之全集』第六巻二頁）の言葉を以て始まる「精神主義」から、「私の信ずる如来は、此の天と命との根本本体である」（『満之全集』第六巻二三四頁）で結ばれた「我信念」に至る一連の論文、講話録を持たなかつたなら、清沢満之出世の意義は遥かに狭小なものにとゞまつていたであろう。更に亦、暁烏・多田・佐々木という所謂三羽烏はもとより、多くの洞人の、生涯における基礎的な信仰・思想も『精神界』という発表の場をもたなかつたら、その結実を遥かに遅らせていたであろう。

『精神界』は、明治三十四（一九〇一）年一月発刊以来、大正七（一九一八）年に至つてその名を消すまで、浩々洞と共にその歴史を刻んで行つたのである。

猶三十四年の秋には、新に和田龍造、近藤純悟の二人が入洞したが、近藤純悟は、京都の真宗大学に在学中から発行していた、信仰問題を中心とした婦人雑誌『家庭』を、入洞後も引続き洞から発行。而も洞の原住者近角常観が、常盤大定・和田鼎・本多辰次郎らと結成していた大日本仏教徒同盟会の機関誌『政教時報』が近角の留守中も同会の百目木智璉によつて発行されていたから、当時浩々洞からは、毎月『精神界』・『家庭』・『政教時報』と三種の雑誌が世に送り出されていた訳である。

清沢満之の帰郷

明治三十五（一九〇二）年の春、近角常観がヨーロッパ視察の旅より帰朝したので、浩々洞は従来の森川町の宿舎をあけ渡し、六月一日、新に本郷区東片町に移転した。浩々洞十五年の歴史の間に、頻繁に行われた移転の、是が第一回目であつた。因にこのときの洞人は、清沢満之・暁烏敏・多田鼎・佐々木月樵・楠（和田）龍造・近藤純悟及び清沢の従者原子肱千の七名であつた。

清沢満之にとつて、この東片町時代は文字通り、総てが壊れていつた、悲惨な日々であつた。移転後僅か四日目の長男信一の死・それから四ケ月後の妻の死・更に一ケ月後、宗門への責任感と、若き学生への愛情のために、あらゆる努力を傾けて、その念願達成を図つていた真宗大学経営の挫折。その頃のある夜更け、茶を飲みに洞の食堂に入つた多田鼎は、フト、清沢満之が従者原子に洩した言葉を聞いた――。「死んだ方がよいかな」（『満之全集』第八巻五四一頁）。――

真宗大学学監の辞職と共に、彼は浅草別院における光演・句仏上人補導の職をも辞し、「東京に在るの用事全く終りたればとて」（『満之全集』第八巻五四三頁）、一人、三河大濱の自坊に帰つた。三十五年十一月五日の事であつた。以後彼は、翌三十六（一九〇三）年六月六日に歿するまで、遂に再び浩々洞を訪れる事がなかつた。

彼が帰国するに際して、当然『精神界』をどうするかが問題となつたが、その時彼は、「二年位でちやうどよいから本年中で廃刊したらどうか」（『満之全集』第八巻五四二頁）と云つたという。結局、暁烏ら洞人の希望通り、彼の帰寺後もその原稿を送つて貰う事にして、『精神界』は続刊される事となつたのであるが、彼の信念を知る上で、味うべき言葉であると云えよう。

翌十二月、浩々洞は更に本郷曙町の十六番地に移転、暁烏・多田・佐々木の三羽烏を中心に和田龍造・安藤州一らを加えて、その経営が行われて行つた。大濱に帰つた清沢満之も亦、次第に弱まつて来る病躯を抱えての闘病生活の中から、度々『精神界』に寄稿、洞の精神的支柱となつていたが、暁烏敏宛にその「実感の極致」（『満之全集』第八巻一六九頁）たる「我信念」を、発送してから後僅か五日、病急に更たまつて、遂に明治三十六（一九〇三）年六月六日、僅か四十歳を以てその生涯をとじたのである。

二、恩寵主義時代

清沢宗なるものが出来そうな勢い

「先生が世を去られまして後は、大部加はつて来た友人達と共に、先生の名を、先生の徳を、先生の教を世に伝えることに努力致しました。日本の精神界の改造のため、仏教の改革の為に大気焔をあげました。さうして五六年もするうちに、日本中に響くやうになり清沢宗なるものが出来るらしい勢力となりました。臘扇会は日本全国に設けられ、先生の絶筆、『我信念』は全国いづこにもよまるゝようになりました。この凄まじい勢を見て恐懼した旧い頭の人達は、異安心者を以て私共を目するようになりました。特に私が際どく古い形式を打破するので、旧い人達から異安心者の頭目を以て目せらるゝやうになりました。それと同時に私自身も旧い仏教の改革者を以て任じ、新らしい宗教の先進者であると任じていました。」(更生の前後)と、清沢満之亡き後の浩々洞を背負つて立つた暁烏敏は、当時を回顧している。

明治四十二(一九〇九)年の四月『精神界』は第百号を記念したが、この年は亦清沢満之の七周忌にあたつていた。東京に於ては、六月五日より七日までの三日間に亙つて、洞における法会はもとより、真宗大学講堂で、九段仏教倶楽部で、或は東京帝大の教室で、盛大な記念講演会が開かれ、洞人はもとより、南條文雄・沢柳政太郎・井上豊忠・稲葉昌丸、或は亦、村上専精・河野法雲・斉藤唯信らが、交々感話、講演を行つて、清沢満之を偲んだ。一方地方にあつても、京都・福井・金沢・名古屋・松任・大阪・神戸等全国二十数ケ所に於て、盛大な臘扇忌が営まれる有様であつた。更に翌四十三年は、親鸞聖人六百五十回忌の厳修された年であるが、そのための各地の門信徒の活発な動きに乗つて、各地の清沢満之を信奉し、敬慕する人達の動きも盛となり、暁烏・多田等という洞の中心的な人達は、全く東奔西走、一日として席のあたゝまる暇のない有様であつた。まことに「清沢宗なるものが出来そうな勢い」と云うのも誇張ではなかつたのである。

二つの恩寵主義

清沢満之亡き後の浩々洞を背負つて立つた暁烏敏・多田鼎の信仰・思想を一言にして云えば、それは恩寵主義と名付けられうるものであつた。それは暁烏が「先生の御在世の間から特にその後になつて、だん〲と感激的に仏陀を崇拝し、現在の境遇より慈悲の存在を説明しようとした」（更生の前後）と述べている様に、罪悪凡夫との自覚に於て、その様な自分がそのまゝ如来大悲の広大なる恩寵の中に包まれてある、との陶酔的な信仰・歓喜となつて行つたものであつた。多田鼎も亦、「私の論証は追々に実際的の色彩を加へて来ました。明治四十年前後から、私の精神界を動かして来たのは、恩寵の思想でありました」と述懐している。

もつとも、等しく如来の恩寵を高調するものとは云つても、「暁烏は大胆に一元論を直進する。『精神主義と性情』の一文は、君の一元論を最もよく表明して居る。――多田は天性の道徳主義、何処までも善悪を区別する二元論者であつた」（浩々洞の懐旧）という安藤州一の言葉の様に、前者は一元論的恩寵主義であり、後者は二元論的恩寵主義として、その論調を異にしていた。

例えば、その極端な表現の故に、世間を騒がせた『精神主義と性情』に於て、暁烏が述べているのは、無条件、一味平等な救済の光明である。「飲酒する者は飲酒するまゝ、妄語する者は妄語する儘、偸盗する者は偸盗の儘、邪婬する者は邪婬の儘、殺生する者は殺生の儘、我を頼め極楽に迎へむとはこれ吾人が救主の大悲招喚の勅令にあらずや。――この如来の光明の懐にありて、自己の心中に於ける如来回向の信仰に満足して、昌平の生活を続くるはこれ、吾人精神主義者の住する所の見地とす」(『精神界』Ⅰノ1)。その様な彼の信念は更にその「罪悪も如来の恩寵也」の一文に於てより明にされる。そこに於て彼は、罪悪を過去・現在・未来の三時期に分けて説明している。その際、この三時に亙る罪悪をすら、恩寵也と告げる論拠は、既に救われている自己に置かれていた。即ち過去に犯した種々の罪悪も、今のこの救われている自己をあらしめた必然的な過程として、如来の方便であつたと味うのである。今現に犯している罪悪も、「この現在が過去にかはる時にはやはり恩寵ならずという事はない」。そして亦「未来の罪悪も過去の天地になほる時には、やはり如来の恩寵と味はるゝに違いない――之を客観の方面から云ふと、逆境までが恩寵であると喜ばるゝに至つて、信念の頂上に達したのである。之を主観の方面から云ふと罪悪も亦如来の恩寵であると喜ばるゝに至つて信念の頂上に達したのである」と。

是に対して、多田の文章に於てしきりに強調されてあるのは「戦慄するほどの汚濁の妄念煩悩を、一々利用し来つて我信念をやしなひたまふ如来の威神力はいかに宏大尊厳のものであるか」(歎異鈔講話)「罪も深く障も多い、而も此がために此上に、かくまでの恩恵の雨が沿びせられてあると思へば、如何にして自己を粗末にすることができようか」(同上)「いかに根性しぶとき自己も、我が余りにずるく又余りに愚かなるに驚き、且つ呆れざるを得ず。而して又他力渇仰の念更に殊に切なるを覚ゆ」(慚愧心の顕証する罪悪の本性)という事であつた。

即ち同じく如来の恩寵を讃えるのではあるが、しかもその恩寵は、暁烏にあつては「煩悩のまゝに」であり、後者に於ては「煩悩にも拘わらず」であつた。彼にあつては、此岸はあげて彼岸に帰入せしめられ、そこから逆に、彼岸の反顕としての光明に満ちた此岸が全的に歓ばれて行つたのであるが、此にあつては、此岸を否定する事によつて彼岸が渇仰され、憧憬され、従つて、此岸は彼岸によつてのみ始めてその存在が許容され得たのである。

人間の立場に立っての信仰心の追求

この様な、暁烏敏と多田鼎との、一元論と二元論の違いを、外面から眺めるとき、それは自然主義的と倫理的との相違ででもあつた。

もとより自然主義の定義は多岐に亙つて、一言に尽す事はできない。しかし、その根本的立場、態度が〝何よりも先ず真実たれ〟と云う点にあつた事は間違ない。そして、その態度が人間そのものに向けられる時、人間の赤裸々な真実の姿として、その本能・獣性が大胆に直視されたのである。

暁烏の出発点も亦、どう誤魔化しようもない自己獣性への自覚から始まつた。「二十歳前後から特に私は性欲本能との苦闘をやり、常に負けてばかり泣いてゐたのであります。丁度二十歳の夏に真宗大学にいり、二十四歳に同学を終るまでの四ケ年間は学業の勉強といふよりも、寧ろ性欲と之を罪悪とするピユリタニズムとの苦闘でありました。内心は常に燃ゆるやうに異性の愛に渇いてゐながら、夫は罪である、悪であるといふ外的の教訓に圧へられて、ひどう苦闘をやりました」(更生の前後)。純粋で一途な彼には、「自己を焼き尽くすような情欲の炎に目を瞑つて、悟りすました様な顔をしている事はできなかつた。「自己の汚れた身であつて決して宗教家とか僧侶とかして世に立つべきものではない」(同上)と思つて、外交官を志したのもそのためであつた。清沢満之を師と仰いだのも、そこに澄まし顔な宗教家をではなく、真に人間の立場に立つて、問い求めている先達を見たからであつた。そんな彼の信仰心を培つたものは、彼が清沢満之を通して目を開かれた『歎異鈔』によつてであつた。彼は『精神界』第三巻（36年度）一月号より九年間四十四（一九一二）年一月、第十一巻第一号に至るまで、五十五回の長きに亙つて連載した「歎異鈔を読む」の初めに、次の様に記している。

「私をして弥陀の本願に帰せしめた書物の一つが、この『歎異鈔』である。又私をして親鸞聖人の渇仰者たらしめた書物の一つが、この『歎異鈔』である――此真実の御力を信じ、御光に照らされていつたならば、ぬすむ者でも人殺する者でも、火つけする者でも、酒を呑む者でも姦婬する者でも、徳者でも仁者でも、悪人でも愚人でも、悉く仏の真実にたよつて大安心が出来ると云ふことを丁寧に教示したのが、この『歎異鈔』である」

彼のあの有名な「精神主義と性情」は、その、『歎異鈔』に育まれた彼の信仰の極致を、端的に表白したものであつた。それは、情欲に汚れた身のまゝで救われて行く道であつた。後に述べる様に、清沢満之の死後、伝道者としての彼の自覚が、その信仰を、生来の詩的・文学的才能をもつて表現して行つたとき、次第に自己本性への厳しい批判がなくなつて、安直にその本能的姿態が容認され、その上に直ちに如来の恩寵がうたわれる様になつた。が、現実の自己の姿には目を覆つて、観念的に信仰が、教義が説かれていた当時にあつて、彼の卒直な自己表現、具体的な信仰談は、多くの、共感を呼んだのである。

殊にそれが、三十四（一九〇一）年与謝野鉄幹・晶子らの「明星」による浪漫主義的本能主義、三十五（一九〇二）年の、高山樗牛の本能主義、四十（一九〇七）年田山花袋の『布団』以後の自然主義の流れに自からの叫びを聞き、惑溺していた青年達に、共感された事は、容易に肯けるであらう。

一方多田も亦、長年「獣性の狂ひ回はるに悩んだ」（願わくば我が昨非を語らしめよ）と記している。しかし、暁烏が、その様な自己への自覚から、更めて教法を問い直して行つた、即ちその立場を、その様な自己の姿の上に置いたのに対し、多田はあくまで自からを伝道者としての位置に置いて、その獣性をいかに克服すべきかに苦しんだのである。彼は学生時代から「既に既に其前から、一伝道者を以て自ら任じて」（同上）いた。度々の信仰上の動転にも拘わらず、「幼少の時から深く根ざして来た伝道的精神は少しも止まりませぬ。益々此事業を努めて宗門を引立てねばならぬと焦りに焦りました。他教に対する反抗の思は已みませぬ。宗門の萎靡して居ることが、無念で堪へられ」（同上）ぬ気持には変りがなかつた。従つて、自己一身の上に自覚する獣性は、あくまで克服すべき「道徳的堕落」（同上）としてしか自覚されなかつた。

彼の信念が、二元論的、倫理的であつたのもそのためであつた。そんな彼が、教育勅語発布（明治二十三《一八九〇》年）以来、次第に組織立てられ、強化されて来た儒教的国家倫理或は三十年代に入つてから次第に強まつて来た社会慈善事業の謳歌熱に触れたとき、〝恩〟という一字が、その信念の中心に据えられるようになつたのである。「父母の恩が其儘、仏恩の影ではないか。君王の恵みが、やがて仏恩の閃きではないか。私共は人生に溢るゝ慈恩の上に、如来の慈光の輝きたまふことを拝まずにをられぬ。一念の信とは、此現実の慈恩に眼覚むるの謂ではないか」（願わくば我が昨非を語らしめよ）と云うその恩寵主義時代の自己の信念を回顧して、彼は自から、こう云つている。「此思想の上には、著しく倫理的の色が濃く流れました。私は此思想を得た時に、如何に喜んだことでありませうか。宗教と倫理との調和が、全く此に成されたと思いました。福やかな仏教の恩の観念が、其発現たる東洋道徳の優しい恩の思想、其者から直ちに他力本願の信に入ることができる事を認めて、是でこそ一方には、真宗信者の現実軽視の弊毒、其道徳観念の微薄を匡し、一方には世界に漲らうとしてをる主我的思想に反抗して、新時代の青年をも斯道に招く事のできる旗幟を得たと思いました」(同上)と。

清沢満之への絶対的な信憑

上述の様に、一元論的と二元論的、或は自然主義的と倫理主義的との相違はあつたが、しかも猶、この時期の浩々洞を代表する信念は恩寵主義の名の下に呼びうるのであるが、それでは、この様な、精神主義から恩寵主義への移行の原因はどこにあつたのであろうか。

第五巻第一号の『精神界』巻頭に、暁烏の筆になる「我は道なり、宗門也」という一文がある。「則ち我は呼んでいはむ。世よ、我に来れ。我言に耳欹てよ。我は茲に在りと。力は唯仏にあり。権威は一に如来より出ず。故に我如来に入る時力を得べく、権威を得べく、以て全天地を担うて重きを感ぜず、全衆生我に憑り来つて、我は彼等を害うことなし。則ち我は国の柱たるべく、世の基たるべく、大千の大本たるべし。茲に我は如来によつて、一切有情の安宅たり、帰泊処たるを得べし。是に於てか、我は国家なり、宗門なり、凡ての者は、我によりて真に満たさるべく、真に進めらるべし」と。

この高らかな宣言を支えているものは、洞人達の清沢満之への絶対的な信憑、彼によつて真に獲信しえたという確信であつた。

従つて彼等が、「先生の名を、先生の徳を、先生の教へを世に伝へること」(暁烏・更生の前後)を任務として自からに課したのは当然であつた。即ち彼等の恩寵主義は、「清沢先生の『我信念』の内容的注釈」

果たすべき責務でもあつたであろう。（罪悪も如来の恩寵也）であつたのである。そしてその事は、信奉すべき師に、遇い難くして遇いえた者の、

だが実は、そこに一つの危険があつた。即ち、あの求道者の、一切の問題を荷負してひたすらに法を求めたその方向が、その時逆に、伝うべき師、弘むべき法を背景にして一切の事象に対向する方向をとる。そこに解釈が入り、概念化が行われ、時流との調合がなされる危険がでてくる。従つて、彼がその歴史的な使命を自覚する事が強ければ強い程、法の概念化、そして自己体験の絶対化の危険性も亦増大するのである。私は、精神主義から恩寵主義への移行においても、彼等洞人の、その様な伝道者たる歴史的責務への自覚、それを支える獲信の自負、自己体験の絶対化にその一因を見る。

「新時代の人は、迚も翁媼のやうに容易に来世の観念、輪廻の思想、業報の教理、之と共に如来の救済の御旨を受けこむことはできぬ。されば先づ新時代の人の納得する現前の事実から進んで、斯本願の宗教の確かなことを証明せねばならぬ。是こそは、過去三千年間の列祖の未だ負はれなかつた重荷であつて、而して今日の仏弟子が、上は仏祖に対し、下は同胞に対して引受けねばならぬ聖務である」（願わくば我が昨非を語らしめよ）という自覚に立つていた多田が――そして遂には、三十六年の四月より、洞を離れ、学問なぞしてをるよりも率直に人の子を救うために働かねばならぬ、と千葉に道場を開いて伝道に出かける。勿論浩々洞とは密接に連がつたまゝであるが――、キリスト教の神学、儒教の倫理、天台の観法等あらゆるものを援用して、専ら如来の実在を弁証する事に努力したのも、或は暁烏の「罪悪も如来の恩寵也」が、現に救われている自己という立場から、一切の罪悪が説明されていた事にも、その様な、教法から人間社会へという方向をとつた彼等の態度があらわれていると云えよう。

そして、その自己体験——遇い難くして遇い得た師を通して真に如来に帰入し得たとの——の絶対化が、彼の目を、真実の自己の姿に昏くさし、自己没却を必然し、勢い、その体験を高唱する事によつて、恩寵的陶酔の中に沈んでしまつたのである。

実験の宗教の提唱

この時期の浩々洞を恩寵主義時代と名付けたのは、もとよりその表面的な傾向に従つての事であつて、洞全体がそうであつたと云うのではない。既に、同じ恩寵主義を唱える暁烏・多田にあつても、一元論と二元論の相違ある事を見た。ましてや他の洞人間に於ておや、である。例えば佐々木月樵である。彼がその著『実験の宗教』を、浩々洞、無我山房より出版したのが、明治三十六（一九〇三）年十一月の事である。それは「実験の宗教。先づ須く自覚すべし。倫理・無倫理・宗教・地獄極楽の意義」等々十二講目から組織されているものであるが、その第一講に於て、彼は歴史的・教理的・比較的な学問的研究を退け、「この故に仏教は学問の宗教ではありませぬ。実行の宗教であります、——唯単に道理の宗教でなくして、実験の宗教であります」と、実験の宗教たる事を強調している。処が、彼がこの実験の宗教の名の下に於て企てた事は、「各宗は皆是各宗の実験の宗教である」が故に、「我国心霊界の園に遊んで、咲き乱れたるさまざまの花を眺め、最も成熟せる我宗教の果実を拾ふ」ことであつた。そして彼は、以下各講において、伝教・弘法・明恵・道元、更に源信・法然・親鸞等の実験の風光を画き、そして各講別にそこに引用した先覚者の略歴・著作を附加している。それは、「『私は説法はいやである』といふのが佐々木の態度であつた。——佐々木は仏典を深く研究し、その研究した真理を発表する、その真理発表の中に、自然に説法が具備する――といふのである」（浩々洞の懐旧）と安藤州一が伝えている佐々木の、その研究の成果であったと云える。彼は長期間、『精神界』誌上に「親鸞聖人伝」を発表する一方『維摩経』『楞伽経』『華厳経』と研究をひろめ、「仏典の人格」を連載して行つた。そこに、端的に如来の恩寵をうたう恩寵主義とは異つた一種学的な雰囲気が見られ、その学究の徒としての姿勢は、精神主義時代から熱狂的な恩寵主義時代と、終始一貫して変る事がなかつた。そこから清沢満之の精神主義によつて培われた啓蒙家・教育家としての彼の位置が生れたのであり、後に、真宗大学に於て功を為した所以があつたのであろう。

しかし先の安藤州一は、洞時代の彼についてこうも云つている。「佐々木はそんなに苦悶する姿は見えぬ。煩悩即菩提の一乗教を学んでも、道徳生活は極めて常識的で、暁烏の大胆なく、多田の深酷なく、私はただ善悪を分けて行きたいといふ程度であつた」（同上）と。浩々洞における最も忠実な記録者、あの名著『信仰座談』の著者たる安藤の、起居を共にした仲である佐々木への評を信頼するなら、佐々木の云う実験が、自己のそれを率直に表明したものではなくて、先覚者の実験した信仰の説明に止まつていた事にも、別の一つの解釈が下しうるであらう。穏健な良識家として、洞内に重きをなしながら、しかも遂に、洞そのものの外面的歴史にとつては、積極的な意味をもたなかつたのも、そういう彼の性格のためであつたとも云いうる。

一方、その深い教学的基礎に立つて、始終恩寵主義に対して批判的立場にあつたのが、曾我量深である。彼は洞が結成された頃、未だ真宗大学の研究生として京都にあつたが、『精神界』を通じて精神主義が唱えられるや、第七巻第一号『無尽燈』誌上に、その過去に対する内観主義の功は認めても、「前途の指導たらざる」点を指摘し、それが未来に対する「盲動的勇行」か、何事にも意義を認めぬ「端坐主義」となる点を論難、清沢満之亦之に答えて、『精神界』誌上に「精神主義と三世」或は「一念の問題・永劫の問題」「我等は何をなすべき乎」等の項目を以て答えたという様な事もあつた。その後、大学が東京に移ると共に東上、更に清沢満之の命によつて、十月清沢が学監を辞するまでの半年余り、多田・佐々木・近藤・和田等の洞人と共に大学で教鞭をとつたりもしていた。そして三十六（一九〇三）年の三月、入洞するに至つたのである。

彼は当時、如来の恩寵に酔い、その光明をうたつていた洞人に対し、「我等の罪悪は皆如来のなさしめ給う所也」、「一切は如来のしろしめす事である」という事を断定し、一つの理論として主張するなら「それは如来を絶対化し、自己の信念を理論化し、一般化し、人に強請して行く事となる」（宗教の問題は目前にあり）事を説き、「信念には主張なく断定なく、一に驚嘆の感念あるのみである」（平の一字）事を明にした。亦、恩寵主義の信念を最も端的に表現したものとして既に引用した暁烏敏の「罪業も如来の恩寵也」に対しても、その「罪の自覚は現在の一念の上に立つ」と題する一文を以て、罪業観は、「過去の死せし記憶でもなく、未来の猶実現せざる構想でもない。過去に罪悪ありしに非ず。又未来に生死あるべしとには非ず。罪悪も現在一念の事実である。生死も現在一念の事実である」。従つて、現在の一念に於て自覚される「無有出離之縁」こそが罪業観の真の内容であると、その楽天性に批判を下している。それは、如来の恩寵をたゝえるに急で、自己自からを忘失してしまつている恩寵主義者に対して、今一度、清沢満之のいう「実験」の精神に戻る事を求める立場であつたと云えよう。

暁烏敏を中心としていった浩々洞

明治三十五（一九〇二）年十二月、東片町より本郷曙町に移つた浩々洞は、更に三十七年の夏、巣鴨、元真宗中学付属家屋に、以後、小石川大塚仲町（四十二年）、小石川白山御殿町（四十五年）、小石川指ケ谷町（大正二《一九一三》年）、大崎町松谷元三郎別荘（大正三年）と、転々、その居を移した。安藤州一は、この頻繁な移転を、「暗に思想の動揺と、経済問題の窮迫を語るもの」（浩々洞の懐旧）と説明しているがもとより詳細は定かではない。

この間、浩々洞はその恩寵主義的信仰を以て、ます〱その名を高めていた。その間、明治四十四（一九一一）年の、真宗大学の京都移設に伴い佐々木月樵京都に去り、多田鼎は亦三十六年四月以来、千葉教院を中心とする伝道活動に従事し、勢い暁烏敏が洞の中心的位置に立つ事になつた。

一方、巣鴨時代には、真宗大学の研究院生加藤智学・隈部慈明が、大塚時代には、東京大学の木場了本・京極逸造・清水俊栄、更に植物園時代に谷内正順と、新しく青年達が入洞、浩々洞に若々しい生気が溢れる様になつた。このうち木場・京極・清水等という東大学生の殆どは、暁烏敏の感化によつて入洞したのであつて、そういう面に於ても、暁烏敏は、洞の第一人者として、洞の方向を決定して行く事となつたのである。

三、その衰滅まで

浩々洞の対立と分裂

暁烏・多田の熱心な活躍によって、清沢満之の名は全国的に広まり、「清沢宗」なるものが出来る程の勢となるに従い、その「信仰の理論化・一般化」の傾向はいよ〳〵強まつて行つた。そこに、清沢満之が身を以て否定した教権が、今度は清沢満之の名を以て新たに形づくられる結果となつたのである。教権は、生きた人間の救いとはならず、逆に是を圧迫し、型にはめこもうとする。その傾向が強まれば強まる程、そこからはみ出し、それを突き破ろうとする人間の自然な願もたかまつて来る。そこに若い洞人達と、暁烏・多田という先輩の洞人達との対立、分裂がうまれる必然性があつたのである。

しかし実はその様な青年達の新らしい息吹きをまつまでもなく、暁烏・多田は相前後して、その信仰の挫折を体験せねばならなかつたのである。

恩寵主義の破綻

暁烏敏は、その『更生の前後』に於て、次の様に記している。

「私が先生の御在世の間から、特にその後になつてだん〳〵と感激的に仏陀を崇拝し、現在の境遇より慈悲の存在を説明しようとした私の仏陀は、妻の死と共に、いやがおうでも私の心から消えねばならぬやうになりました。自分は罪深い者であるが、この罪の深い私をこのまゝ抱き取つて下さるゝといふ都合のよい仏陀の恩寵は私から消えたのでありました。仏陀若しさる大慈の力あらば、どうして私から最愛の妻を奪ふたか、いや妻が死なねばならぬ運命だつたら、なぜその運命をどうかしてくれることをしなかつたのか。妻の死と共に客観界に顕現すると思ふた仏陀、丁度キリスト教徒のゴッドというてをるやうな超絶的仏陀はないのであるとわかりました。さうしてその後の私の情欲の発動によりて、私が今日まで主観の上に存在すると思うてゐた道徳的守護神のやうな仏陀は、私をしてかゝる行をなさしめて、止める力さへないのであることがわかつた。罪といふなら罪があるばかりであつて、救は別にないのである」。

大正二（一九一三）年の二月、妻房子（佐々木月樵の妹）を約半年の献身的な看護の甲斐もなくなくした、その悲しみ、苦しみは、是を以て如来の恩寵と云うには、余りに大きく深かつた。彼は妻の死にあつて、「夢のやうな信仰」を破られ、更にその後、理性を押破つて噴き出た情欲の炎に、更めて自己の罪業を思い知らされたのである。

以来自坊に引籠つていた暁烏は、大正二（一九一三）年十月十七日付の手紙に「来洞の知友には、敏は安田の土に葬られたとお伝へ下さい」としたゝめている。そして同年七月号の『精神界』巻頭言として、「権威なき生活内容」との見出しの下に、「私の近来の気分は、人に対し、世に向いて道を伝へるとか、法を宣べるとかといふ風にはなられないのである。さうしてそんな伝道的な気分がおこると、側面から見てをる所の他の自己が、汝はどうか、汝は充実してをるのかと嘲つてをるやうである。自分の学問も、智識も、道徳も、信仰も、いかにも空虚なやうに思はるゝのである」とその心境を綴つている。

一方、明治四十四（一九一一）年の冬、事情あつて、九年に亙る千葉教院での伝道生活を閉じ、兄姉の住む故郷、三河五井の里の自坊に、妻と幼い二人の子供を伴つて帰つた多田鼎も亦人情の葛藤に苦しみ、人間の哀れさ、愚かさ、浅ましさに泣き、伝道者との自負が無残にも大地に叩きつけられてしまつたのである。彼に於ても亦、暁烏同様、これをも如来の恩寵であり、そしてこの現実の苦痛は、如来がその恩寵を知らしめるための圧迫教育である等と云つていられなかつたのである。その上三年の田舎生活の後に上京、浩々洞を訪れた彼は、藤原鉄乗・清水俊栄等の若い洞人達との論戦において、その恩寵主義的信仰を完全に論破されてしまつた。その時、彼から、実在的な如来や、その大悲心なるものは消え去つてしまつたのである。

暁烏敏・多田鼎の挫折によつて浩々洞の恩寵主義は破綻したのである。

恩寵主義を否定した浩々洞の人々

一方清沢満之亡き後、新たに入洞、或は洞に関係した青年達、藤原鉄乗・清水俊栄・隈部慈明、或は山辺習学・赤沼智善という様な人達は、暁烏・多田両先輩が自己破綻として体験した挫折を、先輩との対立反抗の形に於て体験した。

それはまず赤沼智善の「俺は今まで余りに従ひ過ぎた。古いものを余り尊みすぎた。呼吸《いき》を引き取つた人の導きを頼りすぎた。卑屈にも臆病にも、俺というものをいと小さいものにして陰《ひかげ》のものにして、権威に屈従し過ぎた——然し俺はもう斯ういふ生活に従ふことは出来なくなつた。俺は俺の心の奥底から流れ出る生命を感ぜずには居られない」（田舎より）という意識として、いつの間にかドグマ化した恩寵主義を超えて、自からの生命に身を沈めようとする動きとしてあらわれた。隈部慈明も亦「私はいつしか知らず、自分の真生命よりも信仰だの救済だのといふ事が大切なもの、意義あるもののように考ふるやうになつた——私は此世の総て、自己の総ては価値を認めなかつた。ただ私の唯一の隠れ家であつた所の如来の本願のみに於て一切の価値は存することと信じて来た。従つて私は如来の本願力を味ふことの外に人生の意義はないと思つていた。それ故苦しい惨ましい事実に遭う毎に、如来に走り、念仏に隠れて、そこに信仰味を貪つていたのである」（教へよりは生命を）とそれまでの自己の信仰をふり返つている。それは「俺は仏になつたと思うて魔になつてゐた。今は漸く自分の黒烟毒火に気がついた。俺はやつと悪魔の自覚を得た」（生の噴火）という山辺習学の言葉の様に、いまゝで我を忘れて酔つていた如来の光明を突き破つて吹きあげてくる「黒烟毒火」にまみれた自己への覚醒を意味するものであつた。そして、その覚醒が、如来の実在を論証し、転じて一切の事象の上に如来の恩寵をうたつて、その光明に酔うていた恩寵主義を否定し、それを説く先輩への反抗という形をとつたのである。

既に述た様に、暁烏敏はその妻の死、その後に体験した自己破綻によつて、自からその恍惚的な夢から醒めて、その「凋落」に耐えつゝ故郷に籠つていた。勢い、多田鼎が、是等の若い洞人達と正面衝突する事となつたのである。そしてその結果は、多田の恩寵主義的信仰の決定的な破綻をもつて終つたのである。

『精神界』廃刊へ

多田鼎と、藤原鉄乗・隈部慈明らとの論戦あつて後、多田の主唱によつて浩々洞の洞人大会が開催された。その時の多田は若き洞人との信仰上の対立、自己の信仰の破綻を、「一身の問題よりも、浩々洞全体の問題と思ふて」（安藤州一・浩々洞の懐旧）その開催を求めたのだという。大正三（一九一四）年八月、東京市外蒲田の、松谷元三郎という人の別荘に於て、その会合は開かれた。この会合には、当時既に京都に移されていた真宗大学の教授として京都に在つた佐々木月樵の奔走によつて、当時京都大学総長の職にあつた沢柳政太郎を始め、月見覚了・関根仁応ら先輩の人達も出席したと云われる。それは激しい、そして悲しい会合であつた。その席上明らかになつた相互の信仰上の対立、洞の経済的な紛糾は、遂に浩々洞の解散、『精神界』の廃刊を決意せしめ、浩々洞解散の辞も起草せられるまでに立到つた。しかし、この解散を遺憾とした月見覚了・関根仁応の二人が、奔走した結果当時真宗大学を卒業後、越後高田の自坊にあつて、専心仏典研究に没頭、傍ら、屢々『精神界』に原稿を寄せていた金子大榮に『精神界』の編輯を依頼する事となつたのである。

大正四（一九一五）年、第十五巻第四号の『精神界』はその社告に次の一文を掲げている。

「謹告、従来、浩々洞代表者暁烏敏兄、及び精神界編集主任多田鼎兄は、此度一身上の都合に依り、其の地位を去られ、小生代りて之れを担任すること、相成り候。願わくは諸兄姉が霊護と策励の下に真実の意味に於て益々誌面の発展せんことを念じ候。但し同人として両兄共浩々洞及精神界に対し、執筆其の他に力を効さるゝことは変り御座なく候。金子大榮白」

以後金子大榮が中心となつて、洞の経営が行われて行つた。その間『精神界』誌上に於ても、シユライエル・マッヘルの独語録、マアカス・オーサアスの教訓、その他ルソー、プラトーン等の諸論文の翻訳が掲載され、金子大榮、曾我量深らの間に伍して、山辺習学・赤沼智善・隈部慈明・英秀璟・清水俊栄・柏原祐義らの若々しい文章が載せられる等、清新な空気が満ちていた。

猶此頃で目につくのは、大正四年八月から新しく洞内に印度研究会を設け、印度の経典・聖書の研究討議を行つた事である。是は一般の要望によつて第二回目からは公開にて行われている。一、二回は、金子大榮の「華厳の思想について」、第三回は清水俊栄の「阿弥陀経にあらわれた光の思想」、以後加藤智学の

「悲華経にあらわれたる釈尊」、早稲田大学教授武田豊四郎の「印度中世の劇」等、かなり広い視野をもつて、印度仏教、印度思想の研究発表が行われた。更に、大正四年十一月号の『精神界』を、特に親鸞聖人研究号として、親鸞の著作を洞人各自が分担研究したり、更に大正五年三月からは、印度研究会と併行して、聖書輪読会を始め、先ず『末燈鈔』をとりあげるなど、浩々洞は、その本来の学仏道場としての性格をとり戻していつたのである。

この様に一時解散の危機に瀕した浩々洞は、金子大榮を中心に、再びその堅実な歩みを続けていつた。がしかし、その歩みも約二年の間だけで、大正六（一九一七）年、浩々洞は再び一頓挫を来たす事態に立到つた。金子大榮の大谷大学就任である。否定、破壊を知つて、猶その基礎・組織をもたぬ若い洞人達の中心となつて、よく洞を統一していた金子大榮が京都に去る事は、洞にとつて致命的な事であつた。為に東京の洞人間にあつては、原子広輾を中心として、その誘致に反対する動きも大部あつたが、結局、曾我量深が代つて洞の運営に当る事となつて、金子は西下したのである。

以後曾我量深が中心となつて『精神界』が発行されて行つた。しかし、暁烏・多田・佐々木と云う三羽烏を始めとして、旧来の洞人の殆どは、既に浩々洞を離れて、夫々自己の道を歩みはじめていた。自然洞に対する精神的な繋がりも稀薄になつていた。大正六（一九一七）年第十七巻第九号『精神界』の、曾我量深の筆になる編集雑記には、「同人諸兄は四方に散在して各自の務に忙殺せられて筆を執る意志の動く余地もないのであらう。——自分は今後特に同人諸兄を苦めたくない。今後は毎月原稿の催促を止める考である。随て雑誌も頁数を減少するの止むをえぬことにもなるであらう。今後雑誌をいつまでやつて行けるか」と、その模様がまざ〳〵と綴られている。しかもこれには、旧洞人達に、浩々洞は我々の分離と共に消えたのだという気持、云わば洞の名前に対する愛着があり、今となつて猶浩々洞と云う名を存続さすのは、という気持もあつた、といわれている。そのためにか、大正七（一九一八）年一月号からは、浩々洞の名は消え、曾我量深氏の宿舎がその編集所にあてられて、『精神界』のみが発行されて行つたのである。

しかしそれも、曾我量深多忙のため、余り『精神界』にたずさわらず、『精神界』が世に出た頃まだ中学生であつたという、堀川龍音が中心となつて編輯される頃となると、いよ〳〵洞人の投稿も見られず、更に曾我量深が健康を害するに至つては、殆ど毎号、堀川龍音・暉峻義等、楠正康・大野静等という若い人達の論文だけで埋められる有様であつた。

それでも猶、大正七（一九一八）年三月号の誌上には、清沢満之の命日に、誌友会として、同朋会と名付ける談話会を、更に同人相互の思潮研究会を始める事が予報されているが、しかし、そのいずれも余り続かず、さしたる成果をもあげぬまゝに、遂に消滅してしまつたのである。

第二章　その背景

一、宗教法案をめぐつて

国家主義が広がる時代背景

浩々洞が生まれた明治の三十年代は、日清戦争というプリズムを通して、二十年代の我国思想界の諸潮流が、夫々の屈折を示した状況の中においてとらえられなければならないであらう。しかもそれは、国際的には、日清戦争の勝利による日本資本主義の飛躍的な発展、日英同盟による帝国主義列強への決定的な参加、更に遼東半島還付を機として急速に強まつてきた武力主義・国家至上主義を軸とする対露戦争・アジヤ進攻への動き、という国家的傾斜をもつていた。

平民主義者徳富蘇峰の国家主義への転向は、その頃の一般的な国民感情を代表する最も顕著な例であつたといえる。戦前の彼は、三宅雪嶺らの『日本人』と共に、二十年代の我国読書界を二分していた雑誌『国民之友』の統師として、貴族的文化主義、頑迷固陋な国粋主義を否定、進歩的な論旨をもつて、一般人民の立場に立つた欧化主義の内面化、社会の近代化を唱導していた。その主張は、「我邦ヲシテ平和主義ヲ採リ、以テ商業国家タラシメ平民国タラシムル」（将来之日本）ことであり、「国家将来ノ大経綸ナル者ハ唯此ノ手段ヲ実践スルニアルヲ信ズル」（同上）と云うのであつた。そこには「今ヤ人ヲ損スルハ己ヲ利スルニ非ズ。己ヲ利スルハ即チ人ヲ利スルナリトノ主義社会ニ勢力ヲ有スルニ到ル。誰レカ茲ニ到リテ復タ腕力主義ノ味方トナルモノアランヤ」（同上）との確信、「道理は最大有力者にして、道理の向ふ所天下に敵なきを教へられたり」（時務一家言）という道理への信仰があつたのである。

しかし、日清戦争後彼が眼前に見せしめられた三国干渉による遼東半島還付は、「道理が不道理に見事に打負けたる実物教育」（時務一家言）に外ならなかつた。そこに於て、彼は、腕力否定の平和主義者から「道理其物は殆んど自動的にあらずして、他の力をまつて始めて其の妙光を発揮することを覚悟したり。予は是に於て、力の福音に帰依したり」（時務一家言）と、武力による国家主義者へと、百八十度の転回を行つたのである。

その様な国家至上主義の根底にあるものは何であつたか。明治三十年代の我国最大の綜合雑誌『太陽』

の文芸主任、高山樗牛が日本主義を唱えるとき、それは、「国家体制が究竟の集合生活の形式」（国家至上主義に対する吾人の見解）であるが故に、国家至上主義こそ「実践的倫理学の唯一原理」であり、「人生幸福の実現」（同上）は日本主義という国家至上主義によつてのみ始めて達成されうるのである、という事を意味していた。それは、「各人の享有する其自由といふものは、国家の安危に従つて寒暖計のやうに上つたり下つたりするのです」（私の個人主義）という夏目漱石の言葉と軌を一にするものであつた。しかも「所謂弱肉・強食こそ国交際の真面目」（福沢諭吉「対外の進退」）であるとき、国家の安寧・富強を期するには、蘇峰のごとく「力への福音に帰依」する外はない。即ち個人の自覚が、その唯一の存立の場としての国家に目覚め、更に、その国家を囲る世界諸国を意識するとき、そこに、個人の幸福↓国家の安寧↓国家至上主義という系譜がうまれたのである。

しかし、国家至上主義が確立し終るとき、一転、その方法目的である国家の安寧が、究極の目的であつた個人の幸福に先行する事となる。例えば、日清戦争に際して福沢諭吉が官民調和を唱えるとき、それが「苟も当局者の処置とあれば一より十まで賛成して大責任を負はしむると共に、其運動を自由ならしめ、上下奉公の心を一にし」（今日に処する国民の心得）て「国民は傍より其為す所を翼賛せんこと」（同上）を求めるものであつたように、個人は国家意志の使徒としてのみその存立が許され、それに反するものは、その生存を拒否されることとなる。明治二十（一八八七）年の保安条令、二十二年の欽定憲法、二十三年の教育勅語の後をうけて、三十三年発布された治安警察法は、その様な国家権力の絶対化の一つの頂点であつたと云えよう。

宗教統制法案反対運動

しかし国家権力を以て国民を一定の方向に誘導するには、律法のみでは十全ではない。むしろ、国民をしてその様な政策に積極的に協力せしめる、すくなくとも無批判であらしめうるような精神的な拠処・スローガンを与える事こそが、不可欠なことである。そしてその際屢々宗教がもつとも有力な武器として、民心統一に利用されてきたこと周知の通りである。

明治三十二（一八九九）年十二月九日、貴族院に提出された宗教法案も亦、その一つのあらわれであつた。それは同年七月、条約改正による外国人の内地雑居実施に際して、政府の発した、宗教宣布に関する取締条令を母胎とする宗教統制法案であつた。即ち、寺院・教会を社団法人として取扱い、彼等に法人権を与へる代償として、繁多な監督をその上に加へて、宗教を国家権力の下に隷属せしめる事を企図したものであり、絶対主義国家としての思想統制の一環たるものであつた。

この法案が貴族院に提出せられるや、明治仏教史上有名な、仏教徒による宗教法案反対運動が全国的に展開されることとなつた。その中心となつたのが、東本願寺参務石川舜台であり、機関誌「政教時報」を以て全国に運動を展開した大日本仏教同盟会であつた。彼等は同法案が、「国家と宗教との関係を規定せんと欲せば、必ずや宗派教派を以て規定の単位と定むべき」であり、そして宗派教派を単位とする以上は、「全国に通じて大勢力を形づくれる仏教宗派、又其組織頗る複雑に渡れる神道各教派、又外国と連絡を通じ内国に於て勢力固定せず且つ其範囲頗る狭き基督教各派を同一法文を以て律すべからざるに、」（『宗報』十九号）直接、寺院・教会を対象とする事によつて、一方各宗派の特殊性を無視した悪平等となり、他方、宗派の本末関係を破壊する事となる、という理由を以て、猛烈な反対運動を展開、遂に翌三十三（一九〇〇）年の二月、同法案を貴族院に於て否決せしめるに至ったのである。

ここで注意すべきことは、この運動が、その様な国家の律法的干渉を拒否する方向に於てではなく、逆に国家権力との結びつきの方向に於て行はれた、という事である。それは仏教を以て国体の精華を翼賛すること、仏教を以て帝国特別の保護教とすること、をその目的として、明治三十年結成された雑居準備護法大同団、及び内地雑居準備会等と、その意図を同じくするものであつた。即ち、明治三十二年七月十七日を期して実施される外国人内地雑居を機に、一大進出が予想されるキリスト教を国法の力によつて防圧し、各自宗派の保安を企図したものであつた。その事は、先述の反対理由の上にも充分窺いうるであろう。彼等は、宗教法案そのものに反対なのではなく、その内実が自宗派に不利なるが故に反対なのである。「勢力固定せず、且つ其範囲頗る狭き」キリスト教が、仏教・神道等と同一に扱われる不利を攻撃したのである。しかも、その際、宗派教派の特異性を主張する根底に、「唯国家現今の実情に照して、利害如何、従来の歴史、今日の事実は如何、社会の進歩に対して何れが能く適応すべきか等の問題によつて理論上の決着を見出しうべし」（本多藤理・敢へて宗教法案賛成者に質す、『宗報』19）と、国家権力への奉仕の適否を云々するとき、この運動が一般国民より、国権におもねる者、仏教を国教化せんとする者として、激しい非難を浴びせられても止むを得ぬ性格をもつていたのである。

そして、この頃、いかなる地上的権威にも屈せず、教に生きた人としての日蓮が、内村鑑三と高山樗牛によつて再評価され、更に「そして高山君の熱心なる評論によりて、日蓮上人研究の声は、今や天下に周及し、就中、青年学生間に新たなる生気を帯びて、信仰の方趨に呻吟しつゝあるものを警起するの勢を為したるは、殆んど予想の外に出ずるほどの景況となれり」（田中智学、『太陽』八巻十一号）という様な、激しい日蓮熱をまきおこしていた事実を考えるとき、この宗教法案反対運動をめぐる、国家・仏教界・一般国民の三者の動向、欲求が充分暗示されうるであらう。

二、新仏教の建設

時代に応えようとする仏教界の動き

明治維新後、明治十年代の啓蒙期を経て理知的・科学的な西洋思想の洗礼を受け、二十七・八年の日清戦役の勝利によつて漸く後進国としての屈辱感を脱し、独立強国たらんとの希望と意欲に燃えていた我国三十年代の一般的な精神状況は、当然、合理的・進歩的・現世的なものであつた。従つて世間の仏教に対する批判も、その多くが、仏教の厭世的・非現世的なる点にむけられていた。そこに勢い、その様な時代の空気に応えんとする仏教徒の動きがあつたわけである。「将来の宗教は世界諸宗の長所を打て一丸としたる世界的宗教ならざるべからず」（「第十九世紀」『太陽』第五巻八号）と説く井上円了。「歴史眼・比較眼」を以て仏教を考究し、「旧習を去り偏執を離れて各宗互に其長を取り短を去らんか、即ち仏教中に花あり月あり楼台ありと謂ふべき完全の宗教を見るに至らん。故に余は大に仏教各宗の合同論を主張せんとす」と『仏教統一論』を著した村上専精等は、その主たるものといえよう。

更にその様な宗教における合理的精神は現世主義的態度と合するとき、倫理的宗教となる。井上哲次郎が「宗教の真面目は迷信妄想にあらず。科学の進歩は宗教の消沈を来すものにあらず――宗教の本体不変の原理は、実践倫理の根本主義と同一なり」といゝ、「将来の宗教は倫理的宗教たるべし」（『哲学雑誌』一五四号）と予言するときにも、その根底に合理的精神がおかれていたのである。

こうした時代精神にもつとも影響され、それに答えようとした仏教団体として、仏教清徒同志会を挙げる事ができよう。彼等は明治三十二（一八九九）年三月同会を結成、翌三十三年の六月より月刊雑誌『新仏教』を発行、その主張を世に問うたのであるが、以下暫く、彼等の主張を辿る事によつて、時代に順じようとした仏教徒の一例をみてみよう。

仏教清徒同志会

処で仏教清徒同志会の運動について述べる前に、一応その明治仏教史中における系譜を辿つておくべきかもしれない。それには、同志会の中心人物であつた境野黄洋の経歴を辿るのが最も便利であらう。

境野は、麟祥院の哲学館出身である。この哲学館は、維新後続々と流入された西洋思想の洗礼を受けた人々が、地獄・極楽・浄土往生等をとく仏教を徳川時代の愚昧な人々を相手にといた「俗人の哲学」と劣視し、西洋哲学一辺倒に酔うていたのに対し、仏教は勿論、儒教や道教等の東洋思想も立派な哲学である事を明らかにし、東洋哲学研究を主題に併せて西洋哲学を研究教授するために、井上円了が開設したものである。

反理性的な説法の故を以て、その思想的価値を問われていた明治仏教界にとつて、井上円了の『破邪新論』『仏教活論序論』等は、正に起死回生の著述であつただけに、明治二十（一八八七）年彼によつてこの哲学館が開設されるや、青年仏教徒達は争つてその門を叩いた。境野黄洋もその一人であるが、元々俗人であつた彼が、井上の『仏教活論序論』を読んで感激、その門に学ぶために哲学館に入学したという一事にも、井上円了、哲学館の名が当時の青年、特に仏教徒にとつて、どれ程の影響を与へていたかを窺いうるであろう。

哲学館の三年の学程を卒えた境野が、新たに下宿したのが、駒込の真浄寺、寺田福寿の処であつた。寺田は慶応義塾出の人で、福沢諭吉の親任あつい人であつた。彼は大谷婦人会を創立したり、平松理英・中山理賢等と、雑誌『法話』を出す等、仏教の通俗化に努力したが、中でも特筆すべきは、大日本仏教青年会の設立であろう。是は、明治も二十年代に入つて各地の公・私立学校に仏教研究の会がつくられる様になつたのに着目、彼が主唱して、之を糾合・組織したものである。高等中学校の徳風会、早稲田の教友会を中心に、慶応・法学院・哲学館等の学生によつて組織された連合体であつた。従つて夫は、各宗派の青年仏教徒の集りであり、その講師も、井上円了を始め、大内青巒・南條文雄・清沢満之・日置默仙・釈宗演・村上専精・斉藤唯信・守本文静等各宗派にわたつていた。同会は、明治二十五（一八九二）年の四月八日結成されて以来、毎年四月八日に神田錦輝館で灌仏会を行い、亦須磨での第一回を皮切りに、毎年順次、全国各地に夏期講習会を開催して行つた。もとより、通仏教的な研究団体であつた同会には、その全エネルギーを一本に統一して、何らかの方向に積極的に働きかけるという事はなかつた。しかし、井上円了の活躍によつてようやく有識者達の間に見直されていたとはいえ、猶仏教といえば陰気臭い、時代遅れな地獄・極楽の話をするものとばかり思つていた一般の人々にとつて、彼等青年達が行う華やかな灌仏会が清新な驚きとなつた事は想像に難くない。亦その夏期講習会が、彼等青年達に、自分達に課せられている問題に対する新らしい自覚をもたらした事の意義も決して小さいものではなかつたであろう。その自覚に立つた青年達が、夫々新らしい自己の道を見出して巣立ち、ここから幾つかの団体が分裂形成されて行つたのも、至極当然な事であつたといえる。

扨、境野は真浄寺に寄宿、この大日本仏教青年会の手伝いをしていたのであるが、ある日彼を訪れてきたのが古川老川であつた。そして彼のすゝめによつて、新に『仏教』という雑誌の編輯にたずさわる事になつた。是が明治二十八（一八九五）年の事である。『仏教』は、行誡上人を中心に、深川の各宗寺院が組織していた能潤会の機関誌『能潤会雑誌』の後身であり、浄土宗の梶宝順が、二十二（一八八九）年三月以来『仏教』と改題発行、その宗派的偏向のない、自由で生気に満ちた雑誌として、当時の仏教雑誌界に特異な位置を占めていたものである。

新にその主筆となつた古川老川は、境野黄洋、西依一六、杉村縦横らと経緯会なるものを組織、『仏教』の編集に当つた。後には、渡辺海旭や能海寛・月見覚了・清川円誠も入会、夫々第一経緯子、第二経緯子……という匿名で筆をとり、本山攻撃をやるやら、悪僧罵倒をやるやら、大に気焔を吐いて「経緯会といふ怪しげな会が、一般の仏教界から何となく妖火の燃え上がる火元らしく想像せられ」（新仏教幼年時代・『新仏教』第一巻第六号）る程であつたという。そして、この会員のうち、経営者梶宝順との関係が良くなかつた人達が、屢々高嶋米峰の下宿に集まつて話し合うようになつていたのが、仏教清徒同志会の始まりであつた。組織当時の会員は、境野黄洋・高嶋米峰・田中治六・安藤弘・渡辺海旭・杉村縦横の六名であつた。

時代精神と仏教との橋渡し

『仏教』から『新仏教』への変遷の直接の原因は、その様な会員中の分裂にあつたのであるが、しかし此処に注意すべき、一つの大きな相異がある。それは一言でいえば、破壊から建設への転換、とでもいうべきものである。

『仏教』時代の彼等は、破壊党・乱暴者等といわれながら、僧侶の腐敗堕落や、無学不道を責め、本山役僧の乱行を攻撃し、教団の組織制度の革新を唱えていたのであるが、『新仏教』における彼等は、その運動の無効無力、旧仏教への絶望から、新に新仏教の建設を求めて出発したのである。彼等が「我徒の宣言」に於て、現行の仏教々団を習慣的・形式的・迷信的・厭世的・空想的の故を以て、旧仏教として否定し、「我徒は既に業に旧仏教徒に絶縁せり、之を改造して新生命を与へ得べしとは断じて我徒の思惟し得ざる所なり」といい切つた裏には、『仏教』時代のこの努力があつたのである。亦「今日の道徳の腐敗を救済するに重きを置いて、厳粛の感を惹くに足るものは、英国のピューリタンの徒ではあるまいか」(新仏教幼年時代)と、その名を仏教清徒同志会とした事にも、他に腐敗堕落を責めるよりも、自から仏教清徒たらんとの建設的な意図があつたのであろう。

「我徒は仏教の健全なる信仰を根本義とす・我徒は健全なる信仰智識及道義を振作普及して社会の根本的改善を努む・我徒は仏教及其の他宗教の自由討究を主張す・我徒は一切迷信の勦絶を期す・我徒は従来の宗教的制度及儀式を保持するの必要を認めず・我徒は総べて政治上の保護干渉を斥く」是がその綱領であるが、その根本的な態度は、一切の教権主義的態度を排して、教義の上でも、組織の上でも合理的たらんとする理知主義にあつた。従つて彼等は「一方に於ては学理上宗教(仏教)の歴史的成立を明にし、他の一方に於ては、実際上由りて以て其の迷信及び誤謬の伝説を排除し、終に新宗教(新仏教)建立の基礎を成さんとする所以のものなり。されば我徒は広く真理と善徳とを求む」という事を目標としていたので

ある。(「我徒の宣言」『新仏教』Ⅰノ1)

しかしその様にすでに旧仏教と絶縁し、「吾人の信仰は一日進月歩せる知識経験を以てその要素とし内容と」(「信仰の一転機」・加藤玄智・『新仏教』Ⅰノ1)する同志会は、何を以て「仏教の健全なる信仰を根本義とす」というのか。事実、当時彼等の清新な努力に賛意を表した人々、例えば加藤弘之(「反対一夕話」『新仏教』Ⅱノ8)村上専精(「新仏教子に質す」『新仏教』Ⅱノ1)らからも、新仏教というよりは新宗教というべきであろうという批判がなされている。

彼等は何を以て自から仏教徒と名乗ったのか。彼等は之に答えていう。「信仰の基礎を汎神論的世界観の上に樹立せり。汎神論的世界観は仏教の根本義なり。此の根本義の上に立ちて従来の仏教を攻撃し革消せんとす。これ即ち新仏教にあらずして何ぞや」(「加藤博士に答う」境野黄洋・『新仏教』Ⅱノ9)と。

汎神論的世界観の故を以て仏教たる事を主張した彼等は、特にその差別即平等の立場を強調し、一切万象は総て実在の分化顕現であるという事によつて、旧仏教の厭世的な性格を超えた現世主義への道を見出したのである。然もその差別相互に、真善美を基準とする価値等級を認め、「是を以て夫の未来主義の如く、遥遠の未来世界にあらずして、近く現世主義に立ちて理想に向い直往し、其醇化開展を助成し、到る処に光栄あらしめ遂には所謂草木国土悉皆成仏の境を実現せんとするものなり。是れ実に我徒の現世主義にして同時にそれが悲観主義にあらずして楽天主義となり、解脱主義にして進歩主義たる所以を了せん」(「我が汎神観」田中治六・『新仏教』Ⅱノ10)ととくのである。

「信仰なるものも畢竟是等の智識経験を外にして更にその内容の由りて来る所の途なきもの」とし、「時代智識に背反するものを以て之を迷信と定め」(「加藤博士に答ふ」境野黄洋・『新仏教』Ⅱノ9)た彼等の根本的態度が、合理主義であつた事は既に述べた通りである。そしてその様な合理主義は、中世的な超越的実体的神を否定し、それ自身の内容を通して現実を観察する科学的精神、一切事象を自からに合するものに転換せしめようとする合理的態度、そこから必然的にもたらされて来る未来への肯定的・楽天的態度として、近世欧羅巴の精神状況であり、維新後啓蒙期を通してもたらされた我国精神界の大勢であつた。従つて、時代智識に背反するものを迷信として拒否した清徒同志会の人々が、何よりも先ず合理的たらんとし、汎神論的差別観に立つ事によつて、現世主義・進歩主義・楽天主義的たる事を高調したのも、その様な時代精神に応えんとしたものであつたのである。そして亦、その様な態度によつて、慣習化・形式化した旧仏教の殻を破り、時代精神と仏教との橋渡しを行つた処にこの清徒同志会の意義もあつたのである。

合理主義の限界

合理主義の必然するものが個人主義であり、その最も重んずるものが個人の自由であつた事はいうまでもない。従つて清徒同志会が最も重んじたものが信仰における個人の自由であつた事も当然であろう。「新仏教徒は新宗派の建立者ではなく、新主義の主張者であります」（「自由討究主義としての新仏教」境野黄洋・『新仏教』Ⅲノ7）というのもその謂であつた。そこでいう新主義とは、信仰に対する自由討究という事、「総べての宗教に対する公平な見方、寛容の態度」を以て、相互に自由討究する事によつて、その信仰内容の純化完成を目指すものであつた。

それは合理的な批評的・歴史的方法を活用して、聖書研究・教義研究を行い、従来の超自然的な正統的福音理解に対して、新しい合理主義的な理解をもたらさんとするドイツ自由主義新神学、及びアメリカ自由主義新神学・ユニテリアンの、紹介・輸入によつて、我国キリスト教界にもたらされていた、合理主義的・自由主義的新神学と態度を同じくするものと云えよう。

だが果してその様な合理主義的な態度が、健全な信仰をもたらしうるものなのか。健全な信仰とは、教権化し形式化し概念化した信仰に対して、現実社会に生きて働く人々の救たりうる様な信仰を意味するのであろう。それには、我々は合理主義に立てばそれで良いのか。逆にそれは、内村鑑三の言葉「自己を是認して呉れる神と聖書、是が近代人最大の要求物である。近代人他なし、自己を神として仰ぐ者である」(近代人の神)という事になりはしないか。亦それは、〝理解〟が大前提とされるが故に自からが是とする道理が通じうる世界のみしか包み得ないのではないか。事実境野自から「これからの宗教は、健全な中等社会を目的として立つべきもので、道楽を旨とする貴族や、迷信を命とする下等社会に根拠を据ゆべきものではない」(「新仏教十年史」『新仏教』XIノ7)といつている。しかし、実際は、その様な迷信という形で、超越者に自からを投げかけている無知なる者の中にこそ信仰におけるもつとも原初的な欲求があつたのではないか。

しかも我々は、この清徒同志会が結成されてより四年の後に、かの藤村操の自殺を見る。その遺書「万有の真相は唯一言にして悉す。曰く『不可解』」は、彼の死が近代理性主義の一つの破綻であつた事を意味している。しかもそれは、決して特異な事件であつたのではなく、合理主義が必然する個人主義、即ち解放された人間と、日清戦争後年とともに強まつて来た国家権力との衝突・相剋、そこから国民、特に青年達が人生とは何ぞ、自己とは何ぞという疑問に悩んでいた明治三十年代の一つの象徴であつたのである。

合理主義の破綻において、人生とは何ぞ、自己とは何ぞ、と問う人に、合理主義を誇る仏教清徒同志会が安慰の門たり得たか。

合理主義という点に於て、仏教清徒同志会の歴史的意義があつたのであり、亦同時にその限界もあつたのである。

三、旧仏教の純化

雲照律師の目白僧園・十善会

仏教及びその教団の衰退の原因を、その非時代性に於てとらえ、専らその時代適応に努力した仏教清徒同志会と著しい対照をなしていたものに、雲照律師を中心とする目白僧園・十善会があり、東亜仏教会があつた。

目白僧園は明治十九（一八八六）年に創設されたのであるが、それと共に再組織されたのが十善会であつた。是は、もと久邇宮朝彦親王を上首として明治十六（一八八三）年に発足、一時頓挫していたのを再興した通仏教の一教会である。その主旨は、四恩十善、即ち、父王恩・国王恩・衆生恩・三宝恩と、不殺生・不偸盗・不邪淫・不妄語・不両舌・不悪口・不綺語・不貪欲・不瞋恚・不邪見の十善をもつて、国民の徳性涵養につとめるというにあつた。二十三（一八九〇）年四月、律師は新に雑誌「十善宝窟」を発刊、その普及につとめたのである。

戒律道場たる目白僧園・四恩十善を弘める十善会、その主宰者である雲照律師は、一般に、二百五十戒をそのまゝ保てる人といわれていた程、持戒堅固な人であつた。彼を貫いていたものは、破戒無慚な現時の僧徒に対する厳しい批判であり、僧形を本来の面目にかえす事によつて、仏教界の粛正を図らんとする願であつた。それはあたかも、間断なき戦乱と、打続く災変に末法濁世の到来を感ぜしめた鎌倉時代にあつて、平安末期の腐敗堕落した仏教から、新に、浄土・法華の新仏教が興隆したと同時に、一方、戒律を復興し僧侶の形儀を釈尊在世の昔に復へして、以て教界を率いんとした明恵上人のあつたことを思いおこさしめる。明恵上人が「たゞ現世にまづあるべきやうにてあらん」と、仏徒のあるべき様、即ち釈尊の出世本懐に生きる道として、その戒律を重んじた如く、雲照律師も亦、その戒律を昔に還す事によつて、仏陀の根本義に生きんとしたのである。

厳しい戒律によつて浄めあげられた律師の存在は、確に僧本来の形姿を彷彿せしめ、混乱した教界の中に、清涼の気風を送りこんで居た。山県有朋・伊藤博文・大隈重信ら政界の元勲名士が、律師を尊崇し、三浦観樹・西村茂樹・河野広中らが、十善会根本道場新築や維持のために、正法興隆・学生養生会設立を発起したのも、主として、律師の高潔な人格に動かされてであつたろう。

しかし、その発行雑誌「十善宝窟」が、一切社会問題、時事問題にふれず、たゞ〳〵古今高僧の説話を伝える事にのみ努めたものであつたように、ひたすら仏説に生きる事をのみ願つていた律師は、厳しいパン問題に追いまくられ、国家と個人、現実と理想という矛盾相剋に悩んでいた当時の人々と、余りにも隔絶した存在であつた。従つて、多くの人々にとつては、例え律師に敬意を払いえたとしても、それは、自己の現実とは関係のない、奇特な人としてであつたにすぎない。

もしも、現実の汚濁を拒否するのみにて、解消・純化しえぬ清浄さであるなら、それが清浄であればある程現実から遊離したものとなつてしまう。仏教の一大道場を設立、日曜学校・日曜法話等をおこし、仏教を以て東洋を啓発し、現時仏教界の悪弊を洗滌せんことを、その目的として、律師が、慈薫僧正・南隠禅師らと、明治三十四（一九〇二）年二月に結成した東亜仏教会が、殆ど何の結果をもうる事なく、資金を求めての高徳達の市中巡錫も、いたずらに人々の奇異の目を聳だたしめ、或は、僅にその志願に同情を催さしめたにすぎなかつたのも、その様な現実社会からの遊離に起因していたというべきであつたであろう。

四、社会への目覚め

キリスト教の慈善事業の広がり

日清戦争によつて、資本主義国家として飛躍的発展をとげた我国は、必然的に労資階級の対立・貧富の隔絶を招来した。しかも猶、我国は一路帝国主義国家への路に突入していつたのである。その時当然、武力の増強とともに外国貿易が重視された。それには、「商売上の国防は唯富豪に依るの一方あるのみ」（富豪の要用）という福沢の言葉のように、大資本家の育成が要求される。封建国家から僅か四十年足らずで、一挙に世界列強の線に伍そうとする日本にとつて、大資本家育成のためには弱小資本家の没落、労働者の貧窮等意に介さぬ強引さが必要であつた。そこから、多くの社会悪がもたらされたのである。

一方二十年代の、徳富蘇峰の平民主義、或は三宅雪嶺の国粋主義に於て等しく唱えられた理念政治から現実政治へ、即ち政治理念をではなく、日本社会、現実の生活に密着した政治をとの要求は、国民に社会意識を育くむ結果となつた。そこに、明治三十年代の我国が、個人主義と同時に、社会主義的性格をも強くもつに至つた理由があつたのである。

その際一早く社会活動に献身したのが、博愛・平等を旗印とするキリスト教であった事はいうまでもない。我国最初の社会主義政党であった、社会民主党（明治三十四（一九〇一）年五月二十日結成、同日解散）の創立者六名のうち、幸徳秋水を除く、安部磯雄・片山潜・木下尚江・西川光次郎・河上清の五名が悉くキリスト教徒であったという事も、端的にその事実を物語っている。従って、三十年代初期の我国社会主義は、人道主義的社会主義であったのである。例えば我国社会主義小説の嚆矢といわれる木下尚江の「火の柱」の主人公、篠田長二も叫んでいる。「富の集中、富の不平均、是れが単一なる物質的問題とは何事です。富資が年々増殖して貧民が歳々増加する。是れ程重大なる不道徳の現象がありますか――社会主義とは何ですか。一言に掩へば神の御心です。基督が道破し給える神の御心です」と。

朝報社の黒岩涙香・内村鑑三・幸徳秋水・堺利彦らが発起人となって、明治三十四（一九〇一）年七月結成された理想団も、その様な人道主義的社会主義の典型的な団体であった。即ち内村鑑三によれば、「理想団は政治団体ではない。理想団は宗教団体ではない。理想団は万朝報の機関ではない。理想団は社会改良を目的として成った団体である。然し普通の社会改良団体ではない。理想団は或る一つの特別の方法を以て社会を改良せんとする団体である。即ち先づ第一に自身を改良して然る後に社会を改良せんとする団体である」のであった。

基督者内村鑑三と、唯物論者幸徳秋水とを同一の理想の下につないでいたものは、政治への不信である。戦前「日清戦争の義」を著し「日本の勝利は人類全体の利益にして世界進歩の必要なり」と説いた鑑三が、戦後見たものは「偏に戦捷の利益を十二分に収めんとして汲々た」（時勢の観察）る日本であった。幸徳秋水も亦「日本社会の発達、国民の繁栄を希ふ者は、其今日の政治に依頼するの到底無益なることを知らざる可からず。我政治の善良なるを欲するの前に於て、先づ我社会国民をして、政治以外に徳義あらしめ、信仰あらしめ、制裁あらしめ、信用あらしめ、而して後ち初めて之を能くすべき也」（非政治論）といつている。尚江が「今日の生活の原則は一に掠奪」（火の柱）にあるとみたのと同様、鑑三も秋水も、一切の社会悪を政治家の非道徳性、政治の非人間性に於てみたのであり、それへの対処として、「神の御心」を以て「真理」を伝播し、国民をして「徳義あらしめ、信仰あらしめ」る事が願われたのである。ここに、政治団体でもなく宗教団体でもない理想団が、鑑三や秋水によつて結成されえたのであり、その事実が亦、最も端的に、当時の人々が、どの様に眼前の社会矛盾・社会悪に対処していたかを表わしているのである。そして更に、博愛・平等等を説くキリスト教団体が、在外キリスト教団体の資力を背景に、教線拡張のために鋭意社会慈善事業に努めていた事や、亦、日清戦争後いよ〳〵露骨に資本家階級の擁護と資本制生産様式の推進を説くに至つた福沢諭吉が、労働階級を制御し官民調和を全うするために、「資本家階級に向つて、貧民を挑発するような行動を慎んで慈善事業を行うように勧め」（鹿野政直「日本近代思想の形成」）激励していた事などが、その様な風潮をより大きく推進していたのである。

社会の仏教に対する厭世的・非現実的との非難に応へようとして、鋭意その合理化を図つていた仏教界が、この様な社会風潮を無視しうる筈はなかつた。その場合、仏教徒の頭にキリスト教との抗争が考えられていた事は当然であらう。既に井上円了はその『僧弊改良論』に於てはつきりと、「耶蘇教の今日西洋諸国に優待せらるゝは、全く利他的慈善事業を奨励する故でありましよう。故に今後愈々雑居となりて耶蘇教も仏教と同じく公認せらるゝに至らば、互に慈善事業を以て競走せねばなりません」とのべている。こうして、仏教徒も競つて慈善事業に奔走、「一部の仏教青年はキリスト教徒の所為に鑑み、思へらく、宗門を維持するは社会的事業にあり、と」(稲葉昌丸「現時の仏教青年」)という状況を醸生するにいたつたのである。

無我苑と一燈園

扨この様な慈善事業が、先述の人道主義的社会主義を基調に、社会矛盾と、是に対する国民の社会人としての自覚、そこからやかましくなつて来た公徳問題に応ずるものであつた事は、今更いうまでもない。もとより中には、その様な時流に棹さし、ためにする偽善者的慈善事業もあつたであらう。が、この問題は、当時の人々にその様な事業という形だけではなしに、漸く力強くなつて来た自己実現の欲望と公徳問題、即ち自と他、個と全との相剋として、深い精神的境位に於ても問題となつていたのである。

例えば、河上肇はその『自叙伝』に青年時代を回顧して、「私はかねてからバイブルの『人もし汝の右の頬をうたば、左をも向けよ、汝を訟へて下衣を取らんとする者には上衣をも取らせよ。汝に請ふ者にあたへ、借らんとする者には拒むな』といふ教訓に強く捉へられていたが、しかし文字通り之を実行に移すとなると、私は此の世に生きて行けなくなると思へたので、さうした疑惧が長い間私をして之が実行に突き進むことを躊躇せしめていた。しかし人間の生活の態度としての斯かる絶対的非利己主義は、私にとつて疑ふべからざる真理だと思へた」と記している。

この様な自己矛盾・自己分裂に悩む河上肇に、絶対的非利己主義に生きる決断をなさしめた伊藤証信の無我苑運動も、その様な問をくゞつて生まれてきた信仰団体であつたといえる。それは、「夫れ宇宙の本性は無我の愛也」、即ち「宇宙は善也。宇宙を組織せる一々の個体の活動は絶対に善也。――善とは何ぞや。自ら真の幸福を得、他をして真の幸福を得しむるの活動是れ也」（『無我の愛』十三号）という、自他同時に真の幸福をえしむる〝無我愛〟への信仰であった。明治三十八（一九〇五）年六月、当時真宗大学研究科生であった彼が、雑誌『無我の愛』によって、その信仰を宣布した時、月々急激にその読者が増え、更に「其主義に共鳴して無我苑に集まり来るもの引きもきらず西は琉球・九州・山口県、東は秋田・青森から北海道にも及ぶ」（無我愛運動の今昔）有様となり、河上肇亦、「伊藤氏がすでに真宗大学を卒業して研究科に籍をおいた人であるに拘らず、僧位を返上して真宗僧侶としての一切の利益、生活上の便宜をふりすて、、久しく乞食の巣になっていたと云ふ東京郊外の巣鴨大日堂に立て籠り、味噌を嘗めて生活しながら、かうした雑誌を編輯して居られると云ふその生活態度」（自叙伝）に動かされて、それまで関係のあった五つの学校の教職を投げ打ち読売新聞誌上に連載していた「社会主義評論」の筆をも折って入苑したという事実は、例え無我苑そのものが、同人内部の不和や信仰の不純化の故に、僅か九ケ月後の三十九（一九〇六）年二月閉鎖のやむなきに至ったとはいえ、当時の人々の問題意識がどの様なものであったかを、充分物語るものであるといえよう。

因に追記すれば、かの西田天香が、青年の時から開墾事業・農場経営、麻糸会社と職を転々する度に、労働者と資本家との対立に悩み、その様な社会問題を抱えて綱島梁川・木下尚江・幸徳秋水らの思想を遍歴、遂に、「自分の為には生きず、全く捧げ切った生涯、而も人の菩提心と光明によって養はれる生涯」（好村春輝・明治時代の新興仏教）に生きる道を見出して、一燈園運動を始めたのが、無我愛運動と同じ、三十八（一九〇五）年の事であった。

この様に当時の人々が、後のトルストイ熱に於てと同様、自己の死との対決によってよりも、多く社会問題、自己と社会との相剋に悩んで宗教運動に入つたという事実は――所謂トルストイ熱は大正に入つてから高まるのであるが、既にこの伊藤にしろ、河上・西田にしろ、等しくその転機に於てトルストイの著作、その無抵抗主義が決定的な意義をもつていた。――前述の社会主義が、キリスト教的、人道主義的であつたという事実と共に、彼等明治三十年代の国民の、精神的雰囲気を如実に物語るものであつたといえよう。

五、日露戦争に際して

いよいよ増大する国家権力

日清戦争後に次第に露わになつてきた社会矛盾及び絶対主義的国家権力は、しかし猶、前章で述た如く、人道主義的社会主義を可能ならしめる底のものであつた。しかし我国が、対露戦争へと突入した三十年代後半に於ては、国家権力はいよ〳〵増大し、国民は挙国一致、国家の聖務に協力する事が求められるに到つた。それは既に、人道主義的な社会主義活動をも受けいれえないものであつた。そしてそこから、キリスト教と社会主義の分離、国家権力・資本家階級との、労働者階級の実力闘争の方向が生れてきたのである。

明治三十六（一九〇三）年十月の理想団の解体は、その第一歩であつたといえよう。解体の直接の原因は、主戦論に傾いた朝報社に対して、あくまで非戦論を唱へた内村鑑三・幸徳秋水・堺利彦らが退社した事にあつた。が同時にそれは、内村・幸徳に代表される、キリスト教と社会主義との分離ででもあつたのである。

とはいえ、幸徳が退社後設立した平民社には、安部磯雄・木下尚江・石川三四郎・西川光次郎・片山潜らのキリスト教社会主義の立場の人々が加わつてはいた。しかしそれは、三十八（一九〇五）年十月の平民社解散に際して、キリスト教系の『新紀元』と、社会主義系の『光』に分裂し、更に翌三十九（一九〇六）年十一月には、木下尚江が「新紀元は両頭の蛇なりき。彼は基督教なるものと社会主義なるものとを二個対等の異物と理解し、此の両個を一束して強て諧調の音を出ださんと欲したりき――新紀元は一個の偽善者なりき。彼は同時に二人の主君に奉事せんことを欲したる二心の佞臣なりき云々」との「慚謝の辞」を以て、新紀元を廃刊するに至る、その第一歩を意味していたのである。そして更にそれは、三十八年二月、筆禍事件の為入獄した幸徳が、獄中我国には既に平等を要求する自由すらない事を知り、更に「資本家階級の存する所、地主階級の存する所、豈に自由あらむや。人権あらむや」（桑港より）との自覚に於て、「事此に至れば最早労働者の団結の力に待つの外はない。団結せる労働者の直接行動に待つの外はないのだ」（余が思想の変化）と直接行動を唱え、無政府主義者として立つに到り、他方次第に社会活動から遠ざかつた内村が、遂に「人類の罪悪の記録なる歴史を去て、神の恩恵の示顕なる聖書に往んと欲す」（歴史と聖書）るまでに至つて、その極限に達したのである。

キリスト教からの離反

そして実は、内村の社会からの別離は、一方社会のキリスト教からの別離をも意味していたのである。いう迄もなく、その場合のキリスト教とは、近代文明の異名としてのそれである。即ち『文学界』の北村透谷・島崎藤村を始め、国木田独歩・正宗白鳥・徳富蘆花という近代日本を代表する知性人の殆どが、夫々キリスト教の洗礼を受け、そして後是から離れていつたという事実、そして「お前はクリスチャンかとある人に聞かれたら、捨吉は最早以前に浅見先生の教会で洗礼を受けた時分と同じ自分だと答へられなかつた――あやまつて自分は洗礼を受けた。もし真実に洗礼を受けるなら是からだと答へたかつた」という島崎藤村の『桜の実の熟する時』の一節、更には「ところでそのやうな精神主義の指導原理となつたのが、当時なほ清沢氏門下の浩々洞同人の仏教運動や近角常観氏の求道学舎の活動などがあつたにも拘わらず、青年のヒューマニズム的要求に一層よく応ずるものとして、同じくヒューマニズムと共に西洋近代精神の産物たるプロテスタント・キリスト教であつたことは、もとより当然にして怪しむを要しない」という田辺元の懐旧（キリスト教の弁証）が暗示する様に、当時の進取的な青年達にとつて、キリスト教は純粋に信仰としてではなく、近代文明の母胎としての意義をもつて受けとられていたのである。

従つて、我国が一応近代文明国としての成長をとげ、それと共に、近代文明のもつ精神的社会的矛盾・欠陥が我国に於ても次第に露わになつてきたとき、人々は近代文明と同義的な地盤に於てうけとつていたキリスト教そのものをも見直さなければならなかつたのである。そこに於て見直されたキリスト教がどの様なものであつたか、もとよりそれは一様ではない。がその多くは、キリスト教の神・福音との対決をへて、是を超克或は離反したのではなく、それまでの受けとり方同様、単にキリスト教のもつ精神的雰囲気との対決、或は離反を行つたにすぎなかつたのである。

戦争に協力する宗教界

扨その様な状況を背景に、宗教家はこの日露戦争をどの様に迎えたのか。

既に宗教法案反対運動に於て見た如く、仏教々団は国家権力との相互依存の方向に向っていた。先の日清戦争に際しても、従軍僧を派遣する等、戦場に内地に、あらゆる面で軍に協力していた。一方キリスト教界に於ては北村透谷を主筆とする雑誌『平和』によつて、社会主義的キリスト教徒による全面的な戦争反対を唱へる者もあつたが、しかしその大勢は、二十四年の内村鑑三不敬事件以来のキリスト教界に対する一般国民の、国家思想と相容れないものという批判攻撃に答え、従来の劣勢を挽回する好期として、日清戦争に積極的に協力、本多庸一・海老名弾正・巌本善治・松村介石等が全国に遊説を行つた程であつた。その状勢は、戦後国家権力がたかまるにつれていよ〳〵強まりこそすれ、決して衰えはしなかつた。果して、日露戦争が勃発するや、仏教々団各管長は、全国門末に親書を以て聖戦協力を求め、軍隊慰問に布教に活躍した。キリスト教界に於ても、基督教青年会同盟・福音同盟等が中心に、活発な協戦活動をおこなつたのである。

更にそれは、協戦という点に於て、仏基両教の協同をすら実現せしめた。明治三十七（一九〇四）年五月十六日、東京芝に於て、南條文雄・村上専精（仏教側）、海老名弾正・本多庸一・小崎弘道（基督教側）らが発起人となつて開かれた、大日本宗教家大会はその一例である。席上彼等は「即ち外は友邦の友をして人種教派の偏見を脱して、我国が正義と平和との為にこの戦を起したるの本旨を諒せしめ、内は偏狭なる敵愾心と教派反目の情とを撲滅し真正なる拳国一致の上に光栄ある平和を克服するの道を講ぜざる可からず、即ち和戦共に国民をして立つ処を覚えしめ、向ふ所を知らしむるは、我等宗教家の天職ならずとせんや」という趣意書、及び同意の決議案を定めている。そこに於て、偏狭なる敵愾心は否定され、光栄ある平和が願われてはいるが、同時に、その光栄ある平和を得るための戦として、この日露戦争を肯定し、それに積極的に協力しようとするものであった。

その様な中で、内村鑑三は、「戦争よりも大なる悪事は何でありますか――悪しき手段を以て善き目的に達する事は出来ません。殺人術を施して東洋永久の平和を計らんなど云ふことは以ての外の事であります」（平和の福音）と敢然反戦論を唱えていたのであるが、それもいよ〳〵開戦となるや、反戦者から戦争非協力者へと転身「戦争の悪事たると否とは今や論争すべき時に非ず、今は祈祷の時なり。同情・推察・援助・慰藉の時なり。今の時に於て我らの非戦主義を主張してあわれみの手を、苦しめる同胞に藉さゞるが如きは我らの断じて為すべからざることなり」（国難に際して読者諸君に告ぐ＝聖書之研究）と説いて、専ら出征遺家族の援護等に尽力したのである。それは「戦争を止むるに二途あり、進んで敵意を霽すにあり、退いて自己を正すにあり、而して神は常に第二途を択び給ふ――人類が自己を省みるに敏にして他を責むるに鈍くなる時に至て敗戦は全く廃止せらるゝに至るなり」（聖書之研究）と信ずる彼にとっては、当然の転身であったかもしれない。それは仏教界にあつて、「仏陀の慈悲と云ひ、基督の博愛と云ふ、共に霊界の事に属す。肉的生命、肉的国家の栄枯盛衰は何等の顧慮する所にあらざる也。故に仏の慈悲と基督の博愛とを盾にして、非戦論をたつる者も亦滑稽の至り也。慈悲又は博愛は霊の上にこそ。されば戦争の慈悲と衝突せざることあり、平和の博愛と相応せざることある也。戦争と云ひ、殺人と云ふ。共に地上の事に属す。地の以上を行く仏陀又は基督の関する事にあらざる也。地の事を地の人に委せよ、霊の事は霊の上に真実あらしめよ。地上の事に霊の事を混乱せしむる勿れ」（超戦争観・暁烏敏『精神界』Ⅳノ111）と専ら霊的世界に尽さんとする浩々洞と、態度を同じくするものといえる。

だがしかし、その様な、地を去つて直ちに霊の世界に尽さんとのみするとき、そこに地の事柄に対する黙認が結果されはしなかつたか。確に彼等は、先述の一般宗教界の人々の様に——次章で触れる求道学舎の近角常観も亦、「大乗戒に於ては、護法の為めに干戈を許す明文も有之候。故に吾人は、たとへ戦争あるも正しき主義の為め、又平和の理想のゆくべき道行として之を認むる次第に候」（予が信仰に関する質疑に答う・『求道』二号）といつている——戦争を戦争として容認する事はしなかつた。だが同時に、彼等は戦争を戦争として、謂う所の地上的・社会的事実として見る事もしなかつたのである。しかも猶地上的事柄を捉え来つて、それに「我等は他の総ての世の出来事を、如来の我等に降したまへる賜物と信ずるが如く、戦争も亦不可思議の霊用と信ぜざるを得ざる也」（戦争が与うる教訓）と、霊界よりのみこれを説くとき、人々の目をその地上的意義に昏くせしめたのである。その限り、思想的論理的に何故そうであるかを究明する事もなしに、唯平和のため、正義のための戦争として協戦に努力した一般宗教界と本質的には異ならぬ態度として、内村鑑三や浩々洞も地の人々によつて批判されねばならなかつたのである。

六、内村の日曜学校

内村鑑三の反戦論

内村鑑三の反戦論は、識者によつて、更にその根底に「文明とは欧州の平和を保たむが為に、二百五十万人の常備兵と之を維持せんが為に毎年六十億弗の支出を要し——社会を益々複雑たらしめ、人をして無限の欲と望との内に無限の愁苦を感ぜしむるものか」（求安録）「文明と道徳とは並行しない。逆行する」（テサロニケ書に現われたるパウロの未来観）という西洋近代文明への深い懐疑をもち、「我等は近代人と基礎的思想を異にする」（同上）という反近代主義へと発展した事、そして彼が日本的キリスト教を唱える時、「かの欧米人は、かれらの生来の好戦的性質を否定できぬ故に、キリスト教をかれら自身に似た好戦的宗教となした」（キリスト教と仏教）と欧米キリスト教を排し、真のキリスト教はその発祥地を「一致と平和とを代表する」アジヤにもつが故に、同じくアジヤに発祥した仏教と、「戦争を否定し嫌悪」し、「共に敵に対する無抵抗を教え」「愛に於て世界を征服し得る唯一の武器を発見する」事に於て「本質的に同一である」（同上）と説く処までに徹底せしめられていった事が注意されている。そして、その福音と西洋近代文明との対立を超克せんとして、逆にそれが「退治すべきは近代人と近代思想とである。幾分にても此目的を達し得べくんば儒教漢学甚だ結構である」（大正十三年日記）という復古思想にまで転じてしまった事に対する種々の評価がなされている。確にこの事は、彼の我国における歴史的意義と考え合せるとき、重大な意味をもつであろうが、今はその事を問題とする余裕をもたない。唯ここでは、その様な生涯の歩みを辿つた彼の、日曜学校、聖書講読会について、その性格を眺めたいと思うのである。そして、そこにおいて、前述のごとき社会情勢を背景に、ともに純粋に信仰生活に生きた団体として、浩々洞や求道学舎と、その性格を比較してみたい。

近角常観の求道学舎

『東京独立雑誌』廃刊後二ケ月、明治三十三（一九〇〇）年九月に、内村は、以後終生の仕事となつた雑誌『聖書之研究』を発刊した。それは「是を『聖書之研究』という。然れども是が必ずしも聖書の講義録の類に非ず。余輩の目的は聖書を広義的に解し、其伝うる教義を吾人今日の実際的生涯に適用し、以て基督教の人生観を我邦の中に吸入せんとする」（発刊の辞）事を目的としたものであった。

彼が終生唱えていた日本的基督教が、「日本人が外国の仲人を経ずして直に神より受けたる基督教である」（日本的基督教）とき、それが亦、一切の制度的教会から独立して直ちにイエス・キリストに繋がる無教会主義となった事は周知の通りである。そしてその様な日本的基督者を以て自任していた彼は、「天よりたゞちに受けた任務」（同上）としての真理伝播者たる自己を自覚し、「神の栄光をあらわし、かれを永遠に悦ぶこと」を以てその天職とした。雑誌『聖書之研究』は、その天職を全うするために発行されたのである。それは学的研究か社会事業かの違いはあれ、その宗教の存命を図る事に汲々として、真にその教法に生きる事の少なかった明治宗教界にあって、冷い教義の研究ではなく、自己究極の問題を満足さすものとして、その教に生きているものの雑誌であった。

それは、仏教界における浩々洞、或は、近角常観の求道学舎等と、その意義を同じくするものといえよう。

ここで求道学舎について少し触れておくと、同舎は、明治三十五（一九〇二）年五月、欧州宗教制度視察の旅から帰った近角常観が、森川町の旧宅を清沢満之より明け渡されて以来、清沢満之の勧めによって、「唯何と云ふ考もなく、土地の便宜上帝国大学へ通ひ玉ふ諸君にして、共に道を求め玉ふ人々と寝食を共にしたらばよからむと存じて」（『求道』Ⅱノ5、学舎三周年記念日、近角挨拶）始めたものであった。そして是亦、浩々洞より引き継いだ日曜講話は、その後も、浩々洞同人らの協力のもとに続けられていき、やがては、キリスト教界における内村鑑三の日曜学校・海老名弾正の本郷教界、仏教界における浩々洞等とともに、三十年代の宗教熱にもえる青年達の依処として一中心をなすに至つたのである。帰朝後の、豊かな知性と宗教的情熱とを併せもつた彼の講話・論文は、特に学生間に大きな影響を与え、その講話会も、従来の学舎における日曜講話の外に、女子信仰談話会（毎月第三日曜、於学舎）・第二求道会（毎土曜日・於九段仏教倶楽部）へと発展、更に、日本橋倶楽部における、同地域の実業家とその子弟を中心とした第三求道会（毎月二日）までが誕生、一方、彼の夏期地方伝道に従つて全国各地に求道会がうまれる勢となつた。彼も亦、宗教を眼前に据て、是に合理的批判・解明を加へるのではなく、「只仏教の生ける実験を復活し来りて人生問題の解決に供へ、健全なる慈養分として信仰の生命を養ふこと」（『求道』Iノ1・仏教之真髄）、を念願として、「宗教的見地に立ち宗教を研究する」（同上）ものであり、そこから「宗教を宗教として味ふには必ず成立宗教ならざるべからず、歴史的宗教ならざるべからず」（同上）と唱えていた。『求道』（仏教同盟会時代の機関誌『政教時報』第百八号を以て改題した求道学舎の発行誌）誌上に於て、親鸞研究に没頭、学舎の舎生は『歎異鈔』を中心にその信仰心を培われていつたのである。

厳しい内村の日曜学校

しかし、その様に純粋に宗教的であつたが故に、内村鑑三の日曜学校と、浩々洞・求道学舎とは、はつきりその性格を異にする。

ベル書翰に基いて内村の生涯を編纂した山本泰次郎は、日曜学校の模様を次の様に記している。「当時内村の日曜集会はきびしさそのものだつた。限られて許された二十人ほどの青年だけが出席をゆるされた。

集会は儒者の講莚のようにおごそかであつた。青年らは予言者の如き内村の前に身ぶるいしつゝも、彼の語る天来の霊感のことばを一言半句も聞きもらすまじと、日曜日ごとに一里・二里の道を徒歩して、心をおどらせつゝ角筈へ急ぐのであつた」（内村鑑三の生涯・一五四頁）と。明治四十一（一九〇八）年に落成し、以後二十余年間の伝道活動の本城となつた今井館における聖書講読の会も「聴衆は厳選され、少くも五・六年継続して出席する忍耐力ある者だけが会員たり得る」（ベル書翰・七〇信）会員組織がとられている。

そこにえがかれている雰囲気は、「浩々洞は其名の示すが如く、浩々たる事秋天の澄晴、際涯を見ざるが如く、洋々たる事ひねもすのたり〱打つ春の海の如し。各好む所をなし、各思ふ所を行ふ。興至れば我を忘れて呵々大笑し、時に議論風生、夜の更行くを覚えず」（多田鼎「入洞之記」）という浩々洞、或は、「而して近角は常に此等在舎諸君の中心となり、朝には一同袖を列ねて仏前に詣し、正信偈・歎異鈔・御一代聞書等を拝読して先づ一日の恩寵を感謝し、夕には団欒食卓を囲みて或は信仰を語り或は無邪気なる談話に一日の労を忘る。特に意を用ゐずして而かも自から各自行く可きの処に向はしめらるゝは、誠に大悲善功の指導によらずんばあらず」（其後の求道学舎、『求道』Ⅴノ1）という求道学舎と、その相異の両極端なる事に驚かざるをえない。

もとより一は日曜学校であり、他は起居を共にする塾であるという相異はある。けれども、例えば両者が同じく〝実験〟という事を云うとき、内村にあつては「其伝うる教義を吾人今日の実際的生涯に適用」（聖書之研究発刊の辞）する事、即ちいかに福音に生きたか、という事を意味し、清沢・近角にあつては、煩悩の大地にあつて仏の慈光を身にうけた次第を意味していた。一は天への実験であり、一は地における実験であつた。浩々洞を培つた精神主義は、「此の主義は全く自己無能の表白なれば也。どの方面に向つても、閉口し、閉口し、閉口しをはつたとの白状、即ち精神主義」(『満之全集』第八巻二八七頁)であつた。近角常観においても亦、始め「世界の本体は真如であると考へ、尚又之れを人格的に写象して仏陀と考へ、此原理を研究し、此仏陀に対して帰依の情を催し、且此仏陀の指導の下に人生日常の行為を為す」(実験の信仰に就て・『求道』Ⅴノ10)のをその信念としていたが、実生活に於て「仏陀の命令の下に行ひ得べしと考へて居つた敵を愛するとか、身を殺して仁を為すとか、恩を以て怨に報ゆなどとか、他のために犠牲になるとか云ふやうなことは、皆悉く駄目になつてしまつた」(同上)、その底から獲得された大慈悲・仏陀への信仰であつた。

それに対して、内村鑑三は、「『神は愛なり』との福音はもと〳〵峻厳なる律法より始まつたのである。『なんじ……すべからず、……するなかれ』との律法をその根源として発し来つたのである。ゆえにモーゼの十誡の研究は、キリスト教の根本の研究である」(モーゼの十誡)と説く。しかもそのモーゼの十誡は、「真の神をみとめずして個人も社会も国家も存立する能は」(同上)ざる事を教える。従って、その様なモーゼ十誡の精神を根基とする教義を「吾人今日の実際的生涯に適用」(聖書之研究発刊の辞)する事を目的とする彼の日曜学校にあつては、聴衆は、ひたすら彼の「天来の霊感の言葉」(内村鑑三の生涯、山本泰次郎)に従つて生きる事を迫られたのである。プロテスタントのもつ倫理性は、彼の血となつて流れている武士魂と混然一つになつて、いよいよその峻厳さを増し、異教的なものを排斥していく。「いかにして神の前に義とせられんか」。彼の全生活を貫く精神は、この一語に尽きていたのである。

しかし正宗白鳥が「人は果して教に殉じうるか」との疑問を残してその門下を去つた如く、その道に生きる事は力強き者のみのはじめて為しうる所であつた。選に洩れた若者達に対して、彼の日曜学校・聖書講読会の門は固く閉じられていたのである。人々は彼の厳しい生活態度に深い尊敬を払い得たとしても、そこに安らぐ事はできなかつたのである。

第三章　その意義

一、清沢満之の消極主義

宗教の本来性に立つ

先述の如き社会・宗教界を背景として十五年にわたる歴史を綴つた浩々洞の意義は、との問に対して、私は、西谷啓治博士の言葉を借用して次の様に答えたいと思う。即ち、我々がその歴史において浩々洞をもつているという事は、「滅に向つて行き詰りつ、あるものが未来に生きる可能性を見出しうるやうな、過去における自らの全歴史を再び伝統として蘇らせ得るやうな新しい空間」（清沢満之先生と哲学）を開かれたという事であると。

既に前章で触れた如く、同時代の種々の宗教団体が、夫々の立場、性格をもつて活発に社会に働きかけたとき、浩々洞は自から消極主義を標榜して自利を追求していた。その消極主義とは、社会活動をその生命とする積極主義に対して、非社会的なること、「要するに我らは世を忘れたる宗教家を以て任ずるもの」（社会を忘れたる宗教家・『精神界』九号）であつた。

厭世的なるものを嫌い、社会性を重んずる風潮は、押しつゞめれば、自己を中心として、一切他物をその自己への意義・価値に於て問う合理主義となる。従つて宗教が、その様な社会風潮に応ずる事によつて積極的たらんとする事は、宗教の、自我、人間への隷属を意味する事となる。学的合理性、慈善事業による社会への奉仕、もし宗教がそれを以てその存在理由を主張しようとするならば、それは、国家権力の宗教利用・阿片政策に迎合し媚態を呈する宗教家と五十歩百歩という事になるであらう。

宗教の真生命は、そうではなくて、その様に我々が一切の中心として立てゝいる自己そのもの、あらゆる他物に対して何のためにあるのかと問うている、その自己そのものに逆に、何のためにと問い返す処にある。然もその様な問いを問うという事は、どの様な社会変革、或は理論的新解釈が行われようと、なくなる事のない、しかも現在の自己のみでなく、過去・未来にわたつて全生物に課せられている限界——パン問題・死・根元悪等々——に立つ事であつた。即ち宗教本来の立場は、人間のもつとも根元的な限界に立つて、しかもその限界を超えようとする所「人間たるの道にはあらずして、人間以上の或る者にならうと云ふ道であるから、この道に進まうと思うたならば、是非共、人間世界の事物を頼みにするやうな心を離れねばならぬ」(『満之全集』第六巻一四二頁)のである。従つて、宗教々義を学問的・合理的に研究する事を旨とする「法門取扱商」からは、「学説と歴史とを買ふ」事はできても、彼等から「人生問題の終極などを開かんと欲するは、木に魚を求むるが如き」(法門取扱商『精神界』第十三号)愚行であり、社会正義・社会改良の美名に酔うて、自己一身の改良を忘失している慈善家は、偽善者として、或は十万金を夢みて、懐中に一金だけをでも蓄へるための努力をなさぬ愚者として笑はるべきであらう。

しかも実はその様な、人間の限界をふみ切つて「完全なる立脚地」(『満之全集』第六巻二頁)に立つ事なくしては、いかなる人間的社会的問題も、根源的には解決し得ないであらう。若しその様なものでなければ、それは、人間の根源的限界に立つたとは云いえない筈である。それについて、清沢満之はこう云つている。「吾人が相対有限より絶対無限を開説せんとするに当りては、吾人は必ず否定の方法によらざる能はざるなり。――吾人は何者をか否定す可き。曰く、相対有限界を否定し尽さゞる可からず。而して其の捷径は、相対有限界の根本的標本的思想を否定するにあり。――相対的有限界の根本的標本的思想にして、最も吾人に近切なるものは、主観的実体、即ち自我其の物に如くはなし」（仏教の効果は消極的なる乎『満之全集』第六巻四四八頁）。従つて、彼が、そして本来宗教が問題とする自我とは、相対的有限界の根本的標本としての自我、云い変えれば、他者・社会・世界全体を荷負し、代表する標本としての自我であつた。だからこそ、その自我を究極に於て問い、それが絶対否定を介して、絶対無限の力に絶対的に活かされるとき、その自我は、相対的有限界・人類全体と、絶対無限の力との媒介として、或は絶対無限力の象徴として、再び社会に、世界によみがえつて来る。「自利が出来たら沢山である。羅漢の中には虎の口を捉へて居る人もあるし、鉢を捧げ灯を掲げて居る人もあるが、其の羅漢が自利を全うして居る所を人が手本とすることが出来る」（『満之全集』第八巻二五七頁）という清沢満之の言葉にもそういう意味がこめられていたのであらう。

此処に於て、自から消極主義を唱え、自己一身の安慰の門を求めていつた浩々洞こそが、実は全人類の問題を荷負する者として、最も積極的な意味をもつものであつたという事ができよう。

その様に、宗教はあくまで自己一身の安慰の門を求むるものであつて、決して、その社会的利用価値をもつて左右されるべきものではない。しかるに世の多くの宗教家・団体が、その様な宗教の社会的利用価値を問う世間に直接答える事を以て、その宗教を時代に活かす事と誤断し、ひるがえつてその様な自己（人類）そのものを問う事がなかつた。だからこそ、彼等が時代の要求に答へようとして努力すればする程、彼等は時代に従つて漂い出し、その時代と共に姿を消すに至つたのである。

二、極限において自己を問う

その意味で、浩々洞は消極主義に生きたのであり、そこに洞の意義もあつた。だがその浩々洞は、僅か十五年の歴史の間に、あの様な変転・衰滅を体験した。この事は何を意味するのであろうか。

先述の如く、浩々洞の変転は、暁烏ら洞人の、歴史的使命の自覚から招来された信仰の固定化に起因する、と考えられる。信仰の固定化とは、絶対無限（者）と、死や根源悪に集約される如き多くの問題を抱えて苦しみ悶え歴史と共に変転している生きた人間との、緊迫した連がり、活き〳〵とした交流がなくなり、その流れが一方的になつてしまつた事を意味する。その教学が教権と化するとき、活きた人間にはそれを批判する事が許されず、逆に唯教権によつて批判され、処断されるのみとなる。そこでは一方的説明しかなされ得ないのである。その様な信仰になずむ時、それは亦「私は如来の本願力を味ふことの外に人生の意義はないと思つていた。それ故苦しい惨ましい事実と遭う毎に、如来に走り、念仏に隠れて、そこに信仰味を貪つていた」（隈部慈明・教へよりは生命を）という事となり、その信仰は、いかなる人間の問題とも無縁なもの、固定したものとなつてしまう。

その事は、前章で触れた戦争観に於ても同様である。確に「信仰の眼光より見んか、戦争は国家の争奪にあらずして、国民の柔弱を醒覚し、国民の昏睡を警醒せしむる如来の方便」（戦場に応現したる救主の姿を見よ『精神界』4ノ6）であろう。信仰に生きる者は、あらゆる事象に於て、直ちに絶対者の声を聞き、その教を読む。しかしそれは、決して、地上的事象に神の声という着色をする事ではない。そうではなくて、相対的な立場、自我を離れて、その事象の如実相を明にする事である。それは戦争という事件を通して、直ちに人間の、自己の劣悪さを明にすると共に、同時に、戦争という事件そのものの如実相をも明にして行くものであろう。従つて、戦争に際して、自己の貪欲・無知を否定するとき、それは同時に、国家的貪欲・無知をも否定するものでなければならない。もとより宗教家は政治家ではない。したがつて、同じく反戦を唱へても、政治的に術作を用いてそれを阻止することが目的ではない。それは唯々、その如実相を明にしていくという方向に於て、結果的に反戦となるべきものである。

しかるに、現実の事象に於て直ちに如来の光明を云々するのみで、その光明に照らして現実の事象を、自己の実相を透見せぬならばそれは、単なる現実無視・抽象となつてしまう。極限に於て自己を問う、その深みから、再びその自己を「根本的標本」とする現実社会に戻る事がなければ、それは現実の人間の宗教ではなくなつてしまう。その時、その信仰は、程よい程度に現実を撫でるのみで、遂に現実との血の交り合う連がりはなくなつてしまう。そこから、相対有限なる現実社会を超出して、絶対安慰の世界に遊ぶという美名のもとに、却つて、安易な現実との妥協を結果する事となるのである。

三、時代を超えて生きる清沢満之の精神

もと〳〵清沢満之の〝実験〟は、現実・自己体験を通さぬ信仰を拒否する精神であつた。それは、真実の教にふれても、「其の時一時は心よき気持になりまするが、亦復いやになることがないとは申されぬ」

（『満之全集』第八巻一六九頁）様な自己に立つて云われる実験であつた。その自己をあげて、一切の教義・事象に問いかける事であつた。従つてその問いは、相対有限と、絶対無限とを厳しい緊張の下に、活き〳〵と繋ぐものであつた筈である。それは、有限なる自己・現実を厳しく否定すると同時に、曖昧・虚偽なる信仰をも拒否するものであつた。現実への迎合・現実との妥協を許さぬと同時に、現実からの遊離をも許さぬものであつた。そこに、増谷文雄の述べている如く、四十歳未だ完成の途上にして早くも世を去つた彼の生涯が、正しき出発者として滅すべからざる意義をもつのである。

浩々洞も亦、その彼の精神を精神とする限りに於て、不滅の意義をもつ。即ち、人間として、仏者として、正しき問い、真実の問いが問われ、〝実験〟が追究されて行つた所としてである。しかしその「問い」が、即ち「出発」が、「答え」即ち「帰結」として置き変えられたとき、浩々洞も亦、世の多くの宗教団体と同じ転滅の歴史を辿らなければならなかつたのである。しかし、その転滅は、形骸化・教権化した、いわば恩寵主義的「浩々洞」の挫折であり、個人的には、自己内部の「黒煙毒火」の自覚であつたのである。それは一つの立場から他の立場への変移ではなく、新らしき〝出発〟への還帰であつた。自己の正しき問いをもつ事であつた。挫折を体験した暁烏敏が、その凋落の底で、更めて、「先生、敏は地の謂であります」（更生の前後）と呼びかけた様に、精神主義的態度、にもどり自己の極限に立つて正しき問いを問い直す事であつた。

浩々洞衰滅後、現実の浩々洞は、二度と組織される事なく、洞人は各自の道を歩んで行つた。しかし、その様に浩々洞の、清沢満之の真面目が、その問う態度、問いの真実さにあつたが故に、浩々洞は、その形骸や、時代を超えて、現代に猶、生きているのである。

源信

一、『往生要集』の成立

略伝

慧心院源信、天慶五（九四二）年、大和国葛木郡当麻郷に生まれる。父は卜部正親、母は清原氏の出であると伝える。村上天皇の天暦二（九四八）年、七歳にして父を失う。同八（九五四）年、十三歳にして、慈恵大師良源[1]のもとに出家、受戒した。

伝によれば、天暦十（九五六）年、歳わずかに十五歳のとき、その学徳を聞かれた村上天皇の勅により、宮中に法華八講の講師に任ぜられ、さらに、とくに『称讃浄土経』を講じたという。天延元（九七三）年には、歳三十二歳にして広学竪義[2]にあずかり内供奉十禅師[3]に任ぜられ、翌二年の講経法会には、南都の奝然と対論、これを破斥した。その才智の衆に秀でていること、諸伝のひとしく伝えるところである。しかるに、母や妹のいさめを縁として華やかな講経、法会の場を去り、横川にこもって、ひたすら浄土往生を願うにいたった。

その学識は、天台の法門を中心として、ひろく顕密の諸教門にわたり、また後世、慧心流の祖と仰がれるにいたった。著わせるもの、『一乗要決』三巻、『大乗対倶舎鈔』十四巻、『観心略要集』一巻、『阿弥陀経略記』一巻など数十部に及ぶ。とくに、広く一代仏教の経文を集めきたって、濁世末代の凡愚の往生浄土には、ただ念仏の一門によるべきことをあきらかにした『往生要集』三巻は、時の人々の往生思想の指針となるとともに、法然をして念仏宗を独立せしめる機縁ともなった。たまたま来日せる宋人に託して、彼の国にも伝えるに、種々奇瑞をあらわし、人々楞厳院源信如来と遥かに礼拝したと伝える。

寛和二（九八六）年ごろより、覚超・良範・保胤ら同志二十五人と二十五三昧会を結び、互いに善友となって往生浄土を期し、さらに華台院に迎講を創始して、ひろく浄土往生の道をひろめた。

寛仁元（一〇一七）年六月十日、歳七十六にして歿す。

『要集』の意図

数多い源信の著作のうちでも、その主著というべきものは、いうまでもなく『往生要集』三巻である。他の多くの著作が特定の経典、特定の教義についての註釈、論文であるのに対して、『要集』は、自己の救済を求めて広く仏一代の経典をひもとき、心読した源信の、求道の歴史と、その信境を端的に語ったものである意味においても、源信の代表著作たるの意義を荷負するものといえよう。

しかもこの『要集』は、仏教史上においても、従来の、寓宗としての念仏門に、広く仏一代教の帰結としての意義をあきらかにし、法然をして選択念仏せしめる素地をつくったものとして、重要な意義をもつものである。またその「厭離穢土」「欣求浄土」二門の文学的ないきいきとした描写は、時の人々に地獄・極楽を身近なものとして実感せしめ、藤原道長が藤原行成に命じて『要集』の書写を命じているのを始めとして、時の人々の願生思想に決定的な影響をあたえた。

ちなみに、源信が覚超・良範・保胤らとともに二十五三昧会の念仏結社を結んだのは、『要集』完成の翌年、寛和二（九八六）年のことである。『往生要集』製作の意図は、つぎの源信みずからの言葉のなかにつくされている。すなわち、『要集』の序文にいう。

それ往生極楽の教行は、濁世末代の目足なり。道俗貴賤、誰か帰せざる者あらん。ただし顕密の教法は、その文一にあらず、事理の業因は、その行惟れ多し。利智精進の人は、未だ難となさざらんも、予がごとき頑魯の者、豈敢てせん矣。この故に、念仏の一門に依って、いささか経論の要文を集む。之を披きて之を修すれば、覚り易く行じ易からん。（真聖全一、七二九頁）

『要集』の構成

全体は三巻、十門より成っている。「厭離穢土」「欣求浄土」「極楽証拠」「正修念仏」「助念方法」「別時念仏」「念仏利益」「念仏証拠」「往生諸行」「問答料簡」である。

厭離穢土門においては、厭離すべき穢土の状を六道にわたって詳述し、その無常・苦・空の姿、その因果の理をあきらかにする。ついで一転して、求むべき極楽の状を、十楽をあげて説きあかす。十楽は、畢竟するに、仏の悲願力・仏光につねに摂持され、照らされ、諸菩薩と善友となり、外に悪縁なく、内に重惑を伏して、仏道が自然に増進するということにつきる。いかにして仏道を成就することができるか、人間はいかにすれば、真に安住の心をもつことができるのか、その心が、この世界の現実に対するふかい痛みとなり、極楽浄土への切ない思慕の心となって、源信の生涯を貫くのである。

ではなぜ十方に浄土あり、またとくにその行成し易しとされる兜率があるのに、ひとえに西方極楽を願うのか。その理由を、つねに心乱れて志を果たすことのできぬ衆生の心を専一にせしめるためであり、阿弥陀仏がこの世界の極悪の衆生と偏えに因縁があり、さらに十方恒沙の諸仏がともに阿弥陀を念じ、仏の大悲本願力に乗ずれば必ず極楽世界に往生をうることを証誠し給うからである、とあきらかにする（第三、明極楽証拠門)。

それでは、いかにして安楽国土に生じ、彼の阿弥陀仏を見奉ることができるのか、それこそ源信が『往生要集』を著わした主眼点でなければならない。ここにおいて源信は、以下、「正修念仏」「助念方法」「別時念仏」「念仏利益」「念仏証拠」の五門をもって、念仏往生の道をあきらかにする。

まず『浄土論』の五念門に準じて四修念仏をあきらかにするが、なかにおいて、作願・廻向の二門は広く諸々の行業に通ずるとして、正しく往生の行としては、礼拝・讃嘆・観察の三門をあげる。すなわち、仏の功徳を、身口意の三業にわたって観念することこそ、往生念仏の本義であることを明かしている。特にその中心である観察門については、別相観・総相観・雑略観の三つに分かって、仏の依正二報を観念する法をあきらかにするが、しかも、その立場は、

もし相好を観念するに堪へざるもの有らば、或は帰命の想により、或は引摂の想により、或は往生の想によって、一心に称念すべし。(「雑略観」真聖全一、八〇九頁)

と、最後には称名念仏に帰結すべきものであることをあきらかにしている。

第五助念方法・第六別時念仏においては、念仏の実践における実際上の工夫についてあきらかにする。まず助念方法においては、方所供具・修行相貌・対治懈怠・止悪修善・懺悔衆罪・対治魔事・総結要行の七門に分かつが畢竟するにそれは、「未だ智火の分あらざるが故に、煩悩の氷を解きて、功徳の水と成すこと能わざる」(「止悪修善」真聖全一、八四〇~八四一頁)自己の妄念惑業との苦闘の跡ともいいうる。そしてそれは「往生之業、念仏為本」たることにつき、その念仏について「深く信ずると、誠を至すと、常に念ずるとの三事を具す」(「総結要行」真聖全一、八四七頁)べきことを強調するのである。この一段は、法然によっ

て「是則ち此集の肝心なり。決定往生の要法也」と結せられたところであり、ことに文中の「往生之業念仏為本」の一句は、その宗教の全意義を示す標挙として『選択集』の巻頭に記されたところである。

第六別時念仏は「一二三日、乃至七日或は十日乃至九十日」と、一定の日数をかぎって念仏行を修する別時念仏と（尋常行儀）、臨終の行儀とについて詳述するものであって、とくに、その臨終念仏には源信の創意にもとづくものが多く、その二十五三昧会における実践と相まって、広く当時の一般願生者の指南となったものである。

第七は一転して念仏の利益を明かす。初め滅罪生善・冥得護持・現身見仏・当来勝利の四門にわたって、諸仏に通じて念仏の利益を明かし、第五に別して弥陀を念ずる利益を明かし、ついで念仏によって成仏、往生せる例をひいて人々の信を勧め、最後に、念仏の悪趣にまで及ぶ功徳の大きさを讃える。それは一見功利的思想にもとづいて念仏の利益を数えあげているがごとき観があるが、しかも、特に弥陀利益において、『観経』の、

光明遍く十方世界を照らす。念仏の衆生を摂取して捨てたまわず。（聖典一〇五頁）

の文、さらに『観経』三生の念仏による往生の文をあげ、最後に、『観経』の、

もし念仏する者は、当に知るべし、この人はこれ人中の分陀利華なり。観世音菩薩・大勢至菩薩、その勝友と為りたまう。当に道場に坐して、諸仏の家に生ずべし。（聖典一二二頁）

の文をもって結んでいるがごとき、念仏の教えに遇いえた歓びをとおして、その功徳を讃嘆されたものといいうる。しかもその根底には、聖道の教えのごとくには、ついに自我を超えることのできなかったわが身に対するふかい懺悔があるのであって、そのことはつぎの念仏証拠門にいたって一層明瞭になる。

この一門は、「一切の善業は各々利益あって各々往生することをうべし。何が故に唯念仏の一門を勧むるや」(真聖全一、八八一頁)をはじめとする三番問答を通して、念仏こそ男女貴賤、行住坐臥を簡ばず、時処諸縁を論ぜざる易行道であり、しかも四依の菩薩の理尽の法たることを明かす。ことにその一番問答において、諸の聖教のなかから念仏をもって往生の業とせる文十文をあげるなかに、『観経』下下品の文より源信がその宗教体験のすべてを通して取意せる「極重悪人無他方便、唯称弥陀得生極楽」の文は、同じ『観経』の文にもとづく「大悲無倦常照我身」の文と共に、源信の信境を端的に表白したものとして、宗祖も『正信偈』『和讃』さらには『教行信証』「化身土巻」にその意義を讃えられたところである。

つぎに第九往生諸行にいたって、まず一切経のなかより、念仏以外の諸行をもって、往生の業となせる経文を出し、ついでそれらの諸行を、総じて施・戒・忍辱・精進・禅定・般若・発菩提心・修行六念・読誦大乗・守護仏法・孝順父母奉事師長・不生憍慢・不染利養の十三に結して、「各々の楽欲に任すべし」(真聖全一、八八三頁)と説く。この一門は一見唐突にみえるが、おそらくは、上来、みずからの仏道を求めて念仏の一門をのぞいては他の方便なきことを明らかにして後、ひるがえってつぎの最後の一門とともに、いま一度それを、広く一切の仏道のなかにとらえ直そうとするものであろう。しかも、この諸行往生において、「自ら根性を料りてこれを進止せよ」(真聖全一、八八八頁)と結ぶところ、結局は、諸行を通してみずからの根機をあきらかに自覚することを願われたものであろう。

最後に、極楽依正・往生階位・往生多少・尋常念相・臨終念相・麁心妙果・諸行勝劣・信毀因縁・助道資縁・助道人法の十事に関する問答料簡をとおして、西方阿弥陀仏の極楽浄土への往生をあきらかにして、その『往生要集』を結ぶ。なかにおいて、道綽・迦才の説意を汲んで浄土に報・化二土を分判し、執心の浅深によることを明らかにされたことは、宗祖が『正信偈』『和讃』さらには『教行信証』「化身土巻」等に広く引用、その意義を讃えられているところである。

註

（1）近江の人、天台宗第十八世座主。座主となった康保三年、延暦寺講堂をはじめ、一山三十余宇焼失の難に遭うも、以後二十年間にわたって、全山堂宇の復興をはじめ、宗義の宣布につとめ、叡山中興の祖と仰がれ、寛和元年七十四歳にて寂するや、慈慧大師と勅諡を賜わった。その門下三千人とも伝えられ、とくに、源信・覚運・尋禅・覚超を四哲と称している。その著書もすこぶる多いが、とくに、専ら天台の教旨によりて『観無量寿経』九品の文を註解した『極楽浄土九品往生義』は、『往生要集』の先駆をなす書として注意されている。

（2）広く学び義を立つの意。天台宗において、宗徒の知解を増進せしめるための討論会。学生に論題をあたえてこれを講ぜしめ（竪者という）、問者あって難じ、精義者あってこれを判じたという。なおこのときの出題者を探題と称した。

（3）宮中の内道場に供奉して、読経等の役を勤めた。学徳兼備の僧十師を選んで任ぜられるところから、十禅師と称せられた。

二、厭欣の心

我はこれ故仏

宗祖は、その「源信和讃」の頭初に、

源信和尚ののたまわく　われこれ故仏とあらわれて
化縁すでにつきぬれば　本土にかえるとしめしけり（聖典四九七頁）

の一句をかかげられた。いうまでもなく、この一句は源信がその法友、三井寺の慶祐とのいずれか先に入寂した者が、その証れるところを知らせ合おうとの約束によって、源信入寂後白雲に乗って慶祐のもとにあらわれたまい、「我はこれ故仏、霊山聴衆也、化縁すでにつきて浄土に帰するなり」と告げられたという伝説によられたものである。このような伝説にもとづく一句を、その頭初におかれた心はどこにあるのだろうか。

もともと源信は、その学徳をもって世に隠れもない天台宗の学問僧であった。すなわち、歳幼くして父と死別した源信は、母親の願いを一身にうけて出家、叡山で良源のもとに学んだ。そして、天延元（九七三）年には三十二歳にして広学竪義にあずかり、内供奉十禅師に任ぜられ、翌年の講経法会は、南都の奝然と対論して知識抜群の誉れをあたえられている。『因明四相違疏註釈』三巻などの述作もこの頃のことであり、さらにまた、天元三（九八〇）年三十九歳のときには、中堂供養の錫杖衆をつとめているなど、叡山での源信の名は華々しいものであった。その間、十五歳にして村上天皇に招かれ、宮中法華八講の講師となり、さらに『称讃浄土経』を講じたという伝説は、史実として直ちには信じがたいとしても、各種法会を通じて、宮中、貴族社会との交わりもふかかったと考えられ、諸伝ひとしく僧としての自負にみちた源信の姿をつたえている。ことにその学徳にいたっては、

天性聡恵、しかして又正直。法門を習学し道心堅固なり。法華を読誦して深義を解了し、文々句々開通無碍なり。五種法師の功徳具足し、四種三昧行法成就す。自宗他宗その玄底を極め、顕教密教その意をえたり。仏法の棟梁、善根の屋宅なり。（『法華験記』）

とまで讃えられ、さらには『往生要集』を披覧した宋人がひとしく楞厳院源信如来と礼拝尊貴したという

説話(1)をはじめ、当時宋の天台宗に並びなき学匠とうたわれていた法智大師知礼に『天台宗疑二十七ヶ条』を送って、「東域にこの深義の人ある乎」と感嘆せしめるなど、(2)その名は遠く大陸にまで伝わっていたのである。慶祐もまた、三井寺の僧として、源信の学徳を尊敬していた法友であった。

その源信がみずから、自分は、念仏をもって一切の衆生を摂化するために世に現われたもうた仏陀の説法を援けるために、霊鷲山の会座に連なった化仏であり、その法をこの日本にあきらかにするための化縁がすでにつきたから本土にかえる、と示現されたというのである。

横川隠棲

天台の学僧であった源信が、浄土願生者として廻心するにいたった直接の動機として、広く世に伝えられているものに、母親の訓誡がある。すなわち源信が、法会において供養された布帛を母親に贈って、かえって「願はくば多武峰の聖(3)のごとく、早く名利の衣を脱ぎすてて、真の仏道を求め、父をも母をも得脱せしめんための苦修練行を積みたまへかし」とさとされ、その賜物をも送り返されたという。(4)

天台の学問僧として当時の仏教界に広くその名がつたえられるまでに、ふかく経論の深義にわけいっていた源信にとって、わずかに母親一人をすら安んずることができないばかりか、かえってその母親のなかに、仏心が生きて流れていることに気づかされたことは、その求道の歩みを大きく左右するほどのおどろきであったにちがいない。これを機に、源信は叡山を降り、横川に隠棲している。その隠棲は、何よりもまず、いかに多くの経論を読み精緻な教学体系を我がものにしようとも、「仏意を了せずば、終に手を空しくする」(『一乗要決』「序文」)ものであることに眼を開かされた源信の自覚を物語るものであった。仏意を見失うとき、その学問は観念的な思弁の道に堕し、ついには、人をして名利の世界に執らわしめることともなるのである。

仏意とは、いうまでもなく、あらゆる衆生をして一仏乗に入らしめ、真如法性の理にあきらかならしめるにあった。ここに天台にあっては、円頓止観の三昧行法として、常坐・常行・半行半坐・非行非坐の四種三昧をたてるのである。[5]畢竟するにそれは、自己の妄心を止めて、一切諸法をしておのずとその実相を顕わすを感得しうるまでに已れを空しくし、法界真如の理を体解しようとする実相観であった。したがって、その学もまた、人をして正しく真如法性の理に肯かしめるために建立されたものである。ただしかし、その実相を感得しうるまでに已れを空しくするための修道学問の道というものは、それが至難の道であるだけに、その学解実践が深まれば深まるほど、かえって人をして孤高の情に溺れさすこととなり、観念の世界に沈着せしめることともなるのである。

母親の手紙によって、源信はその観念的な学問の世界を破られた。源信がふかく『観無量寿経』に心をひそめ[6]、身読に専心されたのも、おそらくはこの頃からのことであったと思われる。学問僧としての栄誉の座を投げうって、草ぶかい横川に籠った源信にとって、みずから瓔珞を絶ち、身をあげて地に投じた韋提希夫人の号泣、「唯、願わくは仏日、我に清浄の業処を観ぜしむることを教えたまえ」（『観無量寿経』「発起序」聖典九三頁）との求哀懺悔は、そのまま自己衷心の言葉でもあったであろう。そしてそこに説き明かされたところの定散二善の諸行は、源信をしてかえって人間性の内奥にひそむ罪業性にめざましめ、ついに「極重の悪人他の方便なし」との自覚をうながし、ここに「ただ弥陀を称して極楽に生ずることを得」（『観経』下下品取意、『要集』念仏証拠門）と、称名念仏の一道に結帰せしめられるにいたったのである。

厭欣の心

すなわち、自己の痛苦を悲しんで、清浄業処を観たてまつらんとの志願をもつとき、人はかえって、自己内奥の濁悪の姿を自覚せしめられることとなる。横川に籠った源信の心を領したものもまた、三悪趣の悲しむべき姿であった。「それ三界は安きことなし。もっとも厭離すべし」（真聖全一、七二九頁）の言葉をもってはじまる『往生要集』大文第一の厭離穢土門は、『正法念経』をはじめ『智度論』『倶舎論』『観仏三昧経』などの諸経論の言葉によって、六道の厭うべき姿を活写されたものであるが、しかもそれは、単なる経論の言葉の羅列にとどまるものではなく、それらの経文にふかく肯づかしめられた源信の、内観の世界を描きだした言葉であった。六道の厭相を結ぶにあたって、

まさに知るべし。苦海を離れて浄土に往生すべきは、只今生にのみあることを。しかるに我ら、頭には霜雪をいただきて、心俗塵に染まば、一生は尽くといえども、希望は尽きずして、遂に白日の下を辞し、独り黄泉の底に入らんのとき、多百踰繕那、銅燃猛火のなかに堕して、天に呼ばわり地を扣くといえども、さらに何の益かあらん乎。願わくば諸の行者、疾く厭離の心を生じ、速に出要の路に随え。宝の山に入りて手を空しくして帰ることなかれ。（真聖全一、七五二頁）

と述べられている語気には、六道の厭相の根底にある、どうにも救われようのない人間の無明性への、いらだたしいまでの悲しみがこめられているのを感じる。まことに、ひとたび目覚めた者にとっては、さながら獄中におるがごとき厭相をもって観ぜられる世界に、智眼なき者は、あたかも光音天に住まっているがごとくに、耽溺しているのである。(7) しかも人すべて、自覚をもとうともつまいと、みずからの業はみずからが果たさねばならない。父母妻子といえども、これを代わることはできないのである。ここに、源信

が諸経論の言葉を集めきたって、『要集』の第一に、三界六道の厭相を詳述せざるをえなかったのも、源信自身に内観された厭相の自己懺悔であることはもとよりであるが、さらには、人間存在をその根底においてあきらかにすることによって、広く人々に発菩提心をうながさんとする悲願によるものであった。そしてそこに、この娑婆世界においては修道得果の難きことを自覚せしめられた反顕として、浄土の十楽を数えあげ、もって、

かくのごときの利益、また楽しからずや。一世の勤修はこれ須臾の間なり。何ぞ衆事を棄てて、浄土を求めざるや。願わくば諸の行者、努力して懈ることなかれ。（真聖全一、七七四頁）

と、欣求浄土を勧められるのである。

天台という一宗門、比叡山をもって象徴される仏教界という限られた世界をすてて、横川の地に、ただの一個の人間として立ったとき、源信は、事実として、いかなる無知な老翁媼のうえにも仏心が生きて流れていることにふかく肯づかれたのである。ひとたびその心に目覚めるとき、それは、その仏心に随順し、その仏心に生きんとする願心となってその人を動かしてくるのである。その願心において人は、あたかも金剛不可壊の法楽を身につけたごとく、いかなるとき、いかなることをなしていようとも、あげて仏道のものとなるのである。(8) 源信が一貫して菩提心を強調されていることは、「往生の要」としてまず第一に大菩提心を数え、(9) また、

もし人、説のごとく菩提心を発さば、たとい余行を少《か》かんとも、願にしたがって決定して極楽に往生せん。（『要集』「正修念仏作願門」真聖全一、七九〇頁）

と述べられていることにもうかがえることである。そして実は、厭欣の心というも菩提心と別なるもので

はなく、菩提心に目覚めるとき、それが厭欣の心として自覚されるのである。源信が『往生要集』を厭離穢土・欣求浄土をもってはじめられたのも、その菩提心勧発の願いによるものであったといえよう。

註

(1) 『正元別伝』『恵心僧都絵詞伝』
(2) 『四明教行録第四』『仏祖統紀第八』『本朝高僧伝』
(3) 増賀上人のこと。良源の高弟にしてその名は広く讃えられていたが、母親の訓誡に、ふかく名利をさけ、宮中の内供奉、皇后の戒師に任ぜられんとするや狂人を装ってこれを避け、大和の多武峰に入ってひたすら修道につとめられたという。
(4) 『恵心僧都行実』『恵心僧都絵詞伝』『発心集』などにつたう。
(5) 多くの止観行を、身儀の異なるのにしたがって四種に分かったもの。
常坐三昧——また一行三昧ともいう。九十日を一期とし、専ら坐禅入定して余事を雑えず、法界の理を観ずるをいう。
常行三昧——仏立三昧ともいう。九十日間始終行道し、歩々声々念々。ただ阿弥陀仏を念ずるという。
半行半坐三昧——七日を一期とする方等三昧、三七日を一期とする法華三昧とがある。ともに懺悔滅罪を主としたもので、行と坐とを兼ね修する。
非行非坐三昧——方法・期間を定めず、随縁の処に妙観を成ずべきことを期する。
(6) 『往生要集』の構成が『観経』のそれに相通じるものをもち、またなかにおいて源信がその信境を表白する言葉のほとんどが『観経』の文によられていることは古来指摘されているところであり、またみずからも、『要集』巻末に、「正方の観行並びに九品の行果をあかすことは、観無量寿経にしかず」と述べている。
(7) 『正法念経』『要集』厭離穢土門総結厭相所出。
(8) 『要集』第四正修念仏の作願門において、菩提心の利益として「たとえば人ありて不可壊の薬をうれば」云々の『華厳経』入法界品の言葉を挙げておられる。この経文は、宗祖によって、廻向の菩提心をあかす引文として、「『往生要集』にいわく…」としてあげられている。

(9)『要集』第五助念方法の総結要行に「いずれの業を往生の要とするや。答。大菩提心と三業を護ると深く信じ誠をいたして常に仏を念ずるとは、願に随いて決定して極楽に生ず」とある。

三、誠の心

止観の行

いかにすれば、六道の痛苦に悩む我々人間が、ひとしくその迷妄を離れて仏意に適うことができるか、その心念純一無雑となって仏道を成就することができるか、それが、横川に隠棲した源信の、みずから荷負った課題であった。

もし心不浄ならば正道の因にあらず。もし心に限あらば大菩提にあらず。もし誠をいたすことなくば、その力強からず。この故に要ず、清浄深広の誠の心を須いよ。勝他・名利等のことのためにせざれ。

(『要集』「正修念仏作願門」真聖全一、七八四頁)

との言葉は、源信自身の修道上の自誡の言葉であったのであろう。

その清浄深広の誠の心とは、同じく「作願門」において、「理に順へる発心」「最上の菩提心」としてあきらかにされた、縁理の四弘願を成就するところにえられる心である。それは、一切諸法は本来寂静であって、有と執すべきものでもなく、無と断ずべきものでもなく、また、生まれもせず、したがって滅びるということもないのであって、生死即涅槃、煩悩即菩提として、一色一香も中道に非ざるものはない、とあきらかに認知する心である。このような最上の菩提心においてはじめて、その行も単なる個人的な修行としての意味にとどまらず、広く一切諸法の上に仏道を見る、普遍的な菩薩道となるのである。しかもそれは、つぎの「観察門」総相観において、仏身を、三身即一、諸仏同体、万徳円融の相好光明、真如実相の顕現として観ずる観念として強調されてあるところのものであった。この観念は、いうまでもなく、天台教学の実践法としてたてられた止観にもとづくものであって、このような理観を成就する方便の道として天台には、ひたすら阿弥陀の仏身仏土を観念する常行三昧も、すでに設けられたところであった。そしてその観法成就のためには、人間としてのその生活環境をもすて、人里離れた清浄の山に籠り、あるいはまた、極楽を目のあたりにみる思いのする美々しいみ堂に籠ったりもしたのである。

しかし、仏身の相好一々を個々に観じていく別相観であれ、その全体を観ずる総相観であれ、それを成就することは、心つねに乱れて止まることのない衆生にあっては容易ならぬことであり、またそれ故に、人あってその相好観に徹しえたとしても、結局その人の想念にとどまって、真に仏凡・主客が融通無碍に応じあう境地に入ることはできなかったのである。ためにもともと、個人的主観の殻を破って、広く真如実相の理に生きることを目的とする止観の道が、かえって個人の思いをふかめることともなったのである。時に、その妄心ことごとくを止めえた人がいたとしても、その人の存在は、妄心にうごかされて心休まる時とてない衆生にとっては、心を交わし合うことなど思いもおよばぬ聖者として、ただただ仰ぎみるか、かえって反撥するか、それともわが力のおよばざるを絶望するかしかなかった。そのため、結局その人も、現実には孤高の世界に閉じこもっているほかないことになるのである。

念仏為本

ふかく、そのような人間の実相を内観した源信は、ここに「頑魯の者」（『要集』「序文」真聖全一、七二九頁）としての自覚に眼を開かしめられた。そしてその自覚において、「衆生は障重くして、（中略）観成就しがたし。ここをもって、大聖悲憐して、直に専ら名字を称せよと勧めたまう」（真聖全一、六五一頁）との善導の『往生礼讃』の文にふかくうなずき、さらに『観経』の下品往生の文、『大経』の本願文にまで求めいって、そこに、男女貴賤ことごとくが、その行住坐臥を簡ばず、時処諸縁を論ぜずに往生せしめられる道は、「念仏をもって本となす」（『要集』「助念方法総結要行」真聖全一、八四七頁）ことが、確信されうるまでにいたったのである。

源信は、止観の道を徹底することによって、かえって頑魯の自覚にたたれ、そこに弥陀の本願念仏に帰入された(1)。しかもなお源信は、その念仏への確信が、自己の妄心を立場とする主張に堕することなきかを、つねにいましめられた。『要集』において、止観の道をあきらかにしながら、かえって「まさに一心に称念すべし」（「観察門雑略観」真聖全一、八〇九頁）と結するところにおいても、わざわざ細註をもって「已上、意楽不同の故に種々の観をあかす」（真聖全一、八〇九頁）といい、その他の箇所でも、自得を述べるときには、必ず「およそ意の楽に随うべし、異執を生ずることなかれ」（『要集』「第三極楽証拠」真聖全一、七八〇頁）、「しばらく愚管を述べたり。見ん者取捨せよ」（『要集』「第四正修念仏作願門」真聖全一、七九四頁）と付言されている。そこにも、ひたすら教法に信順せんとして、一点自説を固執し、主張することのなかった源信の姿をうかがうことができるのである。源信は、いかなるときにも、ひろく経文に学び、教意に生きる努力をすてられなかった。横川に隠棲し、念仏門に帰してのちも、天台教学はもとより、法相、浄土などの教理をあきらかにすることに努めておられるのもそのためである。そして、広く一代の経文を学べば学ぶほど、それがすべて、念仏の一門をそれぞれに証明するものとなっていることに、ふかい歓びを見出されたのである。そのことは、数多いその著作のうちでも、『要集』と並び称せられる代表的な書であり、みずからその巻頭に、「すでに今生の蒙をひらく、何ぞ夕死の恨を遺さん」とまで、その意をつくしえた書たることを書きつけておられる『一乗要決』が、古来くりかえされてきた一乗・三乗の諍論という問題を背景に、「全く自宗他宗の偏党をすてて」ひろく「経論の文義・賢哲の章疏を、或は人をして尋ねしめ、或は自から思択」して、天台法華の一乗義を宣説されたものでありながら、しかもその結語としての偈頌にいたって、「我今一乗教を信解す。願はくば無量寿仏前に生まれて、仏智見を開示し悟入せん。一切衆生またた然なり」と述べて、一乗教を信解し、仏意を了得するところ、おのずと浄土往生の願求となることを表白しておられることにも、うかがうことができるのである。

念仏の一門に帰してみると、実は仏一代の経文ことごとくが、それぞれに、念仏の一道を証明していることに気づかされたのである。そして実は『往生要集』は、そうした源信の求道の体験にもとづき、広く経文を集めきたって、その歓びを表白し、広く人々をして念仏の一道にすすめ入らしめんとされたものであったのである。

聖衆来迎

もともと念仏は、仏身を眼の辺りに観うるまでに己れの心を空しくする観念仏の道であった。そして、如実に心をこらす力のないものが、観念に準ずるものとして、称名念仏にその往生の願いをこめてきたのである。ただそれだけに、称名念仏は仏道本来の観念の道とは別にあたらしく開かれた行として、それが果たして真に往生浄土を成就せしめるかどうかは、つねに未定の問題として、願生者の心に不安として残っていたのである。したがってそのような願生者は、念仏の行が成就するかどうかが定まる瞬間として、臨終にその宗教生命を賭けたのである。臨終における奇瑞こそ、その願生者の願成就を証するものとして尊ばれた。そしてその奇瑞は、一般に紫雲たなびき、妙香ただようなかを、浄土から聖衆が来迎するという形で期待せられ、語りつがれてきていたのである。このような来迎を期待する心は人間世界の厭うべき姿が現実社会の事実を通して否応なしに自覚せしめられ、そこに、清浄の業処たる浄土を思慕する心が切実となればなるほど、その浄・穢の隔絶の意識において、浄土はいかにしてこの穢土に住む我々人間と交渉をもちうるのかと案ずる不安の反顕であったといえよう。

源信もまた、『要集』に、浄土の十楽を数えて、その欣求の心を開説するにあたって、まず第一に、聖衆来迎の楽をあげられている。もともとこの十楽は、源信みずからが記しているように、唐の懐感の『群疑論』に述べられている三十勝益、また唐の安国寺の利渉法師の作と伝えられる『安国抄』の二十四楽などを直接の手がかりとして、選びもうけられたものであるが、しかもこの第一の聖衆来迎楽のみは、源信によってはじめて、明確にかかげられたものである。ことに、第二の蓮華初開楽より、第十の増進仏道楽までは、まさしく浄土に備わる法楽であるのに、この聖衆来迎楽のみは、念仏の行者がこの娑婆世界において被る法楽であって、これを浄土十楽の第一においてあることは、もって源信が、かかる凡夫のうえにいかにして浄土への通路がひらかれうるかに、ふかく思いをひそめていられたことを物語るものであろう。晩年、華台院において、聖衆来迎を期する儀式として迎講をはじめられたのも、あるいはまた、来迎和讃をつくり、聖衆来迎図を画かれたと伝えられているのも、ともに源信の臨終正念と聖衆来迎を念ずる心ふかかったことを語るものであり、ことに、

我ら争《いか》でか必ず今生をもって生死の終となすべきか。坐して歎き、臥して歎く、最後臨終時恐らく正念に安住せざらんことを。寤ても思い、寐ても思う、一期生涯の暮定んで十念を成就しがたからんを。

という『観心略要集』の言葉は、浄土往生・臨終正念への、源信の切々たる祈願をつたえている。

浄心念仏

このように聖衆来迎を期する心はまた、念仏の法門に如実たらんとする心でもあった。すなわち聖衆の来迎こそは、その念仏の真実であることを証誠するものとして尊ばれたのである。伝によれば、皓々たる名月に誘われて閣に登り、ひたすら念仏三昧にふけった源信が、自室にもどって翻然とわれに帰り、「今夜のことすこぶる清浄業の思いあり。これまた魔縁なり」（『続往生伝』）と悔いられたという。ともすれば、その念仏は、かえって自己の実相を忘れていたずらな陶酔にふけらすこととなったのである。すなわちわが業清しの思いをもつとき、念仏もまた不浄なる人間の業として、かえってその人を迷わす魔縁ともなるのである。『往生要集』において、念仏を助成する方法をあかす一段をとくに設け、方処供具・修行相貌・対治懈怠・止悪修善・懺悔衆罪・対治魔事・総結要行の七項にわたって詳細に説きあかしておられるのもまた、このような源信の体験にもとづくものなのであろう。ことに、

尽日仏を念ぜんも、閑かにその実を撿ぶるに、浄心はこれ一両にして、その余は皆濁り乱れたり。

（真聖全一、八三八頁）

と、持戒・不起邪見などの止悪修善の道の必要なるを説かれる言葉は、外儀と内心との相違に悩み、いかにして浄心たらんかと、あらゆる努力を重ねられた源信のふかい懺悔を表白されたものといえよう。

しかもこのような妄心を対治する方法として「次第禅門」によって三種別相の治法を、さらにはみずからの体験にもとづく三種通治の方法を詳述しながらも、結局は、

我今未だ智火の分あらざるが故に、煩悩の氷を解きて功徳の水となすことあたわず。願わくば仏我を哀愍して、その所得の法のごとく、定慧力もて荘厳し、これをもって解脱せしめよと。(真聖全一、八四〇～八四一頁)

と祈願し、
このごとく念じ已りて、声をあげて、仏を念じて救護を請え。(真聖全一、八四一頁)

と勧めることに終わっておられる。すなわち、念仏を助成する方法を求めて、しかもかえって称名念仏のほかなきことを自覚されたのである。そのことは、さらにいえば、いかなる行をもってしてもついに浄心たりえない人間が、煩悩に眼障えられたそのままで往生しうる道は、ただ称名念仏の一道であることをいよいよふかく自覚せしめられた源信の歓びを語るものでもあった。しかも、煩悩に眼障えられてある者にわが煩悩の姿が見うるはずもない。その事実に思いいたったとき、源信は広大無碍な仏の大悲心にふれたのである。

ここに源信は、その『往生要集』においても、たとえば、「凡夫は勤修するにたへず、何ぞ虚しく弘願を発さんや」(真聖全一、七八六頁)と問い、或はまた、「凡夫は力無ければ、よく捨てんとして捨てがたく、或はまた貧乏なれば、いかなる方便をもってか、心をして理に順わしめんや」(真聖全一、七八八頁)などと、

つねに人間の事実に還って問いを発すことによって、そこにかえって仏の広大な願心をあきらかにしていかれたのである。

源信はどこまでもその自力をつくしていかれた。だからこそ、その源信が「煩悩眼を障えて見たてまつること」(真聖全一、八〇九頁)をえずと表白するとき、その言葉が万金の重みをもって人々の胸に迫ってくるのであり、またそれ故に、その自覚において「我もまた彼の摂取のなかにあり」(真聖全一、八〇九頁)と歓びの風光を語るとき、念仏への勧励の言葉が、否みようのない真実として人々の心に響いたのである。まことに、浄土真宗とは、余他の宗派のなかの一つ、というごときものではない。いかなる宗派に身をおこうとも、人間がその実相にたって道を求めるときには、いかなるものも念仏の衆生として、浄土真宗の徒となるのである。なぜなら浄土真宗とは、いかなる人間もかならず救いにあずかることのできる道ということなのであるから。終生天台の立場をすてなかった源信が、しかもそのままで、浄土真宗の歴史を開顕した人として尊ばれるのもまた、その機の自覚の深さにおいてであった。

極楽依正

源信の浄土教史上における業績の一つとして、宗祖がその恩徳を謝しておられるものに、「専雑の執心、浅深を判じて、報化二土、正しく弁立せり」(『正信偈』聖典二〇七頁)ということがある。

すなわち源信は、『往生要集』の結章、第十問答料簡の第一に極楽の依正について問答を重ねておられるのであるが、その最初の問いが「阿弥陀仏の極楽浄土は、これいずれの身、いずれの土なり耶」(真聖全一、八八九頁)であった。当時社会に末法思想が滲透するにつれて、浄土思想が世に澎湃としておこったが、しかもその多くは、現世を感覚的に否定し、浄土を対象的に思慕するものであった。したがって、十方の諸仏にそれぞれの浄土があるのならば、その優劣はいかんということが重大な問題として、やかましく論議せられていた。『要集』の第三に、とくに極楽証拠をあかす一門をもうけて、まず「十方に浄土あり、何ぞただ極楽にのみ生ぜんと願うや」（真聖全一、七七四頁）と、十方の浄土に対し、ついで、とくに弥勒の兜率天にたいして西方弥陀の極楽浄土を願生する理由をあきらかにされているのもまた、そのような世人の問いに応ぜられたものなのであろう。とくに対兜率の一文がもうけてあるのは、古来中国をはじめ、我国にきたっても、弥勒の兜率天と西方浄土の優劣がやかましく論ぜられてきたことによる。源信の時代においても、三井園城寺の龍華会をはじめとして、兜率上生を願う信仰は盛んであり、源信自身、弥勒像の前において四季講を開いて五部の大乗を講讃されたことが伝えられている。『要集』に、極楽の依正を論じ、往生の階位を判ずるのもまた、同じ思想の流れに応ずるものなのであろう。

ただしかし源信は、そうした時代世人の疑問をわが問いとして問答をたて、古来の諸師による極楽浄土の身土の判釈を引用しながらも、最後に、

衆生の起行にすでに千殊あれば、往生して土をみるにも亦万別あるなり。（中略）もしは報、もしは化、皆衆生を成熟せんと欲するなり。これ則ち土は虚しく設けず、行は空しく修せず、ただ仏語を信じて経に依て念を専らにせば、即ち往生することを得。亦報と化とを図度すべからざる也。（真聖全一、八九〇頁）

という迦才の『浄土論』の文をひいて、

この釈善し。須く専ら称念すべく、労はしく分別することなかれ。（真聖全一、八九〇〜八九一頁）

と結んでおられるのである。「労はしく分別することなかれ」とは、もちろん単に、そういう議論は所詮無意味だから、と問題を投げだされた言葉ではない。極楽浄土を真実報土と判じ、あるいはまた方便化土と判じようとも、いずれにしろ、そのようなことを論ずる態度は、ともに浄土を対象的にとらえるものであることをおいては同断である。そのかぎりにおいて、それは、人間の理性を立場とするものといわねばならない。しかも、「仏意測りがたし」(『要集』「第三、極楽証拠」真聖全一、七七六頁)である。韋提希が清浄仏土を請うたことも、実に、仏の眉間の白毫による光台現国にもとづくのである。単なる人間の理智分別によって求めるものは、いかに理想的なものであろうと、人間的な欲望によって築かれた国土でしかない。源信が『要集』の厭離穢土・欣求浄土の二門においてあきらかにしたこともまた、その厭欣心が、清浄の眼・仏智眼によることであった。したがって、いまのこの言葉もまた、そのような人間の分別によって浄土を対象的に論議する態度を遮断して、専ら称念する行の問題、わが機の自覚へ転ぜしめんとされるものなのであろう。

もともと、源信が終生、理智による単なる問難論議、自宗他宗の偏党による宗論をきびしく排せられたことは、その著述のいたるところにうかがえることである。そして今、迦才の『浄土論』の言葉において、いたずらな論議の世界を突きぬけた広大な信仰の世界が指南されてあるのにふかく同感されたのである。

しかも源信は、この問答の後にさらに、

もし凡下の輩もまた往生することをえば、いかんぞ近代、彼の国土を求むる者は千万なるも、得るものは一二もなきや。(真聖全一、八九七頁)

との問いを発しておられる。もし浄土は虚しく設けられず、行は空しく修せられぬものならば、浄土を願うほどの者はすべて往生を得べきではないか、とのこの問いは、あの聖衆来迎への切実な期待と表裏をなすものといえよう。

信を以て首とす

そしていま、これに対して、道綽『安楽集』の三不三信の文、善導『往生礼讃』の専雑の得失の文をあげ、さらに『菩薩処胎経』の懈慢界の文をひき、懐感の『群疑論』によって、執心のふかく牢固なるものは真実報土に生まれ、執心の浅く不牢なるものは懈慢界に生まれることをあきらかにされたのである。

すなわち専雑二修の区別は、その修する行による決判ではなく、執心の浅深・牢不牢によるのである。執心にしてふかく牢固なれば、一切の諸業はみな自然に往生の業として、その意義をまっとうするのであり、執心にして浅く不牢なれば念仏もまた真に往生の業とはなりえないのである。しかもその執心とは「極重悪人他の方便なし、ただ仏を称すれば極楽に生ずることを得」との信を淳一に相続して、執持する心である。すなわち、念仏の一道を専修せしめるのは、その極重悪人の自覚であり、執心が浅く不牢なのは、なお自己を頼む心、仏智を疑う心が捨てきれないからである。もとより執心不牢な者は、自己をのみ頼んで仏智をいささかも仰がぬというのではない。自己の理知努力を立場として、これを捨てきることができないために、仏智をもどこまでも自己の外に仰ぎ、対象的に求める心なのである。

執心不牢なるものの沈着する懈慢国土とは、文字通り懈怠と憍慢の心の者の住む国土を意味する。『菩薩処胎経』は、その風景を、

国土快楽にして倡伎楽を作す。衣服・服飾・香華もて荘厳せり。七宝転開の床ありて、目を挙げて東

を視るに宝床随いて転ず。北を視、西を視、南を視るも、またこのごとく転ず。(真聖全一、八九八頁)

と記している。彼の目の向くところに随って七宝の床が転開するということは、それがどこまでも彼の目をその中心とし、立場とするものであることを意味する。すなわちそこは、彼の目にとってのみ、七宝荘厳の快楽きわまりない国土なのであり、その意味で、自己満足の世界でしかない。もちろん、彼がみたものは七宝の床である。七宝とは、もって法の世界を意味するのであろう。しかもそれが、彼の目にのみ映ずるということは、言葉を換えていえば、その法の世界を自分の世界に閉じこめていることを表わすものであろう。彼の目によるとは、それが想念の世界であることを意味する。そして想念の世界であるかぎり、そのいきつくところは懈怠と憍慢でしかないのである。

したがって、真実浄土に往生しえた者が、第一に与えられる歓びとして源信が数えたところのものは、蓮華初開の楽であった。浄土に生まれるとき、孤独の世界、主観的な想念の世界が仏の光被によっておのずと破られ、あたかも眼の見えない人がはじめて明眼をえたときのごとくに、あきらかに諸仏聖衆を見たてまつらしめられるのである。

しかもその蓮華の開・不開は、源信がこの蓮華初開楽の一段を、龍樹「易行品」の、

もし人善根を種えて、疑えば則ち華開けず。信心清浄なる者は、華開けて即ち仏を見たてまつる。

(真聖全一、二六〇～二六一頁、聖典一六六頁)

の偈をもって結んでいることによっても窺いうるように、信心清浄なるかいなかによるのである。したがって源信は『要集』において、十方の浄土に対してなぜ極楽のみを勧めるかとの問いをおこして、「仏意測りがたし、ただ仰いで信ずべし」(真聖全一、七七六頁)といい、重ねて、「仏の誠慇懃なり、ただ仰いで信

ずべし」（真聖全一、七七六頁）と述べ、さらに、修行のときの用心をあかす一段において、『観経』の三心をあげ、善導の三心釈をもってその意をあきらかにしてのち、

あきらかに知んぬ。道を修するには、信をもって首となすことを。（真聖全一、八一六頁）

と淳一なる信を強調されるのである。すなわち、真実報土に往生しうるかいなかは、「自身はこれ煩悩具足せる凡夫、善根薄少にして三界に流転し、未だ火宅をいでず」（真聖全一、八一六頁）との自覚において、「弥陀の本弘誓願は、名号を称すること、下至十声・一声等に及ぶまで、定んで往生を得しむと信知して、乃し一念に至るまで疑心あることなき」（真聖全一、八一六頁）かいなかによるのである。

ここに、極楽浄土の身土に対する観念的な議論をつくして、かえって主体的な信に問題をもどし、ただひたすら仏意を仰いで信ずるとき、おのずと、聖衆つねに来たり相和する広大な真実報土に往生することがあきらかにされたのである。そしてこの源信の、専雑執心の浅深を判じて報化二土を弁立するという事業は、本願念仏の一門に帰して後もなお払拭されずにこびりついている我執によって信仰の個人化が行なわれることをあきらかにしたものとして、やがて、宗祖において、三願転入、とくに二十願の願意の自覚となって華開くこととなったのである。

註

（1）源信が『要集』の正修念仏門を明かすに、世親が『浄土論』にひらいた五念門をもってしながら、しかも、世親においては讃嘆門においてあきらかにされている称名念仏の文を敢て引かず、観察門雑略観において称名念仏を説いているのは、観念を本道とする天台教学の挫折において念仏に帰した源信の、その信仰の歴程によるものであろう。

四、広開一代教

常に我身を照らす

源信の信境をもっとも端的に表白した言葉として、宗祖がふかく尊重されたものに、

一々の光明はあまねく十方世界を照らし、念仏の衆生をば摂取してすてたまはず。我もまた彼の摂取のなかにあれども、煩悩眼を障えて見たてまつることあたわずといえども、大悲倦きことなくして、常に我身を照らしたまう。（真聖全一、八〇九頁）

の一句がある。この言葉は、いうまでもなく『観経』真身観における「一々の光明あまねく十方を照らし、念仏の衆生を捨てたまはず」の経文を直接の拠りどころとして、一方に源信が『観経』下下品の文より身読取意した「極重悪人他の方便なし」の自覚をふまえ、他方『大経』の四十八願中、とくに第十八願の「乃至十念、若不生者、不取正覚」の文をその根底にもつものである。宗祖が『教行信証』「化身土巻」において、釈文引証の後、結して、

しかればそれ楞厳の和尚（源信）の解義を案ずるに、念仏証拠門の中に、第十八の願は、「別願の中の別願」なりと顕開したまえり。『観経』の定散諸機は「極重悪人唯称弥陀」と勧励したまえるなり。濁世の道俗、善く自ら己が能を思量せよとなり。知るべし。（「化身土巻」聖典三三〇～三三一頁）

と勧誡され、転じて『大経』と『観経』の三心一異の問題を展開して、そこに一貫して流れるものが、如来の弘願、利他通入の一心たることをあきらかにされてあるのも、源信のこの表白の意をたずねて、それ

をより一層明確にされたものであろう。

すなわち、この『観経』の「摂取不捨」の文こそ、極重悪人の称える念仏が、『大経』の法蔵菩薩の四十八願中の別願、第十八願の願意にもとづくものであり、源信は、みずからの修学の挫折を通して『観経』を身読することによって、かえってふかく『大経』の真実にわけいり、その真実が、韋提希の別選によって、歴史として我々衆生の上に具体化されてあることに歓喜されたのである。そしてその念仏において、弥陀大悲の本願を信じ、真実の歴史に生かされる身となった歓びを「大悲無倦常照我」とうたわれたのである。ここにいたって、その念仏は、もはや聖衆来迎を期待して切なく称える念仏ではなく、すでに大悲の光明のなかに摂取されて称える念仏として、決定往生の利益にあずかるものであることが自覚されたのである。『要集』においては、直接現生不退の言葉を見出すことはできないが、しかし、その晩年の著である『阿弥陀経略記』においては、名号を信受するものの三益として、現に諸仏に護らる、現に不退転をう、まさに大菩提をうべし、の三をあげておられ、さらに願生者の利益においてもその第一に現不退益をあげておられるのであって、ここにも、すでに源信が、本願の念仏において、聖衆の来迎を待つことなくして浄土往生を確信しうる境地にあったことを知るのである。ことに、現に諸仏に護念せられるが故に不退の位に入ることをあかし、さらにこれを、『阿弥陀経』全体の意趣にしたがって、聞名不退と名づけられて、諸仏如来がみなともに讃嘆したもう名号を聞くが故に、信心歓喜することをあきらかにされているところ、さらには『小経』後半、釈尊が弥陀の名号を執持し、専念するを往生の行として衆生に願生浄土をすすめ、続いて、六方世界の諸仏の証誠を示す一段を「説教の本懐」をあらわす一段として釈しておられるところ、源信が称名念仏の一道こそ釈迦一代の説教の本懐であり、とおく弥陀如来の本願として説示された仏道の歴史に随順する道であることを自覚されていたことを知るのである。したがってこれまでの個人的な起修としての自力念仏が、ここにいたっては、仏の光被において称えしめられる念仏として、自己の努力を超えて清浄純一であることを了解されていたことがうかがえるのである。

広開の心

なおここにあわせ考えるべきは、源信が『要集』の巻末に、とくに「助道の人法」の一段をもうけ、(1)単なる個人的な瞑想独思は仏道を成就しえざるものであって、必ず、師と同行と教文とを求むべきことを強調され、さらにその結びに、『要集』の撰述が人の論難を招かざるかを問うて、答えるに『華厳経』の、

もし菩薩、種々の行を修行するを見て、善・不善の心を起こすことありとも、菩薩みな摂取せん、と。

(真聖全一、九二四頁、聖典四〇一頁)

の偈文をあげて、

まさに知るべし、謗を生ぜんもまたこれ結縁なり。我もし道をえば、願わくば彼を引摂せん。彼もし道をえば、願わくば我を引摂せよ。乃至菩提まで互に師弟とならん。(真聖全一、九二四頁)

と述べておられることである。そこには、どこまでも法に信順し、法に生かされることをのみ願って、無私な源信の、その機の自覚に徹したもののみのもちうる自信がみなぎっている。と同時に、ふかく仏道の歴史を体するところ、一切衆生みなともに互いに師友となって、仏道を荘厳していく広大な世界に生かされるものであることを知らされるのである。源信が、慶滋保胤・覚超らとともに、互いに善友となり、最後臨終には相助けて念仏往生せしめることを願いとして結党された二十五三昧会もまた、この心をもって

はじめられたものであろう。

この『要集』巻末の言葉は、ただちに、『教行信証』の巻末において宗祖が、

ただ仏恩の深きことを念じて、人倫の嘲を恥じず。もしこの書を見聞せん者、信順を因とし疑謗を縁として、信楽を願力に彰し、妙果を安養に顕さんと。（聖典四〇〇頁）

と述べられた言葉を想起せしめるのであり、ことに、宗祖もまた、おなじ『華厳経』の偈文をもってその『教行信証』を閉じておられるところ、おそらくは宗祖が、源信のどこまでも仏道の歴史にかえって、正直無私なその姿をもって、おのが修道の鏡とせられたことを物語るものであろう。

すなわち、学僧として、その学徳の高さを讃えられた源信は、かえって、一凡夫となって念仏するところに、学問をもってしてはついに成就することのできなかった如実浄心がおのずと与えられたことを、その生涯を通じてひろく人々のうえにあきらかにされた。しかもその説くや、つねに一代の経説、先師の論釈にかえって、その心にふかくわけいり、そこにおのずと念仏の一門こそ仏意の存するところであることを帰結されたのであって、その、わが自説としていささかの主張もなきところに、かえって人々をしてひろく念仏の一門に帰せしめることとなったのである。

すなわち、源信の終生変わることなき学者としての情熱、努力もすべて、仏陀の説法を授けてひろく人々をして念仏の一門に勧め入らしめるためのものであったのであって、その歴史的意義をふかく感得された宗祖は、源信を単にその偉大な学徳においてのみ讃仰している社会の人々に、三井寺の慶祐への示現という伝説をかりて、源信の本意がどこにあるかをあきらかにされたのである。ことにその機の自覚をとおしてふかく仏意を尋ね、弥陀の念仏本願こそ、まさしく釈尊一代の教説の本意であることをあきらかに

されたことを尊ばれた宗祖にとって、源信がもと霊鷲山の会座にあって『大経』の説法を聴聞された、という説話ほど親しいものはなかったであろう。

まことに宗祖によって、故仏源信の化縁がもっともふかく感得されたのであって、ここに源信は、その現身をふたたび歴史のなかに没して、その本土にもどられたのである。まことに「源信和尚ののたまわく、われこれ故仏とあらわれて」の一句に、源信の仏道史上の意義はいいつくされているのであって、それ故に宗祖は、伝説にもとづくこの一句をもって、「源信和讃」の巻頭を飾られたのである。

註

（1）『要集』大文第十問答料簡の第十に、「助道の人法とは、略して三あり。一には明師の内外の律に善くして能く妨障を開除するを須いて恭敬し承習せよ。（中略）二には同行の共に嶮を渉るが如くするを須い、乃至、臨終まで互に相勧励せよ。（中略）三には念仏相応の教文において常にまさに受持し披読し習学すべし」（真聖全一、九二二頁）の三カ条を数えている。

なお『阿弥陀経略記』において同経六方段の意趣として、「この法を信ずる者まさに極楽に向うべく、低頭合掌、また弥陀の光明摂取なるべし。この故に我らと十方仏土の衆生と、塵刹を隔つといえどもみずから親友となって諸仏の護念をとり、即ち仏家の兄弟となる。弥陀の引摂をとり、即ち一仏の弟となる。念仏三昧をとり、亦同梵行者となる願互いに相資し極楽に往生す」と述べておられる。

曇　鸞　―『論註』『讃阿弥陀仏偈』を中心にして

一、はじめに

私にあたえられている課題は、曇鸞の略伝・曇鸞が活躍した時代の状況、及び『讃阿弥陀仏偈』『浄土論註』を中心とした著書の解説である。

ところで、親鸞にとって曇鸞はどのような存在であったのか、具体的なことは後にゆずるとして、ここに次のような一文が注意をひく。

つらつら、平生の化導を案じ、閑《しずか》に当時の得益を憶うに、祖師聖人は直也人《ただびと》にましまさず、すなわちこれ権化の再誕なり。すでに弥陀如来の応現と称し、また曇鸞和尚の後身とも号す。皆これ夢のうちに告げを得、幻の前に瑞を視し故なり。いわんや、自ら名のりて親鸞と曰う。測り知りぬ、曇鸞の化現なりということを。（聖典七四二頁）

この文章は、一般に本願寺第三代の法主・覚如の撰述によるとされている『報恩講式』の一文である。『報恩講式』は、その著者についても異説があり、またその作られた年時についても説がわかれている。その記述内容についても、資料としてどれほどの信憑性がありうるのか疑問とされてもいる。ただしかし、製作年時について、その最下限の説によっても、親鸞没後わずか百年余りであって、あまり事実に反するようなことは筆にできなかったと考えられる。とくにこの一文は、三段に分かれている『報恩講式』のなかの第三段、親鸞の「滅後利益の徳を述す」る一段に記されているものであって、そこには純粋な追慕の念が読みとれるのである。そこに、親鸞は直也人《ただびと》ではない、弥陀如来の応現であり、曇鸞和尚の化現・後身であると讃仰されていることは、親鸞にとって曇鸞がどのような意義をもち、どれほどの位置を占めていたかをうかがわせるに十分である。

ともあれ、親鸞というその名乗りが、天親・曇鸞の名に依ったものであること、さらにその教学の形成にあたって、曇鸞の教学が決定的な影響をあたえているということは、古来指摘されてきたところである。最近では、幡谷明氏の『親鸞における曇鸞教学の受容と展開』と題されている論文における、次のような指摘がみられる(1)。

『教行信証』は実に誓願一仏乗という透徹した仏教史観について開顕せられたものに他ならないのである。そしてその基調となっているものは、すでに触れたごとく、宗師の勧化と論主の解義である。すなわち善導・法然の教学を経とし、天親・曇鸞の教学を緯として、浄土真宗における安心と教相を明らかにしたものといえよう。——最後の「化身土巻」を除いて、浄土の真実を顕わされた前五巻の御自釈は、殆んど曇鸞教学によって、その己証が顕わされていることを知ることができる。

そしてそのような、親鸞における曇鸞の存在の大きさを物語るように、『高僧和讃』における「曇鸞和讃」は、実に三十四首の多くを費やして、その徳が讃嘆されているのである。親鸞が、本願念仏の一乗の法を伝承された方々として数えあげている三国(インド・中国・日本)七高僧のうち、龍樹・天親・源信の三師を各十首、道綽を七首、善導二十六首、源空二十首をもって和讃していられることを思えば、この曇鸞和讃三十四首というのは群を抜く数であることが知られる。

しかも、その三十四首のうち、はじめの十首は、曇鸞の行徳——人柄についての和讃である。単に教化の内容を讃嘆されるだけでなく、その人柄そのものを讃嘆されていることは『正信偈』の場合も同じであって、親鸞がとくに曇鸞の生涯そのもののなかに、生きた教法の歩みを感じとっていられたことが思われるのである。

註

(1)「大谷大学研究年報」No.27、三六頁

二、その生涯

誕生

曇鸞の生涯をたどろうとするとき、そのもっとも古い文献として重要なのは、唐代の道宣《どうせん》（五九六～六六七）の『続高僧伝』巻六にのせられてある『魏西河石壁谷《ぎのさいがせきへきこく》玄中寺釈曇鸞伝三』（以下道宣の『伝』と略称）と、迦才《かさい》（唐・貞観六二七～六四九頃）の『浄土論』巻下の『曇鸞伝』（以下迦才の『伝』と略称）の両書である。(1)

道宣と迦才は、ほぼ同時代の人と推定されているのであるが、しかし二人の『曇鸞伝』は、それぞれ独自に書かれたものであって、たがいに影響しあった跡はみられない。もともと道宣の『伝』の方は、歴史上の多くの学解の高僧のなかの一人として曇鸞をあげているものであり、したがって、曇鸞の生涯のなかでも、とくに、菩提流支《ぼだいるし》三蔵（六世紀の人・北インドより五〇八年に洛陽に来る）に出会い、廻心して仙経（長生不死の神仙術を説いた経）を焚きすてるまでの歩みに力点がおかれているのに対して、迦才の『伝』の方は、あくまで浄土往生者として、とくにその臨終のありさまを詳述している。

したがって、どちらも伝記としては、はなはだ偏ったものであるが、しかし、この二人の『曇鸞伝』がその後の各種の『曇鸞伝』の基となったものであるから、今もそれにしたがいながら、曇鸞の生涯をたどりたいと思う。

曇鸞誕生の年時については、道宣・迦才ともに記述がない。ただ、道宣の『伝』には、文中、曇鸞の没年については明確に、「魏の興和《こうか》四（五四二）年をもって疾に因って平遥の山寺に卒す。春秋六十有七なり」と記されてあり、それから逆算して、古来、曇鸞の生まれた年を、北魏第六代・孝文帝の承明《しょうめい》元（四七六）年と定めてきているのである。

しかし実は、曇鸞誕生の年を承明元年とするのには異説もあり、断定はできない。たとえば、迦才の『伝』には「沙門曇鸞法師は并州汶水《へいしゅうもんすい》の人なり。魏末、高斉の初めに猶まします」と記されている。高斉とは高氏の斉という意味であり、いわゆる北斉のことである。その北斉は、道宣が曇鸞の没年として書きとどめている興和四年よりさらに八年後の、西暦五五〇年よりはじまる国であるから、その高斉の初期になお曇鸞が存命していたとする迦才の『伝』の記述は、道宣の記述と大きく喰いちがっていることになる。しかも実は、道宣自身が、『続高僧伝』巻二十『唐并州玄中寺釈道綽伝九』においては、「つねに汶水の石壁谷の玄中寺にあり。寺はすなはち斉のとき、曇鸞法師の立つるところなり」と、北斉時代に曇鸞が玄中寺を建立したと記しているのである。

この道宣の『続高僧伝』にみられる矛盾した記述によって、歴史的史料としての『続高僧伝』の価値がうたがわれもするのであるが、しかし、他に決定的な資料もなく、結局、承明元年に生まれたという説によって、多くの曇鸞伝は記述をすすめているのである。

いずれにしろ、曇鸞が、北魏の末より北斉のはじめごろにかけて、その生涯をおくられたことだけはたしかなことである。なお、承明元（四七六）年といえば、百済の聖明王が我国に仏像・経論を献じた宣化三（五三八）年に先立つこと六十二年、北周武帝の廃仏毀釈・我国の聖徳太子の誕生（ともに五七四年）に先立つこと九十八年のことである。

曇鸞の出自などについても、なんら明らかではない。道宣の『伝』は、ただ、

> 釈曇鸞、あるいは巒につくる。いまだその氏を詳かにせず。雁門《がんもん》の人なり。家は五台山に近く、神迹霊怪、民聴に逸《す》ぐ。

とのみ記し、迦才の『伝』もまた「并州汶水の人なり」と述べているだけで、具体的なことはなに一つ書きとどめられてはいない。なおここに書きとどめられている曇鸞の生地もまた、道宣の『伝』と、迦才の『伝』と異なっているのであるが、しかしこれもまた決定的な説は定まっていない。この曇鸞の生地について、野上俊静氏は次のように述べていられる[2]。

> 雁門はただ今の山西・代県、大同より太原に南下する交通路が、雁門関をこえたところである。一方の并州は、現在の太原を州治とする地域で、汶水はそのなかの一県であり、太原より西南にあたるところで、また文水とも書き、今もその名が残っている。つまり、曇鸞の出身地については、雁門説と汶水説の二つがあるわけで、そのどちらが正しいかは、にわかに断じがたい。ただ『続高僧伝』には、つづいて五台山信仰に関連する曇鸞出家の動機がかかれて、それが雁門説とはなれがたいものであることを注意しなければならない。

雁門からは日夜間近かに五台山を仰ぎみることができる。五台山は、五台山脈の中心を為す山で、山上

に五つの峰が台状につらなっているところから、五台山の名があるという。五台のうちもっとも高い北台が三〇四〇米といわれている。山中には約百カ寺にあまる寺院があり、さらに山麓にもたくさんの寺院が集まり、一大霊場を形づくっている。もともとは、神仙道の信徒たちによって開かれたもので、山岳信仰の中心地となり、山上には仙人が住まうとされていたのである。その後、五世紀のころ、つまり曇鸞の生まれた北魏のころから、文殊菩薩のましますま清涼山にあたると信じられるようになり、文殊信仰の中心地として、仏教徒が尊ぶようになったものである。

なお、迦才の『伝』がつたえる「幷州汶水」からは、五台山は仰ぎみることはできない。ただ幷州の地は往生人のもっとも多く出た地方であり、曇鸞・道綽と、その教化がもっともよく及んだ土地である。浄土往生者の徳をつたえることを目的とした迦才の『浄土論』が、曇鸞の生地を幷州汶水とみたのもそのことに関わってのことであるかもしれない。なお、親鸞は、その真蹟『往生論註』加点本の奥書に、この迦才の『伝』の文章をほとんどそのまま挙げていられる。[3]

註

（1）曇鸞の伝記としては、『漢語灯録』巻九に載せられてある『類聚浄土五祖伝』の第一位曇鸞法師の章に挙げられてある左の六書が、基礎資料と考えられる。
㈠『続高僧伝』巻六、道宣撰　㈡『安楽集』巻下、道綽撰　㈢『浄土論』巻下、迦才述　㈣『往生西方浄土瑞応刪伝』、文諗・少康共輯　㈤『新修往生伝』巻上、王古撰　㈥『竜舒広浄土文』巻五、王日休撰

（2）野上俊静著『中国浄土三祖伝』二四頁

（3）この奥書「釈の曇鸞法師は、幷州の汶水県の人也。魏の末、高斎の初・猶神智高遠にして三国に在りて、知聞せらる。

洞《ほがらか》に衆経に暁《あきらか》にして、独り人外に出でたり。梁国の天子蕭王恒に北に向かって鸞菩薩と礼つる。往生論を註解して裁て両巻と成す。事釈の迦才の三巻の浄土論に出たる也」の、「猶在神智高遠三国」の読みについて、名畑応順氏は『略論安楽浄土義講案』（一五頁）において、次のように述べていられる。

「この迦才の浄土論の曇巒伝に出ずる魏末云々の原文は、漢文としては、どうしても「魏末高斉の初猶ほ在り。神智高遠にして、三国知聞す」と訓まるべきであるが、宗祖の奥書の訓点では、「魏の末高斉の初、猶ほ神智高遠にして、三国に在りて知聞せらる」となっている。この奥書の訓読については、曾て宗門内外の学者に、種々の論議を生じたことであるが、今はそれを省略する。この一見して、無理と思はれるような訓読は、曇鸞の伝記によって、その生存の年時に異説があるので、宗祖は和讃の清書に当っては、一応、続伝に随って、統一せられた。けれども、なお疑義を懐いていられたので、論註に加点せられた時には、迦才の浄土論の曇鸞伝を抄出して、その記事を会通しようとの試みから、異例の訓点を施されたものと推察せられる。即ち曇鸞は魏の興和四年に入寂せられたというけれども、魏末高斉の初に、神智高遠の遺徳名声が伝わって、魏と斉と梁との三国において知聞せられた、という意味に訓んでみられたのである。」と。

いまだ志学ならず

曇鸞がはじめて仏教にふれたのは、五台山においてであったと伝えられている。なぜ曇鸞がその五台山に登ったのか、その心の経緯についても、ほとんどなにも伝わっていない。ただ、道宣の『伝』に、「時にいまだ志学ならず。すなわち往きてたずね、つぶさに遺蹤《いしょう》（跡かた）覿《み》て、心神歓悦し、すなわち出家す」と記されてあるだけである。道宣は、曇鸞のどのような事柄をおさえて、「時にいまだ志学ならず」と記したのであろうか。この文字の背後に、青年曇鸞の苦悶、その精神の遍歴をかいまみるのであるが、しかし、その「志学」がいかなるものであったのか、その具体的な内景は、知る術もない。今はただ、青年らしい漠然とした志と考えるほかはないであろう。しかも「いまだ志学ならず」という。これこそと一つの道をつきすすんではみたものの、たちまち空しい幻滅を感じさせられたということなのか、あるいは何かを求めずにはいられない心の渇きにせめられながら、しかもなお真に命をかけて求めるにたるものを見出しえない焦燥をいだいていたということなのか、いずれにしろ、青年の多くが体験する忘我の努力と、空しい挫折の意識とが交互に、若き曇鸞をとらえていたのであろう。

そしてある日、これまでも日夜間近かに眺め暮していた五台山――曇鸞の生地を道宣の『伝』の説にしたがってのことであるが――が、ふと曇鸞の心をとらえたのであろう。五台山についての、世の人々の崇慕の言葉はいつも耳にしていたはずである。しかし今まではすこしも心にのこることなく、人々の言葉は聞きながされていた。それがある日、なにかのときに、出口なしの思いに閉じこめられていた曇鸞の心に、あざやかな印象をもってよみがえったのであろう。ともあれ、曇鸞は五台山に登り、その山の霊域を経めぐったのである。そしてそこで曇鸞がなにを見、なにを感じたのか、これまたなにも明らかにされていない。ただ道宣は、五台山で曇鸞は「心神歓悦」する体験をもった。その歓悦は、即時に曇鸞をして出家を決意せしめるほどに強烈であった、とのみ記しているのである。おそらくは、ある特定の師や、その言葉に歓悦したというのではなく、山に修行する人々のその世界が、山にただよっているその雰囲気が、曇鸞の心をつよくとらえたのであろう。永らく求めていた世界がここにあった、その思いが、曇鸞を歓悦せしめたのであり、そうなずいたとき即時に、その山に自らを賭ける決心を固めたのであろう。その後の曇鸞の軌跡をたどってみても、曇鸞という人が、宗教的情熱に満ちた人であり、ひとたび心に決するや、それを徹底して尽くす人であったことが、随所にうかがわれるのである。

出家後の曇鸞については、道宣は、「内外の経籍はつぶさに文理を陶《たの》しみ、しかも四論仏性においては、いよいよ窮研《きゅうけん》するところなり」と、やや詳しく書きとどめている。誰を師とし、どのように学んでいったのか、それはわからないが、すくなくとも、四論の説を学び、仏性について思索していたことだけは知ることができる。四論は、三論宗の依りどころとなっている、龍樹（一五〇～二五〇頃）の『中論』四巻、『十二門論』一巻、及び龍樹の弟子・提婆（一七〇～二七〇）の『百論』二巻の三論に、さらに龍樹の『大智度論』百巻を加えた呼び名であり、インド空観仏教の代表的な論である。したがって、曇鸞は、まず四論の学僧として、その道を歩み出したことが知られるのである。四論を中国に伝えたのは、中国仏教の歴史のうえに大きな足跡をのこした鳩摩羅什（三五〇～四〇九）であった。そして、その鳩摩羅什を、西域クッチャ国から中国に迎える縁をひらいたのは、かの道安（三一二～三八五）であったという。しかも、道安が鳩摩羅什を中国に迎えたいという願いをもっていらい約二十年、政変などによる幾多の曲折を経ての長安入りであったのである。

長安においては、鳩摩羅什は後秦国より国師の礼をもって迎えられ、以後、一大国家事業として、整った設備に、膨大な人的、経済的な援助をうけて、経・論の翻訳に力をつくした。『妙法蓮華経』七巻、『摩訶般若波羅蜜経』二十七巻、『阿弥陀経』一巻、およびさきに述べた四論など、その数三五部、二九四巻におよぶといわれている。

その鳩摩羅什のもとには、当然多くの才能ある仏教徒、青年たちがあつまったが、そのなかでも、道生《どうしょう》（？～四三四）・僧肇《そうじょう》（三七四～四一四）・道融《どうゆう》（後秦代三八四～四一七）・僧叡《そうえい》（三七八～四四四？）の四人が、羅什門下の四大哲と称せられていた。そして曇鸞は、そのなかの僧肇について四論の説を学んだのだといわれている。曇鸞の主著『無量寿経優婆提舎願生偈註』すなわち『論註』のなかには、「僧肇曰」の文字が見出される。

さて、道宣の『伝』は、曇鸞が四論を学んだことを記したあと、彼が神仙の術に迷うにいたったことを述べる。野上俊静氏は、その著『曇鸞』において、この道宣の『伝』の文に沿いながら、次のように述べていられる。大変平易な文体で書かれているので、その一段を引文させていただく。

曇鸞は『大集経《だいじっきょう》』を読んで、その詞義の難解なことにつきあたり、これが註釈作製にとりかかった。異常なまでのひたむきな精進努力は、ついには体力の限界をこえるものとなったとみえて、中途で病に伏し、筆功をもとどめて治療に専念しなければならないこととなった。ところが、ある時、汾州《ふんしゅう》（山西汾陽）の秦陵《しんりょう》に行き、城の東門から入って故墟《こきょ》に立ち、すみきった青霄《あおぞら》をしずかに仰ぎみると、天門忽ちに開いて、天界の六欲階位の上下重複している有様が、手にとるごとくに認められた。すると、今までために苦しんでいた病が、わけなく除かれているのに気づいたという。

病のいえた曇鸞は、『大集経』註解の事業を続行せんとしたが、つらつら思うに、生命の危険におびやかされていては、仕事に専念することは出来ない、仕事に専念するためには、まず生命の安心を得なければならない、本草（本草学の略・薬三百六十五種を載せて、上中下の三品に分つ。本草の名は、記載する薬のうち草類がもっとも多いことから、名づけられている）の典籍には、正しく病を治め長寿を得る方法が示されていると聞く、ついてその法を習得すれば、安んじて仏学に専念することが出来ると。かくして、曇鸞は道教界の巨星陶隠居《とういんきょ》を江南に尋ねることとなる。(1)

と。すなわち、三論宗の学僧であった曇鸞が、しかも長生不死の仙術に心を迷わすにいたった直接の動機は、『大集経』に註釈をほどこす事業を発願し、力をつくしていたとき病を得たことにあったと、道宣の

『伝』は伝えているのである。『大集経』は、くわしくは『大方等大集経』の略で、その名のとおりに、大集部の諸経を集めたもので、高麗本では六十巻をかぞえる大部なものである。それに一々、註解をほどこしてゆくということは、大変な時を要する事業であった。しかも、その『大集経』もまた、仏教経論のほんの一部でしかない。一般に八万四千の法門と呼ばれるほどの、かぎりない仏法の学を究めつくすには、まず、その身自体が無量の寿命をえていなければならない道理である。露命わずかに数十年、それもつねに、病に冒される不安をかかえている体で、どうして、安んじて無量の法門を究めつくすことができるであろう。ひとたびその不安にとりつかれたとき、その不安を克服しないかぎり、とても仏法に心を専注することができない自分を、曇鸞は自覚したのであろう。

曇鸞は一転して、仙術を学びに旅立つ。しかしそれは、依って立つ道を変えたということを意味するものではない。あくまで「安んじて仏道に専念することができる」ために、神仙の術による「長寿」を求めたのである。仏道への関わり方が浅かったから、つい横道にそれたというようなことではない。それどころか、野上氏の表現をかりれば、「異常なまでのひたむきな精進努力」であったからこそ、病にもなり、長寿をも求めずにはおれなかったのである。

なお、曇鸞が仙術を学びに旅立ったのは、五十二〜四歳ごろのことであるとみられるのであるが、その歳まで真摯に仏法を学び、歩んできて、しかもなお仙術に迷ったのはなぜかという疑問も、当時の中国における仏教受用のあり方をみるとき、おのずとうなずかれるのである。

註

（1）藤島達朗・野上俊静編『伝灯の聖者―真宗七高祖伝―』六二頁

神仙の術

曇鸞が生まれたとされる承明元（四七六）年は、五胡十六国の混乱時代に終止符をうって成立した北魏の孝文帝の時代である。北魏は、華北に侵入、これを統一した鮮卑《せんぴ》族（詳しくはそのなかの拓跋《たくばつ》部族）の王朝であるが、当時華北には、武力はともかくも、彼らよりもはるかに高い文化をもつ中国人が多数とどまっていたから、文化的には次第に中国化されてゆき、そのため、北朝には、古来の中国の文化がほとんどかわることなく存続していった。そのような状況のなかで、北魏は、彼ら中国人を統合してゆける思想を求めていたのである。

もともと、中国には「社」と呼ばれる聚落の共同祭祀の対象が伝統されていた。つまり地縁共同体の共同神として祀られていたのである。そして、春秋二回、その「社」の祭りがおこなわれ、そのときには、その聚落の男女がすべて集まり、食事をともにし、楽しむならわしがあったという。今日つかわれている「社会」という言葉も、もともとはその共同祭祀のことをいうのであり、その社の祭りにおいて集まり楽しむことを意味する言葉であった。

ともあれ、地縁共同体神、社会神である「社」は、その地域の集団員としての共同意識をうみだし、高めるうえで大きな意味をもっていた。人々は、その「社会」に加わることをとおして、その地域での生活を保証され、保護されてもいたのである。

しかし、時代とともに農村の階層分化がすすみ、多くの農民が流民となり、さらには奴隷になるものまでがでるにいたって、それまでの共同体的地縁社会は大きく変化せざるをえなかった。時代的には、漢末以降のことであるといわれている。したがって、共同体的地縁社会を基盤として成りたっていた従来の「社」のごときものも、もはやほとんどなんの力ともなりえなくなっていったのである。人々は、その集団の一員であることによって安らぎがあたえられるというような「社」的世界を失い、次第に、個人としての救い、安心をあたえてくれるような信仰を待ちのぞむようになっていったのである。外来の宗教である仏教が、中国において急速に発展するようになった背景には、多くの秀れた訳経師・学問僧が中国に入り、数多くの経典・論釈を訳出して、その秀れた教理・思想を紹介したということももちろんあるが、しかし同時に、「社」の衰滅にみられるような中国社会そのものの、大きな変動があったことも見落せないことである。

すなわち、仏教は、地縁共同体の共同神を祀る「社会」から脱落し、流民となっていった個人に、心の依りどころをひらく宗教として、中国社会に次第に根づいていったのである。

そして今、魏王朝もまた、古来からの中国人の地縁共同体的なつながりを超えて、あたらしく統一国家をうみだし、保ってゆくために、その普遍的な基盤としての仏教に注目し、これを利用したと考えられる。

もちろん、北魏王朝の歴史のなかには、北周の武帝・唐の武宗・後周の世宗とともに、いわゆる三武一宗の一人に数えられる、第三代太武帝の仏教大弾圧がある。その廃仏の直接の原因としては、寺院において武具をはじめ種々の隠匿物資がみつかり、ために胡族の反乱に内通している疑いがもたれたことや、沙門の婬行が暴露されたことなどがあげられるのであるが、しかし、太武帝の側近として、廃仏の提唱者・

推進者となった崔浩《さいこう》(三八一~四五〇)に焦点をあててみるとき、それは、漢民族としての自負による、夷《い》狄《てき》(中国周辺の異民族の総称・未開の民)の宗教である仏教への蔑視・反感がその根底にあったことが知られる。中国古来の思想にもとづく儒教的政治社会の実現こそが崔浩の廃仏の動機であり、そして実はまた、その中華思想による北魏王朝への夷狄視が後に崔浩の命とりとなっているのである。崔浩の思いのごとくに廃仏の詔勅が発せられたのが太平真君七(四四六)年、曇鸞誕生に先立つことわずかに三十年であるが、その四年後の太平真君一一(四五〇)年には、廃仏後権勢の絶頂期にあった崔浩を、魏王朝は処刑している。勅命で編纂していた北魏の国史に、北魏王室を文化の低い辺境の地よりきたものと記したことが、王室をはじめ鮮卑族出身の人々を激怒させたためといわれている。つまり、崔浩の生涯をつらぬいて流れていたものは中華意識であったのであるが、同時に、その崔浩を登用し、後には処刑してしまう北魏王朝の在り方のなかには、自分たちよりも、数の上でも文化の程度においても優れている漢民族の中に、王朝の確固とした基盤をきずきあげようとする苦悶が一貫して流れていたといえよう。

したがって、その後の魏王朝による仏教保護政策も、その根底にあるものは、普遍の法である仏教をもって王朝を北支の地に根づかせようとする願いであったとみられる。雲崗《うんこう》石窟のなかの、曇曜(五世紀の人・雲崗石窟の建言者)五窟と呼ばれている石窟には、魏王朝の太祖道武帝より、当時の王文成帝にいたる五帝を巨大仏としてあらわしている。そこには「君主は当今の如来なり」という考えを打ちだし、王法と仏法との一致を象徴しようとする意図があったことが指摘されるのである。

魏王朝の、仏法を通して北支に根づこうとする努力は、そのまま、仏教そのものの、中国の人々の心に浸透しようとする努力と重なる。『提謂《だいい》波利《はり》経《きょう》』二巻をはじめとする偽経がつくられたのもこの文成帝

（四五二～四六五在位）の時代であった。

偽経というのは、漢訳の経典に似せて、私的に創作された経典である。廃仏によって多くの経典類が焼きすてられたため、人々に伝えるべき経典がなく、そのために、庶民を導くためのものとして作られたといわれ、したがって、その内容は、出家者よりも在家生活者の生活に密接したものとなっている。雲崗の石仏を造営した曇曜にも、その撰によるといわれている『浄土三昧経』三巻があるが、その上巻には、とくに道教信仰にもとづく説の目立つことが指摘されている。

さらにはまた、当時、仏教を中国の人々に理解させるための方法としてもちいられた格義が注意をひく。それは、仏教の教義を中国古来の古典に説かれている言葉と対置させ、その類似性を強調することで、仏教を中国の人々の生活のなかに融和させようとするものであった。魏晋の時代にさかんに行われたところの老荘思想と般若の空理とを対比・類推せしめて説くものなどが、それである。たとえば、仏教が説くところの「諸行無常」、ものみなたえず変化してとどまるところがないというのは、孔子が『論語』のなかにおいて、川を眺めおろして「逝くものはかくのごときか、昼夜を舎ず」と述べているのとまったく合致する、などと説くものである。それは中華思想がぬきがたく生きられていた中国に、外来の仏教が浸透していくうえにおいて、ひじょうに有効であったと考えられる。ただしかし、そのように、仏教を中国の人々の間に根づかせるために、その人々がふかく尊敬し重んじている孔子や老子の思想との共通点を強調し、会通する格義仏教は、当然のことであるが、ともすれば仏教としての純粋性、独自性を見失ってしまう危険性があった。したがって、この頃の中国仏教界には、格義などの方法をとおして仏教を中国に根づかせようとする努力と、仏教の純粋性を回復しようとする動きとが混在していたのである。

ともあれ、このような格義仏教の流れなどをみるとき、菩提流支三蔵より浄教を授けられるまでの曇鸞が仏教の蘊奥をきわめるために、まず道教によって長生の術を身につけようとしたことも、自然なことであることがしられよう。事実たとえば、曇鸞におくれること約四十年、天台宗の第二祖慧思《えし》（五一五～五七七）にも「誓願す。山に入りて神仙を学び、長命力を得て、仏道を求めん」という『誓願文』のあることはよく知られているところであり、そのような発想を自然なこととして受けいれる雰囲気が当時の中国にあったことがうかがわれるのである。

もともと、神仙の道としての道教こそは、「中国において、中国人の間から生まれた、中国人の宗教である」といわれている。道教には、明確な教祖は存在しない。そしてまた、一つの宗教としての一定不変の教理体系というものもない。ただ、道教を一貫しているものは「中国人の心情そのもの」であると、大淵忍爾氏は、次のように述べていられる(1)。

あくまで現実に終始して人生に総てを託し、現実の人生のしあわせに最高の価値を認めて悔いるところのない、中国人の古来から殆ど変ることのない現実的、楽天的な心情、というものを設定することによって、それ（道教の基本となるべき骨組）を説明するよりほかに方法はないと考える。——かかる一般的心情のもとにあっては、まず生そのものが基本的前提として要求される。生の欲求はさらに生の限りなき延長の欲求へと発展するであろう。所謂る〈神仙思想〉の基本的命題である。——生の充実と無限の延長への欲求は、しかし単に肉体的・物質的な面のみに限定されるとは限らない。純粋精神的な意味にまで高められなかったとしても、肉体的・物質的なものを超越すること、つまり、かかるものの束縛から解放されることが要請される場合もなくはなかった。かかる点において仏教と相関わるものをもって来るのであるが、ただその場合でも現実的生を離れるものではない。ともかく、生の限りなき延長に重点をおき、時に静坐内思のごとき精神主義的方法を説きもするが、主として物質的・技術的方法を強調するのが普通に〈神仙術〉といわれるもので、それが往々にして精神的態度としては寧ろ世俗的なものの超克を同時条件とする、一種の矛盾を内包する形において初めて実現しうるとする場合もある。一方、主として神秘的実修によって、或は何らかの意味で超人間的なるものの力に頼って、生の充実を達成せんとするのが道教である、と一応はいいうるであろう。しかし、両者は相互に重なり合う部分を有し、截然と区別しがたい場合も多い。

いささか引用が長くなったが、道教への一つの視点はあたえられたと思う。実際、不老不死なるものとしての〈神仙〉、あるいは〈仙人〉というあり方へのあこがれは、中国の人々の心にふかく浸透しているものであった。どちらかといえば、自らを宇宙の微塵として、悠久の歴史のなかに溶けこみ、融和しようとするインドの人々の心情に対して、中国の人々は、その身を無限大に延長し、拡大して悠久に生きようとする。つまり、悠久とか無限というようなことをも、たんなる観念としてではなく、この世の、この身のうえに現実に生きられているものとしてとらえようとする、中国の現実的・現世主義的傾向が、神仙思想の根底にあるといえよう。

したがって、曇鸞がその求道半ばにして病いに倒れたとき、仏道をきわめるためにまず神仙の術を求めたということも、まことに自然な心の動きであったということが思われるのである。

註

（1）「道教の形成」大淵忍爾著、中国文化叢書六

焚焼仙経帰楽邦

曇鸞が「長年の神仙」を求めてたずねたのは、陶隠居（四五二〜五三六）のもとであったと、道宣の『伝』は記している。陶隠居、字は通明、諱を弘景という。陰陽《おんよう》・五行《ごぎょう》・医術・本草はもとより、地理・暦数にも通じ、南斉の高帝の崇敬を得ていたが、後、南京の東南にある茅山《ぼうさん》に隠遁修道したとつたえられている。道教の茅山派と呼ばれる一派の九代目の師であるとされている。梁の武帝も、吉凶の変事や、外敵の征討など、国家の大事を決するときには、陶隠居のもとに使を出して諮問するのが常であったため、当時の人々は、陶隠居のことを「山中の宰相」と呼んでいたと伝えられているほどである。もっとも、道宣の『伝』には、陶隠居をたずねて梁に入った曇鸞を、崇仏の志あつい武帝が宮中にまねいたとき、曇鸞の来意を聞いて「陶隠居はおごりたかぶった隠遁者である。近頃、彼をしばしば召しだそうとするのだけれども、すこしも応じようとはしない」と非難したと記されているから、そのころの陶隠居は、文字どおり隠居として世事からはなれ、神仙の世界に遊んでいたのかもしれない。

なお、曇鸞が陶隠居をたずねて梁の国についたのが大通年間（五二七〜五二九）のことであるといわれているから、承明元（四六七）年生まれであるとすれば、ときに曇鸞五十二〜四歳であったことになる。このとき曇鸞が陶隠居から学んだ神仙術がどのようなものであったのか、これもまた具体的なことはなにも解ってはいない。道宣もまた、曇鸞が山所にたどりついたとき、陶隠居はまるで予知していたかのごとくに

出迎え、「欣然としてすなわち仙経十巻をもって、用いて遠意に酬ゆ」とのみ記しているだけである。はるばるたずねてきた曇鸞の志に応えたというのであるが、その「仙経十巻」がなにであったのか、詳しいことはわかっていない。おそらくは、陶隠居の主著『真誥《しんこう》』十巻であったであろうという推測があるだけである。

またこのとき、陶隠居のもとにどれほどの間滞在し、その間どのような修行を積んだのか、なんの記述ものこってはいない。ただ、陶隠居のもとを辞しての帰り道、波が高くて渡れなくなっていた浙江《せっこう》において、曇鸞が河神・鮑郎子《ほうろうし》神に祈願したところ、たちまち波が静まり、容易に渡ることができるようになったと、道宣は記している。事の真偽はともかく、学びえた術について曇鸞がたしかな手ごたえを感じうるような、何事かの体験があったのであろう。すくなくとも、その術について曇鸞が大きな喜びと自負をもっていたことはたしかである。菩提流支三蔵に出会ったとき、流支に向かって「仏法のうちもし長生不死の法の、此の土（中国）の仙経に勝るものありや」と誇らかに問うている曇鸞には、ようやく身につけえたものへの、まことに無邪気な気負いがある。

このとき、曇鸞の問いに答えた菩提流支三蔵の言葉を、道宣は『伝』に、次のように書きとどめている。

留支（流支）、地に唾して曰く、〈是れ何たる言ぞや。相い比するに非ざるなり。此の方、いづこにか長生の法有る。たとひ長年を得て、少時死せざるも、終には更に三有《さんう》を輪廻せんのみ〉と。

何ということをいうか、比較することすらできないことだ。この中国のどこに長生の法があるというのか。たとえその仙術で長い寿命を身にうけて、暫くの間は死をまぬがれたとしても、結局はただ死を畏れて迷いの世界をそれだけ長く輪廻するだけではないか。死を畏れ生に執する命に何の自在さがあろう。生死を越えつらぬく命に目ざめることこそ、自在に生死してゆける長命の法である。『観無量寿経』を授けながら、菩提流支三蔵は曇鸞にそう教えたという。そこにどれほどの時間の経過があったのか、道宣はまことに淡々と、「鸞尋いで頂受し、もたらすところの仙方は、並びに火もて之を焚く。自行化他、流靡《りゅうひ》弘広なり」と書きとどめているだけである。そこに「尋いで」という。どれほどの時間の流れがあったとしても、それは、菩提流支三蔵によって『観無量寿経』に出会いえた一瞬、それの延長でしかない。いつの場合でも、人の廻心の体験を書きとどめた文章は、読むものにとっては、なんとなく疎縁なものである。今、曇鸞の場合も、このような道宣の記述、あるいは菩提流支三蔵の言葉だけからその廻心の必然性を読みとろうとしても、それは不可能であろう。つまり、廻心はつねに、ひきしぼった弓の、一瞬触発の状態のような精神のたかまりにあって、はからずもそのときふれえた一事・一言が、その全存在をつきとばすような衝撃となって、その人に体験されるものと思われる。菩提流支三蔵の言葉は、一瞬にして今までの曇鸞を微塵に打ちくだいた。そこまで、曇鸞の精神は、切迫した心のたかまりをかかえていたのだといえよう。

曇鸞には、「未だ志学ならず」という精神の渇きをかかえて彷徨った青春時代から、五台山の霊風にふれて出家し、病を得て苦悶をふかめ、そして仙経を得るにいたるまでの、その歩みの底に一貫して流れつづけていた問いがあったのではないか。その問いが、曇鸞をして出家せしめ、経論の註釈を発意せしめ、仙術を求めしめたのではないか。長生不死の法を得たとして歓喜せしめたのも、その問いあればこそではなかったか。もとより、その問いは、菩提流支三蔵に出会うまで、曇鸞自身にもまだ自覚的ではなかったと思われる。それゆえに、漠然とした志学として曇鸞をとらえていたのであり、すくなくとも、仙術に迷いうるような意識としてしかなかったのであろう。そして今、菩提流支三蔵との出会いにおいて、曇鸞は、自分のなかに流れつづけていた本来の問いにめざめたのであろう。

師との出会いは、つねに、自己本来との出会いとしてある。ただたんに、すばらしい師に出会ったと、我を忘れて仰ぎみているだけなら、それは却って自己を忘れ、より力あるものに依属したということでしかないであろう。人は、安心感をうるためには、容易に自分を、より偉大なるものにまかせてしまうものである。そしてそのときには、師をいよいよ偉大なるものとして絶対化し、そのことで自らの安心感をよりゆるぎのないものとしようとするものである。そのような姿も、一見、ふかく師を尊敬するがごとくにみえる。がしかし、それは結局、師を利用する心でしかない。すくなくともその心は、遂に自立することはできないであろう。

しかし今、曇鸞は、菩提流支三蔵に出会い、そのすすめられる言葉にふれたとき、自分をここまでつきうごかしてきたもの、問いそのものに出会ったのである。いいかえれば、歩むべき道が豁然《かつぜん》として見えたのではないか。本来、宗教的な問いは、命の根源からの問いである。それははじめ、意識をもってしてはとらええない漠然とした焦燥としてしか、あらわれてこない。このままではおれないという思いはあっても、これをこそ求めているのだという明確なうなずきは未だない。その漠然としたものに、明確な焦点を結実させるものこそ師である。師は、答えをあたえるものとしてではなく、問いをうながすものとして在るのである。そして人は、存在のすべてを賭けうるような問いをもったとき、その道を歩まずにはおれない歓喜と、力とを身に感ずるのである。

親鸞は、そのときの曇鸞の姿を、『正信偈』のなかに、「三蔵流支、浄教を授けしかば、仙経を焚焼して楽邦に帰したまいき」とうたっている。曇鸞が仙経を焼きすてたのは、あたらしき道への決断をあらわしたのではない。自分の意志で決断したことなど、現実の重さの前には、なんの支えにもならないであろう。「仙経を焚焼して楽邦に帰したまいき」とは、実は遇いえたものへの歓喜のふかさをこそあらわしているのである。遇いえた法のたしかさが迷いをはらすのであって、決して、自ら迷いをはらして後に、たしかなものに出遇うのではない。親鸞は、曇鸞に関するその『和讃』三十四首の第一首目においては、同じ事柄を次のようにうたっている。

本師曇鸞和尚は　菩提流支のおしえにて
仙経ながくやきすてて　浄土にふかく帰せしめき（聖典四九一頁）

その「仙経ながくやきすてて」という「ながく」とは、もう二度と仙経にたちもどることなどありえないという曇鸞の姿をいいあらわしているのであろう。仙術をたよりとする必要など全くなくなった、広大な世界への開眼をあらわしているのである。この身を無限大にする必要もないし、そのことはもう全く無意味となってしまう世界に目ざめたのである。そのような目ざめの姿にかかわって、『論註』上巻末の、いわゆる八番問答のなかに曇鸞があげている一つの譬喩が思い合わされる。すなわち、「蟪蛄《けいこ》春秋を識らず。この虫、豈朱陽之節《しゅようのせつ》を知らんや。知る者の之を言うならくのみ」（真聖全一、三一一頁）と。

もちろん、この譬喩は八番問答の最後、第八番目の問い、「どうして念の多少を知ることができるのか」に答える文のなかにあげられているものであって、目ざめの相についていいあらわされたものではない。しかし、「つくつくぼうし（蟪蛄）は、春や秋を知らない。してみれば、この虫がどうして夏という季節（朱陽之節）を知りわけているであろう。知るわけがない。なぜなら、春秋――一年の四季全体を知り分けるものだけが、今は春や秋ではない、夏であると知るのであって、夏生まれて夏死んでしまい、夏以外の季節を知らないものが、どうして他の季節と区別して、今は夏だなどと知ることができるであろう」というこの譬喩は、そのまま、まことに巧みに目ざめの相をいいあらわしているということがいえよう。私は夏の虫であったという身の事実への認識・分限の自覚は、四季全体への認識・全体への開眼として成就するのである。もし、すでにして自分もまたそのなかに生かされているところの全体への開眼というものをもたないような分限の自覚であるのならば、それは劣等感にしかならないであろう。また逆に、分限の自覚を伴わない全体への開眼というものであるのならば、それは忘我と区別はないことになる。

そのことに関連させていえば、「焚焼仙経」は分限の自覚であり、「授浄教」は全体への開眼を意味するということができるであろう。そしてそのような「焚焼仙経帰楽邦」の全体が、菩提流支三蔵によって浄教を授けられ、浄土の法に遇いえた歓喜のおのずからな姿であったのである。

自我を無限にしようとした曇鸞が、自らの分限に還らしめられたとき、自他を貫き、自他を真に成就せしめる世界に、すでにして生かされてあることに開眼したのである。

浄業さかりにすすめつつ

道宣の『伝』は、この菩提流支三蔵と曇鸞との出会いを記して後、まことに簡略に「自行化他流靡弘広なり」と書きとどめている。この『伝』の文面は、「帰楽邦」後の曇鸞の歩みが自行化他の歩みをもって貫ぬかれ、その歩み、その徳が世に流れつたわることまことに弘広であったということを讃えているにすぎない。

しかし実は、自行化他を成就する道いずこにありやというその問いこそが、曇鸞をして五台山に登らせた志学であり、仙経によってまでも経典註解の事業完成を願わしめたものであったのであろう。ただその問いは、菩提流支三蔵に出会うまでは、具体的な歩みとなるまでに結実していなかったのである。

出会いのとき、菩提流支三蔵が曇鸞にさずけたのは『観無量寿経（観経）』であったと道宣はその『伝』に書きとどめている。しかしこのことについては古来疑問がだされ、『観経』ではなくて、菩提流支三蔵の翻訳による天親の『浄土論』であるという説もなされている。もっとも、この説についてもまた、その翻訳年時の考証から否定する意見もあるのである。

ただ、最初の出会いのとき手渡されたものが『観経』であったとしても、後に曇鸞が畢生の努力をかたむけて『註』をつけていることからみて、『浄土論』が曇鸞に大きな感銘、文字どおりその廻心の体験をうみだしたことは、疑いをいれないことであろう。そして、その『浄土論』の結語、

菩薩、このごとく五門の行を修して、自利利他して、速かに阿耨多羅三藐三菩提を成就したまえることを得たまえるが故に。（真聖全一、二七七頁）

の、その「自利利他」という言葉、さらに同じ『浄土論』の願生偈において、「世尊、我一心に尽十方無碍光如来に帰命して、安楽国に生まれんと願ず」（真聖全一、二六九頁）とうたいだされ、「我論を作り偈を説きて、願わくは弥陀仏を見たてまつり、普く諸の衆生と共に、安楽国に往生せん」（真聖全一、二七〇頁）と結ばれている、その「我一心」と「普く諸の衆生と共に」ということが、いかにして同時に成り立ちうるのか、という課題こそが、そのまま曇鸞終生の課題であったのであろう。

そして更に『浄土論』のこの結びの言葉を縁として、曇鸞が、第十八・第十一・第二十二の三願をもっ

て、自利利他の速かな成就の根拠を証明することに力を注いでいられること、あるいはまた、「廻向に二種の相あり、一には往相、二には還相」と、廻向に二種の相を見出してこられた視点、それらは、曇鸞が抱きつづけていた問いがどのようなものであったかを、より具体的にうかがわせるに充分であろう。また同じ『浄土論註』のなかの、

若し智慧無くして衆生の為にする時は、則ち顚倒に堕す。若し方便無くして法性を観ずる時は、則ち実際を証す。（真聖全一、三四二頁）

という曇鸞の言葉、すなわち智慧なきままで世の人々の事柄に具体的に関わってゆくときは、自他の迷悶をいよいよふかくする（顚倒）ばかりであるし、といって逆に、現実への関わり、働きかけ（方便）をもたずに、ただ真理の追求にのみ没入するときは、閉鎖的・観念的なさとり（実際）に陥ってしまうという指摘は、曇鸞がその身にいだいていた苦悩の具体的な表現であるということもできよう。実際、社会的に行動するとき、ともすれば、その信仰が日常的・政治的なものとなって濁りがちであり、といって行動しなければ、その信仰が現実生活から遊離して、観念的なものとなってしまうという苦悶は、現実に、求道者の必ず逢着する問題なのである。

どこに、自他共に救われてゆく道があるのか、いかにしてそのようなことが成りたちうるのか、それこそが、曇鸞の生涯にわたる歩みを一貫する問題であったと思われる。そしてそのような内奥にくすぶりつづけていた問いが、菩提流支との出会い、そして「浄教」の授受において、曇鸞に明確な方向をもった歩みとして成就したのである。それはまさしく、親鸞がその『曇鸞和讃』にうたったごとく、

一切道俗もろともに　帰すべきところぞさらになき

安楽勧帰のこころざし　鸞師ひとりさだめたり（聖典四九一～四九二頁）

という意義を荷負う廻心であった。

廻心後の曇鸞についても、道宣の『伝』は簡明に記すのみである。その文のほとんど全体を、親鸞は『曇鸞和讃』にうたいこんでいる。すなわち、次の四首がそれである。（聖典四九二頁）

魏の主勅して并州《へいしゅう》の　大巌寺《だいがんじ》にぞおわしける
ようやくおわりにのぞみては　汾州《ふんしゅう》にうつりたまいにき
魏の天子はとうとみて　神鸞《しんらん》とこそ号せしか
おわせしところのその名をば　鸞公巌《らんこうがん》とぞなづけたる
浄業さかりにすすめつつ　玄忠寺にぞおわしける
魏の興和《こうか》四年に　遥山寺にこそうつりしか
六十有七ときいたり　浄土の往生とげたまう
そのとき霊瑞不思議にて　一切道俗帰敬しき

ここに「魏の主」「魏の天子」とあるのは、その年代から推して、東魏の孝静帝（在位五三四～五五〇）であると考えられる。孝静帝は、崇仏の志あつい天子であったと伝えられている。曇鸞をふかく尊び、「神鸞」の号を贈り、并州の大寺・大巌寺に住せしめたという。親鸞は、その『和讃』において「大巌寺」の文字の横に、いわゆる左訓（文字の左肩に註を入れること）して、「とんらん（曇鸞）のつくらせたまひたるおむてらなり」と書き入れている。親鸞が何を根拠にそのような註を入れたのかはわからない。もしその註のとおりであれば、孝静帝の願いによって、曇鸞が并州に新しく造営したことになる。もともと、道宣の『伝』には、「勅をくだして幷州の大寺に住せしむ」とのみあって、大巌寺の名は記されていない。迦才の『伝』などにもその名は出てこず、はじめて大巌寺の名が明記されてくるのは、宋代の治平元（一〇六四）年に撰述された、戒珠《かいしゅ》の『浄土往生伝』であるといわれている。(1) 親鸞がこの和讃をつくるに際しては、この戒珠の『浄土往生伝』をも参考にしたということであろうか。

また、孝静帝が贈った「神鸞」という号の、「神」はひろく神秘的なものをあらわし、「鸞」は霊鳥の名を意味する。もって、孝静帝が曇鸞にたいしてふかい畏敬の念をいだいていたことがうかがわれる。親鸞もまた、その『和讃』のなかで、「神鸞」の文字に「ほめまいらするこころなり。すへてめてたうましますといふこころなり」と左訓している。

その後何年のことか、曇鸞は、汾州の北山、石壁の玄忠寺（道宣の『伝』には、玄中寺とあり）に移り住む。この玄忠寺についても親鸞の左訓があり、

「とんらん（曇鸞）のつくらせたまひたるおむてら（寺）なり。たうしやく（道綽五六二～六四五）はらんし（鸞師）のおむてし（御弟子）なり。このてらにたふしやく（道綽）はつきておはしましけり」

とある。曇鸞の建立になる寺であったのかどうかはともかく、玄忠寺は曇鸞と深い因縁のある寺であり、曇鸞没後、この寺を訪れた道綽が、その境内に建立されてあった曇鸞の石碑の文を読んで廻心したということでも有名である。

この玄忠寺に住した曇鸞は、「時に什山の陰に往き、徒《ともがら》を聚め業を蒸《すす》」めたと、道宣の『伝』は伝えている。什山は汾州の南方にあり、その「陰」とは、陽のあたる南側に対して、北側を意味する。具体的にどのような形でその教化がなされたのか、道宣のいう「徒」とは、どのような人々であったのか。迦才

の『伝』の、「諸村の白衣の弟子、及び寺内出家の弟子」が曇鸞の死を聞いたとき「一時に雲集」したとある記述からいえば、曇鸞は、広く村々をめぐり、道俗を問わず、その教化の歩みをつづけていたことが思われる。さらにまた、その「業」についても、親鸞は「しやうと（浄土）のこふ（業）さかりになりては」と左訓を施して既述のごとく「浄業さかりにすすめつつ」とうたっているのである。浄土の業、すなわち念仏を人々にすすめ、伝えていたというのである。道綽の『安楽集』巻下には、より具体的に、

　復難者（曇鸞の言葉を批判・非難する者）紛紜《ふんうん》（ごたごたと多い）たりといえども、法師（曇鸞）独り決せり（願生浄土の心が明確に定まっていた）。是を以て、一切道俗を問うことなく、但法師（曇鸞）と一面相遇う者は、もし未だ正信を生ぜざるをば、勧めて信を生ぜしめ、もしすでに正信を生ぜる者には、皆勧めて浄国（西方安楽浄土）に帰せしむ。（真聖全一、四一四頁）

と述べられている。その教化は、道宣がその『続高僧伝』を書き記している「今」もなお、「鸞公巌」という名をもって追慕されているほどに、ふかい影響をその地にのこしたのである。

　魏の興和四（五四二）年、曇鸞は、平遥《へいよう》の山寺（平遥山寺、略して遥山寺）に、六十有七年の生涯を閉じた。その入滅の事についても、道宣の『伝』にもとづく親鸞の『和讃』が、その模様を伝えている。すなわち、

六十有七ときいたり　浄土の往生とげたまう
そのとき霊瑞不思議にて　一切道俗帰敬しき（聖典四九二頁）
君子ひとえにとうとみて　勅宣くだしてたちまちに
汾州汾西秦陵《ふんしゅうふんせいしんりょう》の　勝地に霊廟たてたまう（『御草稿本』聖典一〇五八頁）

すでに述べたように、浄土往生者としての曇鸞の、とくにその臨終のありさまを詳しく述べているのは、迦才の『伝』である。文中、道宣の『伝』にない記述として注意をひくのは、その死に先立って、龍樹の夢告があったことを記しているのと、その入滅を道俗ともに集まり悲しんだと述べている一段である。

龍樹の夢告について、迦才の『伝』は、次のように記している。

恒に龍樹菩薩に臨終の開悟を請う。誠に所願のごとく、此方の報尽る半霄《はんしょう》（中空）の内に、聖僧の像を現じ、たちまちに室に来入して、云く。〈我は是れ龍樹菩薩なり。便ち為めに説きて曰く。已に落ちたるの葉、更に技に附くべからざるなり。未だ束ねざる粟は、倉の中に求むべからざるなり。白駒隙《ひま》を過ぎること、暫時も留むべからざるなり。已に去る者は、反し叵し。未来未だ追うべからず。現在今いかんが在る。白駒廻るべきこと難し。〉法師、妙に言旨に達して、知ぬ。是終を告ぐると。

この夢告のことを迦才は何に依って書き留めたのか不明であるが、曇鸞の畢生の書である『浄土論註』が、天親の『浄土論』の註であるにもかかわらず、「謹しんで龍樹菩薩の十住毘婆沙を案ずるに」の文字をもってはじめられていることと考え合わせて、興味ぶかい。次いで迦才は、その臨終のときの模様を述べている。

即ち半夜の内に使者を発遣して、あまねく諸村に告ぐ。白衣の弟子及び寺内の出家の弟子、三百余人ばかり一時に雲集す。法師沐浴して新浄の衣を著す。手に香炉を執り、正しく西に向て坐す。門徒を教誡して西方の業を索めしむ。日初めて出ずるとき、大衆声を斉しくして弥陀仏を念ずれば、便即ち寿終す。寺の西五里の外に比丘尼寺有り。並に是れ門徒なり。明相出でて後に堂に集て粥を食す。衆こぞって皆空内に微妙の音楽有て、西より来て東に去るを聞く。中に智者有て、大衆に告げて言く。

法師和上、一生人に教えて浄土の業を修し、今此の音声東方に向うて去るは、必ず多くは是れ法師を迎えて来るべし。食し訖て、相命じて法師の去るを観《み》んと庭前にして相い待つ。未だ寺の庭に出でざるの間に、復音楽遠く宮中に在て西に向ひて去るを聞く。尼僧等相いともに、彼に至てすなわち无常を見る。此れ経論に依るに、定んで西方に生ることを得るなり。

道宣の『伝』、迦才の『伝』ともに、曇鸞の没後約百年を経たころの作であり、史実的にどこまで認められるのか、定かではない。しかし、この二つの『伝』よりもさかのぼりうる資料はなく、また、道宣や迦才が執筆の頃は、なお種々の曇鸞時代の資料も在ったであろうと思われる。たとえば、道宣の『伝』には、「勅してすなわち汾西《ふんせい》の秦陵《しんりょう》の文谷《ぶんこく》に葬す。塼塔《せんとう》（瓦で作った塔）を営建し、幷びに為に碑を立つ。今並び存す」とある。今はすでになくなっている塼塔・石碑が道宣の時代には、並び建っていたことが知られる。したがって、道宣は、あるいは親しくその碑文を目にすることもできたのであろう。そして、その道宣や迦才の文をとおして、人々から鸞公巌と尊ばれながら、近隣諸村の白衣の弟子、つまり在俗の人々や寺内僧侶の人々とともに念仏し、往生の道を説いていられる曇鸞の姿がうかがわれるのである。近在の素朴な人々の、ひたすらな念仏の声のなかを、静かに息をひきとられたという姿には、学僧曇鸞ではなく、まさしく念仏者曇鸞の姿が彷彿としている。

親鸞はその『和讃』にうたっている。

四論の講説さしおきて　本願他力をときたまい
具縛（あらゆる煩悩を具え縛られている）の凡衆（凡夫である人々）をみちびきて　涅槃のかどにぞいらしめし（聖典四九一頁）

註

（1）野上俊静著『中国浄土三祖伝』四七頁

三、その著作

著作通覧

曇鸞の著作については、道宣の『伝』には『調気論』『礼浄土十二偈』および『安楽集両巻』の名をあげ、迦才の『伝』には『注解天親菩薩往生論両巻』『無量寿経奉讃七言偈百九十五行』『問答一巻』をかぞえている。

なおこのほかでは、「曇鸞写」の文字をふくむ『涅槃経疏』が敦煌より出土し、注目をあつめている。ただし約二十七行、六百字にすぎない断簡であり、また「曇鸞写」が、ただの筆写の意味か、選述の意味かも定かではない。

『調気論』については、道宣は『伝』に、「心を調え気を練り、病に対して縁を識る。名魏都に満ち、用いて方軌と為す。因って調気論を出す。又著作の王邵・文に随って之に注す」と述べている。「心を調え気を練り」というのであるから、一種の静座法のごときものと考えられる。この書に関連して、野上俊静氏は次のように述べていられる。(1)

中国の文献をたどってみると、つぎのようである。『隋書』巻三四経籍志に、療百病雑丸方三巻・釈曇鸞撰、論気治療方一巻・釈曇鸞撰、とあって、二部の著作が「医方の部」にみえている。『旧唐書』巻四七経籍志下には、調気方一巻・釈曇鸞撰とあって一部だけあげられている。『新唐書』巻五九芸文志にも、本草関係のものとして、僧鸞調気方一巻とあるだけである。ついで『宋史』巻二〇五芸文志四には、魏曇鸞法師服気要訳一巻とみえている。

右のように諸文献の記載はまちまちであって、書名もかならずしも一致しないのであるが、要するに曇鸞には本草医方関係の書として、『療百病雑丸方』三巻と『調気方』一巻の二部があったに相違ない。そして隋のころまでは、二部ともに知られていたが、唐以後になると、『調気方』一巻だけが伝わっていたものと考えられるのである。ところで、現在『雲笈七籤』巻五九に『曇鸞法師服気法』一巻がおさめられている。これがいうところの『調気方』一巻であろうと考えられるが、わずか四百字程度の短文であって、『調気方』の全文ではなくて、要約したものと思われる。内容は姿勢をただし、呼吸をととのえたりして、体調をよくするもののようである。

と。そして、「曇鸞法師の名は、ただ浄土教家としてきこえていたばかりでなく、調気方や薬餌の指導者としても、その名がとおっていたとみうけられる」とし、「曇鸞が本草や医方に知識のあったということは、念仏の教化を行われる場合に、役立っていたのではないかと推測する」と述べていられる。

もともと、西域内外の学者のかならず学ぶべきものとしてあげられる五明の一に、医方明がある。五明は、声明（言語について明らかなること）、工巧明（一切の工芸・技術・算暦などについて明らかなること）、因明（正邪・真偽を考える理法に明らかなること。論理学）、内明（自家の宗旨に明らかなること）に医方明、すなわち医術を加えた五で、それはつづまるところ、人々の生活に具体的に関わる智慧である。

したがって、曇鸞が本草・医方関係の書をのこしていたということも、けっして奇異なことではなく、さらにまた『調気方』の執筆が菩提流支三蔵によって浄土門に帰入した後であったとしても、ありうることと考えられるのである。

道宣のいう『礼浄土十二偈』と、迦才のあげる『無量寿経奉讃七言偈百九十五行』は、『讃阿弥陀仏偈』のことであるとみてまちがいないであろう。また、迦才の『伝』にある『問答一巻』は、『略論安楽浄土義』のこととされている。曇鸞の浄土教に関する著作は、この『讃阿弥陀仏偈』『略論安楽浄土義』そして『浄土論註』の三書である。

『略論安楽浄土義』が曇鸞の真撰の書であることが明らかにされたのは明治に入ってからであり、それまでは、真撰説・偽撰説が入りまじって、説がさだまっていなかった書である。親鸞も、その『教行信証』をはじめ、どの著作のなかにも引文されてはおらず、そのためもあって、真宗教学の歴史のうえでもあまりとりあげられることがなかった。しかし、種々研究の結果、今日では、曇鸞の著作として重くみられるにいたっている。そしてそれからふりかえってみると、この書を最初に伝えていたのが、迦才の『伝』における『問答一巻』の文字であったのである(2)。

なお、道宣の『伝』にはこの書名があげられていないのであるが、実はこの『略論安楽浄土義』は、迦才が『無量寿経奉讃七言偈百九十五行。並びに問答一巻』と書きしるしているように、『讃阿弥陀仏偈』に附して書かれたものであって、道宣はその『礼浄土十二偈』という書名のなかにこの『問答一巻』というものもこめて一名とした、ということであったのかもしれない。

もっとも、こと著作に関しては、道宣の『伝』は、たとえば、曇鸞の書として『安楽集両巻』の名をあげ、逆に、道綽の章に「浄土論両巻を著わして、龍樹・天親を統談す」と述べているなど、はなはだしい誤りがあり、ただちには断定することができない。またその『礼浄土十二偈』という書名の『十二偈』というのも、はなはだその意味があいまいである。

ともあれ、『略論安楽浄土義』が曇鸞真撰の書であることの決定的な証拠となったのは、矢吹慶輝博士によって紹介された敦煌本『略論安楽浄土義』であるが、それははじめに『讃阿弥陀仏偈』をあげ、ついで『略論安楽浄土義』と題して『略論』全文があげられ、むすびに『讃阿弥陀仏并論上巻』と記されている。したがって、『讃阿弥陀仏偈』とこの『略論』とが、あわせて一部となっていることが明白にされたのである。

しかも、『略論』の第二問答には、

もし経に依り義に拠らば、法蔵菩薩の四十八願は即ち是其の事なり。『讃』を尋ねて知るべし。復重ねて序《の》べず。（真聖全一、三六七頁）

とあり、さらに第三問答には「安楽土に生ずる者には凡そ幾輩有りや。輩に因縁有りや」（真聖全一、三六九頁）と問い、答えて、『無量寿経』には唯三輩の名のみがあり、『無量寿観経』の中には九品の別が立てられていることを指摘して後、

今、『無量寿経』に依り傍えて讃を為す。且く此経の三品に拠て之を論ぜん。（真聖全一、三六九頁）

と述べられている。

したがって、『讃阿弥陀仏偈』と『略論安楽浄土義』とは、不可分の関係にあり、しかも、まず『讃偈』があり、その『讃偈』に従属する形で『略論』の問答が傍えられているとみることができる。それは『論』における『偈文』と『長行釈』の形式に相応するものといえよう。

『讃阿弥陀仏偈』は、曇鸞自身『無量寿傍経』と註し、道綽が『安楽集』に「曇鸞法師の正意、西に帰す。故に大経に傍えて奉讃して云く」（真聖全一、四三二頁）と記しているように、もっぱら『大無量寿経』に依って、阿弥陀仏、及びその国土と聖衆の徳を讃嘆し、あわせて自らの帰依の心を表白されたものである。現行のものは、一つ一つ、「南無至心に帰命して、西方の阿弥陀仏を礼したてまつる」などの礼拝の文と、「願わくは、諸々の衆生と共に、安楽国に往生せん」という廻向の文との間にはさめて、讃嘆の七言偈があげられている。

しかし、先にあげた、矢吹慶輝氏の紹介された大英博物館蔵、敦煌出土の版をはじめ古版のものには、この「南無至心帰命礼」などの礼拝の文や、「願共諸衆生」などの廻向の文はない。おそらく、後世になって、善導の『往生礼讃』の盛行などということがあって、『讃阿弥陀仏偈』にもその形式がとり入れられることとなり、礼拝の文・廻向の文などをつけくわえて、礼拝読誦のための文としてもちいられるようになったものと考えられている。そうして、本来一つの書であった『讃阿弥陀仏偈』と『略論安楽浄土義』とが、次第に別々に流布するようになり、それぞれ独立した書とみられるにいたったと考えられている。

『略論安楽浄土義』は、既述のように、『讃阿弥陀仏偈』の後に、それに附加する形で作られたもので、九番の問答から成っている。因みに、その問いの文を挙げてみると、次のごとくである。

㈠　安楽国は三界のうちにおいて、いずれの界の所摂ぞや。（真聖全一、三六七頁）
㈡　安楽国に幾種の荘厳有りてか、名けて浄土と為すや。（真聖全一、三六七頁）
㈢　安楽土に生ずる者には、およそ幾輩有りや。輩に因縁有りや。（真聖全一、三六九頁）

㈣　彼の胎生の者は、七宝の宮殿のなかに処して、快楽を受くるや、否や。また何をか憶念するところぞや。（真聖全一、三七〇頁）

㈤　疑惑心をもって、安楽に往生するものを名けて胎生と曰わば、いかんが疑をおこすや。（真聖全一、三七〇頁）

㈥　もし衆生尽くべからずば、世間復無辺に堕せん。無辺の故に、仏則ち実に一切衆生を度したまうこと能わざるや。

㈦　度と不度と皆辺見《へんけん》に堕すといわば、なにをもってか但一切衆生を度するを大乗広智と為すと説きて、衆生を度せざるを大乗広智と為すと説かざるや。（真聖全一、三七三頁）

㈧　夢息むことを得ば、豈これ度にあらざるや。もし一切衆生の所夢皆息めば、世間豈尽きざらんや。（真聖全一、三七三〜三七四頁）

㈨　下輩生（今は『観無量寿経』に下輩生を説く一段を指す）のなかに、十念相続して便ち往生を得といえり。いかなるをか名づけて十念相続と為すや。（真聖全一、三七四頁）

以上の九番の問いをみることで、『略論』の内容をほぼ知ることができるであろう。なおこの九番の問答について、名畑応順氏は、次のようにその内容をまとめていられる。もって全体の構成が明らかになるであろう。

「その所述の内容を検すれば、略論の第一問答は安楽浄土の三界の摂不、第二問答は安楽国の荘厳の数量、第三問答は安楽土に生ずる品輩と因縁を明かしている。そしてこの第三問答に示された大経の三輩に入らない一種の往生として、疑惑胎生の往生を次に挙げて、数番の問答を試み、最後に三輩の中、とくに下輩の十念につき論述するという次第である。されば略論の要旨は初めの三問答に摂まる」と。すなわち、『讃偈』において、その『讃阿弥陀仏偈』という題号のごとく、西方安楽浄土の阿弥陀仏を勧讃したことをうけて、『略論』は、その安楽浄土の因果を明かし、信を勧め疑いを誡めて、その浄土への往生を願われたものなのである。

註

（1）野上俊静著『中国浄土三祖伝』五三頁

（2）以下については名畑応順述『略論安楽浄土義講案』参照。

四、浄土論註

仏道発見の歓喜

曇鸞の主著はいうまでもなく『無量寿経優婆提舎願生偈註』二巻である。一般に略称して『浄土論註』あるいは『往生論註』の名で呼ばれている。

この『論註』について、迦才は「天親菩薩の往生論を註解し、両巻を裁成す」と書きとどめているが、道宣は「安楽集両巻等を撰し世に広流す」と、その書名を誤りしるしている。これは、『浄土論註』を『安楽集』と誤りしるしたというより、同じく「道綽伝」（続高僧伝巻二十）に、「浄土論両巻を著し、龍樹・天親を統談し、邇《ちか》くは僧鸞・慧遠に及ぶ」とあるところよりみれば、『安楽集』を曇鸞の著作、『浄土論註』を道綽の著したものと思いこんでいたものと思われる。

『論註』は、その名のごとく、天親菩薩の『浄土論』を註釈されたものである。しかしそれは、たんに『論』文を解説されたものということではない。迦才はその『伝』に、「両巻を裁成す」と述べていた。『浄土論』を上下両巻に裁分することによって、『浄土論』の事業を成就されたのであるとたたえているのである。

『浄土論』は、『願生偈』の名をもってよばれる「偈頌」（韻文・讃歌）と、「長行」（散文）の部分とから成っている。そのことは、天親論主自身が『願生偈』をむすんで「無量寿修多羅章句、我偈頌をもって総説し竟んぬ」と述べ、「長行」の終りには「無量寿修多羅優婆提舎願生偈、略して義を解し竟んぬ」と結ぶことによって明らかにされているところである。

そして、「世尊我一心に尽十方無碍光如来に帰命したてまつる」という表白の言葉をもってうたいだされる『願生偈』については、天親自らその大意を明かして、

この願偈は何の義をか明かす。彼の安楽世界を観じて阿弥陀如来を見たてまつり、彼の国に生まれんと願ずることを示現するが故なり。（真聖全一、二七〇頁）

と述べ、次いで、

いかんが観じ、いかんが信心を生ずる。もし善男子・善女人、五念門を修して行成就しぬれば、畢竟じて安楽国土に生まれて、彼の阿弥陀仏を見たてまつることを得となり。（真聖全一、二七〇〜二七一頁）

と、以下「長行」の一段において、願生浄土の歩みを五念門の行をもって展開されているのである。

すなわち、「偈頌」は願生の一心を表白されたものであり、「長行」はその願生の行信道として礼拝・讃

嘆・作願・観察・廻向の五念門の行、近門・大会衆門・宅門・屋門・薗林遊戯地門の五功徳門の果徳を開き示されたものということができる。したがって、『浄土論』の文面でみるかぎり、一心の表白と五念門の行とは、それぞれ別個の事柄ともみえるのである。

しかし曇鸞は、この『浄土論』の組織を、

この論の始終に凡そ二重あり。一にはこれ総説分、二にはこれ解義分なり。総説分は前の五言偈つきるまでこれなり。解義分は論曰已下長行つきるまでこれなり。（真聖全一、二八〇頁）

と釈している。すなわち、総説分つまり「偈頌」と、解義分つまり「長行」とは、二重の関係としてとらえられているのである。二重という表現は、二分という言葉と区別される。二分というときには、二つの部分があい寄って全体が成りたっていることを意味する。それに対して、二重というときには、それぞれにそれだけで成就しているものが、しかも重ねられ、照し合う関係にあることをあらわす。

すなわち、五念門の行は帰命の一心のおのずからなる展開、歩みであると同時に、その五念門の歩みにおいて帰命の一心がその真実を成就してゆくのであり、五念門の行成就しての一心であり、一心の展開としての五念門の行である。曇鸞は、そのような二重の関係としての意義をふまえて、願生の一心をうたわれている『願生偈』を五念門に配分して釈する「五念配釈」をもって註を行なっているのである。そしてこの曇鸞の「五念配釈」によってはじめて、真実の行信道がうきぼりにされ、同時にまた、信と行との不離の関係が明確にされえたのである。

なお、先にふれたように、道宣はその『高僧伝』の曇鸞章に『安楽集』の名をだし、道綽章に「浄土論両巻を著わして、龍樹・天親を統談す」と述べている。それはあきらかに誤りであるが、しかしその曇鸞章と道綽章との混乱はともかくとして、そこに「龍樹・天親を統談す」と述べていることが注意をひく。とくに曇鸞が、天親の『浄土論』に註をつけるのにあたって、巻頭に「謹しんで龍樹菩薩の十住毘婆沙を案ずるに」と、龍樹の名をあげていることが、そこに思い合わされるのである。

この書きだしについて、山口益氏は次のように述べていられる(1)。

曇鸞が、龍樹の十住毘婆沙論の易行品の難易二道説を、浄土論註解の劈頭に提示した点をもって、龍樹系の四論宗家にあった曇鸞が、瑜伽唯識系の浄土論を註解したについては、そこにインド大乗の二流派が、曇鸞の浄土教において統一せられる趣旨があるであろうとせられる場合がある。しかしそれは、宗派的傾向をもったシナ仏教的な立場から、両学派の合流とか統一などいう思想をもちこまれたものとおもわれる。龍樹中観と瑜伽唯識とは、後世、空宗・有宗として考えられるごとき違った二流ではない。それは大乗仏道の自らな歴史的展開であって、二学派の合流などいう観念がそこに持出されることは、どうであろうか。曇鸞は、仏道体系中における浄土教的側面のインドにおける始祖として、龍樹の浄土教としての易行道を始めに掲げたと見るべきであろう。そういう意味での浄土門における相承を顕わすために、龍樹の二道の教判を巻頭に挙げたのであると解することは、香月院以来の真宗宗義の伝統的な一つの解釈でもあるのである。

その真宗宗義の伝統的な解釈というものにも多くの説があるのであるが、つづまるところ、一には浄土門仏教の伝統を顕わすためであり、二には龍樹がその『十住毘婆沙論』において、仏一代の説法された教説を難行道・易行道の二道をもって判定していることをうけて、この『浄土論』の位置を明確にするためである、という二点におさまるであろう。

ただ、このような解釈というものは、当然のことではあるが、いかにも説明的であって納得のいかない点がのこる。すくなくとも、この書きだしの一句には、もっと生き生きとした曇鸞の精神の高揚が感じとられるのである。それは、いわば曇鸞における仏道発見の歓喜・叫びというごときものである。

龍樹によって開顕せられた般若中観の思想を学び、無自性空の真理にふれていたはずの曇鸞が、しかも身の不老不死を求める神仙の道に迷ったということは、たとえそれが、仏法の無量の法門をその身で究めようとした真面目な願いによるものであったとしても、やはりなおそのときの曇鸞が、龍樹の真生命にふれえずにいたことを暴露したものであったといえよう。そしてその曇鸞が、菩提流支三蔵の叱責をうけ、さらに天親の『浄土論』に遇ったとき、そのとき同時に、龍樹の真生命にもはじめて触れえたのであろう。その「そうであったか」という叫びが、この『浄土論註』巻頭の言葉にこめられてあるのを感じるのである。

その意味では、義山本の『浄土論註』の読み、すなわち「謹しんで龍樹菩薩を案ずるに、十住毘婆沙に云く」が注意をひく。このような読み方は、この義山本にしかなく、註釈書にも義山本の読み方にしたがっているものはほとんどない。おそらく、一般の読みのごとくに「謹んで龍樹菩薩の十住毘婆沙を案ずるに云く」と読むのが自然なのであろう。そのことをふまえたうえで、しかもこの言葉が『浄土論註』巻頭書出しの文としておかれていること、この言葉から感じられるひびきの強さ、そしてさらには、この文字の背後に、龍樹の教学を学んでいながらしかも仙経に迷っていたことへの曇鸞自身の痛みをおいてみるとき、義山本の読みが心を索くのである。

龍樹は八宗の祖師と仰がれる人であり、その著作は多岐にわたり、説かれた内容も広い。それだけに、ただたんに「謹んで龍樹菩薩の十住毘婆沙を案ずるに」と読むときには、他の著作での説はどうであれ、『十住毘婆沙論』においてはこうである、という意味になってしまう恐れがある。もしそうなれば、以下に展開される願生道もまた、ただ単に仏道のなかの一部門ということになってしまうであろう。しかし、曇鸞がこの『浄土論註』において展開したものは、決して、仏道のなかの一部門としての願生道ではない。願生道こそ真の仏道であり、もしこの願生道を欠くならば、仏法は、この時代社会のなかに愚かさをかかえ苦悩を重ねながら生きていかねばならない人間にとっての道という意義を失ってしまうであろう、という確信がこの『浄土論註』にはみなぎっているのを感じるのである。

もっとも、龍樹の全著作のなかにおける『十住毘婆沙論』の位置をふまえるならば、「謹んで龍樹菩薩の十住毘婆沙を案ずるに」という読みでも、そこに、願生道こそ仏道であるという曇鸞の確信を読みとることができないわけではない。すなわち、龍樹は『十住毘婆沙論』の「序品・第一」、その巻頭に、説かれているところの教理のごとくには生き得ない凡夫の身の事実を押さえて、「凡夫は無始より已来常に其の中に行じて、このごとく生死の大海に往生し、未だ曾て彼岸に到ることを得ることあらず。或は到る者あらば、兼ねて能く無量の衆生を済度す。この因縁をもって菩薩十地の義を説くなり」と述べている。すなわち、八宗の祖師、空観思想の大成者としての龍樹が、たんなる学のための学を論じたのではなく、その全教学をあげて問いかえし、どこまでも一求道者としてその身に仏道を行じてゆかれたのが『十住毘婆沙論』であったということができる。したがって、実は『十住毘婆沙論』そのものが、願生道こそが真の仏道であることを鮮明にされた書であったのである。ただ、そうであればこそ一層、そういう意義をより明確に伝えていると思われる義山本の読みが注意をひくのである。

菩提流支三蔵によって天親の『浄土論』にふれた曇鸞は、そのときはじめて、龍樹が『十住毘婆沙論』に展開している易行の真義にうなずき、同時に、天親の『浄土論』がその易行道を願生道として具体的に展開されたものであることを知ったのである。そしてそのときはじめて、曇鸞にとっての生涯の問いである「自行化他の道いずこにありや」ということが、「或は到る者有らば兼ねて能く無量の衆生を済度す」と龍樹においてすでに問われ、さらにまた天親によって、「菩薩は是のごとく五門の行を修して自利利他して速に阿耨多羅三藐三菩提を成就したまえることを得たまえるが故に」（真聖全一、二七七頁）と求められていたことに歓喜したのである。

もとより龍樹が難行・易行の二道を説かれたのと、天親が願生の心を宣明されたのとは、それぞれ別個の事業であって、直接関連をもっていたわけではない。しかもその二つの事業は、それが生みだされてきた必然性において、歴史的に相呼応しているものであった。『論註』の、

この菩薩、安楽浄土に生まれんと願じて、即ち阿弥陀仏を見たてまつる。阿弥陀仏を見たてまつる時、上地の諸の菩薩と畢竟じて身等しく法等し。龍樹菩薩・婆藪槃頭（天親）菩薩の輩、彼に生まれんと願ずるは、まさにこれが為めなるべきのみと。（真聖全一、三三二頁）

という言葉は、曇鸞がそのような呼応のひびきを聞きとり、書きとどめたものといえるであろう。そのことを明示するものとして、『論註』巻頭の一文は読みとれるのである。

註

（1）山口益著『世親の浄土論』四〇頁

三経一論

曇鸞は、「龍樹菩薩・婆藪槃頭（天親）菩薩の輩、彼に生まれんと願ずるは、まさにこれが為めなるべきのみ」と、易行道を開顕された龍樹の事業の上に、この天親の『浄土論』をおいて、『浄土論』が易行道を明かす大乗仏教の論であるということを明確にされた。

しかもさらに曇鸞は、『浄土論』の『無量寿経優婆提舎願生偈』という題目の『無量寿経』を釈して、

無量寿は、これ安楽浄土の如来の別号なり。釈迦牟尼仏、王舎城及び舎衛国にましまして、大衆の中に於いて、無量寿仏の荘厳功徳を説きたまえり。即ち仏の名号をもって経の躰と為す。後の聖者婆藪槃頭菩薩、如来大悲の教えを服膺して、経に傍えて願生の偈を作れり。復長行を造って、重ねて梵言を釈す。（真聖全一、二七九～二八〇頁）

と、この『浄土論』が、「大衆の中に於いて、無量寿仏の荘厳功徳を説き」たもうた浄土三部の経典、すなわち王舎城所説の『大無量寿経』、『観無量寿経』、舎衛国所説の『阿弥陀経』をつらぬいて流れている「如来大悲の教え」を服膺しての『論』であることを決定されているのである。古来『浄土論』を「三経通申の論」と呼び、また源空がその『選択集』二門章において、「正しく往生浄土を明かすの教というは、三経一論是也」（真聖全一、九三二頁）と『浄土論』を位置づけられたのも、すべてこの曇鸞の『論註』の事業にもとづくことなのである。

なおそこに曇鸞は、三経をつらぬくものを、

大衆の中に於いて、無量寿仏の荘厳功徳を説きたまえり。即ち仏の名号をもって経の躰と為す。（真聖全一、二七九頁）

という言葉をもっていいあらわしている。「大衆の中に於いて」というとき、それは、大衆のためにということと区別されなければならない。大衆のためにというときには、説く人自身は大衆より一段上から大衆を指導するというニュアンスがある。それに対し、「大衆の中に於いて」というとき、それは、大衆を自らとし、大衆とともに生きる姿をあらわす。大衆の救済をもって自らの正覚の内容とする、そのことの誓いこそが無量寿仏の選択本願であり、その体名号である。

『浄土論』によって、浄土三部の経典がひとしく、「大衆の中に於いて無量寿仏の荘厳功徳を説きたまう。即ち仏の名号をもって経の躰と為す」経典であるということに目覚めさせられた曇鸞は、同時にその『浄土論』は、天親が浄土三部の経典の歴史を「一心」に受けとめられた論であることを明らかにされたのである。

しかもそのように浄土三部の経典を、「大衆の中に於いて無量寿仏の荘厳功徳を説きたまう。即ち仏の名号をもって経の躰と為す」とうなずくということは、逆にいえば、すでにして大衆――私に応えられてある仏法の成就を信ずるということを意味する。つまり、三経一論ありということは、すでにして道ありということとの発見である。さらにいえば、仏法の内なるものとしての自己の発見である。

本来、道ありということがなければ、迷いということもいいえないであろう。しかし、ひとたび、すでにして道ありということがいわれるとき、それはそのまま、現にある自己の在りようを根底から問いかえすものとなってくるであろう。三経一論の歴史をとおして、「彼の無碍光如来の名号は、能く衆生の一切の無明を破し、能く衆生の一切の志願を満てたもう」（真聖全一、三一四頁）と讃嘆された曇鸞が、ただちに、「然るに名を称し憶念することあれども、無明由存《なお》して所願を満てざるは何《いかん》となれば……」（真聖全一、三一四頁）と、我が身自身の在りようを問いかえしているのもそのことを物語っている。

したがって、『論註』において、曇鸞は、三経一論にまで具体化してきている選択本願の法の成就と、その法に照しだされ、明白にされてきた自己・人間の実相とをふまえて、その関わりをたどっていられるのである。

それはまず、『論註』上巻において、浄土の二十九種荘厳功徳の、その願心の所以をたずねて、一々に、仏智によって見きわめられている衆生・世界の実相を釈されているところにもうかがうことができるであろう。たとえば、第一の清浄荘厳功徳においては、『論』の「観彼世界相　勝過三界道（彼の世界の相を観ずるに、三界の道に勝過せり）」という、これだけの偈文に、次のような註をほどこしていられる。

仏本とこの荘厳清浄功徳を起こしたまう所以は、三界はこれ虚偽の相、これ輪転の相、これ無窮の相にして、蚇蠖《しゃっかく》修環するがごとく、蚕繭《さんけん》の自ずから縛《まつわ》るごとくなり。哀れなるかな、衆生、この三界顚倒の不浄に締《まつわ》るを見そなわして、衆生を不虚偽の処に、不輪転の処に、不無窮の処に置て、畢竟安楽の大清浄処を得しめんと欲しめす。この故にこの清浄荘厳功徳を起こしたまう也。（真聖全一、二八五頁）

三界のすがたを、虚偽・輪転・無窮の三相をもっておさえ、これを蚇蠖の修（循）環と、蚕繭の自縛という二つの譬えをもって示していられるのである。蚇蠖（尺とり虫）が全身をうねらせてひたすら歩んでいる。しかし、その歩みがどれほどひたすらであり、真剣であろうとも、歩んでいる場が環の上であるならば、結局はぐるぐるまわりに終るほかない。まさに輪転のすがたであり、無窮の、終りなき、成就なき歩みである。そしてまた、蚕は繭となるとき、自分の身を守るべく口から糸をだして、その全身を被う。

しかし、その糸が全身を被いつくしたとき、その身を守るはずの糸が、かえって、その目をふさぎ身をしばり、蚕をして熱湯の中で死にいたらしめることとなる。その姿はまさしく、我々が、自らの幸せ、利養を求めてはたらかしている分別、思いがかえって、我々をして、真実を見えなくせしめ、心貧しくしているすがたそのものである。

以下、二十九種荘厳功徳の一々においても、曇鸞は、偈文のみじかい語句をとおして、人間世界の現実相をきびしく見徹し、人間の愚かさ、苦しさ、悲惨さをありありとえがきだすことによって、ふかい問いをおこしていられるのである。そこには、仏智によって照しだされた現実相と、その現実のゆえに求めずにはおれない本願海とのひびきあっているすがたがしめされているのである。

時の自覚

『浄土論註』は、まず「謹んで龍樹菩薩の十住毘婆沙を案ずるに云く。菩薩阿毘跋致を求むるに、二種の道あり。一には難行道、二には易行道なり」（真聖全一、二七九頁）と書きだされている。

実は、このように、難行道・易行道と、二道を対置させて用いられたのは、この曇鸞の『論註』がはじめてであって、曇鸞があげている龍樹の『十住毘婆沙論』そのものには、易行道の言葉はあるが、難行道の言葉はない。山口益氏はこの点について、次のように述べられている。(1)

そこで難行易行という場合の、その語の原語から、その語の意味が検討されるべきであるが、十住毘婆沙論に見える「難行」は、「duṣkara 作し難き、困難なこと」であるのに対して、易行は、「sukhā pratipad 安楽なる方便・道」であり、本論には難行（duṣkara）なる語はあるが、難行道なる語はなく、道という語の付せられているのは唯易行道（sukhā pratipad）だけであって、不退転地への方便・道とは、第九易行品所説の易行道のみということになる。――そこで難易二行とは、難行道と易行道という二つの道（pratipad）が対蹠的にあるということではなく、菩薩道実修の上の段階の上に見られるものであることが判る。

と。同じく難行といわれているのであるが、龍樹にあっては、仏道の展開として動的にしめされているのであり、それに対して曇鸞は、難行道・易行道と二道を対置させて、その決判を迫っているのである。また、その難行の内容にかかわって、古来、龍樹のいう難は「行体の難」であり、曇鸞のそれは「行縁の難」であるということが指摘されてきている。

すなわち、龍樹が難行というとき、それは、修行することが艱難な行業をもって因とする道ということであった。それを『十住毘婆沙論』「易行品」の文によって、古来、「諸」「久」「堕」の三難と呼びならわしている。すなわち多くの困難な行（諸）を久しい間修行し、持続しなければならない（久）。したがって、その歩みは、目的地に到達するその最後の時まで退転の危険性をもっている（堕）のである。その三難を突破して、不退転の境地にまで到達しようとするところに菩薩道があり、それゆえに、菩薩道は丈夫志幹（仏道に志堅く勇気あるもの）のものの道であるといわれるのである。

しかし、そのような難行性は、すくなくとも生死の苦を越えでる道を求めるのであるかぎり、当然のことであろう。したがって、龍樹は「易行品」に、「身命を惜しまず、昼夜精進して、頭燃を救《はらう》がごとくすべし」（真聖全一、二五三～二五四頁）と説かれているのである。生死を越える道を求めていながら、しかも丈夫志幹たりえないものは、儜弱怯劣（意志薄弱にしておくびょう）なるものとして、仏道より叱責されるべきものである。

ただしかし、すくなくとも仏教が人間救済の道であることを名告るものであるかぎり、難行性に耐ええないものを儜弱怯劣なるものとして叱責するとき、しかもそのごときものとしてしかありえない存在の事実が、かえってするどい仏法への問いかえしとなって迫ってくるのである。その一人を救いえないならば——そして実は、その一人こそがもっとも救いを必要とする者なのであるが——仏道は結局、力あるもののみの道になり終るであろう。そして今、儜弱怯劣なる者としての存在そのものが迫ってくる問いに徹することによって、人間のぬきがたい弱さに対してどこまでも応えていこうとする悲願において、仏に信方便の易行あり、と龍樹は説くのである。

その龍樹の事業をうけて、曇鸞は『浄土論註』巻頭において次のように述べるのである。「難行道は、謂く、五濁の世、無仏の時において、阿毘跋致を求めるを難となす」（真聖全一、二七九頁）と。五濁（劫濁・時代の濁り、見濁・思想の混乱、煩悩濁・人間不信、衆生濁・健康性の喪失、命濁・疎外された在り様）としての世のありよう、無仏の時という時代にあって、不退転の仏道を求めること難し、というのである。そこには、龍樹が凝視したごとき人間の儜弱怯劣性への自覚ということは表面にみえず、ただ時と世との仏道行じがたい状況のみが指摘されているのである。

しかしそれは、決して、世と時という、個人をこえて個人を包む状況に問題の責任を転嫁して、自省を欠落しているわけではない。すでに『論註』上巻末に八番問答を設け、天親論主が「あまねく諸の衆生とともに」といわれているその衆生とはどのような存在であるかを問うて、そこに仏法を疑い謗り、人としての道にも逆かずには生きていけない存在を見出してきている曇鸞である。すなわち、曇鸞が『論註』の根底にすえている人間は、そのような五逆・謗法の徒としてしか生きえない存在である。ただそれが、丈夫志幹の徒にたいする儜弱怯劣、というような人間のなかの一つの在り方としてではなく、人としてこの世に生きているかぎりそうとしてしか生きえていない事実として、五逆・謗法の徒が見出されているのである。それはもはや、個人の上にみられる弱さなどというものではない。いかに丈夫志幹の者といえども、越えることのできない難の状況、五濁の世・無仏の時という痛切な危機感にたって、曇鸞は他力易行の道を追求しているのである。個人として、どれほどの意志と力とをもって修道しても、その努力の一切を虚仮・諂偽なるものとしてしまうような状況のきびしさが、そこには認識されているのである。

その時代の難の主要なものとして、曇鸞は『論註』巻頭に、次の五をあげている。（真聖全一、二七九頁）

㈠　外道の相善は菩薩の法を乱る。

相善とは、有相の善ということであり、かたちにとらわれる善・みせかけの善の意味である。いいかえれば、それは、人間の意識にわかる善ということであろう。人間が期待するご利益、効果、善行としての善である。そのような外道の相善が菩薩の修する善根とまぎれ、乱す。

㈡　声聞は自利にして大慈悲を障う。

声聞は縁覚とともに、小乗として批判される。自分一人の苦悩からの解放を求めるものであり、信仰生活におけるエゴイズムを意味し、独善性、閉塞性を伴うからである。『論註』のなかにおいて、曇鸞は、声聞を「計るに更に能く仏道の根芽を生ずべからず……」（真聖全一、二九七頁）と述べている。すなわち、なにものをも生みだすことのない自己完結の世界である。しかも一見、それがさとれる者のごとくに見える。そのような小乗的在り方が、菩薩の大慈悲の歩みを障げる。

㈢　悪を顧ることなき人は他の勝徳を破す。(2)

世にもっとも危険な存在は、いわゆる極悪非道の悪人ではない。悪を悪とも思わぬもの、悪を悪と意識する心の欠如しているものである。罵詈雑言をもって徳ある人を非難攻撃するものは、なおそのことにおいて、徳ある人を意識し、反顕しさえしている。しかし、悪を悪と意識する心の欠如しているものは、同時に、徳を徳と尊ぶ心をも本質的に欠いている。いわゆる無気力、無感動、無関心という在り方こそは、悪をも、それゆえに善をも顧ることなきものであり、そのことによって、勝徳を根底から破りすてるものである。

㈣　顛倒の善果は能く梵行を壊る。

世間的に考えられる善とか幸福というものは、本来性を顛倒したものであって、それはかえって、真実を求めて歩む精神性をうばいとり、人を心貧しい存在にしてしまう。

㈤　唯是れ自力にして他力の持《たも》つなし。

前の四つの具体的な相を生みだしているものとして、その根底に見出されているのが、無仏の世であり、他力の持つことなき事実である。頼むは自力のみである。しかし、導いてくれる人もましまさず、たしかな道標もないとき、人は何によって自らの歩みをたしかめればよいのか。しかも、無仏の世ということは、つねに二重の無仏性としてあらわれるのである。すなわち、かつてましました仏はすでになく、来たるべき仏はいまだあらわれたまわぬという二重性である。何が善であり悪であるのか。何が仏道であり外道であるのか。どこに求むべき門があり何を厭えばよいのか。けっきょく、人はただ自らの力、感覚をしか頼りにすることができない。しかも、その歩みが成就したかどうかを証しする手がかりは、世間の称讃の声だけである。そのために、歩みは、いつ知らず名利の道へと変質してしまうことにもなるのである。

そして曇鸞は、「水路に船に乗ずれば則ち楽しきがごとし」と易行道を譬えるのに対して、五難をもってかぞえられるような難行性を、「陸路の歩行は則ち苦しきがごとし」とあらわしている。この「陸路の歩行」という表現も、もとづくところは龍樹にはじまるものである。しかし、龍樹にあっては、それは、越えがたい山があり、渡りがたい川がある陸路の、歩みにくさを意味していた。しかし、今、曇鸞がいうとき、この譬えは、龍樹における意味を含みつつ、その上に、ただ自分の足と感覚をしか頼みにできない陸路の、孤独な、迷いやすい歩みという意味があらわされているのである。

しかも今、この五難をあげた文を結んで、曇鸞は、「斯のごときらの事、目に触るるに皆是れなり」という。それは、目に見える現象すべてがそうであるというだけではない。目を開いてみよ、一度《ひとたび》でも自己を視、世間を視るならば、すべてこの事実を思い知らされずにはおれまい、とその言葉は断じているのである。

さらに、この言葉からふりかえっていうならば、「唯是れ自力にして他力の持つな」き世であり、時であるとき、その歩みはつねに、顚倒の善果、無顧悪人、声聞の自利、外道の相善というものに迷い、陥ちこむ危機に直面することを、曇鸞はその身に実感されたのであろう。

しかも、そのような時代社会の相というものは、いつの場合でも、その時代、その社会の人間がかかえている問題のあらわれである。その時代の人間にまったくその可能性、因子のないことは、けっして、時代社会の相としてあらわれることもない。人間一人一人としては意識もしていないような病根が、時代社会をとおして拡大再生産されて、逆にその個人を包み色づけするものとしてたちあらわれるのである。人はそれゆえに、時代社会の相をとおして、自分自身の実相をふかく思い知らされるのである。つまり、時代社会を見徹す眼は、そのまま、人間存在の実相を見徹す眼なのである。

したがって今、「五濁の世・無仏の時」という時の自覚をもってはじめられる『論註』は、他力易行の願生道が応えようとしている存在はいかなる存在・機であるかを明らかにする八番の問答をもって、その上巻を閉じているのである。

註

（1）山口益著『世親の浄土論』三三二頁

（2）この一段は、一般に「無顧の悪人は他の勝徳を破る」と読まれる。そして無顧の悪人とは前後を顧りみない悪人という意味であるとされている。つまり、手のつけられない悪人ということであろう。しかし、親鸞はこれを「悪を顧みることなき人は」と訓じていられるのである。

大乗菩薩の論

曇鸞は『浄土論』の長行釈を十章に分けて註釈をしている。すなわち、次の十章である。

㈠　願偈大意章　『願生偈』が、彼の安楽世界の国土と仏・菩薩を観見して、生まれんと願う信心を述べたものであることをあかす。

㈡　起観生信章　どのように観察し、どのように信心を生ずるのか、その信行の内容と関係を、五念門の行を略説して述べる。

㈢　観行（察）体相章　観察する彼の安楽国土の二十九種荘厳が、上巻にあきらかにされた如来の清

(四)　浄入願心章
　　　浄願心の成就としての不可思議の神力であることをあかす。
(五)　善巧摂化章
　　　浄土の二十九種荘厳のすべてが如来の願心におさまることを説く。
　　　願生者は、おのずと善く巧みに衆生を摂め、ともに願生せしめる廻向方便のすがたを説く。
(六)　離菩提障章
　　　その廻向成就によって、仏道の障りをはなれることをあかす。
(七)　順菩提門章
　　　それによって、仏道・菩提に順じ、相応する心を説く。
(八)　名義摂対章
　　　障菩提の心と順菩提の心との、名と義理とを摂《まと》め対《くら》べる。
(九)　願事成就章
　　　礼拝・讃嘆・作願の身・口・意の三業に、観察する智慧業、廻向のはたらきをなす方便智業の五種の業によって、その願生の業が成就することを説く。
(十)　利行満足章
　　　かくて、五念門の行成就して五功徳門の果を得、自利利他の利行が満足成就されたことをあかす。

以上の十章をもって、曇鸞は『論註』の下巻を構成している。そしてそこに、おのずと『論』の全体が、利行満足・自利利他の行成就という問題に帰することを明らかにしていられるのである。

曇鸞の生涯を貫く問いは、自行化他の成就する道いずこにありや、という問いであった。それは、普くもろもろの衆生とともに歩むものとしての我に目ざめ、その我を真に生きようとする大乗菩薩の精神がかかえざるをえない問いであった。

しかも、その大乗菩薩の精神とは、なにか特別な精神なのではなく、まさしく人間の人間としての精神なのである。いわば、人間としての在り方を回復しようとして歩む者こそが、大乗菩薩なのである。すなわち、人間としての私は、つねに、時代・社会のもろもろの関わりのなかに、その関わりそのものとして在る者である。したがって、その関わりのすべてが成就することなしに、私が救われるということはない。その関わりにおいて出会っているすべての人々が救われることを別にした救いなどというものは、観念でしかない。その事実を明確に自覚し、その問題を荷負って歩む者の道として、大乗菩薩道はあるのである。

したがって、大乗の精神にふれるということは、世俗的な感覚からいえば、生涯解決することのない課題を背負うことを意味するのであろう。具体的には、それは、人の悲惨を見すごすことができない精神として、生きられる。実際我々の日常生活にあっては、多くの悲痛な叫びを聴きながし、かぎりない悲惨な事柄から眼をそらして、自分一個の生活の安泰をようやく保っているという面があるのであろう。

しかも、大乗の精神は、ただ人の悲惨さを見すごしにできないというだけではない。見すごせずに立ちどまり、同情の手をさしのべるというだけであるのならば、それはやはりその人々の悲惨さの外にたたずむ者でしかない。しかし、もし関わりとしての我を生きようとするなら、そのとき人は、他の人々の悲惨さに対して責任ある者としての自分を自覚せずにはおれないのである。政治的・社会的にはどうであれ、すくなくとも同じ時代・社会に生きる同じ人間としての絶対責任が自らに問われてくるのである。

したがって、曇鸞は善巧摂化章において菩薩の巧方便を釈するとき、

巧方便とは、謂く、菩薩願ずらく、己れが智慧の火をもって一切衆生の煩悩の草木を焼かんに、もし一衆生として仏に成らざることあらば、我仏に作らず。（真聖全一、三四〇頁）

と述べているのである。

しかし、現実には、末法五濁の時に生きる凡夫として、仏に成りえざるもの、まさしく目に触るるに皆

これなり、である。であれば、仏は未だ成就したまわざるのか、仏道は未だ成就しえていないのか。もしそうであるのならば、今我々が仏道を歩み、仏の言葉に依って生きようとするのは、なんの確証もない行先知れずの歩みでしかないのであろうか。

そのような問いをふまえて、曇鸞はさらに言葉をつづけている。

しかるに、彼の衆生いまだことごとく成仏せざるに、菩薩すでに自ら成仏するは、たとえば火㭠《かてん》もて一切の草木を摘みて、焼いてつくさしめんと欲うに、草木いまだつきざるに火㭠すでにつくるがごとし。その身を後にして身を先とするをもっての故に、巧方便と名づく。（真聖全一、三四〇頁）

火㭠とは、竈《かまど》の火を焚く木の火箸のことである。あらゆる草木を摘んできて、その火箸でことごとく焼きつくそうとするのに、その草木を焼きつくさぬうちに、先に火箸が焼けてしまう。ちょうどそのように、菩薩は、我身の証りは後まわしにして一切衆生の身を先に考えられる、その願心そのものの完全燃焼のゆえに、結果として衆生に先んじられることとなる。それを巧方便と名づけられるのである、と。

願心そのものの完全燃焼、それのみが一切の草木を焼きつづけて止まないものであることが、そこに見出されているのである。そして、その願心を一切衆生に表現してゆくものとして、二十九種荘厳功徳をもって語られる安楽浄土の風光が讃嘆されているのである。曇鸞が『論註』上巻においては、二十九種荘厳功徳における願心の所以を、下巻においては二十九種荘厳功徳の願心成就の不可思議相を註しているのも、そこに大乗仏道が見開かれてきたことによるのであろう。

すなわち、『浄土論』の『無量寿経優婆提舎願生偈』という題号は、つづまるところ、無量寿経の教法に依り、本願力の廻向によって浄土に往生することこそが、大乗の菩提を真に成就するものである、ということの名告りなのである。

本願他力の道

『浄土論』において天親は、五念門の第五廻向門について、「いかんが廻向する。一切苦悩の衆生をすてずして、心に常に作願す。廻向を首となして大悲心を成就することを得たまへるが故に」（真聖全一、二七一頁）と述べている。

第五廻向門は、五念門の礼拝・讃嘆・作願・観察という前四門をうけて、最後にとかれているものであるが、しかもその第五廻向門にきたって、天親は「廻向為首」、廻向を首（はじめ）となしてという言葉をおかれているのである。そのことに曇鸞は着目されたのである。首（はじめ）は文字どおり首（くび）である。首は手足に対して首である。人は、たとえ手足を断たれても生きてゆくことができるが、しかし首を断たれれば、その時たちまちに死んでしまうであろう。すなわち、首の字はただ順序の先後を示しているだけではなく、要《かなめ》の意味をもあらわしているのである。すなわち、五念門の行が五念門の行として成就するかどうかは、この廻向門の成就いかんにかかっているのである。廻向門の功徳が成就しなければ、五念門といっても、ただいろいろの功徳があるというだけで、それがひとつに結実して、活きてはたらく力となってはこないということである。したがって、「廻向を首となす」という言葉は、そのまま、仏道は廻向よりはじまる、ということをこそ意味するのであろう。

廻向という言葉の一般的な意味は、曇鸞自身が「己れが所集の一切の功徳をもって、一切衆生に施与して、共に仏道に向うなり」（真聖全一、三四〇頁）と「善巧摂化章」においてその名義を註しているように、私が在り、その私が修め、集めたところの一切の功徳をふりむけるということであった。廻向し、ふりむける事柄や、その対象のちがいはあっても、私があって私が廻向するというあり方は変わらない。

しかし今、「廻向を首となす」といわれるとき、それは、廻向においてはじめて私がありうるということを意味するのである。したがって、この「廻向を首となす」という一句によって、曇鸞は、廻向の意義が根本的に転換していることを見出されたのである。「起観生信章」における曇鸞の言葉、「廻向に二種の相有り。一者往相、二者還相なり」（真聖全一、三一六頁）とは、そのような廻向義の自覚において見出されてきた言葉なのである。

「廻向に二種の相あり」ということは、廻向に往相としての廻向と、還相としての廻向という二つの廻向があるということではない。真の廻向には、往相と還相という二種の相があるといわれているのである。二種の相であるから、往相のところに同時に還相が成り立っているのである。それは、いうなれば、往くことがそのまま同時に還るという意義をもつ、ということである。

もともと、道というものは、往くということと還るということとが同時にそこで成りたち、また往く人と還ってくる人とがそこで出会うことができる場として、道なのである。もし、往くということに還るということが伴わない、往きっぱなしであるのならば、それは迷いだしたのと区別はないであろう。その意味からいえば、還るということがあってはじめて、その歩みが往くという意味をもつことになるのである。つまり、道としてのたしかな歩みというときには、先人の歩みが道となって私の前に還来しているということがあればこそ、私の往くという歩みが成りたっているということがあるのであろう。したがって、廻向に往還二種の相があるということは、道という言葉にからませて言いかえれば、出発点と到達点とが一つに結ばれ、包まれているということである。そしてそのように、すでに出発点と到達点とが一つに結ばれ、包まれていればこそ、私の、出発点から到達点へ向けての一歩一歩が、歩みとして成りたちうるのである。そのことをさらに強調していえば、到達点が私の一歩一歩のところにすでに還来しているというるとき、はじめて、私の一歩一歩がたしかな方向をもった歩みとして成就するのであり、すでにその一歩一歩に全体の意義があらわれてくるのである。そのように、その一歩のうえに全体の意義が廻向されてあるとき、そのときはじめて、道という意味を成就するのであり、同時に、その道に在るものとして私の上に歩みがたもたれるのである。

廻向が仏道の首（くび）であり、首（はじめ）である。廻向を首（はじめ）として私があり、私の歩みがあるのである。そのことを、曇鸞は、「廻向に二種の相あり。一者往相、二者還相なり」という言葉をもって明示されたのである。したがって、「廻向に二種の相あり」ということは、親鸞が『正信偈』に「往還の廻向は他力に由る」とうたわれているように、廻向は本願他力の廻向であることをこそ明確にされた言葉なのである。

そしてさらに、この「往還の廻向は他力に由る」という意義を「自行化他」という課題のうえで明確にされたのが、「他利利他の深義」であろう。

すなわち、天親は『浄土論』を、

菩薩はかくのごとく、五門の行を修して、自利利他して、速やかに阿耨多羅三藐三菩提を成就したまえることを得たまえるが故に。（真聖全一、二七七頁）

という言葉をもって結んでいられるのであるが、曇鸞は、廻向門における「廻向を首となす」の言葉に注意されたように、この結びの言葉における「自利利他して」の一句にもふかい注意をはらわれたのである。「自利」という言葉と対句をなすのは「他利」であるはずである。だのになぜ天親は「利他」といわれているのであろうか、と。

もっとも、この「他利」と「利他」は、必ずしもそれほど厳密に区別されているわけではない。たとえば同じ天親が造られ、訳者も『浄土論』と同じ菩提流支三蔵である『勝思惟梵天所問経論』においては、「自利他利如実修行に依って、畢竟説法し已る」とあることが、古来指摘されている。しかもこの『勝思惟梵天所問経論』もまた、『浄土論』と同じように、菩薩の如実修行の自利利他を論じられたものである。すなわち、同じテーマを論ずるのに、一方では「自利利他」とあり、他方では「自利他利」とあるのである。同様のことがさらに処々にみられ、要するに「他利」と「利他」とは一体異名であるというように理解されるのが普通であった。

しかし曇鸞は、この「自利利他」の一句の前にたちどまって、そこに、

他利と利他と、談ずるに左右あり。もし自ずから仏をして言わば、宜しく利他と言うべし。自ずから衆生をして言わば、宜しく他利と言うべし。今まさに仏力を談ぜんとす。この故に利他をもって之を言う。当に知るべし。この意なり。凡そこれ、彼の浄土に生ずると、及び彼の菩薩・人天の所起の諸行は、皆阿弥陀如来の本願力に縁るが故なり。（真聖全一、三四七頁）

と註しているのである。

そこにはやはり、曇鸞の徹底した人間観、自他の関わりのうえにおいても全く自力無効である人間の事実が見すえられているのである。人間にあっては、自利の歩みはつねに害他の歩みとしてしかありえない

のである。すなわち、私が私に成ろうとする歩みは、つねに周りの人のその歩みを横切り、障げ、傷つける結果になっているのである。ただ、時に、思いもかけず、私の歩みが他の人の灯ともなり、勇気づけ、利益していることがある。つまり他利、他の衆生が利せられていることがある。しかしそれはどこまでも、思いもかけずであって、人間の立場において、純粋に利他、他を利するということはありえないことである。

その事実の自覚において、曇鸞は「今まさに仏力を談ぜんとす。この故に利他をもって之を言う。当に知るべし。この意なり。……皆阿弥陀如来の本願力に縁るが故なり」と、純粋の利他行は、阿弥陀如来の本願力の他にはありえないことを明示されているのである。そこにおいては、自利と利他とは、全く次元の異るものとして見られているのである。利他は全く、仏力他力においてのみ談じられるものであった。それに対して自利・他利は、衆生の次元においても語られうるものである。そこにおいては、利他は自利に対して語られているのではなく、自利を真に成り立たしめている根拠として見出されているのである。それは、本願力廻向においてはじめて、私の一歩一歩の歩みが、意味と方向をもった歩みとなりえたことと相応ずる。

上求菩提（自利）と下化衆生（利他）の歩みとして志願される大乗菩薩道は、現実には、自利と利他とがどこまでも矛盾して、結局自利も利他もともに成就しえないままに終るほかはない。自利と利他とが同時に成り立つことはありえないし、といって自利を先にするか利他を先にするかの決断に迫られても、いつまでも、身をひきさかれる痛みに立ちすくむばかりである。曇鸞がかつて仙経に迷ったのも、この自利と利他との矛盾を、自分の人生の持ち時間を無限にすることによって、なんとか解決しようとしたものであったともいえよう。

そして今、菩提流支三蔵に遇いえて浄教をさずけられ、ここに曇鸞は、阿弥陀如来の本願他力によって、「自行化他」の大乗菩薩道がすでに願生道として開顕され、成就されてあることに刮目したのである。そしてそのことを『論註』巻頭において、龍樹をとおして難行道・易行道の決判をかかげ、易行道とは、「但信仏の因縁をもって浄土に生まれんと願ず。仏願力に乗じて便ち彼の清浄の土に往生を得。仏力住持して即ち大乗正定の聚に入る」（真聖全一、二七九頁）道であることを明示し、これに対応させて、巻末に「凡そこれ彼の浄土に生れること、及び彼の菩薩人天の所起の諸行は、皆阿弥陀如来の本願力に縁るが故なり」（真聖全一、三四七頁）と、第十八・第十一・第二十二の三願による的証をあげて示されているのである。

それゆえに親鸞は、「真実証」を述べる結文に、

しかれば大聖の真言、誠に知りぬ。大涅槃を証することは、願力の廻向に籍りてなり。還相の利益は、利他の正意を顕すなり。（「証巻」聖典二九八頁）

と、そこに、天親の一心の宣布という事業に並べて、「宗師（曇鸞）は、大悲往還の廻向を顕示して、ねんごろに他利利他の深義を弘宣したまえり」（「証巻」聖典二九八頁）と、曇鸞の事業を讃仰されているのである。そして、まさしく、そこに述べられている「大悲往還の廻向を顕示」し、「他利利他の深義を弘宣」されたという二点こそ、『論註』の眼目であり、同時に、曇鸞が荷負った畢生の課題への、生涯賭けての答えであったのである。

そして、その曇鸞の事業において親鸞は、大乗・小乗の聖人から、重・軽の悪人にいたるまでの一切の

存在が、皆、同じく、斉《ひと》しく念仏成仏することの成就する、誓願一仏乗の根拠を学びとられたのである。

無上の世界

無上の世界

一、はじめに

『大無量寿経』は、無上の世界を開かれた経典であるといってもよいかと思います。すなわち、『大無量寿経』にあっては、仏陀はその誕生において、自ら「吾当《まさ》に世において無上尊となるべし」（聖典二頁）と名告られ、また世自在王仏のみもとにおいて聞法歓喜した法蔵菩薩の選択本願への歩みは、無上心の展開として説かれています。そして、その本願成就による真実証を、親鸞聖人は、無上涅槃の言葉をもってあらわされているのです。またさらに、その説法が終わって、経を弥勒菩薩に附属されるときにも、

かの仏の名号を聞くことを得て、歓喜踊躍して乃至一念することあらん。当に知るべし、この人は大利を得とす。すなわちこれ無上の功徳を具足するなり。（聖典八六頁）

と説かれています。親鸞聖人は、この弥勒附属の文を「行巻」にご引文になってのち、「無上と言うは、有上に対せるの言《ことば》なり。信《まこと》に知りぬ。大利無上は一乗真実の利益なり」（聖典一九二頁）と釈しておられます。その言葉を、今つづめて申しますと、無上とは一乗をあらわす言葉であると言ってよいかと思います。

ですから、『大無量寿経』は、この「無上」という言葉によって全体を貫かれているといってもよいほどです。無上尊と名告り出で、無上心の展開を生き、無上涅槃の成就を歩むのです。

そこで今は、その無上尊、無上心、無上涅槃の言葉によって、その一乗の世界を尋ねてみたいと思うの

です。

二、無上尊

世において無上尊となるべし

ご承知のように、仏陀はその誕生のときに「天上天下、唯我独尊」と言われたと伝えられています。それは、地位、財産、組織、あるいは神々など、どのような支えをも必要としない独立者の名告り、唯われ独りにして尊しと、自己の内にかぎりない豊かさ、尊さを賜っていることに目覚めたものの命の叫びであります。

地位、財産、組織、神々など、およそ自分の外なるものをもって自分の支えとする道、それを外道と呼びます。それが何であれ、自分を外から支えてくれるものを必要としている在り方、外道の在り方は、つづまるところ、いつも不安や恐怖をいだいているものの在り方であります。不安だからこそ、いよいよ外のものに支えを求めるのです。またどからこそ、外道、迷信、邪教は、常に不安をかきたてるようなことを言って、いよいよ人をしばりつけていくのです。占いに凝り、お守りにすがり、いよいよ身動きできなくなっていきます。

そのような外道に対して、仏道は内道と呼ばれます。内道とは、どのような外からの支えをも必要としない道であり、内なるいのちそのものの尊さに目覚めた世界であります。それは、自分自身の命を、裸のまま、ほんとうに尊重していける世界であります。そのような内道の自覚をあらわす言葉が、「天上天下、唯我独尊」です。

事実、私が、他の誰でもなく、他のどのようなものとしてでもなく、まさしくこの私であることに深い歓びを見出すことなしに、私の誕生ということはないのだと思います。この世に産みおとされたという意味の誕生、肉体的な誕生はあるでしょうが、この世に生まれでたものとしての命の歓喜に満ちた誕生はありえないと思います。自分自身の身の事実を受けとめえたときが、まさしくこの私自身の誕生のときであります。そのときこそが、「天上天下、唯我独尊」の名告りのときであります。その意味で、「唯われ独りにいい、にして尊し」という、この「誕生偈」の言葉は、人間誕生の端的を言いあらわした言葉として、見事な表現だと思われるのです。

ところが、『大無量寿経』では、降生の相が、

右脇より生じて現じて七歩を行ず。光明顕曜にして普く十方無量の仏土を照らしたまう。六種に震動す。声を挙げて自ら称う。「吾当に世において無上尊となるべし」と。釈・梵、奉侍し、天・人、帰仰す。(聖典二頁)

と説かれています。「天上天下、唯我独尊」という言葉をもって誕生をあらわさず、「世において無上尊となるべし」と、この世に生まれでた意味、その願いを表白する言葉をもって、誕生が説かれているのです。

無上尊は、最上尊ではありません。最上尊というのは、いわゆる「お山の大将俺一人」とふんぞりかえっているものの、自負の言葉です。俺が一番上だぞというのです。しかし、その人が「お山の大将俺一人」と威張れるのは、実は、山の麓に、頂上をめざして群がり競っている人たちがいてくれるからなのです。もし下に誰もいず、誰も登りたいとも思っていないところを、一人物好きにも登って、一人頂上でふ

んぞりかえっているだけのことなら、これはまったく茶番劇です。俺こそが頂上をきわめるのだと、たがいに競争心をもやしている人たちがひしめきあっているなかを競り勝って、真っ先に山の頂上に立つことができたからこそ、お山の大将俺一人と威張ることもでき、満足することもできるのです。もともと、どれほど他にずばぬけて勝れている最上尊であろうとも、最上というかぎり、それは比較の上の話です。そうであるかぎり、その在り方は、下に群がっている人々に支えられた在り方なのです。下で自分も登りたいとひしめいている人たちあっての、「お山の大将」なのです。それはちょうど、ファンあってのスターというのと同じです。そのことから申しますと、最上尊ならば、どれほど威張っていても、それは最低なるものと同じ次元、同じ質のものでしかないのです。

それに対して、今、無上尊というのは、そういう比較の世界を超え出た在り方を意味しているのです。「俺こそはお山の大将」と威張っている在り方をあらわすのではなく、逆に、すべての人々をほんとうに尊ぶことができるものの名なのです。ほんとうに尊ぶことによって、その人をほんとうに生かしていけるものの名なのです。

ですから、「世において無上尊となるべし」という誓いとともに生まれた仏者が、成道後、その法を人々に伝える転法輪相の結びの言葉として、『大無量寿経』は、「道意無量の功徳を顕現し、菩薩に記を授け、等正覚を成り」（聖典四頁）と説かれているのです。すべての人々に、その人自身の内に流れている道意を気づかしめ、しかもその道意にこそ無量の功徳あることを自覚せしめること、それが転法輪の究竟のすがたであり、真にその人を尊ぶすがたなのです。

つまり、転法輪、いわゆる教化ということは、けっして、外から人々に仏教の知識や考え方をつけ加えることではないのです。ましてや、他人《ひと》に信心をあたえることなどではけっしてないのです。「人間は他人のためにずいぶん多くのことをすることができますが、他人に信仰を与える、これはできません」とキェルケゴールも言い切っていますように、人が他人に信心を与えるなどということはありえないことなのです。信じるということは、もっとも主体的な営みであり、まさに「面々の御はからい」の道であります。ですから、教化といっても、その人がその人自身の内なる道意に目覚めるための縁をひらくということの他にはないのです。その人自身の内なる道意を、その人自身に手渡すことなのです。言いかえますと、人は、聞法によって、聞法せしめている意《こころ》そのものに出会っていくのです。

そしてそのような教化は、法照禅師が『五会法事讃』において、人々に「今日道場の諸衆等」（「行巻」聖典一八〇頁）と呼びかけていられますように、すべての人々を道場の諸衆として見出し、その道意を尊び、その道意に語りかける意において、はじめて全うされうるものなのです。

他者とともに仏となる

『大無量寿経』の発起序に、釈尊のいつになく輝かしい姿を見た阿難が、その相を五徳をもって讃嘆する一段が説かれています。五徳現瑞と呼ばれている一段ですが、その、「奇特の法に住したまえり」「仏の所住に住したまえり」「導師の行に住したまえり」「最勝の道に住したまえり」「如来の徳を行じたまえり」（聖典七頁）と讃嘆されているなかで、第二の「仏の所住に住したまえり」というのが、まさしく、仏としての完成をあらわすものとして重要であると教えられています。そして、仏として住すべきところに住していられるという、その「住仏所住」の一句を、憬興師は、「普等三昧に住し」（「教巻」聖典一五四頁）と釈しておられます。つまり、普等三昧こそ、仏として住すべき所であるといわれているのです。それでは、その普等三昧とはなにか、と尋ねますと、第四十五願に、普等三昧を得ることが誓われてあることに気づきます。すなわち、第四十五住定見仏の願は、次のように誓われています。

たとい我、仏を得んに、他方国土のもろもろの菩薩衆、我が名字を聞きて、みなことごとく普等三昧を逮得せん。この三昧に住して、成仏に至るまで、常に無量不可思議の一切の諸仏を見たてまつらん。もし爾らずんば、正覚を取らじ。（聖典二四頁）

この願文によりますと、普等三昧とは、常に無量不可思議の一切の諸仏を見たてまつる三昧であります。しかもそれは、ただ単に、「無量不可思議の一切の諸仏を見たてまつる」ということではない。「常見」するのだとあります。常に見たてまつるのです。常にとは、いつ、どこで、そして、だれにおいても、です。今現に、どこかに仏としてましますその仏を見たてまつるのです。つまり、無量不可思議の一切の有情を、すべて諸仏として見出すことなのです。一切の有情を諸仏として見出すが故に、「常見」なのです。ですから、仏は、一切の有情を仏として見出し、仏として出会うことにおいて、自らも仏として完成していくのです。

「十方衆生……もし生まれずは、正覚を取らじ」（「第十八願」聖典一八頁）です。

それはちょうど、私たちが、すべての人と平等に、同じ人間として出会い、関わっていくことにおいて、はじめて自分自身が人間になっていくのと同じです。もしまわりの人を、学力、労働力、経済力など計量できる面においてのみ評価し扱うならば、つまり、人格としてではなく物として扱うならば、そのときその人自身が物的な存在となってしまっているのです。人を平等な人格、人間として見出していくことにおいてのみ、その人自身が人間となっていくのです。そしてまた同時に、その相手の人も、その人から徹底して、人格・人間として扱われ、見られることによって、人間になっていくのです。

そして今、無上尊とは、まさにそのように、すべての存在を仏として尊び、仏として出会っていくことによって、すべての存在を仏者として生みだしていくものの名なのです。

「天上天下、唯我独尊」という名告りは、たしかに自己の尊厳性を見出しえたものの、歓喜の名告りではあります。しかし、もしそこに止まるならば、それはやはり、「唯われ独りだけが尊い」という独善性と同じことになってしまいます。

「インド、デカン高原の西のはずれ、海港ボンベイにほど近い学園都市プーナーの一角」で、一年三六五日、一日の休みもなく、毎朝八時から、その教えを慕って集まってくる数百人の人々を前に説法しつづけておられる、バグワン・シュリ・ラジネーシ老師は、廓庵禅師の『十牛図頌』を講じられたなかで、小乗の阿羅漢と大乗の菩薩との相違を、次のように巧みに語っておられます。

ある人がシッダになったとき、成就したとき
可能性が二つあると言った
彼の成就に満足しきって、そこから外に出て行かないか……
そうすると、彼は水たまりのようになる
新鮮で、冷たく、静か――
ひとつのさざ波もない

だが、水たまりには変わりない
ある意味で静的だ
川じゃない、流れていない
仏陀は二つの言葉を使った
もしあなたが水たまりになったとしたら
彼はあなたをアラハット（阿羅漢）と呼ぶ
「アラハット」というのは
完成には達したけれども他人にはまったくかかわり合わない人を言う
そして、彼の使ったもう一つの言葉は
ボーディサットヴァ（菩薩）だ
もしあなたの瞑想が慈みへと流れ込んだなら
あなたはボーディサットヴァになっている
そのとき、あなたはほかの人々に手を貸し
あなたのエクスタシーは分かち合われる

新鮮で、冷たく、静か、しかし水たまりであることには変わりない、それこそアラハット・阿羅漢の姿であり、われ独り清しとする独善者の姿であります。そこには、活き活きした生命がありません。生命は本来、他人との関わりにおいて燃え、輝くものなのです。

今日一般に、「唯我独尊」という言葉が、独善性をあらわす言葉として使われることが多いのですが、そしてそれは誤解にもとづく言葉の堕落でありますが、しかしまた一面、そのように誤解せしめるニュアンスをこの言葉自身がもっていることも否めない事実であります。少なくとも、この「唯我独尊」という言葉には、他への関わりをあらわすひびきがありません。

それに対して『大無量寿経』は、他者とともに自らも仏となっていく大乗性をその根源の願いとする者の名告りとして、「吾当に世において無上尊となるべし」と誓われているのです。そこでは、「誕生偈」が観念的に「天上天下」と言いあらわしているところを、「吾当に世において」と、世への関わりが具体的に言いあらわされています。因みに、『歎仏偈』の後に、法蔵菩薩が師世自在王仏にその願心を表白されるところにおいても、「我世において速やかに正覚を成らしめて、もろもろの生死・勤苦の本《もと》を抜かしめん」（聖典一三頁）と誓われ、さらに、下巻、五悪段の総勧の文においては、「今我この世間において作仏して」（聖典七八頁）と説かれています。その「世において速やかに正覚を成る」ということこそ、無上尊のすがたであります。

存在を尊ぶものの名

「世において」ということは、けっしてただ単に、「世間の一員として」という意味ではありません。たとえば、『大無量寿経』の下巻において、仏は、

今我この世間において仏に作りて、五悪・五痛・五焼の中に処すること最も劇苦《ぎゃっく》なりとす。（聖典六六頁）

と語っておられます。五痛は、五悪者の今現に受けている華報であり、五焼は、さらに未来に受けるであろう果報です。ですから、「五悪・五痛・五焼の中に処すること」というのは、要するに、五悪の世に処するということです。そして今、仏ともなれば、五悪の世にあって、しかも涼しく安らかに処しておられるのかと思っていたら、実は仏こそ「最も劇苦」を感じているものであると言われているのです。つまりこの世の劇苦であることを、誰よりも身に痛く感じているもの、それが仏であるといわれているのです。

この「劇苦なりとす」という言葉は、同じ『大無量寿経』の、「群生を荷負してこれを重担とす」（聖典六頁）という言葉を想い起こさせます。仏は軽々と群生を荷負していてくださるのかと思えば、そうではなく、耐えがたい重荷として担っていられると説かれているのです。

この世を劇苦と感じ、群生を重担とされる仏というのは、一般の仏のイメージと大変異なるように思えます。しかし実は、この劇苦・重担というところに「世において」という一句の内実が示されてあるのです。

では、重担とするとはどういうことなのか。重担、つまり重荷として担うということは、けっしてただ単に、荷として重量のある荷物を担うということではありません。そうではなくて、「重担とす」とは、実は、たとえ自分の肩がくだけ、自分が押しつぶされることになっても、放りだすことのできない荷物として担う、ということをこそ意味しているのです。実際、ああ重い、もう駄目だとなったときには放りだせるのなら、それがどれほど重量のある荷物であっても、結局のところ、自分に担えるかぎりでしか担わないのですから、けっして重担とはいえないのです。そうではなくて、もはやけっして放りだせないものとして担うということこそが、重担とするということです。すなわち重担とは、仏の群生に対する関わりの深さ、愛をあらわしているのです。

群生への愛は、群生を自己そのものとして関わっていく姿としてあるのです。ですから大悲の悲という文字には、その語源に、仳離、すなわち、ひきさくという意味があるのです。まさに、仏は、自己をひきさくものとして群生を見出し、群生に関わっていくのです。そして、そのような関わりの深さのなかで身が感じるのが劇苦なのです。つまり、この世の三毒・五悪性をもっとも深く苦悩するものの名こそが仏なのです。

考えてみますと、私たちは安易に苦悩の衆生などといいますが、しかし実は、苦悩すべき身の事実にもっとも鈍感なのが私たち衆生なのです。つまり、苦悩の衆生という言葉は、実は、仏の智眼によって見られている衆生のすがたであって、衆生自身はその苦悩すべき事実からつねに眼をそらし、苦悩に出会ってもすぐ気晴らしし、喉元をすぎればケロッとしているのです。

たとえば、煩悩のなかでももっともはげしいものとして、貪・瞋の二大煩悩があげられ、善導大師もまた、その「二河の譬」のなかで、この貪・瞋を水・火二河として譬えておられますが、しかし、日常の私たちは、けっして、その貪・瞋の煩悩を、この身を流し去ったり、焼きつくしてしまう水・火二河として体験してはいません。

実際、貪欲ひとつでも、ほんとうに徹底して生きようとすれば、並みの意思ではとても及びもつかないのです。つまり、ほんとうに貪欲ひとつを徹底しようとすれば、まず世間体、人の思わくなど気にする心をすべて棄て去らなくてはなりません。世間体を気にして適当に付き合いをする、というような根性では、とてもその貪欲を全うすることはできないのです。

そのことから考えますと、私たちは、自分をとりつくろう煩悩を最大限に発揮して暮らしているといえそうです。つまり、わが身をとりつくろえる範囲内で、みみっちく、いろいろの煩悩をボソボソ小出しして生きているのです。だからこそ私たちは、愛においても、そのために自分が引き裂かれてしまうことがない程度にしか生きないのです。そのために他人《ひと》の気の毒な姿も適当に見すごし、助けを求める声をも適当に聞き流して、自分の生活を守っているのです。実際、見ザル、聞カザル、言ワザルの三猿主義が、人生最大の保身術であり、安穏に日々を過ごす最良の策になっているのです。

さらに考えてみますと、私たちは、外界の気の毒な状況、痛ましい事実から目をそむけ、耳をふさいでいるだけではなく、自分自身に湧きあがってくる疑問、苦悩をも、けっして凝視することなどせず、本能的に気晴らししてしまっています。たとえば、釈尊をして、その生活のすべてを投げ棄てて求道への旅にとかりたてたものは、いわゆる四門出遊、街で老人・病人・死人を見、沙門に会ったことによると伝えられていますが、しかしそういう老・病・死の事実など、この世に人として生きているかぎり、誰でも必ず体験していることであるはずです。同じように体験しながら、しかもなお私たちは、日常生活のなかにまどろんでいるのです。老・病・死を見たという体験が少しも求道への一歩になってこないのは、私たちが、見ると同時に目をそらし、感じると同時に気晴らししてしまっているからです。

ですから、源信和尚が『往生要集』に引文しておられますように、『正法念処経』には、

智者の常に憂をいだくこと、而も獄中に囚わるるに似たり。愚人の常に歓楽すること猶し光音天のごとし。(『往生要集』真聖全一、七五一頁)

とうたわれているのです。つまり、智者が、あたかも獄中に囚われているもののように、常に苦悩し、憂

えている、その同じ境界を、愚者は、まるで歓楽に満ちた光音天に住んでいるかのように満足し、われを忘れているというのです。

智者とは、苦悩すべき事実を苦悩するものなのです。またたからこそ、真に願うべき境界を求め、尋ねずにはおれないものなのです。それに対して愚者とは、実は、苦悩すべきことをも真実には苦悩することのできないものの名なのです。そして、たとえ苦悩するときでも、苦悩せずにすむはずだという立場で苦悩しているのです。受けなくてもよいはずの苦しみを、不当にも受けさせられているという意識です。ですから、苦悩そのものや、苦悩せずにおれない事態を真正面から受けとめ、見るということをせず、逆にそんな苦しみに遇わされている自分を、まわりの人と比較して愚痴るばかりなのです。ある先生は、それを「健康人の意識で病人になっている」という言葉で表現されました。以前、文字どおり絶対安静を命じられた病床で、先生は、絶対安静とはどういうことだろう、と考えられたのだそうです。そして、なるほど、病人になって病気していることなのだな、と解ったということです。ところが私たちは、健康人の意識で病気になっているものですから、イライラし、悲歎して、絶対安静の恰好をしていても、少しも絶対安静にならないのです。現に身に受けている事実を、しかもわがこととして受けとれないのです。だからこそ、喉元をすぎ、少しでも気が晴れると、それでケロッとして忘れてしまうのです。

それに対して、仏陀は、「今我この世間において仏に作りて、五悪・五痛・五焼の中に処すること最も劇苦なりとす」（聖典六六頁）と説かれているのです。見るべきものを見、聞くべきものを聞きとり、感ずべきことを感ずることにおいて、この世界をその本質にまで徹して生きぎりたもうたのです。善導大師の言葉を借りて申しますと、わが身において「衆生の性を尽く」（「序分義」真聖全一、四九二頁）されたのです。

そして、そのように重担・劇苦として、すべての人々を自己として、世の事実を生きぬくことこそが、「世において」というすがたなのです。

この「世において」ということは、さらに法蔵菩薩においては、世自在王仏を讃嘆して後、自らの願心を表白されるところに、「我世において速やかに正覚を成らしめて、もろもろの生死・勤苦の本を抜かしめん」(聖典一三頁)と誓われています。そこには、「世において」という言葉に、さらに「速やかに」と言葉が重ねられています。

「速やかに」ということは、単に、時間的に短い間にということではありません。たとえば、十年かかるところを、わずか一カ月に短縮されたとしても、明日をも待つことのできないものには、やはり永遠に成就することのできない、長い時間なのです。だから、どのような人においても、等しく「速やかに」といいうるためには、ただ比較の上で、より短い時間ですむというだけでは駄目なのです。

ですから、龍樹菩薩は、この「速やかに」――龍樹菩薩では「疾く」という言葉をもちいておられますが――ということを、「この身において」と言いかえておられるのです。すなわち、「速やかに」ということは、今在る「この身において」ということなのです。つまり、無条件ということです。あらゆる衆生に対する絶対肯定です。どんな悪いことでもすべて肯定するということではなく、どんな悪人でも、その人が人間であるかぎり、人間の事実としてその悪を受けとめてゆくということです。

そのことから申しますと、「この身において」成仏したものの名が、無上尊なのです。「この身」の事実をはなれて高みに登っていくことではなく、逆に、「世において」「この身」に成仏していくもの、したがって、この世のすべての身に成仏の道を開いてゆくものの名が、無上尊なのです。つまり、無上尊とは、一切の存在が自分自身を尊ぶことのできる心に目覚めてゆくまで、その存在を尊ぶものの名であるといってよいかと思います。そこまで、群生を重担として荷負するものの名なのであります。

三、無上心

「聞」と「聴」

『大無量寿経』の上巻は、無上尊としての仏の成就が説かれた経典であるということができます。ですから、その法蔵菩薩の願心の展開は、言いかえますと、無上心の展開なのです。

ご承知のように、『大無量寿経』の正宗分は、錠光如来をはじめとする五十三仏の仏名の列挙にはじまり、それをうけて世自在王仏の名が仏の十号において説かれ、そして、

時に国王ましましき。仏の説法を聞きて心に悦予を懐き、尋《すなわ》ち無上正真道の意を発しき。国を棄て、王を捐《す》てて、行じて沙門と作《な》り、号して法蔵と曰いき。（聖典一〇頁）

と、法蔵菩薩の発心が説きだされていきます。今その法蔵菩薩の歩みのなかから言葉をひろいあげますと、まずこの「尋ち無上正真道の意を発しき」に次いで、『歎仏偈』の後に「我無上正覚の心を発せり」（聖典一三頁）、そして世自在王仏によって二百一十億の諸仏刹土を覩見せしめられたのち、「無上殊勝の願を超発せり」（聖典一四頁）と説かれて、選択四十八願へと展開していることが知られます。

そこに、無上心の展開が法蔵菩薩において、「尋発無上正真道意」「我発無上正覚之心」、そして「超発無上殊勝之願」と示されていることが注意されます。無上心が、「尋発」し、「我発」し、そして「超発」

していくのです。そして、無上心は、その「尋発」においては「正真道意」として、「我発」においては「正覚の心」として、最後「超発」においては「殊勝の願」として、法蔵菩薩の上に成就しているのです。求道の歩みは、けっして、個人的な発心、決断からはじまるものではありません。法蔵菩薩の歩みが、世自在王仏のもとでの、「聞仏説法、心懐悦予」からはじまっていますように、求道の歩みは、つねに聞法歓喜からはじまるのです。

もちろん、その聞法歓喜の体験に先立って、長い模索のときがあったのでしょう。しかしそれはあくまで、方向を見出しえないままのあがきとしてあるのです。もちろん、そのあがきの長さ、深さが、その人の精神性を高めるのですが、それも実は、聞法歓喜によって確かな方向をもった歩みがはじまったときのことです。道に立ちえたとき、無駄な体験は一つもなかったと言いきれるのですが、もし道を見出すことができないままで終われば、その模索、あがきも空しく流れ、ただいたずらに疲れはてるだけです。求道の歩みは、自分の意思で支えられ、すすめられるものではなく、実は、聞いてしまったひとつの言葉、遇いえた法の事実が、私をとらえ、私を促してくるというすがたで歩ましめられるものなのです。

日常の言葉としては、聞という言葉は、聴よりも浅い意味につかわれています。つまり、聞という言葉は、日常生活では、耳があるから、聞く機能が身にそなわっているから、別に意志しなくても聞こえてくるというすがたを意味します。部屋で何かをしているときでも、外のざわめき、鳥の声などが耳に入ってくるのです。それに対して、聴という言葉は、耳をすまして、心で聞きとることを意味します。いうならば、聴は、言葉をつかみとるすがたです。聞き覚えるのです。

それに対して、信仰生活における聞、聞法の聞は、魂がうなずく、というすがたを意味します。それは、言葉をつかむ聴に対していえば、逆に、言葉につかまれたすがたです。言葉に生かされてゆくのです。身にひびいた言葉が、分別を破って、全身をひたすのです。ですからそれは、一度聞いてしまったら、もはや忘れることのできない、そういう言葉との出会いとしてあるのです。たとえば『歎異抄』の序文に、『歎異抄』の著者も、「故親鸞聖人御物語の趣、耳の底に留まるところ、いささかこれをしるす」（聖典六二六頁）と述べています。言葉を分別で留まらせたのではなく、逆に、聞いた言葉が耳の底に留まるのです。言葉が私をつかむのです。はからずも耳の底に留まったその言葉は、日常忘れているつもりでも、自分が何かギリギリの状況に追いこまれたとき、思いもかけず身によみがえるものです。聞きえた言葉が折あるごとに私をうながし、私を歩ませる、その事実が聞のすがたであります。ですから、聞法はつねに、聞法歓喜です。歓喜、すなわち、それに従って生ききろうとする情熱を伴わない聞法はありません。歓喜のない聞法は、単なる学問沙汰でしかないのです。

たとえば、ある研修会でのことでした。

「村の、ある家の大黒柱であるご主人が交通事故で亡くなられたとき、その家のいつもよく聞法しているおばあさんが、これも因縁だ、と言われた。それを聞いた家族たちが、なんと冷たい言葉だ、仏法を聞いたらそんな冷たい人間になるのか、と怒った。これはどういうことだろう」

という質問が出たことがあります。それに対して、その研修会の講師は、

「私の村でも同じようなことがありました。しかし、そのとき同じように因縁だといったおばあさんは、翌日から大八車に畠の野菜をつんで街に売りに出ました。それが因縁を知るということなのです」

と答えられました。自分は坐ったまま動かないで、これも因縁だと解釈しているのと、因縁とうなずいた

その事実に従って生ききってゆくのと、その違いは決定的です。そしてそれがそのまま、聴と聞の違いだと思うのです。

もちろん、だから聴は駄目だ、ということではありません。長く、絶えざる聴の歩みのなかで、はからずも、思わず身がうなずくような言葉との出会いを賜ったのです。

「時節到来と云うこと。用心をもし、そのうえに事の出で来候うを、時節到来とは云うべし。無用心にて事の出で来候うを、時節到来とはいわぬ事なり。聴聞を心がけてのうえの、宿善・無宿善とも云う事なり。ただ、信心は、きくにきわまることなる」由、仰せの由に候う。（聖典八七四頁）

という、蓮如上人の『蓮如上人御一代記聞書』の言葉のように、絶えざる「用心」「聴聞を心がけてのうえ」に、時節到来のときを賜るのです。「無用心に」待っていても、時節到来などはありえないのです。

ともあれ、聞はつねに聞法歓喜なのです。そしてそれは、つねに歩みへの情熱として現実的なのです。

そして今、法蔵菩薩にあっては、その聞法歓喜が「尋発無上正真道意」となって歩みだされているのです。

聞法歓喜の歩み

「尋発」とは、そのような聞きえた言葉にうながされての歩み出で、をあらわす言葉であります。もともとこの尋という文字は「ひきつぐ」「ひき続いて」という意味ですから、「尋発」とは、聞法歓喜がおのずとひきついで発すということです。聞法歓喜のおのずからなる展開なのです。

さらにまた、この「尋」という文字は、「尋思」「尋繹」などと熟字されて、くりかえしくりかえしそのことひとつを思うという意味をあらわします。そのことから申しますと、まさに、求道生活は、聞法歓喜にはじまって聞法歓喜につきるのです。くりかえしくりかえし、そのことひとつからはじまるのです。どれほど歩んでも、聞きえた法を一歩も出ることがないのです。また、そういう、一生問いつづけてゆくことのできる言葉との出会いとして聞法歓喜はあるのです。

「尋発」は、聞きえた言葉にうなずいたところにおこる歩みでした。それは、はからずもうなずくのです。うなずいた自分に、自分自身が驚かずにおれないような体験なのです。つまり言葉との出会いは、言葉に歓喜する自分との出会いとしてあります。

それはまさに、万劫の初事といわれるような体験です。それまで、そんな言葉に歓喜する自分があるなどと、思いもしなかったのです。しかし現実は、その言葉に会うたとき、歓喜せずにはおれない心が在ったのです。その心、それを「道意」と説かれているのです。「尋発」は、その自分自身の内に埋もれていた道意の目覚めとしてあるのです。そのことから申しますと、流転とは、生が自己の内なる道意を忘失している在りかたなのです。そして、聞法生活とは、その道意に目覚め、その道意にかえることなのです。

ですから、聞法生活・求道生活とは、どこかにある道をさがし求めて歩むことではありません。自分の人生を、道として賜るのです。二河白道の道の長さ百歩は、人寿百歳、すなわち一生の長さであり、そのひろさ四・五寸とは、その人の生存・生活の幅であると聞いています。日々の歩みがそのまま道として廻向されてくるのです。

言いかえますと、道意とは、私をして聞法に押し出している大きな力です。さらに申しますと、道意とは、私の上に道として成就した仏法の歴史そのものなのです。私の上にまで到り届いた仏法の歴史なのです。仏が仏として成就されたということは、一切衆生にみな道を得しめ終わったということです。ですから、私たちは、信心して救われるのではなく、救われてあることをただ信ずるばかりなのです。すでにして、その願力に生かされてあることを信ずるのです。目覚めてみれば、本来救われていたのです。

その意味で、聞法生活は、けっして、未完成から完成へ向かう歩みではなく、私の上にすでに完成しているものを生活のなかに実現していくものの歩みなのです。つまり、聞法して功徳を積むのではなく、現に私をうながし歩ましめている道意にこそ無量の功徳があることに目覚めていくことなのです。道からいえばすでに私の上に成就しているのですが、しかしわれわれの意識が外に理想を追い求めてゆくのです。その意識を打ちやぶり打ちやぶりして、私を促しているものに帰っていく。つまり、出会っている法を確かな事実にしていく、その歩みが聞法であり求道なのだと思います。出会っていればこそ、聞いてうなずき、求めていけるのでしょう。

出会うのは一挙、それを身に生きてゆくのは一歩一歩というすがたを、ある先生はご馳走にあずかるときのすがたでたとえてくださっています。つまり、招待されて、目の前に山海のご馳走をたくさん並べられて「どうぞおあがりください」「いただきます」といったとき、そのたくさんのご馳走を全部一挙にいただいたのです。しかし、実際に食べてゆくのは一口ひとくちです。すでに全部いただいたからこそ、一口ひとくち食べてゆけるのです。

ご馳走の全部を一挙にいただくように、仏法の全体を道意として、すでにこの身にいただいているのです。そして、いわゆる教化にあずかるとは、私たち一人ひとりの身に成就し、現に私をうながしつづけている道意の、その功徳の深さを知らせていただくことにきわまるのです。仏の転法輪の歩みの結語として、『大無量寿経』に、「道意無量の功徳を顕現す」（聖典四頁）と説かれているのも、そのことを示されているのだと思います。自分の内なる道意に目覚めるとき、そこに、その道意のままに、一歩一歩の歩みがうながされてくるのです。

今、法蔵菩薩の歩みにおいては、「尋発無上正真道意」が、『歎仏偈』――すなわち、師・よき人との出会いをとおして、「我発無上正覚之心」となってまいります。「道意」が「正覚之心」として、自覚されてくるのです。そのことから申しますと、師とは、私自身をうながしてやまない私自身の道意を、私自身に明確なものとして手渡してくださった方なのです。師において「我」に出会うのです。師との出会いは、つねに、自己本来との出会いとしてあるのです。

たとえば、本願招喚の勅命といわれます。その勅命とは、自己本来の声として聞きとられた、師の言葉なのです。つまり、勅命というのは、絶対に拒むことのできない命令という意味ですが、しかし、その絶対に拒むことのできない命令とは、けっして、力によって人を屈服させる命令のことではありません。どんなに強大な権力による命令であっても、それが外からの強制的な命令であり、自分の意にそまないものであるなら、最後のところ、人は死をもってでも拒むことができます。それに対して、命じられてみれば、実はそれこそが願い求めていたものであったというような、私の内なる声の具体化として、師によって呼びかけられたとき、それは拒むことができないどころか、まさに悦びをもって従わざるをえない言葉として聞きとられます。

先に紹介しましたバグワン・シュリ・ラジネーシ老師は、「服従することと、降参することとのちがい」についての聴衆の質問に応えて、次のように語っておられます。

もしあなたが〈降参〉していたら
そのとき、服従などという問題は何もない
そのときには、私の声はあなたの声だ
あなたはそれに服従するんじゃない
そのときには私はもうあなたと別々じゃない

「服従」というのは醜いものだ
〈降参〉するか、そうでなかったら自立していなさい
服従というのはひとつの妥協だ
弟子がマスターに〈降参〉するとき
彼らは一つになっている
その瞬間、二元対立は消え失せている
いまや、マスターはもう別なものとは考えられていない
そうしたら、誰が服従する？
誰が誰に服従するのかね？

私があなたに何か言うとき
——あなたが降参しているとしてだが

あなたは私の声を自分自身の声として聞く
実際のところ、あなたは即座に
これこそ自分が欲していたことなのだ
ただそれについてはっきりしていなかっただけなのだということを見てとるだろう
あなたは私が何か
あなたが闇の中で手探りしていたことを話したのだということが理解できるだろう
あなたもそれにある感じは持っていた
でも、ものごとがあいまいだった
私はそれをあなたにはっきりさせてあげただけだ
私がそれを口に出してあげた
私はあなた自身の〈こころからの望み〉を持ちだしてきてあげたのだ
〈降参〉の中では、それが起こるはずだ
そうしたら、それを〈服従〉などと呼ぶのは見当違いだ
それは服従じゃない
服従の中には、ある一定の闘争が隠れている

すこし引文が長すぎたかもしれませんが、ここには大変巧みに、師の言葉の本質が言いあてられていると思うのです。「あなたは私の声を自分自身の声として聞く」というすがたこそ、よき人との出会いの内

実なのです。師の声に自分自身の声を聞くのです。どこまでも、師の声として聞くのですが、しかも、聞いたとき、その言葉のほかに自分はなくなるのです。そのすがたを、ラジネーシ老師は〈降参〉という言葉で表現しておられるのですが、それこそまさしく「悦服」のすがたです。歓喜して従うのです。

それは、もっとも主体的な営みです。どれほど強大な権力をもってしても、けっして強制することのできないのが、悦服というすがたです。権力をもって強制することができるのは、せいぜい人を屈服させることだけです。しかし、その屈服は、まさにラジネーシ老師のいわれる「服従」のすがたであり、それは妥協であり、内に「闘争が隠れている」ものです。

そして、「我発」はそのような〈降参〉、悦服のすがたとして実現するのです。分別が〈降参〉して、よき人において会いえた真理の言葉に悦服するのです。その「我」は、「正覚之心」としての「我」です。

天上界の苦悩

師は、私たちが「闇の中で手探りしていた」ところの「こころからの望み」を、私自身の前に「持ちだしてきて」くださった方でした。ですから、師との出会いは、つねに自己本来との出会いとしてあります。師は、弟子に先立って弟子自身の内なる問いを見出してくださった方です。その弟子が真に問わなければならない問いを、弟子自身に明らかにしてくださった方です。つまり、師は、ほんとうに私が問わなければならない問いを私自身に明らかにしてくださる方であって、けっして答えをあたえてくださる人ではないのです。答えをあたえてくれる人は、実は、来たってわれに従えという人なのです。答えをあたえることで、弟子自身が自らの問いを問いつづけてゆこうとする眼を覆いかくし、弟子自身が自分の足で歩もうとする意欲を奪いとるものです。それに対して、まことの師は、汝自身の問いに生きろとすすめてくださる方です。問いを明らかにし、その問いを問うてゆくべき道を指し示してくださる方です。つまり、私に、汝自身の道を行けと押し出してくださる、発遣の師なのです。

本来、宗教的な問いは、自分自身を根源的に問う問いであり、人間にトータルに応える道であるといわれます。しかし、そのように、自分で自分を根源から問い、人間にトータルに応えるということは、ちょうど、自分で自分自身をもちあげようとするようなもので、できることではありません。ですから、「汝自当知」、汝自身の問いであるから、汝自らが明らかにせよという世自在王仏の言葉に対して、法蔵菩薩は「非我境界」、わが境界に非ずと答えておられます。私の分限ではありません、と教えを請われるのです。つまり、法蔵菩薩が、その聞法歓喜、師との出会いをとおして目覚めたのは、そのような「非我境界」の願の世界であったのです。

この法蔵菩薩の「非我境界」という言葉に照らしていいますと、たしかに私たちが日常生活のなかで求めている願いは、どこまでも我境界の願でしかないようです。つまり、我境界、今自分のおかれている状況について不満・不足を感じているから、その不足が満たされるようにと、いろいろの願いをもつのです。今病弱だから健康になりたい、家がないからマイホームが欲しいというような願いです。

この我境界の願というのは、言うならば、私の願いということです。私という存在の状態がかかえる願いです。そして、それに対して言えば、今「非我境界」の願と言われていますのは、逆に、その願こそ私だといえるような願です。私の願いはどこまでも私の要求です。そして、願こそ私だというのは、私の発見なのです。私の願いをどれだけ積みかさねていっても、そしてその願いが運よく全部満たされたとしても、それで私自身が満足するということはないことです。自我をどれほど拡大していっても、それで自我が超え出られるということはないからです。

この私の願いが、最大限に満たされた世界・在り方が、天上界と名づけられているのですが、その天上界は、それだけに、私の願いというものに生きる生活の問題点を、根本からあらわにしているともいえるのです。

そのことで思い出すのですが、ある対談の席で、湯川秀樹博士が、

合理主義でいけば、この天上までしかない。おそらく日本の若い人たちがみな願っているのは、この天上です。生活がよくていろいろなレジャーもあって、平穏な家庭生活をつづけていけて、老後も安心だったらよろしいというのは天上だけれども、その天上というのは、これは科学技術文明のかならず行きつく先であるのかどうかわからんが、しかし科学技術だけを基本にした、いわゆる合理的な物の考え方からすれば、そこが終点である。（『現代の対話』）

と指摘しておられます。

そして実は、その合理主義の基にあるものが、私の願いなのです。私の願いが私の思いのごとくに満たされて、なにひとつ不足のなくなった境界が天上界なのです。ですから、その天上界はさぞかし楽しいばかりの生活で、その天上界の天人は、もはやなんの苦しみもなく、幸せ一杯なのだろうと思っていましたら、あにはからんや、『正法念処経』には、地獄のあらゆる苦しみを全部集めてきても、天上界の苦しみの十六分の一にも及ばないと説かれてあるのです。その「十六分の一」というのが具体的には何を押さえた数字なのかわかりませんが、ともかく、六道の最上界、理想境である天上界こそが、極苦処と呼ばれる

地獄よりもはるかに深い苦悩を体験させられる世界だというのです。そして今、その苦悩を天人の五衰として説かれています。

衰というのは、生命力の衰えであると同時に、精神の退屈を意味します。その衰を説く天人の五衰の第一は、「頭上華萎」とあります。頭上の華とはその世界の住人である証《あかし》であり、シンボル・マークです。それはちょうど、東大生にとって東大の徽章が誇りであるように、天人の誇りであったのです。それが今や天人であるということになんの誇りもてなくなった。それが「頭上華萎」です。第二は「天衣垢穢」です。その身につけている衣が垢にまみれ穢れきっているということは、天人としての生活に張りを失っていることのあらわれです。そして第三の「腋下汗流」は、文字どおり気力の衰えをあらわしていますし、第四の「両目数眴」は、肉体の衰えを意味しています。天上界も有情の世界であってみれば、どれほど理想境でありましても、その命が老い、やがては死ななければならないことは、変わりないのです。思いのままに夢を実現しえたとしても、老・死する身であることまでは、どうすることもできないのです。そして最後の「不楽本居」――それが衰の本質なのですが――今現に在る自分の在り場が楽しめないということ、すなわち退屈そのものを意味しているのです。天上界の苦悩の内実である退屈さ、それは言いかえれば、生涯かけて追い求めてきた自分の夢の、その空しさを思い知らされたものの味わう退屈さ、所在なさです。

この天人の味わわされる退屈、所在なさということで思い出される言葉に、「夢中の患、遂に幻楽を起こす」というのがあります。これは、曇鸞大師の『浄土論註』の註釈書として有名な、慧燃という方が書かれた『顕深義記』に出ている言葉です。天親菩薩が、浄土の荘厳を二十九種をもってうたわれた、その第十五番目には、浄土にはもろもろの難がない、安楽の世界であるということを、「永く身心の悩を離れて、楽を受くること常に間《ひま》なし」とあらわしてあります。無諸難功徳と名付けられている荘厳ですが、それについて曇鸞大師は、なぜ仏はこの願をおこされたのかを問うて、穢土の諸難をあげておられます。そのなかに、幼くして草のなかに捨てられていたものが、長じては一丈四方に料理を並べて舌つづみをうてるような金持ちになっている、ということをあげておられます。これはちょっと考えますと、立身出世した成功者の物語であって、これを諸難のひとつに数えてあるということは納得しにくいことです。そして実は、先の「夢中の患、遂に幻楽を起こす」という慧燃の言葉は、この物語を註釈した言葉なのです。

「夢中の患」というのは、日常の意識よりも深い、いわゆる深層意識に刻みこまれている、その人の人生の原体験といいますか、苦痛・苦難と考えてよいかと思います。三歳までの体験がその人の人間としての原点になるというようにいわれ、「みつごの魂百まで」という言葉もあります。そして今、草むらのなかに捨子されて、ひもじさに泣く力もなかった赤子のときの体験が、まさにその魂百までで、遂にその一生を、あたら一丈四方に料理を並べて喜ぶなどということのためについやさせてしまった、というのです。

そして今、老・死を前にして、その楽しみも遂に幻でしかなかったことを思い知らされたとき、その一生は、指の間からこぼれおちてゆく砂のように空しく消えていくのです。そして実は、世間の意識における理想の多くは、その「夢中の患」がひきおこした「幻楽」でしかありません。

この「夢中の患」という言葉、それは個人的にいえば深層意識、生の原体験ですが、ひろく社会のなかでいえば、私たちの身に無意識の内にしみこんでいて、なんの疑問ももたずに従っている、いわゆる社会通念というものと考えてもよいでしょう。たとえば、一流会社に就職するのが幸せへの道だと頭から信じて疑わない、それは「夢中の患」ではないでしょうか。少なくともそう思いこませているものは、「夢中の患」です。そしてそのために、親子ともども、受験戦争にその生命をすりへらしている、それはまさに「夢中の患、遂に幻楽を起こす」姿です。

理想を実現したその果てに、それが「幻楽」でしかなかったことを思い知らされた絶望、空しさの深さ、それに較べれば、理想から引きさかれて七転八倒している地獄の苦しみは、まだ、世を呪い、身の不運をなげくことができるだけ救われているのかもしれません。天上界の苦悩は誰を呪うことも、怨むこともできないのです。自分が必死になって追い求め、幸いにも手にすることができて、有頂天になっていたものの、その空しさを思いしらされ、ただ自分の不明に臍を噬むほかないのです。

「選択」と「摂取」

師との出会いとして実現される「我発無上正覚之心」は、つねに我境界の願にのみ生きてきた私たちの上に、その我境界の願を破って「非我境界」の願が開かれる体験としてあります。しかもそれは、自分自身明確に言いあてることができないままに、私をうながしてやまないのです。だからこそ、法蔵比丘もまた、

唯願わくは世尊、広くために諸仏・如来の浄土の行を敷演したまえ。我これを聞き已《おわ》りて当《まさ》に説のごとく修行して所願を成満すべし。（聖典一四頁）

と、師の教えを求めずにはおられないのです。

ところで、『大無量寿経』には、この法蔵比丘の言葉をうけて、

その時に世自在王仏、その高明の志願の深広なるを知ろしめして、すなわち法蔵比丘のために、しかも経を説きて言わく、（聖典一四頁）

と説かれています。そこに「しかも経を説きて言わく」とあるのです。この「しかも」に私は、説く必要はないのだけれど、しかもあえて説く、というニュアンスを感じるのです。つまり、「経を説く」といっても、法蔵比丘をうながしている「志願」に、新しく付け加えるべき何事もないのです。ただ、現に法蔵比丘をうながしているそのものを、法蔵比丘自身に明確に自覚させ、担わせるだけなのです。そのことが、今、経文では、「しかも」と押さえられているのです。すでに在るものを、「しかも」あえて説くのです。ですから、すでに法蔵比丘の身にあるものを、世自在王仏は、まず讃嘆されるのです。

最近読みました林竹二氏の『教育の再生を求めて』の一節を思い出しました。林先生は、元宮城教育大学の学長で、現在は文字どおり教育の再生のために情熱をもやしておられる方ですが、その書物のなかで、「持ち合わせの知識量の豊富な子どもとか、頭の回転の速い子どもが幅をきかす」ような授業は、そのために「ほんとうにまともに物を考え、借りものの知識によって物を言うのを好まない子」を沈黙に追いこみ、成績の差を生みだしていることに言及して、「深いところにしまいこまれている彼らの能力をどうしたら引き出すことができるか。授業が深いところにしまいこまれている宝物をさぐりあて、掘り出す作業になるとき、授業の中で、成績の差など消えてしまう。そういう授業をする力量を、教師が自分のものにすることができないかぎり、その意志があろうとなかろうと、教師は差別教育をやっているのです」と、鋭い指摘をしておられるのです。その、子ども一人ひとりの「深いところにしまいこまれている宝物をさぐりあて、掘り出す作業」こそ、人間教育の必須要件なのです。そしてまた、今日の、大学合格という一点にその照準をしぼってしまっている教育が、一番忘れ去ってしまっていることが、それなのです。

そしてそのことは、仏道における師弟の関わりにおいては、より本質的な課題なのです。師は弟子に先立って、弟子の「深いところにしまいこまれている宝物」を見出し、信じきり、讃嘆することにおいて、その宝物を弟子の自覚的なものにまでするのです。「道意」を「正覚の心」にまでもたらすのです。

そのことを今、法蔵比丘の歩みにもどして申しますと、「正覚の心」として、自分をうながしてやまないものが、なにの問題であるのかをはじめて知るのです。それが「唯願わくは世尊、広くために諸仏・如来の浄土の行を敷演したまえ」という言葉となって、世自在王仏にその教えを求めさせているのです。そしてその法蔵比丘の求めに応じて、世自在王仏は、

ここに世自在王仏、すなわちために広く二百一十億の諸仏刹土の天人の善悪、国土の麁妙を説きて、その心願に応じてことごとく現じてこれを与えたまう。(聖典一四頁)

のであり、それに答えて、

時にかの比丘、仏の所説の厳浄の国土を聞きて、みなことごとく覩見して、無上殊勝の願を超発せり。(聖典一四頁)

と説かれるのであります。

そこに、法蔵比丘は、仏の所説によって、二百一十億の諸仏の国土を覩見したとあります。「覩見」とは、しっかりと眼をひらいて、見定めるということです。それは一口で申しますと、仏法の世界を見るということです。それはさらに言いますと、世界は仏法の世界であるということを見るということでしょう。世界が諸仏の国土であることを知るのです。そしてそのことは、生活のすみずみにまでゆきわたり、生活

のすべてを意味あるものとして輝かしている仏法に出会ってゆくことなのです。仏法の歴史のなかに自分を見出し、仏法の世界観を確立した、ということなのです。そして、そのように、仏法の世界観が確立するということは、自分の居り場が明確になり、担うべき課題が自覚されるということなのだと思います。

そのことから申しますと、私たちの宗教心が、世界観にまで具体化していないところに、私たちの宗教生活がいつまでも生活のごく一部分でしかなく、結局その生活の全体を決定していくものは世俗の意識でしかないということになっているのだと思います。そこで生活している共同社会の因習・きまりによって、生活上の重要な決断をしていく。信仰は、あくまでその生活の一部分としてあるだけで、それも、たとえばその共同社会での人々の評判を気にしての仏事であったりしているのです。

今、世界観が明確になるということは、その信心が、その人の生きてゆく全体を貫く眼になるということなのでしょう。言いかえれば、その世界、その歴史を貫く根源的なものが見出されてくるということです。その一点においてすべての存在と等しく出会えるという、そういう一点が見出され、言いあてられてくるということです。そして、そのような根源的なものが掘りあてられてきた歩みが、選択四十八願の歩みであると思います。

因みに、この選択という言葉は、『平等覚経』『大阿弥陀経』に使われている言葉であって、それが、『如来会』では「摂受」、正依の魏訳『無量寿経』では「摂取」となっています。つまり「選択」ということは、選びとり選びすてるということなのですが、しかしそれは、数あるもののなかから、あるものを選びとり、あるものをすてるということではないのです。そうではなくて、そのすべてのものを「摂受」し、「摂取」しうる一点を「選択」するのです。いわば枝葉的なものを選びすてて、根源的なものを選びとるのです。私たちが、ともに同じ人間として関わり合っている、その関わりを成り立たせ開いている、つまり連帯させている一点を明らかにすることです。そのような一点を「選択」することによって、一切を「摂取」するのです。

そしてそのような根源に還帰する、そのことにおいて「超発」するのです。根源の名告りとしての「超発」なのです。存在の上に存在の根源が名告りでるということにおいて「超発」なのです。つまり、願は私のおこした願ではなく、仏法の世界より賜った願なのです。その一点に、その願の殊勝性が思われるのです。発した者自身を念仏者として生みだしてゆくことにおいて、「殊勝の願」なのです。

そしてそのように、道意として尋発し、正覚の心として我発し、殊勝の願として超発してゆく、その歩みの全体を貫いて、「無上」の言葉がおかれているのです。無上正真の道意であり、無上正覚の心であり、無上殊勝の願なのです。

そしてその心の無上性は、今法蔵菩薩の上で言えば、法蔵菩薩をして法蔵菩薩自身を超発せしめてゆく一点において、具体的なのです。限りなく自己を破り、超え出さしめることにおいて、無上心なのです。自己自身に対して、もうこれでよしと言わしめない情熱として、無上心なのです。そして、それはさらに、無上涅槃として、より具体的に示されてくるのです。

四、無上涅槃

不請の友

親鸞聖人は、「証巻」の巻頭に「謹んで真実証を顕さば、すなわちこれ利他円満の妙位、無上涅槃の極果なり」（聖典二八〇頁）とかかげておられます。

無上涅槃とは、また大涅槃ともいわれています。その大涅槃とは、いうまでもなく、個人的な解脱の境地をあらわす小乗の涅槃に対して、大乗の涅槃をあらわす言葉であります。

その、大乗の涅槃、小乗の涅槃ということについて、龍樹菩薩は『十住毘婆沙論』の「序品」のなかで、次のように表現しておられます。「家悪子を生まざれば、ただよく己の利を成ずも、人を利することあたわず。もし善子を生めば、よく人を利するものなり」。

ここで、悪子を生まない家といわれていますのは、いうまでもなく、小乗の涅槃のことであり、善子を生むといわれているのが、大乗の涅槃のことです。

悪子を生まない家というのは、それはそれで結構なことです。少なくとも、人々を悩まし、世を乱すようなことはないのですから。ただしかし、その家は、悪子も生まないが善子も生まない、不生の家なのです。ですから、龍樹菩薩はこの言葉に先立って、声聞・辟支仏の小乗の涅槃も、菩薩・仏の涅槃も、その涅槃に区別がないとすれば、声聞・辟支仏の小乗によって速やかに涅槃すればよいのであって、どうして長い長い年月をかけて菩薩十地の行を具足しなければならないのか、大乗を求めなければならないのかと問い、それに答えて、「一切の声聞・辟支仏は皆仏に由って出づ。もし諸仏なくんば何に由ってか出でん。

もし十地を修せずんばなんぞ諸仏あらん。もし諸仏なくんば、また法も僧もなからん。この故に、汝が所説は、すなわち三宝の種を断ず。これ大人有智の言にあらず」と述べておられます。それは、曇鸞大師が『浄土論註』において、「声聞は実際（今ここでは、身も心も滅しさった、小乗の究竟の境地）をもって証とす。計るに更によく仏道の根芽を生ずべからず」（聖典三一五頁）と註しておられるのと、同じ意なのだと思います。「三宝の種を断」じ、「仏道の根芽を生」ぜしめない、その不生性こそ、小乗の涅槃の本質なのです。

つまり、善・悪、そのいずれをも生まないということは、徹底した自己完結性を意味しています。自己の内のみの平安です。社会性を徹底して切りすてていくことによって保たれる静逸さです。子どものころ読んだ文章で、奇妙に印象にのこっている話があるのですが、それは、ある有名な僧が――何宗の僧であったのか、いつの時代の人なのかなどということはまったく記憶にないのですが――あるとき檀家の家に招かれてたいへんなご馳走になったのですが、そのときにその僧は、いきなり傍にあった火鉢の灰をそのご馳走にまぶして食べだしたというのです。驚いて人々がその理由を尋ねたところが、「一度、こんなご馳走を食べると、舌が味をおぼえて、これから粗食に耐えられなくなり、またご馳走を食べたいと思うようになるでしょう。そういう煩悩をおこさないように、わざとご馳走に灰をまぶして食べたのです」と答えたというのです。たしかその文章には、その僧はそんなにも厳しく欲望とたたかい、修行されたのですというように、ほめそやして書いてあったと記憶しています。しかし、その文章を読んだとき、子ども心にも反発をおぼえ、なんと馬鹿げたことをするものだと思ったことをおぼえています。

その僧は、味をこわすことによって、美味に溺れてしまうことから自分を守ったのです。言いかえれば、人間としての味覚をこわすことによって、粗食にたえて心乱さないものになろうとしているのです。つづめて言いますと、人間でなくなることによって、人間として身にうける苦悩からまぬがれようとしているのです。そして、それが実は、苦行というものの本質なのです。

しかしそのとき、その僧は、その僧に喜んでもらおうとして一所懸命に料理をつくり差しだしたその人たちの心をも、料理といっしょに灰にまぶしてしまっているのです。人の心を切りすてることによって、自分の身を守ったのです。私は、そのことを少しも自覚していないことに猛烈に腹が立ちました。たとえ腹をこわすとわかっていても、供養する心をうけて、差しだされた腐った食物でも有難くいただくのが僧だとすれば、たとえ迷いを深くするとわかっていても、差しだされたご馳走を喜んで食べるのが僧ではないか。第一、一度ご馳走を口にするだけでたちまち崩れてしまうようなことなら、はじめから修行者ともいえないのではないか、というような腹立たしさがありました。もちろん、それを読んだ子どものときは、とにもかくにも腹が立ったということで、どう腹が立ったのかというその内容のところは、自分自身にもはっきりしてはいなかったのですが、今思いかえしてみますと、どうもそういうことであったようです。

人間としての社会性、人々との関わりをきりすててゆくことによって保たれる個人的な静逸さとは、まさにその僧のようなものなのでしょう。つづまるところ、それは社会的には先に申しました三猿主義に徹する生き方です。実際、見ざる、聞かざる、言わざるの三猿主義こそ、個人的な静逸さを守るいちばん近道なのです。事実、ふりかえって考えてみますと、実に多くのことを見すごし、聞きながし、沈黙することで、私たちはわが身を、自分の生活を守ってきているのです。しかしそのような三猿主義による個人的な静逸さからは、まさになにものも生まれてはこないのです。言いかえますと、その人は社会に生きていないのも同じなのです。

もっとも、ただわが身を守ろうとする利己的な生き方においてのみ、この三猿主義が出てくるというものではありません。というよりは、なにか一つのことに徹して生きようとすれば、結果としてそれ以外のことには三猿主義になってしまうということがあります。意識してそうするというのではなく、結果としてそうなるのですから、三猿主義というのはおかしいかもしれません。結果として三猿主義者のようになるのです。不勉強で、詳しいことは覚えていないのですが、たしかナポレオンの時代でしたか、戦争が起こっていることも知らず、窓の外に弾丸がドンドン落ちているのにも気づかず、学問していた学者がいたように記憶していますが、程度の差こそあれ、なにか一つの仕事を果たしとげようとするとき、人はその道の専門馬鹿になってしまわざるをえないのです。そういう専門馬鹿にならずに、なにか一つのことをしとげるなどということはありえないことのように思います。

ただしかし、今は、仏道の問題なのです。人間の人間としての救済の問題なのです。であってみれば、事は専門馬鹿ということですますわけにはゆかないのです。人間の苦悩を見すごし、聞きながすわけにはゆかないのです。

たとえば、『大無量寿経』には、「もろもろの庶類のために請せざる友と作《な》る」（聖典六頁）と説かれています。その「庶類」とは、いわゆる庶民です。経典にはまた「黎庶《れいしょ》」（聖典六頁）ともあらわされている人々です。「黎庶」は、黎首の人々ということです。その黎首とは、かぶるべき冠をもたず、髪をむきだしにして歩くもの、すなわち、無位無冠の者のことです。権力とは無縁に、ただつつましく、一つ屋根の下に灯をかこんで家族が無事な顔をそろえられることを無上の喜びとしているものです。そしてそのよう

な「庶類」「黎庶《れいしょ》」は、ちょうど聖徳太子の『十七条憲法』の第五条に、

財《たから》有るものが訟《うったえ》は、石をもて水に投ぐるが如し。乏《とも》しき者《ひと》の訴《うったえ》は、水をもて石に投ぐるに似たり。是をもって貧しき民《おおみたから》は、所由《せんすべ》を知らず。（聖典九六四頁）

とありますように、自分たちの嘆きや願いを訴えるべき言葉も、場所ももたないものです。たとえ訴えたとしても、耳をかたむけ、心をくばってくれるものは誰もいない。それはちょうど、「水をもて石に投ぐるに似たり」です。つまり財有るものの訟えは、石を水のなかに投げこんだとき大きな音がして皆がふりむくように、皆が注意し、聞きとどけられもするのですが、貧しきものの訴えは、逆に、水を石の上にまいたときのようなもので、ほとんど音がせず、したがって誰もふりかえらず、注意もしてはくれないのです。

仏は、そのような「庶類」「黎庶」のために「不請の友」となることを、その誓願とするのです。つまり、「不請の友」とは、声にならない声、その存在そのものの無言の訴えを聞きとるもののことなのです。その意味では、その『十七条憲法』を書かれたと伝えられる聖徳太子が、豊聡耳命、または豊聡八耳命と呼ばれ、また十人の訴えごとを同時に聞きわけられたというように、耳に関する伝説が多くあることは意味深いことに思えるのです。

つまり、宗教心とは、まずなによりも、人の嘆き、訴えを聞きとってゆくことのできる心としてあるのです。ですから求道者にとって、専門馬鹿などということはありうることでもないし、たとえそのひたすらな歩みの結果としてであれ、三猿的在り方は許されることではないのです。

求道の難関

しかし、そのように求道者の在り方を思い定めれば定めるほど、現実には、いよいよその在るべき在り方にほど遠い事実に、身をすくめるほかないのです。人々のために仏道に生きる、というその名において、かえって、もっとも身近かな人を傷つけ、悲しませているのが現実だからです。そしてまた、ただ一人の人についてでも、ほんとうに関わり力になろうとするときには、自分の全身、全生活をかけなくてはできないことです。そしてもしそのことがなされたとしても、一人の人を救うことが、同時に他の人を傷つけ、あるいは見殺しにしてしまうことになるのが、現実の相なのです。

鷹に追われてきた鳩を助けた行者が、そのために飢え死にする自分はどうしてくれるのかと、鷹に迫られるすがたを語るジャータカ物語の説話は、そのような矛盾を見事に物語っていると思います。そのとき、困った行者は、いまさら鳩を見放すこともできず、といって、鷹を見殺しにすることもならず、困りはてたすえに、妥協策を出します。「それではこの鳩と同じ重さだけ、この私の肉をお前にやろう」。そのときの行者の気持には、こんな軽い鳩のことだ、少し腿の肉でも削ればよいだろうという思いがあったのでしょう。秤の一方に鳩をのせ、他の一方に自分の削りとった肉をのせます。ところが驚いたことに、いくら自分の肉を削りおとしてのせていっても、あの軽い鳩の重さと同じにならないのです。いくら自分の肉を削り、加えても、依然として鳩の方が重いのです。最後、行者がその全身を秤の上に投げだしたとき、はじめてその重さは鳩と同じになった、というのです。

たとえ鳩一羽であっても、片手間にその命を救うなどということは、できるはずがない、命それ自身の重さは、鳩一羽も一人の人間も同じなのだと、そのジャータカ物語は教えているのです。

しかも、一羽の鳩に気づかされてみれば、救いを求めている鳩は、あちらにもこちらにも数かぎりなくいることが見えてくるのです。どちらを先にし、どちらを後にするかは、単に関わりの先後という問題にとどまらずに、そのまま、どちらを活かし、どちらを見殺しにするかという選びにまでなってしまうのです。そして、そういう現実のなかでの私たちの中途半端な同情が、かえって人々を迷わせ、その苦悩をより深いもの、複雑なものにしてしまうのです。実際、心やさしい人ほど、かえって、結果として冷酷無惨に人を傷つけ苦しめることになってしまう、ということがしばしばなのです。まさに、「今生に、いかに、いとおし不便とおもうとも、存知のごとくたすけがたければ、この慈悲始終なし」（聖典六二八頁）と言いきられている『歎異抄』の言葉そのままです。

また、曇鸞大師の、

もし智慧なくして衆生のためにするときは、すなわち顚倒に堕せん。もし方便なくして法性を観ずるときは、すなわち実際を証せん。（『浄土論註』真聖全一、三四二頁）

という言葉には、曇鸞大師ご自身が身をもって体験された求道のそのような難関が端的に言いきられております。この「衆生」をごく身近かな、わが子のこととして考えましても、「もし智慧なくして衆生のためにするときは、すなわち顚倒に堕せん」ということは、身にいたく覚えがあることです。いわゆる教育ママ的叱咤激励も、ただもうわけもなくかわいがり溺愛するのも、どちらも子どもへの愛情からではあるのですが、そのために親子ともどもに、いよいよ迷いを深くしていくのです。そしてそのように、智慧を身に成就していないままに、いたずらに現実問題に関わってゆくときには、自他をともに傷つけ、悩みや迷いを、いよいよ救いがたく深いものにしていくのです。

だからといって、もし「方便」（現実への関心、関わり）をもたずに、ただひたすら「法性を観ずる（真理を観ずる、真理探究に没入する）」ときには、「実際」を証してしまうのです。この「実際」というのは、先に申しましたように、仏道の根芽を枯らすものとしてきびしく批判された観念的救済のことです。つまり、ここに曇鸞大師は、動けばいよいよ迷いを深くし、動かなければ観念性に閉じこもってしまうことになる、その身の事実のまえに立ちつくしておられるのです。上求菩提なき下化衆生は「顚倒に堕し、下化衆生なき上求菩提は「実際を証」してしまうことになるのです。しかも、だからといって、そのようにただ立ちつくしてばかりいるときには、それは、求道者としての死を意味することとなります。まさに善導大師の言われる三定死、「我今回《かえ》らばまた死せん、住《とど》まらばまた死せん、去《ゆ》かばまた死せん」（「信巻」聖典二一九〜二二〇頁）という求道の危機であります。

因みに、曇鸞大師が「仙経」を学ばずにおれなかったのも、この三定死の苦悶によるものであったと私は思います。もちろん、曇鸞大師が仙術に迷うにいたった直接の動機は、『大集経』に註解を施していく仕事の途中で病いに倒れたとき、八万四千の法門と呼ばれるほどにかぎりない仏法を学びつくすには、まず、その身が無量の寿命をしていなければならない。露命わずかに数十年、それもつねに病いにおかされる不安をかかえている体で、どうして、安んじて無量の法門を究めつくすことができるであろう、と思いたったことにある、と伝えられています。そしてまたそれは、けっして曇鸞大師だけの発想ではなく、たとえば、曇鸞大師におくれること約四十年の、天台宗第二祖慧思に、「誓願す。山に入りて神仙を学び、長命力をえて、仏道を求めん」という誓願文があるように、中国の人々の心情としてごく自然なものであったようです。

ただしかし、そのように、仙術によって長命を得ようとする発想そのものは、そういう事情によることであったとしても、曇鸞大師をしてそういう発想へとかりたてたものそのものは、まさに三定死の体験であったと思います。

つまり、曇鸞大師をして仙術に迷わしめたものは、人生の持ち時間を永遠にまでひきのばすことによって、三定死の苦悶を解決しようとするあがきであったのですが、しかし、この世にあって、この世の時間をどれほどひきのばしてみても、所詮それは、自他矛盾の時を長くひきのばしたにすぎないのです。後に曇鸞大師は、三界のうちにあって、下地より上地へ次第に昇ってゆくという理想主義に生きるものを、「長く大夢に寝て、悕出を知ることなし」（『浄土論註』真聖全一、二八七頁）と言いきっておられるのですが、その言葉の背後には、仙術に迷ったその苦い体験がふまえられていると思えるのです。どうにかすればどうにかなるという夢、自己への期待にいつまでも溺れていて、三界を越え出ることを思わない、菩提流支三蔵に会いえてみてはじめて、今までいかに長く大夢に寝ていたかを、曇鸞大師は思い知られたのだと思います。

この「長く大夢に寝て」いるものという曇鸞大師の批判は、ただ単に、個人としての自己反省によるというものではありません。そこには「五濁の世、無仏の時」という、時代・社会へのきびしい認識がありますす。もともと、時代・社会を仏道の問題として荷負したのは、少なくとも七高僧のなかでは、曇鸞大師が最初でしょう。曇鸞大師が難行といわれるとき、それは行縁の難の意味であるといわれますが、その行縁の難というのは、まさしく「五濁の世、無仏の時」としての時代・社会の自覚によるのでしょう。すなわち、『浄土論註』の巻頭に曇鸞大師は「謹んで龍樹菩薩の『十住毘婆沙』を案ずるに、云わく、菩薩、阿毘跋致（仏道から退転することのない位）を求むるに、二種の道あり。一つには難行道、二つには易行道なり」（真聖全一、二七九頁、「行巻」聖典一六七頁）と述べておられますが、龍樹菩薩における難行の意義と、曇鸞大師における難行の意義にはちがいがあり、古来、龍樹菩薩における難行を行体の難、曇鸞大師における難行の意義を行縁の難とよびならわしています。

行体の難というのは、その行が行として成就するまでの、行それ自体に困難性があることの指摘であります。それは、ごく大ざっぱに言ってしまいますと、成就しがたい行ということでしょう。それに対して、行縁の難とは、その行を行ずる縁——状況がととのっていないということであり、行じがたい状況の故に行じがたい道であるということです。そこには、どこまでも、自他の関わりのなかに仏道を問うていった曇鸞大師の、それ故に個人を時代・社会のなかに見すえる人間観があると思います。ですから、その人間の救いもまた当然、どこまでもその時代・社会のなかにおいて、時代・社会のなかに生きてはたらくものとして求められるのです。

限りない歩み

さて、はじめに申しましたように、親鸞聖人は、「謹んで真実証を顕さば、すなわちこれ利他円満の妙位、無上涅槃の極果なり」（「証巻」聖典二八〇頁）と、真実証を無上涅槃という言葉によってあらわされました。そして、その真実証をあらわす経文として、第十一願文及びその成就文を、『大無量寿経』及び『如来会』によって引かれたあと、釈文としてまず、「『浄土論』に曰く」として、『浄土論註』の文をあげておられるのです。

そこには、まず、器世間荘厳十七種のなかの第十一妙声功徳荘厳、第十二主功徳荘厳、そして第十三の眷属功徳荘厳が並べ引かれているのですが、そのなかの主功徳荘厳成就について曇鸞大師が註をしておられる文章のなかに、非常に注意をひく言葉がございます。それは次のような一段です。

もし人ひとたび安楽浄土に生ずれば、後の時に意《こころ》「三界に生まれて衆生を教化せん」と願じて、浄土の命を捨てて願に随いて生を得て、三界雑生の火の中に生まるといえども、無上菩提の種子畢竟じて朽ちず。何をもってのゆえに。正覚阿弥陀の善く住持を径《ふ》るをもってのゆえにと。（真聖全一、三二四頁、「証巻」聖典二八二頁）

ここには、「三界に生まれて衆生を教化せん」という意を賜るところとして、安楽浄土が説かれているのです。浄土に生まれるとは、その浄土に支えられて、浄土の意をもって、三界に生きる力を賜ることなのです。浄土に生まれるとき、その浄土が私を歩ましめるのです。いわばその浄土は、浄土をも突破して、三界に浄土していく願力としてはたらくのです。そして実は、無上涅槃とは、その願力を意味するのだと思います。

無上尊、無上心のところで申しましたように、「無上」ということは、「最上」ということではありません。親鸞聖人は、「無上と言うは、有上に対せるの言なり」（「行巻」聖典一九二頁）とおっしゃっておられます。「無上」は「最低」に対する言葉ではないのです。つまり、「最低」に対する言葉は、「最上」であって、「無上」ではありません。無上涅槃は最上涅槃ではないのです。「有上」に対するのですから、「無上」とは、それの上がないということですが、それは言いかえれば文字どおり上限がないことなのです。ここが終わりということがないのです。止まることのない、限りない歩みとして実現する涅槃なのです。

そして実は、曇鸞大師はその『浄土論註』において、そのことをくりかえし述べておられるのです。先にあげました主功徳荘厳に「浄土の命を捨てて、願に随いて生を得て、三界雑生の火の中に生まるといえども……」とありましたが、さらに、器世間荘厳十七種の結び、第十七一切所求満足功徳荘厳においては、

彼の国の人天、もし他方世界の無量仏刹に往きて諸仏菩薩を供養せんと欲願せん。及び所須の供養の具、願に称《かな》わざることなけん。また彼の寿命を捨てて余国に向って生じて修短自在ならんと欲わん。願に随いて皆得。いまだ自在の位に階《かな》わずして、自在の用に同じからん。（真聖全一、三三六頁）

とあり、さらに、その二十九種荘厳の最後、菩薩四種功徳のなかの第四、遍示三宝の徳が述べられるところにおいても、

願わくはわれ成仏せんとき、わが土の菩薩は、みな慈悲、勇猛堅固にして、志願してよく清浄の土を捨て、他方の仏法僧ましまさぬところに至りて、仏法僧宝を住持し荘厳して、示すこと仏のましますがごとくして、仏種をして処処に断たざらしめんと。（真聖全一、三〇七頁）

という誓いの言葉をあげておられます。

そこには、「浄土の命を捨て」「彼の寿命を捨てて」「清浄の土を捨て」と、くりかえしそのことが記されているのです。とくに二十九種荘厳の第一が「彼の世界の相を観ずるに、三界の道に勝過せり」とうたわれる清浄功徳であり、それをうけて、最後の第二十九種荘厳の「遍示三宝徳」に、「清浄の土を捨て」ることを誓われていることが注意をひきます。

浄土の清浄性は、実は、その国に生まれえたものをして、「清浄の土を捨て」しめ、超え出てきたその「三界雑生の火の中」に生まれ出ることを願わしめるというところにこそ完成するのだと、その『論註』

の文は説いているのです。自らの清浄性をのみ固執するとき、清浄性は失われてしまいます。その清浄性は、他を清浄にしていく用においてのみ、はじめてその清浄性を保ってゆくのです。他を清浄にしてゆくことにおいて、自らの清浄性が成就されるのです。そのことは、すべての人をほんとうに尊ぶことにおいて、おのずからに無上尊としての徳を成就してゆく姿に相い通じ合うものだと思います。

安楽浄土は、三界を逃れて逃げこむところではなかったのです。そうではなくて、そこから、真に、「この世において速やかに」という歩みがはじまる場であったのです。「三界雑生の火の中」にあっても、遂に朽ちることのない「無上菩提の種子」を賜るところであったのです。つねに新しい生命を芽生えさせてゆく願力として、展開しつづける世界であったのです。その「無上菩提の種子」こそ、「無上道意」そのものであり、「正覚の心」「殊勝の願」として華実をみのらせてゆく生命そのものなのです。そして、その「無上菩提の種子」の展開する世界として、「無上涅槃」の名が立てられているのです。

哀れなるかな、悦忽の間に

一、「悦忽の間」とは

率直にいって、私たちは、真実よりも、さしあたっての安心感をこそ、まず求めてきたように思います。よくホントのことが知りたいといいますが、しかし、真実を知るということは、それが真実であるのならば、どんなに耐えがたくつらいことでも、それにしたがって生きるという、勇気と智慧がなくてはかなわないことであります。そして事実、真実というものは、ときに、私たちの生活の安らかさを根底からゆりうごかし、つき破って迫ってきます。ホントのことが知りたいといいながら、しかも私たちは、いつもどこかで、ホントのことを知ってしまうことを畏れているという一面があるものです。そして、なによりもまず、今の自分の安らかさをまもり、そのなかにひたり、憩えることをこそ求めてきたのです。その、今の自分の安らかさが破られない程度に、真実を知りたがっているのです。

しかも、真実よりも安心感をこそと、自分で意識してえらんでいるのならば、まだ救われます。また事実、そういう場合も多くあるでしょう。しかし、もっと悲劇的なのは、自分は一所懸命に真実を求め、真実に生きようとしているつもりでいながら、結果としては、状況のなかにぬくぬくと埋没し、状況とともに流されてしまっているという場合です。その人自身の意識はどうあれ、事実としては、真実よりも安心感をこそと状況のなかにどっぷりひたっている人々と、なんら異ならないということがしばしばあるのです。たとえば、私たちにあっても、第二次大戦前からその戦中におよぶ年月、それぞれにその信念に燃え、自らの信念に生きていたつもりでおったのですが、今にしてふりかえってみれば、ただそのときの状況のままに流されつづけていたにすぎなかった、というにがい経験があります。

そして、そんな思いをもちますとき、「悦忽の間《こうこつ》」という言葉が、重いひびきをもって心に浮かんでくるのです。それは、善導大師がその『観経疏』「序分義」のなかで、わが子阿闍世の怒りの刃のもとにひきすえられた韋提希夫人のすがたを、まことに劇的に述べておられるところに使われている言葉です。

なんぞそれ痛ましきかなや。頭を撮《と》りて剣を擬し、身命たちまちに須臾にあり（風前の灯である）。慈母（韋提希夫人）合掌して身を曲げ、頭をうなだれて、児（阿闍世）の手に就く（すがりつく）。夫人そのとき熱き汗あまねく流れて、心神悶絶す。嗚呼哀れなるかな、悦忽の間に、この苦難に逢えることを。（真聖全一、四七八頁）

この「悦忽の間」という言葉を、善導大師は、さらにさかのぼって、阿闍世が提婆のそそのかしにのってしまう一段においても、

まさしく、闍王、悦忽の間に、悪人（提婆をさす）の誤たるることを信受す。（真聖全一、四六九頁）

ともちいておられます。つまり、阿闍世にしろ、韋提希にしろ、その生涯を決定づけることになった場面を語られるところに、この「悦忽の間」という言葉をつかっておられるのです。

「悦忽の間」という言葉は、とりとめもなく、うっかりしている間に、というほどの意味と考えてよいかと思います。つまり、それほどの大事にいたるとも思わずに、その場その場を、とりとめもなく、あいまいにすごしてきているうちに、今、親殺しの罪を犯す身となってしまっており、今、わが子が憎しみを

こめて打ちふるう剣の下にあわれみを求めなければならないような事態に直面してしまっている、まさに、日々の「恍忽の間」の結果だと、善導大師はきびしく指摘しておられるのです。

しかし、韋提希夫人も阿闍世も、文字どおりただとりとめもなく、日々を呆けてすごしていたというわけではありません。それどころか、それぞれに、事の良し悪しはともかくもそのときそのとき、あらゆる配慮をもって生き、あたうかぎりの努力をもってすごしてきたのです。

たとえば、韋提希夫人の場合です。ながく子どもに恵まれなかった夫人は、たまたま占師から、山中の一仙人がやがて死ぬが、死ねばかならず貴方がたの子として生まれてくるであろうと聞かされて、狂喜します。それはただ単に、わが子が欲しいという望みが満たされるからだけではありません。国王夫婦として、王位継承者を育てておくことは、重大な課題であったのです。善導大師は、くりかえし「位」ということを強調しておられます。

やがて、その仙人が死ぬ日までまてなくなった国王夫妻は、仙人に早く死んでくれるように頼み、断られるや遂には、王の権力をもってその仙人を殺してしまいます。はたして、韋提希夫人は待望の子を身ごもります。喜んだ夫婦はさっそく占師を呼んで、男の子か女の子かと占わせますと、占師は、「男の子です。ただしこの子は大きくなると、かならず王を殺《あや》めることになるでしょう」と告げるのです。驚いた夫人は、赤子を城の高楼の上から産みおとして、災いをまぬがれようとします。しかし赤子は幸運にも一命をとりとめるのですが、そのとき小指を骨折し、そのために人々から折指太子と呼ばれるようになったとあります。

はたしてその後、釈尊に代って仏教教団を治めようという野心にもえた提婆のそそのかしにのって、阿闍世は父頻婆娑羅王を牢に閉じこめて王位に即きます。わが子阿闍世と夫頻婆娑羅との間に板ばさみになった韋提希は、その体を清め、酥蜜を麨にまぶして体に塗り、身につけた飾りの瓔珞のなかに蒲桃《ぶどう》の漿をいれて、ひそかに獄中の夫の命をまもります。しかし、ついにそのことが阿闍世に露顕して、先に引文した善導大師の言葉のように、髪をもってひきずられ、刃をもって今まさに斬りすてられようとしているのです。

そこには、一つのことをなんとか乗りこえようとしてなしたそのことが、またあらたな、より大きな問題をひきおこし、そしてまたそれに対処することで、いよいよ逃げようのない窮地に落ちこんでいったすがたが浮きぼりになってきます。それは、ただとりとめもなく、うっかりとすごしてきた日々では、けっしてありません。それどころか、必死に、そのときそのときの事態にたちむかい、あらゆる智慧・才覚のかぎりをはたらかせて事を処してきた日々だったのです。

しかしながら、それを、善導大師は、「恍忽の間に」と言いきっておられるのです。事実、韋提希夫人は、その必死の思いにもかかわらず、いよいよ深みに落ちこみ、思いもかけない事態に直面しているのですから、そのことからいえば、まさに「恍忽の間」であったということを否定できないでしょう。事態が決定的になったとき、思わず、今まで何をしていたのだろうと愕然とする、そういうすがたとして、「恍忽の間」なのです。

そして、ふりかえってみれば、それはけっして、韋提希夫人一人のことではないのです。実際、私たちは皆、それぞれに、その人なりに一所懸命生きているのです。にもかかわらず、その多くの人が、一体自分は今まで何をしてきたのか、自分の一生は何だったのかと問わずにおれないような思いに落ちこむのです。

私に非常に強烈な印象をのこしているのは、ある聞法会のとき、立ちあがったおばあさんが、「今日家を出るときに、四十年つれそってきた主人から、能なしの洗濯婆とののしられた。もうくやしくて、なさけなくて……」と、それだけ言うのが精一杯、あとはただ突っ立ったまま涙をポロポロこぼしておられた姿でした。そのときのその方の姿には、文字どおり、自分の一生は何だったのかという思いをどうすることもできない悲しさ、くやしさがあふれていました。

あるいは、おじいさんの方は、その日どこか腹の虫のいどころがわるくて、おばあさんに八つ当たりしただけのことだったのかもしれません。しかし、その言葉を聞いたおばあさんは、夫への腹立ちももちろんあったでしょうが、より根本的には、そういう夫の言葉に対していいかえせるだけのたしかなものを、自分の人生に見出していない事実につきあたった悲しさがあったようです。少なくとも、そのときのおばあさんの、声もなく涙の流れるのにまかせている姿には、ただの腹立たしさやくやしさではない、深い悲しみがにじみ出ていました。

そこにどんな事情があったとしても、そのおばあさんが夫との生活を四十余年もつづけてきたのは、やはり、ご自身の選びと意思によることであったはずです。そしてその年月を、力のかぎりをつくして生きてこられたのでしょう。しかもそれは、夫の一言でガラガラと崩れてしまうようなものだったのです。そのことを今思い知らされてみれば、今までの日々が、いかに悦忽の間のものであったか、臍をかむ思いだったのでしょう。「嗚呼哀れなるかな、悦忽の間に、この苦難に逢えることを」という善導大師の言葉を読むたびに、私には、そのときの女性の、悲しみのなかに凝然としていた姿が目に浮かぶのです。

善導大師は、「悦忽の間」という言葉とともに、別の箇所で、たとい頭を焦がす火の粉をはらいのけようとするときのように、必死に走りまわり努力しているといっても、それが貪愛の心・瞋憎の心によるものであるかぎり、虚仮の行でしかない、真実の行とは呼べないと、きびしく言いきっておられます。

実際、一所懸命努力しているから悦忽ではないと、そう単純には言いきれないのです。言いかえますと、人間であること、人間としてこの世を生きていくという、その全体を見通す眼なしに、そのときその場の事柄を解決することだけに心をうばわれていると、結局「悦忽の間」にという嘆きをもつことになってしまうのでしょう。

二、仏法に身をひたす

私に、こんな経験があります。父の葬儀の日、父の遺体を火葬場まで送っていったときのことでした。その頃はまだ京都にも市電が走っていたのですが、その電車道を走りぬけていく途中で、車は赤信号のため、たびたび市電の停留所の横に止まらせられました。そのたびに、ちょうどその停留所で市電を待っている人たちは、チラッと霊柩車や私たちの乗っている伴の車の方に目をやると、一瞬しぶいような表情をした後、すぐ目をもどして、なにごともなかったように、もとの自分たちの話の方にかえって、笑ったり、うなずいたり、楽しそうに話をしていました。

それは、考えてみますと、日頃この私自身が、偶然、街で霊柩車や葬儀の列を見かけたときにする仕草でした。ただそのときは、立場が逆で、私はその車の中から、街の人たちを見あげていたのです。そのとき、私の心をとらえた気持は、なんとも異様なものでした。すこし大袈裟に言いますと、異次元の世界にふれたような感覚でした。

父の死そのものがもたらした悲しさや、気持の動転よりも、その、私にとってかけがえのない父の死も、世間の人々にとっては、まったくの日常の事柄でしかなかったということを思い知らされたショックの方が大きかったのです。考えてみれば、それは至極当然のことなのですが、そのときは、不意打ちを喰らった気持でした。一人の人間が死んだという事実も、それを目にした人々の心に、一瞬はさざ波を立てたかもしれませんが、しかしそれもすぐ忘れられ、人々はなにごともなかったかのように、それぞれの生活の中にもどっていくのです。

そのとき私の心に、以前、椎名麟三氏のなにかの文章で読みました一節がよぎりました。それは、戦時中、非合法時代の共産党員として官憲にとらえられた椎名氏が、西日のさす刑事部屋できびしい拷問に耐えておられたときのことだったそうです。耐えがたい肉体の苦痛や、このまま殺されるのではないかという恐怖とたたかいながら、自分の信念、その組織や仲間を守るために、必死に拷問に耐えていた椎名氏の目に、フト、自分の鼻さきの日だまりのなかで、一匹の蠅がいとものんびりと手すり足すりしている姿がうつったのです。その姿を見たとたん、心の中でそれまで必死に支えていた何ものかが崩れていくのを感じたと、椎名氏は後になって書いておられるのです。事実その後に、椎名氏は転向届を出し出所されています。そして、その転向したという事実を重くひきずりながら、その後亡くなるまで思想の遍歴をつづけていかれるのです。

一人の人間が命をかけてその信念に殉じようとしているそのすぐ傍で、そんな一人の人間の生き方はもちろんのこと、その生死にさえもまったく無関係と、手すり足すりしている蝿。そしてそれと同じように、今まで同じこの社会に生きていた一人の人間が死に、その死を悲しむ人々がその傍にいようと、そんなことには無関心に、いつものように街を通りすぎてゆく人々。その人々や蝿の視点から、自分の体験や思いを見直してみたとき、今まで思いもしなかった人生の一面がたちあらわれてくるのを感ずるのです。

そのときの街の人々や蝿は、いわゆる日常性というものを象徴しているといってよいでしょう。そしてその日常性というものは、たとえば、けっしてその全身像を人の目にさらすことのない巨大な獣にたとえることもできます。その獣は、どんな事件という非日常性によってもけっして死にたえることなく、事件に浮きたっている人々の足もとにいつの間にかうずくまっていて、その底のない口をあけているのです。そして、一人一人のその人生を左右するような、歓喜・苦悩・悲嘆のすべてを呑みこんで、相も変らずノッペラと、無表情のままでいるのです。それはまた、一瞬の泡だちとともに一つの命を呑みこみながら、またもとのようにおだやかに流れつづけている川。あるいはまた、一人の人間が、今、生死の瀬戸際にあるというのに、しかしあたりにはいつものように燦々とあかるい陽光がふりそそぎ、子どものさざめきが遠くからのどかにつたわってくる、そういう風景としてもみることができます。

流れつづける川、あかるい陽光、子どものさざめき。それらは一見平和な風景にみえます。しかし目を近づけ、よく目をこらして、一瞬の泡だち、その一人の人間そのものに視点をすえてみますと、それはまことに残酷で不気味な風景にみえてくるのです。

平凡な日常の風景ということは、いつでも、どこにでもある風景ということですし、その風景のなかでは、一回きりの、今ここにのみ生きている私という存在も、そしてその身に感じている歓びも悲しみも、まるで見わけることもできないほんの一点、あそこにもありここにもあり、あのときもあり、このときもあるものとして呑みこまれてしまうのです。

しかも実は、あらゆるものを呑みこんで静まりかえっているこの日常性というものに耐ええた眼だけがはじめて、人生の事実を見通し、言いあてることができるのではないかと思います。もしその日常性をくぐらないとき、そこにあるものは、つねに転変しつづける現象への偏った関心だけであり、喉元を過ぎればたちまちに熱さを忘れてしまう感覚だけなのです。そしてそのことは、たとえ頭上にふりそそぐ火の粉をふりはらうような切迫した状況認識のもとでの急作急走であっても、同断なのです。言いかえますと、日常そのものにまでなった行為だけが、真にその人の身についた行為だということができるのでしょう。

ある人が、「私の心はまるで籠に水を入れたようなもので、仏法のお座敷にいるあいだは、ありがたくも尊くも思うのですが、そこを出て日々の生活にもどると、たちまちもとの心にかえってしまいます」と嘆かれたとき、蓮如上人はすかさず、「では、その籠を水につけなさい」、その身をば仏法にひたしておきなさいと言われたということです（『蓮如上人御一代記聞書』聖典八七一頁）。日常生活の外で仏法を求めることはもちろん、たとい日常生活の中で仏法を求めるといっても、未だ不徹底なのです。まさに、その籠を水につけるように、日常生活そのものが仏法にひたされるとき、はじめてその仏法は身に純一となるのでしょう。

ところが、私たちの現実への関わり、行動というものは、いつも、頭上に火の粉がふりそそいできたときのような切迫した状況、事件という非日常性によって、はじめてかきたてられ成り立つもののようです。その事柄の事件性が色あせ、新鮮さを失うとき、私たちの行動への情熱もまた次第に失われていくのが常なのです。そしてそのような、事件に対するその場かぎりの対策、とりくみ方にのみとどまって、結局は日常性のなかに呑みこまれ、沈みこんでしまうような在り方をこそ、善導大師は「悦忽の間に」と言われているのでありましょう。韋提希夫人個人についてみれば、韋提希夫人は夫人なりに必死に努力していたのですが、しかし事柄の本質を見ぬけないままに押し流されていたということからいえば、まさに「悦忽の間」であったというべきなのです。

三、不気味な意識操作

つねに「悦忽の間」に事がぬきさしならない事態になっていくのであるという善導大師の指摘は、まことにおそろしく、不気味にひびきます。しかもそれは、戦争中の私たち自身の体験をふりかえるとき、否定しようのないこととして、胸に痛くひびいてくるのです。また、戦争などという大事件でなくても、お互いそれぞれの人生経験のなかで、「悦忽の間」の結果に愕然とした記憶を、大なり小なりもっているのではないでしょうか。凡人の愚かさとは、まさにこのことであろうかと思うことがしばしばなのです。まさに、善導大師ならずとも、「嗚呼哀れなるかな」といたまずにはおれないことが多いのです。

そのうえにまた、現代社会のおそろしさは、まことにおびただしい情報の渦のなかに人を呑みこんで、その人たちが自分では主体的にとりくみ、判断し、行動しているつもりでいることをも、いつのまにか意識を操作され、動かされたものにすぎなくしてしまっていることにあります。主体的であるつもりが、いつしらず「悦忽の間」に漂わされていることになってしまっていることです。

たとえば、戦争中、京都の繁華街、京極の道幅一杯に、当時の米英の首脳、ルーズベルトとチャーチルの似顔絵が大きく描かれていて、そこを通りかかったものは、かならずその顔を土足で踏みにじって通ることを強制されたというようなことがありました。今考えれば、それはまことに子どもだましのようなことですが、しかしよく考えてみますと、それは今も続いており、結構それによって生活意識を色づけされているのです。たとえば今日、テレビを観るたびに否応なしに見せられるコマーシャルは、かつての戦意高揚のための踏み絵同様、購買力高揚のための踏み絵であると言えますし、その意味では、戦中も戦後も、本質的には一向に変っていないように思えます。

ともあれ、京極での踏み絵のようなことの積み重ねが、いつしらず鬼畜米英という言葉をなんの抵抗もなく聞き入れさせていったことは事実です。そしてまた、その児戯にひとしい似顔絵踏みの背後には、当時の私たちにはうかがい知る由もないような、大規模な範囲での意識操作がなされていたことは、すでに知られているとおりです。そして、戦後になりまして、国家権力によるそのような意識操作は表に出なくなりましたが、しかしそれにかわって、今日では、マスメディアがいろいろの手段によって、意図されたイメージを作り上げ、いつしらず私たちの意識を染めわけています。しかもそれは国家権力の、狂暴で高圧的な態度に対して、より日常的で、常識・教養の装いをしているだけに、はるかに危険であるように思えます。少なくとも、操作されているなどと意識しえないほどスマートに、操作されているという面があります。

先日もたまたま、「現代人の不安と心理療法」というテーマでされた鼎談の記録を読みましたが、そのなかで精神医学の教授である笠原嘉氏が、「新聞記者の方が現在自殺を問題にするセンスというのは大したものだと思いますけれども、やっぱり新聞記事にあまりなりすぎると、それが引き金になるということが極めてありうるので、誘拐事件に対してあれだけ新聞が忍耐強さを示しうるのであるならば、少なくともローティーンの自殺についても同様の慎重度でなまの記事にするのを避けてもらえないかと思いますね」と発言されたのをうけて、行動心理学の教授である武田建氏が、「引き金というのは本当に大事なことだろうと思いますね。一九六七年ですか、私たちがデトロイトにおりましたとき、一年間足らずデトロイトの新聞がストライキをやったのです。だから、一年間ほとんど新聞が読めなかったのです。ところがその間にデトロイト付近では自殺がものすごく減ったのです。テレビニュースでは自殺はそう取り上げません。ですから自殺を知るのは、そのコミュニティーの人たちは新聞に頼っていたのですけど、全然そのニュースが入らなかった。そうしたらその間にうんと減ったわけです。社会学者たちは、それは、新聞というマスコミュニケーションがなくなったから、それで引き金にならなかったのではないかということを盛んに書きたてた時期がありましたね」と話しておられるのが目にとまりました。

一人の人間が、その生命を自らの手で断たなければならなかったというような深刻な事態を、ただ新聞の自殺に関する報道をなくすだけで回避できるなどと、その先生方もおっしゃっているわけではありません。しかし、たしかにローティーンの自殺においては、同じ年代の仲間が自殺しているという報道がその引き金になっていることは、十分考えられうることであります。そしてもしそうだとすれば、生きるか死ぬかという、その生存の全体を左右し、最後ギリギリの決断をするときにあっても、そのように新聞報道が無意識の裡に影響をあたえているという事実に驚かずにはおれないのです。

しかも現代社会の恐ろしさは、そのようなそのローティーンの自殺に関する報道が、意識を操作しようという意図なしに、しかも結果としてそうなってしまっているということ、あるいはまた、意識を操作している元凶が、それをたどればたどるほど拡散してしまって、ついに正体をつかめないままに終わるという不気味さとして、私たちを包んでいるところにあります。

その不気味さは、個人として、事柄に対してどれほど自覚的に対処しているつもりであっても、それをも押し包んで「恍忽の間」という底なし沼に引きずりこむ力として迫っているのであります。

四、習俗への問いかけ

日常生活のなかに、このような「恍忽の間」のもっている重大さを思いますとき、そのことに関わることとして、「習俗」ということがあらためて私には問題になってくるのです。なぜなら、習俗は、まさに、「恍忽の間」と同腹の兄弟であるからです。

その意味で、たとえば、今回の津市の地鎮祭事件に対する最高裁判所の判決についても、お互い十分な注意を喚起しなければならないと思うのです。

現在、津市において行われた神式の地鎮祭は宗教行事であるのか、それとも単なる習俗にすぎないのか、そしてそれが、憲法第二〇条三項、すなわち「国及びその機関は、宗教教育その他いかなる宗教的活動もしてはならない」という条文に違反するのかしないのかということが、もっぱら議論されています。このたびの最高裁の判決によって、そういうことがあらためて問い直され、議論されるようになったということは良いことですし、今後ともそれは徹底してなされなければならないと思います。

しかし、もしその議論が、あれは宗教行事であるのか、それとも習俗であるのかということだけにとどまるならば、大変危険なことに思えるのです。つまり、そういう議論ももちろん大事ですが、より根本的には、その習俗というものが社会生活においてもっている意味というものが注意ぶかく問いかえされ、明らかにされなければならないと思うのです。

つまり、津市の地鎮祭を「その実態をみれば習俗的行事」であるから憲法に違反していないという判断をくだした最高裁の判決によって、もし一般の人々もまた、単なる習俗であるのならば目くじらを立ててとやかくいうことはあるまい、というように軽く見すごしてしまうと、それは必ずや、今後に重大な結果をひきおこすことになると思えるのです。それこそ「嗚呼、哀れなるかな、悦忽の間に、この苦難に逢えることを」と歎かなくてはならない事態に陥ることになると思うのです。

習俗というのは、その文字が示すように、俗、すなわち衆人の行為、ならわしになるまで、くりかえしくりかえし行われてきている事柄のことであります。そしてそのように、習俗として多くの人が皆そうしてきているのだから、それにしたがっていれば間違いない、安心だというその意識こそ、実はあの「悦忽の間」というものの内実なのです。そしてたしかに、時代社会の通念にまで習慣づけられている習俗にしたがっているかぎり、一応、無事安穏、安心感を手に入れることができます。そして、いみじくもエーリッヒ・フロムが「安心感への願望から、人間は、自らの依存状態を愛する」(『希望の革命』)と指摘していますように、私たちは、なによりもまず、その安心感をこそ求めているのです。

その点について、田中美知太郎氏が紹介されているドッズの言葉は、興味をひきます(『思想の遠近』)。それによりますと、ギリシアの合理主義がもっとも高揚していたのは、紀元前三三〇年頃から二〇〇年の末にいたる期間であり、そのときには、旧制度の解体が近々数世代のうちに完了し、理性が完全に支配する時代が間もなくやってくると予測されるような情勢であったのですが、しかも事実はまったく逆に、ギリシア文明は理性の時代に入れかわって、知性は徐々に傾いていったのです。その原因が何であったかについて、学者の間では世界史の大問題として議論されているのですが、ドッズはその理由の一面を「自由の恐怖」という言葉をもって説明しているというのです。すなわち、「一世紀以上の間、自分自身のもっている精神上の自由に対して、まっすぐに面を向けていた個人が、今になって、まっすぐに前を見ることの恐ろしさに堪えかねて、尾を巻いて、逃げ去ったのである。毎日を自己の責任で生きることの重荷を恐れて、むしろ占星術が啓示する、運命の厳格な決定に身をまかせることをよしとしたのである。パナイティオスやキケロのような、合理主義の人は、後にプロティノスがしなければならなかったように、議論によってこの後退を喰いとめようとしたが、目に見える効果は得られなかった。何か議論のとどかないところに、動機があったのである」と述べています。

このドッズの指摘は、まさにフロムが指摘したところの人間の傾向性そのものを言いあてているように思います。人々は「自己の責任で生きることの重荷を恐れて」「自らの依存状態を愛する」にいたったのです。しかもそのような「安心感への願望」は、「議論のとどかない」心の深み、いわゆる情念そのものからにじみ出てきているもののようなのです。

実際、私たちは、何ものにも束縛されたくない、自由でありたいと常々叫んでいるのですが、それは、保護されていると意識できないほど大きく保護されているなかでの自由でしかないのです。言うまでもないことですが、自由であるということは、気ままにすごすということとは正反対の事実であって、まさに

「毎日を自己の責任で生きること」なのです。それはまさに、サルトルの言うように、自分の行為に「逃げ口上もなく、孤独」な世界であり、「人間は自由の刑に処せられている」と言わずにおれないような在り方なのです。

しかし、そのような「自由の恐怖」「自由の刑」に耐えうるほどに精神力の強靭なものは、まことに稀なのです。多くの人々はそのような「自由」を一刻も早く売りはらって、代りに「安心感」をこそ手に入れようとしてきたのです。自分を託しうる何ものかをつねにさがし求めてきたのです。

そして、そのように自らを託そうとするとき、その対象は、できるかぎり強大で、超越的な力の持主であることが望ましいのは言うまでもありません。自己を託す相手が強大であればあるほど、その安心感は深まっていくからです。そして、人々のそのような思い、あるいは期待こそが、社会的権力、社会的権威を生みだしてくる土壌であったのです。権力、権威というものは、人々を統禦するために、為政者によって上からつくり出され、押しつけられることが多いのです。しかもその場合でも、支配される大衆の側に、そういう精神的な風土がなくては成り立たないことです。そして、そのような安心感への願望から自己の依存状態を愛する大衆は、それ故に自分自身の責任において考え、判断し、行為することを避けて、身を権力にゆだね、その日々の生活を時代社会の習俗によってすごそうとするのです。

そして、それはまさに、自己を他にあずけることによって安心感を手にするものであるだけに、その人自身の意識はどうであれ、現実には、自己放棄の姿を結果するのです。つまり、〝そうするのが習慣さ〟という意識が、いつしらず私たちの問題意識を眠らせてしまうのです。そして、それだけに、その社会的習慣というものに権力がむすびついたとき、事態はまさに「哀れなるかな、悦忽の間に」と歎いたときにはもはや時すでに遅しということになってしまうのです。

しかも、日常無自覚に、習俗に身をゆだねることのできるものは、また非常時下においては、易々として権力の手先となり、権力によって正当化されれば、なんのためらいもなく非人道的な所業に没頭できる人たちであります。事実、第二次世界大戦中、アウシュビッツをはじめとするナチスの強制収容所や絶滅キャンプにおいて、大量無差別殺人という「大事業」を「システムのそれぞれの位置にあって、毎日、毎週、毎月、平々淡々と遂行していった人たちの圧倒的な過半数は」「どこからどこまでも、うんざりするほど〝正常で平凡〟なただの人」「そこらの町角でにこにこしてタバコや切手を売ってくれるオジサンたちだった」と、開高健氏は報告しています（『最後の晩餐』）。そしてその「うんざりするほど正常なニコニコオジサンたち」が、いとも平々淡々と野獣のような所業を遂行しているときの意識のありようは、日常、習俗に盲従しているときの意識のありようと、そう隔たってはいないのです。

津市の地鎮祭は、「その実態をみれば習俗的行事」である、したがって憲法第二〇条三項にも違反しない――その最高裁判決は、けっして一件落着の結論ではないのです。習俗という、まさに自分自身の血肉そのものを問いかえし問いつめるような、まことに困難で根深い問題への、新しい問いかけがはじまったというべきなのです。いや、そういう問いかけへの出発点にしなくてはならないのです。

そして、問題がそのような習俗的な根深さをもっているとしたら、それはもはや、どれほどの鋭い感覚、才能をもっているものであっても、個人の力ではどうしようもないことだと思われるのです。まさにこの問題は、ドッズの言うように、「何か議論のとどかないところに、動機が」あるのですから。そこにおいてなしうることは、ただ、これは少しおかしいではないか、ちょっと待てと、日々お互いに声を挙げ、注意をうながしあうことしかないように思いますし、またそのことの積み重ねこそがなによりも大事なことなのだと思われるのです。もし私たちが、日々の事柄のなかで、まあそれぐらいのことなら、そんなに目くじらを立てなくてもよいではないか、それも仕方ないことではないかと、安易に見すごし、黙認するなら、必ずや私たちも、まさに「悦忽の間」に、剣の下に首をたれなくてはならないことになると思うのです。

そして、そのような呼びかけあいを支えるものは、日々の平凡な事柄の背後に、私たちの生の在りようを決定してしまう重さのあることを見抜く精神の厳しさと、同時に、にぎにぎしい事件性の背後に、すべてを無化してしまう底なき深さの日常性を読みとる眼の鋭さであると思います。そしてそのような厳しさと鋭さこそ、信心の智慧によって賜る力であると思います。さらに言えば、日常性に耐え、永遠に途中であることに耐えて、存在を貫き歴史を貫く今を生ききる情熱として、信心は具体的なのだと思います。

『教化研究』掲載論文

読誦大乗

一、月参りのあり方

読誦大乗とは、くわしくは読誦大乗経典『観無量寿経』上品上生の文によれば、読誦大乗方等経典の意味である。ここに「方等経典」とあるのは、天台宗の五時教判においていわれる方等時の経典の意味ではない。ここにいわれている「方等」は、大乗そのものの別名であり、方正・平等の義・中道実相の理を意味する。それ故に「大乗方等経典」とは、大乗の大乗たる経典ということである。

その事実をどのように受けとめているにしても、読誦経典ということをぬきにしては、現在の寺院・僧侶の生活は考えられない。僧侶とは要するにお経を読む人であるというのが今日一般の通念であり、僧侶自身のなかにもそう思っている人がないでもないのが現状である。そしてまた、月参りは要するに生計の手段・ビジネスとして割り切っているという意見と、それに対して、もしも生計の手段でしかないのであるならばもっと割りの良い仕事を選ぶはずだし、それができないところを見ると、やはり生計の手段とのみ割り切ることはけっしてできぬはずだ、というような議論すらも闘わせられもするのである。

この場合、この議論がどちらに決着をみるにしろ、そこに共通して云えることは、読経ということを、一つのたんなる人間の日常的行為として対象的に議論しているということである。ただ、一方はこれを今日的意味をもたぬものとして断定し、一方はこれに今日的意味を附与してその行為を自ずからに納得させようと努めているのであるが、ともに、読経ということを人間的もろもろの行為のうちの一つとして、その価値を人間が自由にあれこれとあげつろいうるものとして考えていること、事情いかんによっては止めることも続けることも自由なものとして取り扱っているということでは共通している。

しかし、読誦経典とはそのような人間の自由な解釈にゆだねられているような、あれこれの日常的行為の中の一つというようなものではなく、まさしく仏の定めおきたまえる行なのである。それ故にそれは全く人間の理知分別による解釈を拒むものなのであり、帰命の心をもってなされるべきことを求められているものなのである。

今日、読経、具体的には月参りの意義、在り方について、社会からとかくの批判を受け、僧侶もまたそのためにいささかの動揺をおぼえずにおれぬところには、この読誦経典ということが仏道実践の行であるという事実を見すごし、それを僧侶が私してきた永い歴史の業がある。読誦経典＝読法が、もろもろの偈頌和讃などを僧俗共に唱和する声明と明確に区別され、まさしく僧侶の正行であると定められていることと、それを僧侶がその恣意によって自由に左右しうるものであるということとは、問題はまったく別の事柄である。

そのことは読誦経典ということの本質についてのみいわれうることではない。たとえば月参りということでも、その在り方を気ままに変改する権利が僧一個人にゆだねられているわけではけっしてない。現行の月参りの形式が生まれた由来・その歴史がいかなるものであれ、それは人々の宗教心の中から生まれ、その上に支えられ、伝えられてきたものなのである。そして、それに対する今日の人々の批判も、現行の在り方が彼らの宗教心を満たさぬばかりか、ときにはかえってそれを傷つけるものになってしまっている事実にもとづく発言なのである。したがって、もし月参りの在り方を改めるにしても、それは僧侶一個人の現代感覚なぞというものによってなされうべきものではなく、どこまでも、人々の宗教心により深く応えるという形においてでなければならず、それ故にそれは、僧侶の宗教心そのものにおいてなさるべき問題なのである。

この読誦経典・月参りなどをめぐる論議におのずとあらわれてくる僧侶の絶望的なまでに根深い、信仰・宗教心に対する恣意・慣れ合い、私有化の事実に、我々はまず悲痛せねばならぬのである。

二、宗教心

それを何に求めているにしても、我々に幸せを求め、生きがいを尋ねる心があるならば、宗教心はそこに生きてうごいているものである。なぜなら、宗教は本来、人間における究極的幸せにかかわる問題なのであるから。逆にいえば、彼らが意識的に何を求めて生きているにしても、それによって真に人間としての満足をうるには、その意識下の宗教心にまでふれねばならぬのである。韋提希が定善十三観を求めたのに対して、その求めざる散善九品の行を仏が自ずから説き開かれたということは、その人間の事実にもとづくことでなければならぬ。すなわち、定善の機とは、王舎城の悲劇を縁として無憂悩処を求めた韋提希のごとく、宗教を自覚的に求めうる人であった。それに対して、散善の機は、たとえ法に遇い、教を聞いて心動かされることがあっても、しかもそれに専一たりえぬ人間である。

そのような人間存在を動かしているものは、福の観念である。その散乱麁動の人間の現実に即して、仏陀は「かの国に生まれんと欲《おも》わん者は、当に三福を修すべし」（聖典九四頁）と、三福の行を説かれているのである。それは、その三福の行がそのまま宗教心の問題としての大きな意義を持つものであり、宗教心というも、それはこのような三福を求める心と別なものでないことを示された言葉であるともいえよう。極言すれば、人間の行為、問題の一切が宗教心の内容であり、それ故に真に宗教心に目覚めたものは、他のあらゆる人間の一切の行為の底に宗教心のあらわれを見出すものでなければならぬことを意味するものである。

三福にあっても、日常我々人間を直接動かしているものは世福である。しかし我々が世福を求めてその行を真に成就せんと努めるとき、世福がたんに世福を求める心のみでは成就しえぬ事実を思い知らされるのである。そしてそのような、世福は戒福の成就によって、戒福は行福の成就をまってはじめて成就するという事実は自覚的には、世福すらも真に成就しえざる我身の事実としてあらわになるのである。即ち三福の根底たる行福は、かえって、人をして三福無分の我身の事実に目覚ましめる機縁となったのであり、そしてそのとき、人間的、日常的関心にのみ生きる人間の上に、宗教心が自覚的なものとしてはたらくこととなったのである。

実際、もしそのことがなければ、日常的関心に終始する人間が、しかも宗教に目覚めるなどということはないことである。「要するに仏教は我々の生活にとってどういう意味をもっているのか。何をあたえてくれるのか」というのが、今日の一般の人々の素朴・具体的な問いである。難行・易行といい、自力・他力というも、それは仏道に立ちえた者の上にのみあることであって、その心を持ちえざるものにとっては、いずれであっても同じことでしかない。それ故にこそ、仏は自ずから散善・三福九品の行を自開されねばならなかったのである。

三、経教は鏡のごとし

行福とは、「発菩提心　深信因果　読誦大乗　勧進行者」（『観無量寿経』聖典九四頁）である。

善導大師はその読誦大乗の意義について、「此れ経教はこれを喩うるに鏡の如し、数々読み数々尋ぬれば智慧を開発す」（真聖全一、四九三頁）と釈していられる。それは、はじめその人にとってはあたかも曇れる鏡のごとき意味をしか持たなかった経教も、これをしばしば読み尋ねることによって、あたかも鏡がよく磨きこまれるにつれてその光を明澄にしていよいよものをあきらかに写し出すように、経教を読む人自身の姿をあきらかに写し出し自覚せしめるにいたる、ということを意味するものであろう。善導大師はそれ故に、先の言葉にただちに続けて、「若し智慧の眼開けぬれば、即ち能く苦を厭いて涅槃等を欣楽することを明かすなり」（真聖全一、四九三頁）と述べていられるのである。

経教が鏡にたとえられるのは、それをしばしば読み尋ねることによって、読んでいる我身そのものがあらわに写し出されることにおいてであり、その「智慧を開発す」という言葉も、経に説かれてある教理を理解しうる智力が身につくということではなく、実は、真に厭うべきもの欣求すべきもののあきらかに自覚されてくることを意味しているのである。そのことは善導大師が、三福のうち人をして宗教に決定的に向わしめるところの行福、特に「読誦大乗　勧進行者」を「出世間の因果」として明らかにされていることにもうかがい知ることができる。兄無著の膝下で、その弟子の大乗経典を読誦するのを聞いて、小乗より大乗に廻心したという世親の故事もまた、そのような経典読誦の出世間の因果としての事実を物語るものであろう。

しかし、我々において読誦経典がそのように厭苦欣楽の鏡としての意味を持ったことがはたして一度でもあったかどうか。たとえ鏡にまでならなくとも、心専一に読誦経典に身心を没入しえたことすらあったかどうかと自ずからに問うて、平然たりうるものがはたして何人あるだろうか。多くは、読誦しながらふと我にかえるたびに、他事を考えている自分に気づかずにはおれぬのではなかったか。しかも、そのように真に読誦しえざる我身の事実に悲痛することもなく、かえってそれを楯に、読誦経典の意義を貶しめ、これを蔑視しさえしているのである。

実際、今日もっとも読経を蔑視しているものは他ならぬ僧侶自身であるともいえるのではないか。そこには楽屋裏を知っているものというような慣れ慣れしく卑猥な自堕落すらある。経典を経典として受持読誦するということは、その経文をまさしく仏の説法、仏言として聞くことを意味する。即ち、経典は仏の教法であって、我々にあってはそれはひたすら信行すべきものなのである。「仏説」ということについて、とくに「口音に陳唱す、故に名けて説となす」（「玄義分」真聖全一、四四四頁）と善導大師が注意しているのもまた、「如来曠劫にすでに口過をのぞきて、言説あるにしたがいて、一切聞く者自然に信を生ずること」（「序分義」真聖全一、四九四頁）あらしめる「仏語」の意義をあきらかにせんがためであった。しかも経文を「仏語」として聞いたということは信を獲たということでなければならぬ。それによって信心を獲ることがないならば、たとえ経文を読んだのであっても経文として受持していなかったことを暴露しているのである。

四、言葉の二つの機能

経文がそのように仏陀の言説そのものであるということにおいて、その経典は必ず読誦すべきものとして我々に伝えられているのである。読誦の「誦」とは、「読」が目で見て意味を理解することであるのに対し、諷誦するということを意味する。黙読に対して、口に声を出して読みあげることである。もしも仏説ということが、ただたんに、それ故にそこに書かれてあることは真理であり、正しいのだということだけを意味するものならば、その経意をあやまちなく理解するということだけで話はつきるはずである。そしてもしそれならば、あえて読誦と黙読と区別する必要もないのである。それどころか、かえって静かに黙読する方がその文意を考え、理解するのに都合がよいはずである。にもかかわらず、経典は必ず読誦すべきものとして定められているのである。

経文をとくに口に声を出して読みあげることとは、経文をまさしく仏の声として読み、聞くことを意味するのであろう。すなわち、経典をたんなる研究対象として読むのではなく、まさしく経典として読むということである。

つまり、経文の一字一字に仏語のひびきを聞き、そのひびきに和するのである。そして、経文は信受すべきものであるが故に、必ず読誦すべきことが求められているのである。

本来言葉には二つの機能のあることが、古来注意されてきている。すなわちその意味的機能と、感覚的・情緒的機能との二つである。つまり、言葉における、事実の有無やその真偽を指し示す知的表象としての働きと、その言表にともなう情緒的ひびきとの二面である。

そのことは、同じ意味を表現する言葉であっても、それを口にする人、またそのいい方によって、その言葉を聞く人間が全く違った印象を受けるという事実の上にもあきらかである。「立派だな」という讃嘆の言葉も、そのいい方によっては冷笑のひびきをもって聞く人を傷つけることがあり、「いやらしい」という軽蔑をあらわす言葉も、それをいう人によってはかえって親愛の情の表現ともなるのである。

こうした事実は、言葉がたんなる人間生活における一つの知的な道具であるにとどまらず、さらに深く、人間実存の根底に密接につながってくるものであることを物語るものであろう。『大無量寿経』に「麁言の自害と害彼と彼此倶に害するを遠離して、善語の自利・利人と人我兼利するを修習しき」(聖典二七頁)といい、さらにまた「和顔愛語」と語られていることにも、あるいはまた『観無量寿経』において、この濁悪世の痛苦に泣いた韋提希が無憂悩処を求めて、まず「願わくは我、未来に悪声を聞かじ」(聖典九二〜九三頁)と願ったとしるされていることにも、言葉がいかに深く人間生活の本質に結びついているものであるかということを知るのである。

言葉はそのように、人間の知的意識の面を越えてはるかに深く、その精神・心に結びついている。我々の先祖は、言葉の持つそのようなはたらきを尊び、その生活の中になまなましく実感していたその神秘的・霊的なはたらきを、適格にも、言霊といい表している。彼らは、言葉において生活の神秘にふれ、またその神秘を人間の経験として言葉によって人々に語り伝えうる歓び、驚きを、言霊と表現していたのであろう。すくなくとも彼らが、言葉にたんなる道具としての意味以上のものを感じとっていたことはあきらかである。そしてそのことは、彼らにおいては言葉が冷たい文字としてではなく、その表情や身振りと共に情緒的なひびきを豊かに伝える言音としてあったことと密接なつながりがあったと考えられる。

そのような言葉におけるひびきの意義を注意して、イギリスの詩人T・S・エリオットは次のように述べている。「言葉のひびきに対する感覚は、たんに思想とか意識とかの面からはるかに深いところにまで滲透し、遠い過去に忘れられたもっとも原始的なものの底に沈み、その根源に帰って、何ものかを持ち帰る機能をもつものである」。もちろんそれはエリオットも附言しているように、言葉の意味を通じてのみ行われるものではある。しかし言葉が人間を動かしうるのは、その意味を通して伝わるひびきにおいてなのである。

しかも、ひびきは常に、打ったものと打たれたものとの両者の関わりの上にひびいてくるものであった。古来言われているように打った撞木、打たれた鐘、ひびきはそのいずれの一方のものともかぎることはできない。その意味で、我々が人の言葉にうごかされたという時には、実は、その言葉によって「思想とか意識とかの面のはるかにふかいところ」、私の根源にあった「何ものか」がもちきたされたのである。聞いてうなずけたのは、それが私の本来的なものにひびいたからである。それまで全く私の中になかったものが、その時あらたにつけ加えられたのではない。私の根源として、本来私の中にありながら、あるとも意識されなかったものが、その言葉によって、私の自覚にまでもちきたされたのである。つまり、その言葉は今はじめて聞いたのであるが、しかもそれは、もともと私の意識の底に本来あったものであったのだ。もしそれでなければ、我々人間が人の言葉にうごかされるなどということがあるはずもないのである。しかもまた、厳密な意味で、言葉を聞くとは、そのような意味なのである。

そしてそこに、経典が、たんに文字として読み学ばれるべきものではなく、「仏説」として、聞かれるべき言説であることが注意されねばならぬ理由をうかがい知るのである。

五、真語、実語、時語

言葉におけるひびきは、もともと、その言葉を口にする者の心の表情である。仏語の上でいうならば、そのひびきは、仏陀が聖教を説かずにおれなかった心に由来するものである。釈尊をして説法せずにおらしめなかったものは、同体の大悲心であった。その智慧においては、覚れる釈尊と迷える衆生と、その相違は絶対的である。したがって、成道直後の釈尊が畏れられたように、その智力においては、たとえ釈尊が言葉をつくして法を説かれようとも、それによって釈尊と同じくさとりうる衆生はないであろう。しかし、その無知なる人間が惑溺しているところの現実、悲しみは、釈尊が自ずからにおいて見出し、自覚された悲しみそのものであった。今人々は、同じ迷い、同じ悩みを悩んでいるという事実が、釈尊をして転法輪せしめずにはおかなかったのであり、そしてもし同じ悲しみに縛られているものをして解脱せしめえないのならば、自ずからの得た智慧もついに空しい観念にとどまることになってしまうのである。

それ故に、仏は「若不生者　不取正覚」の誓願のもとに転法輪されたのであった。したがってその仏の言葉は、釈尊自ずからの闇黒を根本動力として、人々のその内奥の、自覚されぬままにうずくまっている闇黒に呼びかけられた光明の説法であった。だからこそその声は、聞く人間の知的分別を破って、その根源の闇黒にまでひびくのである。

善導大師はそれ故に、「仏はこれ満足大悲の人なるがゆえに、実語なるがゆえに」（「散善義」真聖全一、五三四頁、聖典二一六頁）と讃えられている。実語とは真実なる言葉である。それは、真実を言表した言葉であり、しかも同時に、真実なるひびきをもった言葉なのである。つまり、その言葉を聞く者をしてすべて真実に目覚ましめる言葉、「一切聞く者自然に信を生ずる」ところの言葉である。

そのことをとくに強調するために、仏教では「妄ならざる言葉」を、真実を言表した言葉、すなわち真語＝諦語と、実語、そして時語との三をもってあきらかにされているのである。その場合、実語は必ず同時に真語であり、時語である。しかし、真語かならずしも実語でないことは、我々がその日常生活において常に体験しているところである。実際、その言葉のひびき次第では、真語はかえって聞く人をそれだけ深く傷つけることすらもありうるのである。それがどんなに屈辱であっても、まさしく我身の事実をいいあてた言葉であれば、人はその言葉の前に屈服せねばならない。それだけに、その言葉が悪意をもっていわれたものである時には、それによって自分の不明に眼を開けしめられる前に、かえってその言葉に叩き伏せられ、さらにはまたかえって動物的な赫怒にまでかりたてられることすらありうるのである。

それに対して、実語とは実意のある言葉であるといわれている。実意のある言葉とは、真にその人の身になって語られた言葉ということであり、したがってそれはまた必ず、その時・その場においていわれるべき、真に時に適った言葉＝時語なのである。その人の悲しみを同体に我が悲しみとして、その救いを願う心から語られた言葉である。しかも、人間が真に他の人間の身になりきって同体に悲しむということはありえないことであった。それ故に、実語したまう人は大悲満足者であり、仏であると讃えられているのである。

そのような実語は、宗祖が真実教たる『大無量寿経』の大意を示して、「釈迦、世に出興して、道教を光闡して、群萌を拯い、恵むに真実の利をもってせんと欲してなり」（「教巻」聖典一五二頁）と述べていられるのによっていえば、聞く人をして真実之利をあたえしめるような言葉である。聞く人をして真実之利をあたえしめる言葉とは、ひとたびでも真にその言葉＝仏語を聞きえたものをして信心歓喜せしめる言葉ということである。

そしてそのように、大悲満足者たる仏が実語をもって語られた経典であるが故に、経典を受持するものはそこに自ずからの依るべき道を見出さしめられるのである。

六、経典読誦の意義

以上のごとき読誦経典の意義を思う時、僧職にあるものとして、確かに、たえず読誦経典をしてきてはいるが、しかも実はまだ一度も、ほんとうには読誦経典をしていなかった事実を思い知らずにはおれないのである。

我々はほとんど機械的・習慣的に経典を読んできた。そしてときに、意味もよくわからぬままに読経することの意義を、内心疑ってきもした。だから、自覚的に経典を読むという時には、多く、その教理を理解し研究することとしてきたのである。つまりいずれにしても、その経に説かれてある義理を理解することこそが、経典を読誦する意義であると考えていたのである。

しかるに今、『観無量寿経』上品中生の一段によれば、

必ずしも方等経典を受持読誦せざれども、善く義趣を解り、第一義において心驚動せず。深く因果を信じて大乗を謗せず。この功徳をもって廻向して極楽国に生まれんと願求す。（聖典一一三頁）

と説かれてあるのである。「不必受持読誦方等経典」とは、善導大師の釈によれば、

受法不定にして、あるいは読誦を得、あるいは読誦を得ざることをあかす。（「散善義」真聖全一、五四四頁）

とあり、さらに良忠によれば「読誦僻機《ものうき》」という意味であると説明されている。「僻」とは「かたよる」の意味である。

してみれば、この「不必受持読誦方等経典」ということは、一部経典のうち、ある部分は読誦し、ある部分は読誦しえない者ということであろう。またさらにそれをおしひろげて考えれば、大乗経典のうちある経典は読誦しある経典は読誦しえぬ者ということであり、さらにはまた、おおよそ、読誦経典をできるものはもちろんあるいはできぬものであってもという意味にもとりうる。つづまるところそれは、真に読誦経典を全うじえない者のことである。

しかもその人は「善く義趣を解る」とある。そのことからいえば、経典に書かれてある義趣、それは畢竟ずるに、諸法一切皆空なる第一義諦であるが、その義趣において疑わず、またいかなる他の思想によっても心驚動せぬ境地にまでいたっても、それだけでは、未だほんとうにはその経典を読誦しえたことにはならぬのだということを知らねばならぬ。

なぜそうなのか。「不必受持読誦経典」即ち「僻機」ということと、「善解義趣」ということと、そこに共通するものは、共に衆生の自情・理知をその立場としているということ、経典を対象的にとりあつかっているということである。その時、我々は自分の心に触れる経文だけを選び読む。そして、そこに説かれてある教理を、知的・学的対象として理解に努める。いずれにしろ、読むことによって自己がいよいよ装われることはあっても、読む自己が経文によって廻転せしめられることがないのである。

しかるに読誦経典とは、すでに善導大師があきらかにされていたように、経教を数々読み数々尋ねることによって厭苦欣楽涅槃等の智慧が開発されるところにその意義があるのであり、その意味において、それまで自己の分別をもって立っていたものが、転じて、はじめて真にたどるべき道に廻入することなのであった。だからこそまた逆に、たとえそこに説かれてある深い教理など何も知りえぬ人であっても、読経の声に深いひびきを聞き、おのずと仏心に随順同和している人もありうるのである。蓮如上人のいわれる「聖教よみの聖教よまずあり。聖教よまずの聖教よみあり」（『蓮如上人御一代記聞書』聖典八七二頁）という有名な言葉も、そのような事実を押さえての言葉であったはずである。

またそのことがなくては、すでに永く、とかくの批判を浴びせながらも、しかもなお、今日になっても、法事といえば僧を招き経典を読誦してもらう慣習が消えずに伝えられている事実を理解することができないであろう。人々は、無自覚にではあっても、その読経の声の中に、自分たちの根源的なものにひびくもののあることを感じとっていたのであろう。実際、一般の人々が、肯定するにしろ否定するにしろ、僧職にある我々よりはるかに、読経ということに対して純朴な感情を持っていることは、折に触れ教えられていることである。

七、読誦と称名念仏

読誦経典という問題は、それ故に、それを経典として、仏語として読誦するかどうかということにきわまるのであり、経典として、仏語として読誦するということは、その言葉のひびき、即ち仏心に感応し、仏意に随順するということであった。つまり、その言葉を教法として信受することなのである。それ故に、読誦経典は、そのまま聞法の姿でもある。そして自ずから仏語を聞きひらくことにおいて、その教法を受持・流通することともなり、そのままが布教の姿ともなるのである。

そのように、経典を読誦するということは、信受・聞法することと一つである。その意義を徹底して、あきらかにされたのが宗祖であった。それ故に宗祖は、「化身土巻」において、

三経の大綱、顕彰隠密の義ありといえども、信心を彰して能入とす。かるがゆえに『経』の始めに「如是」と称す。「如是」の義はすなわち善く信ずる相なり。いま三経を案ずるに、みなもって金剛の真心を最要とせり。真心すなわちこれ大信心なり。大信心は希有・最勝・真妙・清浄なり。（聖典三四五～三四六頁）

と述べていられるのである。

まこと経典は「如是我聞」の言葉をもってはじまり、「信心歓喜」の姿をもって閉じられるのである。それ故に善導大師もまた「如是」の語を釈した結びに、言葉をあらためて、

まさに知るべし。この故に今のとき、仰いで一切有縁の往生人等を勧む。ただふかく仏語を信じて専注奉行すべし。（「散善義」真聖全一、五三五頁）

と勧めていられるのである。もちろんそれはまた、仏語を聞信しえた善導大師の歓びの言葉でもあったはずである。

かくて、読誦経典は、どこまでも仏語を深く信じて専注奉行する姿でなければならぬ。仏語として深く信ずることがなければ、それは読誦する姿でもなく、またその読めるものは経典でもないことになる。つ

まり、たとえその時彼が手にしているものがいわゆる経典であろうとも、それはすでに、たんなる研究論書か呪文の書になりさがってしまっているのである。

しかしそのように信眼をもって読まれる時にのみはじめて読誦経典ということが成り立ちうるのであるとすれば、いまだ信眼を持ちえざる我々にはついに読誦経典は不可能なのではないか。

読誦経典ということがもし真になされるならば、その時人は信心の獲得をうるに到るのである。それ故にその行は、他の専観察・専礼仏・専称仏名・専讃嘆供養の四行とともに、五正行の一にあげられるのである。五正行ともに、それが正行と名づけられるのはその行を真に行ずるならば、その人の上に誤ちなく信心を成就せしめる行たることによる。しかも今、「一心に弥陀の名号を専念して、行住座臥、時節の久近を問わず、念念に捨てざる」（「信巻」聖典二一七頁）専称仏名のみをもって正定之業と名づけられ、他の四行を助業と定められたのは、ひとえに本願によって定められた行であるか否かによることであった。すなわち、正定之業とは本願の行であり、いささかも人間のはからいのまじらぬ行たるの意味である。

専称仏名をのぞく他の四行は、それを純一に行ずべきことを求めて我々の前に開かれてある。いわばそれは絶対命令である。その行の成就はひとえにそれを定めのごとく行ずるかどうかという我々の心・実践にかけられてあるのであろう。それ故に、読誦経典によってただちに信眼を開きうる上品上生の機たる者はともかく、三福の行によってかえって三福無分の機たる自己の姿を自覚せずにおれぬ我々にとって、それは絶望的な行である。

しかるに今、本願によって念仏の衆生の摂取不捨が誓われてあった。その一点において宗祖は、ひろく仏一代の説法・大乗方等経典のうちにあっても、専ら浄土の三部経、特に『大無量寿経』を立てられるのであり、しかもその体は名号にあることをあきらかにされるのである。経典の体が名号にあるということは、我々においてはその信心が要であるということの表白であった。ただしかし、経典の体が名号にあるということも経典によってのみはじめてあきらかなことである。もし経典が受持・流通されていなかったならば、我々は未来世の衆生にとって、名号が法であるという意義はついにはかり知ることのできぬままにとどまることになるであろう。

ここにおいて、我々にあっては、読誦大乗は必ず称名念仏の心においてなさるべきものなのであり、その称名念仏の上になさるべき読誦は、それ故に、念仏の一門を受持・流通する行業であり、仏徳報謝のつとめとしての意義を背負うものであることを知るのである。そしてまた、経典を受持し読誦することは、名号の法としての意味を他に伝えるものであるが故に、利他の行としての意義を持つのであり、読誦経典ということがそのような利他行としての意義を持つということにおいて、読誦されるべき経典は必ず大乗方等経典なのである。「読誦大乗」とは、その読誦経典の意義を端的に表白された言葉であるともいえよう。

参照

○　かの国に生まれんと欲わん者は、当に三福を修すべし。一つには父母に孝養し、師長に奉持し、慈心ありて殺せず、十善業を修す。二つには三帰を受持し、衆戒を具足し、威儀を犯せず。三つには菩提心を発し、深く因果を信じ、大乗を読誦し、行者を勧進す。かくのごときの三事を名づけて浄業とす。（『観無量寿経』「散善顕行縁」聖典九四頁）

○　また三種の衆生ありて、当に往生を得べし。何等をか三つとする。一つには慈心にして殺せず、もろもろの戒行を具す。二つには大乗方等経典を読誦す。三つには六念を修行す。回向発願してかの国に生ぜんと願ず。この功徳を具すること、一

日乃至七日して、すなわち往生を得。（『観無量寿経』「正宗分・上品上生」聖典一一二頁）

○　読誦大乗と言うは、此れ経教は之を喩うるに鏡の如し、数々読み数々尋ぬれば、智慧を開発す。若し智慧の眼開けぬれば、即ち能く苦を厭いて涅槃等を欣楽することを明かすなり。（『観経四帖疏』「序分義・散善顕行縁」真聖全一、四九三頁）

○　ここをもって経家に拠りて師釈を披きたるに、「説人の差別を弁ぜば、おおよそ諸経の起説、五種に過ぎず。一つには仏説、二つには聖弟子説、三つには天仙説、四つには鬼神説、五つには変化説なり。」しかれば四種の所説は信用に足らず。この三経はすなわち大聖の自説なり。（『教行信証』「化身土・本」聖典三五七頁）

大教院をめぐって　―宗門の土壌―

一、大教院の創立

大教院はいわば時代の生んだ奇怪な存在、仏教と神道という双つの頭を持った奇怪な存在である。しかもその双つの頭が互いに背きあい軽蔑しあい、否定しあってさえいたのだから、その喜劇性は深刻であった。「神官古事記ヲ講ズルトキハ、則チ僧侶頭ヲ低レテ瞎睡《いねむ》リ、僧侶般若心経ヲ説クトキハ、則チ、神官手ヲ掲ゲテ欠伸ス」というような姿は、島地黙雷ならずとも「実ニ宛然タル一大滑稽場ニシテ、毫モ布教伝道場ニ似ザルモノ」としかいいようがなかったであろう。

もっとも、大教院開設のことを請願した仏教徒にあっても、なにもはじめからそのような布教伝道場が意図されていたわけではない。そもそもの願いは、神官、僧侶の学問道場ということにあったのである。大教院創立建白書には「朝旨ヲ普ク海外ニ貫徹セシメン」ために、まず「神道ヲ始メ釈漢洋諸科学ヨリ宇内各国ノ政治風俗農工物産ニ至ルマデ悉ク之ヲ講習シ」て「今日完用ノ学ヲ起サシメ」ることが、その意図するところであると述べられている。しかも「其創築冗費及ビ生徒俸給等ハ各宗本支ノ寺院ニ課シ、敢テ官費ヲ仰ガズ民ニ募ラズ」というのだから、その意気ごみはなみなみではない。

このような仏教徒側の請願が直接の動機となって創設された大教院ではあったが、しかしその実際は、たとえば大教院則第二条に「教院ハトクニ敬神ノ実ヲアラハシ、衆庶ノ標準トナラザルベカラズ。故ニ清浄ノ地ヲ択ビ、天之御中主大神、高皇産霊大神、神皇産霊大神、皇祖天照大御神ヲ奉祀シ、モッテ畏敬ノ礼ヲ尽スコト」とうたわれているように、どこまでも神主仏従、神道がその表面に掲げられ、優位におかれていたのである。

たとえば、明治五（一八七二）年九月七日に東京紀尾井坂の紀州邸に設けられた大教院は、翌六（一八七三）年二月に芝増上寺に移されるが、その増上寺における開講式の時、本堂から本尊の阿弥陀仏像を取りさり、かわりに、内陣中央に天之御中主大神をはじめ四神を祀り、注連《しめなわ》を張り神鏡を置いて祭壇とし、さらに山門前には大鳥居すら建てられていたという。そして仏教各宗の管長は法衣のままで神官と同じ祝詞《のりと》をあげ、一拝拍手の神式の礼をした、とある。

今日の我々の意識からは想像もつかないようなことだが、しかもそれがあえて行われえたほどに、当時の仏教徒がおかれていた時代状況は深刻であったといえよう。

とはいえ、大教院の現実がこのようなものとなった時、仏教徒の中から当然、批判や反発があらわれた。その中心となったのは真宗、中でも大谷・本願寺・木辺・専修寺の四派である。六年十月、真宗は他の六宗、すなわち天台・真言・禅・浄土・日蓮・時宗に対して神道からの分離を勧告したが、しかし事態は必ずしも、すぐそのようには動いてゆかなかった。以来、八年一月の大教院分離が実現するまで、真宗四派による分離運動が展開されてゆくが、その中心となって活躍したのが、本願寺派の島地黙雷であり、大谷派の石川舜台である。

島地黙雷と石川舜台、この二人を結びつけ、その運動を共にさせる縁はヨーロッパで生まれたものであった。黙雷は明治五（一八七二）年一月に日本を離れ、以来欧州諸国を歴遊し、最後インドに仏跡を訪ねて、六（一八七三）年七月に帰朝しているし、一方石川舜台は、新法主光瑩（現如）上人と外遊の必要を痛感しながらも、順当な手続きを取っていてはとてもその実現を許さぬ教団の状勢を思って、五年九月十三日、ひそかに新法主、成島柳北・松本白華・関信三らと出奔、横浜からフランス船に投じて渡欧、各国を視察して六年七月に帰朝している。

この間ヨーロッパにおいて、黙雷と舜台はしばしば訪れ合い、語り合う機会をもった。身をもってヨーロッパ先進国の実情にふれたことが、彼ら二人の視野を大きく広げさせたが、同時に憂国の心情を燃えたたせていた。二人は我国仏教界の現状を憂いて、政府の劣悪な宗教政策をきびしく批判せずにはおれなかったのであろう。「臣泣血、あえて狂愚を献ぜんとす。もし至仁少しく恩聴を垂れたまわば、臣死するだも辞せざるなり」とのきびしい決意をもって、島地黙雷はヨーロッパより「三条教則批判」を故国に送ったのである。

二、三条教則の持つ意味

三条教則は、維新政府が仏教界との妥協、悪い言葉でいえば、政府と仏教との取り引きのうえに発せられたものであった。いわば、それまで国家にとって無用な存在であるというレッテルを貼られていた仏教、したがって社会から締め出されていた仏教が、はじめて手にすることができた社会通行手形であった。

御維新後の巷に誰となくうたわれ出した狂歌の一つに、こんなのがある。

いらぬ物　弓矢大小茶器の類　坊主山伏　さては御役者

維新とともに士族たちの特権は奪われて、奉職と商法、つまり官吏と商人が理想の人生コースとして人々の羨望の的となる。弓矢・大小などはもうまったくの無用の長物でしかなかった。と同時に、自主独立、富国強兵が国を挙げての最大のスローガンとなり、実利がなによりも重んぜられるようになると、茶器・役者もまた埃をかぶって隅に押しやられることになる。そういう弓矢・大小・茶器の類、さては御役者、山伏などとともに、坊主にもまた無用の長物というレッテルが貼りつけられたのである。

ただこの場合、仏教に対する「いらぬ物」というレッテルは、民衆の手をまたず、主として上からの力、国家権力というものを背景とした手によって貼りつけられたものであったところに、一つの限界があった。もしもこれが民衆の具体的な生活意識の底からおのずと生れてきたものであったのなら、明治以後の仏教界の姿はもっと違ったものとなっていただろう。少なくとも仏教界があんなに早く蘇生することはなかったであろうし、またそれだけに、明治時代の仏教教団は、より根底からの改革を成しとげていたかもしれない。もともと神官・僧侶の学問道場として出発したはずの大教院が、日を経ずして布教伝道場に変身してしまった理由の一半もまたそこにあったと考えられるであろう。そこではキリスト教との、あるいは神道・諸思想との根源的な思想的対決はついになされず、国権との結びつきにおいて神道・仏教を正とする立場に最初から立ってそのことをいささかも問い返さず、ただたんに破邪顕正の感情的批判をふりまわしていたにすぎない。

ともあれ、政治権力というものは、常にその時その時の具体的な状勢に応じて動いてゆく。あるものに貼りつけた無用というレッテルを、有用というレッテルに貼りかえることぐらい、なんのためらいも感じはしない。国民の国家意識を統一するために、仏教に無用——有害ですらあるというレッテルを貼った維新政府が、日を経ずして、その同じ国家意識を守るために仏教を有用なものと認め、これを利用することを考えたとしても不思議ではない。そしてこの場合、その転換の軸となったものは、キリスト教の流入であり神道の無力であった。

明治維新期にはげしく対立した開国、攘夷という二つの流れ、しかしそのいずれにあっても、我国を欧米列強の植民地政策から守ろうという願いにあっては共通していた。維新新政府はそのために、欧米列強に伍してゆけるだけの武力・経済力・文化を持つべく積極的に欧米のそれを導入し学んでいった。と同時に、具体的には明治四（一八七一）年の廃藩置県によって一応完成した中央集権国家としての形態を、その内面から支えてゆくだけの国民精神の確立が急がれたのである。そしてそのために掲げられた最大のスローガンが、いうまでもなく王政復古、祭政一致であったのであり、その精神的な支柱になっていたのが平田篤胤らによって唱導された復古神道であったわけである。明治元（一八六八）年三月十三日祭政一致、神祇官再興のことが布告され、同二十八日には、廃仏毀釈の嵐が仏教界を吹きまくる直接のきっかけとなった神仏判然令が発布されている。そして越えて三年の正月三日、「宜シク治教ヲ明ラカニシテ、惟神ノ大道ヲ宣布スベシ」という「大教宣布」の詔勅がおろされるのである。

その間政府がもっとも神経をとがらしていたのはキリスト教の流入であった。欧米諸国がアジア諸国を植民地化する時、常にその尖兵として登場しているのがキリスト教であったという事実が、政府の警戒心をいっそう刺戟していた。特にその一神教的性格は、現人神たる天皇のもと、一天万民たる神国日本の国民精神を危くするものであると考えられた。しかも、明治元年の浦上における大量処刑をはじめとする切支丹弾圧も、キリスト教国たる欧米列強の抗議にあって断念せざるをえず、残る頼みの綱は神道による国民教化の道だけであった。しかしいかんせん、神道はそれだけの思想的深さも、国民への指導力も持っていなかったのだ。ここに政府は急遽今なお根強く民衆の中に生き続けている仏教の指導力を利用することに踏みきらざるをえなかったのである。明治五（一八七二）年三月十四日、神祇省が廃されて教部省となり、僧侶もこのときはじめて神官と同等に教導職に任ぜられることになったのである。

したがってこの場合も、政府は仏教思想そのものに目を向けたのではけっしてない。政府にとって必要だったのは、江戸時代以来根深く民衆の生活の中に根をおろしてきた仏教の、その組織力、教化力であったに過ぎない。この時政府が彼ら教導職の指導理念として発布したのが「三条教則」であったのである。曰く、

敬神愛国ノ旨ヲ体トスベキコト
天理人道ヲアキラカニスベキコト
皇上ヲ奉戴シ朝旨ヲ遵守セシムベキコト

そして、神官・僧侶のいずれを問わず、教導職たるものその説教の中に三条のうちいずれか一条は必ず盛り込むべきことが命ぜられたのである。

しかし、すでに早く明治元（一八六八）年十二月八日諸宗同徳会盟を結んで「皇国ノ御為ニ身命ヲ惜マズ」「邪教防禦ノ為一同死ヲ期シテ尽力致シタキ」ことを願い出ていたような仏教徒にとっては、このような政府の仏教に対する態度転換は願ってもないものであったであろう。

そして、そこに見られる破邪→護国→護教の図式、つまり、キリスト教の流入を防ぐことはそのまま神国日本を守ることであり、そのことがまた仏教教団の存在意義を自他に明らかにすることでもあるという

思想構造が、やがて大教院という奇怪な存在を生み出す母胎となっていくのである。

三、大教院分離運動

島地黙雷の三条教則批判は「政教ノ異ナルモトヨリ混淆スベカラズ。政ハ人事也。形ヲ制スルノミ。而モ邦域ヲ局レル也。教ハ神為也。心ヲ制ス。而モ万国ニ通ズル也」と、政治と宗教の混同すべきでないことを鋭く説き、次いで三条の教則一々を綿密に論破していったものであった。そして帰朝後、目の当たりに一大滑稽場たる大教院の実際を見るに及んで、ただちに大教院分離建白書を草して分離運動を展開したのであるが、この時石川舜台もまたただちに黙雷をたすけて分離運動を推し進めた。

大教院分離運動は、この黙雷、舜台の属する東西本願寺を中心に、木辺派・専修寺派がこれに加わり、真宗四派によって展開されていったが、これに対して興正寺派・仏光寺派をはじめ他宗は分離反対の態度をとっていた。

もともと仏教各宗の名をもって願い出た大教院を今になって分離することは、天下人心の疑惑を招き、各宗対立の古の姿に還ることともなり、さらには外教防禦の初志にも反して、朝廷の代理を害することにもなるではないか、というのがその反対の主な理由であったが、それは最後には、各宗がそれぞれに自宗の信仰を固持することは、畢竟するところ皇国の天祖大神をも祭祀しないことになり、かくては仏教もまた――この場合直接的には真宗であるが――キリスト教と同断になるのではないか、という極論にまでもなっていく。

しかし前述のような大教院の姿を嘲笑、批判していた世論、次第に浸透してくる近代思想を身につけた世の識者はあげて、政教の分離、信教の自由を主張する分離派を支持し、政府もまたそれを厭えてまでも大教院の存続をはかることの不利な状勢をみて、明治八（一八七五）年一月二十九日、ついに真宗四派の分離を許可、同四月三十日には神仏各宗合併の教院を廃止、自今各自に布教すべきことを定め、そして五月二日大教院は解散することになる。

ここに、明治五（一八七二）年九月以来三カ年にわたって続いた大教院時代は幕を閉じたのであるが、それはただたんに大教院そのものの終わりを意味するにとどまらず、廃仏毀釈の嵐をもってはじまった明治維新後の仏教界の歩みの上にも一時期を劃することとなったのである。少なくとも、以後政府は宗教に対する期待を捨て去るのである。欧州にあっては宗教がその憲法政治の機軸となっているが「我国ニ在テハ宗教ナル者其力微弱ニシテ、一モ国家ノ機軸タルベキモノナシ。仏教ハ一タヒ隆盛ノ勢ヲ張リ、上下ノ人心ヲ繫ギタルモ今日ニ至テハ已ニ衰替ニ傾キタリ。神道ハ祖宗ノ遺訓ニ基キ之ヲ祖述スト雖、宗教トシテ人心ヲ帰向セシムルノ力ニ乏シ」という、明治二十一（一八八八）年六月枢密院における帝国憲法草案審議会での伊藤博文の言葉はもっともよくその宗教観を示している。

分離に反対した人たちの立場は、あらわに時流に随い、王法をもって第一とするものであったが、だからといって、分離を推進した人たち、黙雷・舜台らはよく時代的な制約を越えていたというわけでもない。分離後、国家体制が整い絶対主義国家としての歩みが固まってくる明治二十年代になると、黙雷・舜台もまたその立場は保守的なものとなってくる。しかしその推移は、たとえば徳富蘇峰が日清戦争を軸として、平民主義から国家主義へ、平和主義から腕力主義へ転向したような、そういう性格のものではない。ある意味では、黙雷・舜台らの姿勢は少しも変わってはいないのだけれども、それを包む時代の様相が変わってきたために、おのずと違った色合いを示すようになったにすぎない。

大教院分離運動の時代にあっては、先述の分離反対派の主張がよく示しているように、各宗派の教義よりも国家思想の方に重点が置かれていた。各宗派の教義はまったく軽視――極論すれば無視されていた。したがって、この時代にあっては、たとえそれがいわゆる閉鎖的な宗派意識に生きるものであっても、そのことと、信教の自由を唱えそのために闘うこととは少しも矛盾しなかったばかりか、宗派の独自性を固持・主張することが、そのまま信教の自由を主張することにもなりえた時代であったといえよう。逆にいえば、そういう時代状況が、黙雷や舜台ほどの広い視野を持っていた人たちによって進められた運動をも、底の浅いものにしてしまっていたということができる。

今、大教院という時代の生んだ奇怪な存在が死に絶えてみれば、宗門意識に生きることと信教の自由を主張することとは、必ずしも一つに溶け合わなくなる。特に分離の翌年明治九（一八七六）年一月、転宗転派の自由が認められたことは、一宗一派の命運を左右し、縛りつけるような外的な力はすでに何もなくなったことを意味する。その宗派の盛衰は、いつにかかってその宗派自身の在り方によるようになる。そこにおのずと宗派意識が喚起され、強調されることとなる。明治三十二（一八九九）年貴族院に提出された宗教法案に反対して、大日本仏教同盟会を組織し活躍した舜台が、「国家と宗教との関係を規定せんと欲せば、必ずや宗派教派をもって規定の単位と定むべき」ことを主張する時、その真意はどうであれ、対立的閉鎖的な宗派意識を助長することとなる。そしてそのことだけからいえば、かえって、大教院は宗派意識を越え、神仏各宗派の融合を説く進歩的なものであったという見方すらできぬことはないのである。

四、宗派意識を越えるということ

大教院分離運動の中からあらわれてくるものは、宗派の問題である。今、それを対立的・閉鎖的ないわゆる宗派意識であると一応規定しておいて、それではいったい宗派意識を越えるとはどういうことなのだろうか。少なくとも大教院の場合は、それがたとえ宗派意識を越えたものであったとしても、そのことで宗教的生命をも失ってしまっていたことは、すでに見てきたごとくである。

それならば、たとえば明治二十年代から三十年代にかけて、仏教の近代化、宗派意識の解消に苦悶する仏教徒の中から生れてくる一つの流れ――「旧慣を去り偏執をはなれて各宗たがいにその長を取り短を去らんか、すなわち仏教中に花あり月あり楼台ありと謂うべき完全の宗教を見るにいたらん。故に余は大に仏教各宗の合同論を主張せんとす」と仏教統一論を説いた村上専精、「将来の宗教は世界諸宗の長所をうって一丸としたる世界的宗教ならざるべからず」と説く井上円了、さらには一切の旧来の仏教教団に、習慣的・形式的・迷信的・厭世的・空想的の理由をもって絶縁を宣言し、真の信仰は「日進月歩せる知識経験をもってその要素とし内容と」するものであるから「すべての宗教に対する公平な見方、寛容の態度」をもって相互に科学的・合理的に自由討究することを主張した仏教清徒同志会の新仏教運動、彼らが宗派意識を越えた在り方であったのだろうか。確かに彼らはある意味では、それぞれに宗派を突き破り、狭い宗門意識を越え出た人たちであるかのように見えた。がしかし彼らはいったい何を基準にして各宗の長所短所を選び出したのか。結局彼らは、各人の理知という、宗派よりもはるかに狭いものを立場にしていたにすぎなかったのであり、だからこそ彼らの仕事はついに歴史的結実を見ずに終わるのである。

大教院の創設・分離という事件を一つの頂点とする明治初期より中期にいたる仏教界の動き、それは歴史的状況が呈出する問題に対する仏教徒のその時その時の解答であった。時を距て、違った状況において眺める時、それは痛ましい喜劇、愚かな混乱でしかないこともある。しかしそれはそれぞれに貴い歴史的試み、その存在の歴史的運命をかけて遂行された試みであったといえよう。そしてその切迫した歴史的状況において提出されてきた幾多の試みの積み重なりが、自ずと一つの根源的な問いをあらわにしてくる。真に歴史を荷負い歴史に生きた人とは、そのような根源的な問いを自ずからの問いと荷負い、確保していった人である。

今、大教院の歴史的な歩みが提出している根源的な問い、宗門を荷負い宗門に生きるとはいったいどう生きることなのか、を生涯かけて問い続けた人として、我々はその歴史の中に清沢満之の名をもっている。彼、清沢満之は、石川舜台がその広遠な人材教育計画の一つとして、特に英才教育のために設立した育英教校に選ばれて学び、そしてそのことへの感謝の念によって終生宗門の恩義に報いようとした人であった。満之は舜台らの歴史的事業を継承しつつ、さらにそれを根源にまで深め、「大谷派本願寺は、余輩の拠ってもって自己の安心を求め、拠ってもって同胞の安心を求め、拠ってもって世界人類の安心を求めんと期する源泉」であると、宗門の真義をあきらかにし、その宗門の真義発揮の道は、国家権力との結びつきの方向にも、理知に立っての近代化の努力の方向にもなく、ただただ各人の信念の確立の方向にこそあることを明確にしたのである。

大教院分離ということも、実はその一点が明確になった時はじめて成就したといえるのであろう。

宗教家とは何か ―智慧に生きる者―

一、念仏者と仏法者

仏法をばやぶるひとなし。仏法者のやぶるにたとえたるには、「師子の身中の虫の師子をくらうがごとし」とそうらえば、念仏者をば仏法者のやぶりさまたげそうろうなり。（『御消息集（広本）』第十通の追申、聖典五七四～五七五頁）

そもそも、いにしえ近年このごろのあいだに、諸国在々所々において、随分仏法者と号して、法門を讃嘆し、勧化をいたすともがらのなかにおいて、さらに真実にわがこころ当流の正義にもとづかずとおぼゆるなり。そのゆえをいかんというに、まずかの心中におもうようは、われは仏法の根源をよくしりがおの体にて、しかもたれに相伝したる分もなくして、あるいは縁のはし、障子のそとにて、ただ自然と、ききとり法門の分斉をもって、真実に仏法にそのこころざしはあさくして、われよりほかは仏法の次第を存知したるもののなきようにおもいはんべり。（『御文』三帖目第十二通、聖典八一一頁）

問われているのは、宗教家とは何か、ということである。××家という時、常識としてそれは、そのことをもって一家をなしている者、その道の専門家ということを意味しているようだ。してみると、宗教家とはまず第一に、宗教の専門家であるという定義が成り立つ。しかしいったい宗教において専門家とは何なのか。

たとえば宗祖のお手紙の中に、念仏者と仏法者という言葉が見えている。その仏法者なるものは、蓮如上人の言葉を通してみれば、「われよりほかは仏法の次第を存知したるものなきように」思いあがっているものに名づけられてあるように思える。その場合、蓮如上人は「あるいは縁のはし、障子のそとにて、ただ自然と、ききとり法門の分斉をもって」と註されているのであるが、しかし文章の全体からふりかえってみれば、たとえその道場のただ中に坐して聞法している者であっても、ひとたび「われよりほかは……」という心に染まるならば、それはもう仏法者なのだということがあるようだ。実際、精神生活にあって、この遠い近いということほど定まらぬものはない。常に聞法道場の傍ら近くに在るために、かえって聞法生活に慣れ親しんでしまって、聞くという姿勢からもっとも遠い存在になってしまっている、ということがしばしばである。その反面、生活に追われもがいていて、なかなか聞法の座に着けないでいる者の方がかえって、聞かずにおれぬというその切迫した心において、聞法の座にもっとも近いという事実がある。坊主の不信心・医者の不養生という諺も、そうした心の世界における遠近のカラクリをいいあてた言葉なのであろう。

したがって蓮如上人のこの言葉も、これはもうあらためていうまでもないことなのであろうが、縁の端・障子の外という場所が問題なのではなく、「自然と、ききとり法門の分斉をもって、真実に仏法にそのこころざしはあさくして」ということが問題なのであろう。真実にその志もなく、ただ自然と聞き取っているにすぎないのならば、その坐っている場所などもはや問う必要もあるまい。逆にたとえ縁の端からであろうと、仕事のほんのわずかな暇をも逃がさずに耳傾けずにおれぬのであるならば、それは仏意にかなった人といいうるのであろう。

仏法者という存在は、そういう、心における遠近のカラクリと深い関連があるように思える。しかもそれは、いい加減な気持ち、ほんとうに聞こうとする心もなく、ただ片手間に聞いていながら……ということにとどまらず、世間的には、自分の立場に責任を持ち、真剣に、一生懸命活躍している人が、しかも信仰の事実においてもっとも遠い存在となっており、念仏者を破り礙げる者となっているということをすら意味している。実際人間の真剣さなど危いものだと思わざるをえないのだ。自分の信仰活動に一生懸命奔走している者と狂信者と、世間的にいってどこで区別がたてられるだろう。その間に明確に区別をたてうるものは、仏法の智慧あるのみであろう。

いずれにしろ、仏法者に共通してあるもの、それは、意識的・無意識的いずれにしろ、仏法を私しているということであるようだ。

二、無戒名字の比丘

もし漏戒なくは、剃除鬚髪《たいじょしゅほつ》して身に袈裟を着たる名字比丘を無上の宝とす。余の九十五種の異道に比するに最も第一とす。世の供を受くべし、物のための初めの福田なり。何をもってのゆえに。能身を破る衆生、怖畏するところなるがゆえに。（『教行信証』「化身土巻・本」「末法燈明記」聖典三六三頁）

宗教家――今は宗教を仏法として受けとっているのだが――は、仏法者であってはならない。いかなる意味にしろ、仏法を私し、「われよりほかは仏法の次第を存知したるものなきように」思いあがっている者であってはならない。しかし現実に宗教家という言葉が使われるとき、仏教でいえば、僧職にある者をさす。生きてあることの意味を問うということには、何ら僧俗の別はあるはずもないが、しかもなおそこに区別があるとすれば、現在、袈裟・衣を着ているかどうかということだけであろう。すでに鬚髪を剃除するということすらなくなった。無戒名字の比丘たる姿もここに極まれりといわねばなるまい。しかもなお、その無戒名字の比丘を無上の宝とするといわれているのである。

もちろんこのことは、末法という時代認識を抜きにしてはいえない事柄である。末法とはつまり、求道専一たることを許さぬ時代、専一になれるなれないということではなく、たとえ志堅固にして専一たりえたとしても、そのことがそのまま現実逃避以外のなにごとをも結果しないような、そういう時代ということであろう。つまりその時代のただ中に生きている者に持戒を求めるならば、本来戒は人間をしてその本来性に目ざましめる道であるはずだのに、かえって人間性の破壊をしか結果しないような時代ということである。

そして実は、そのような現実に生き、食うことと着ることのために手を汚しながら、しかもなお、あえて衣を着るというところに無戒名字の比丘たる名告りがあるのであろう。いってみれば、無戒名字の比丘とは、無戒たらざるをえない現実をも立場とせず、同時にまた、比丘たることに自足もしえない者、無戒にして比丘、比丘にして無戒という矛盾をもって我が名とする者なのであろう。それはもう、自己否定の極、自己の存在それ自体を問いとして問い続けている存在であることを示している。

もちろんそのようなことが、人間の内面的反省などというもので出てくるはずもない。ただその自ずから着している袈裟・衣が、一切の自己肯定を粉砕してゆくのである。実際衣を着るということは重いことだ。そこが繁華街である時、その異質感は一層あらわになる。時には、なんと虚ろなる俗人どもの街にあふれおることよ、などと開き直ってはみるが、僧衣の身が世間に溶け込めぬことに所詮変わりはない。

ただ、だからこそ、その衣を、今あえて着るという時、その衣が世間の流れの中に流れにそむくものを投げ込むことになり、その存在それ自身が世間の流れを問いかえすものとなるのである。そのことからいえば、世間に、世間的に認められている宗教家などというものはナンセンスでしかあるまい。そして実は仏法者とは、外面的にいえば、そのような、時流に乗り世間的に華々しく活躍している者のことだともいえよう。

世に認められるということは、実は世に包まれてしまうことなのではないか。そして宗教家とは、やはりどこまでも、世を越え出ることによって世を照らしかえす鏡たる存在、人間として生きてあることを問う存在の謂いなのであろう。正法にあってはその覚者たる風貌が、像法にあってはそのひたすらなる実践修行の姿が、時代の鏡となり灯となってきたのである。そして今、末法にあっては、その着している袈裟・衣のみが、それを着ている者をも含めて一切の人間存在を問いかえす鏡なのである。無戒名字の比丘の、その袈裟・衣が、文化の進歩を謳歌しているその現代を、末法として照らし返すのである。根源の問題を見失い、忘れ、無視している時代であることを、正法の象徴たる衣があらわにしてくるのである。だからこそ、そのような衣を着るとき、我々は一つの問題意識を持たざるをえないのだ。もっとも表面的には恥じらいとして、内面的には自己の存在全体に対する問いとして。そのように、問いを確保し、問い続けるということのほかに、世に真宝とさるべき理由は何一つない。

宗教家とはそのように、世間全体、世間的在り方に対してたえず疑問符を打ち続ける存在である、とすれば、それは具体的にはどのような姿としてあるのか。

現実には、猶予を許さぬはげしい問題がたえず渦巻き、我々はその解決策を求めて右往左往している。しかもその時、そのただ中にあえて立ちどまり、とどまることによってその問題を問い返すということは、おそろしく苦しいことであり、勇気のいることである。問題と取り組み、奔走することの方が、どれだけ容易《やす》いかわからない。それは丁度、恐怖に襲われた時、反射的にわめき、走り出すのと同じだといえる。わめき、走ることがどれだけその恐怖心を薄めてくれることか。その時に、立ちどまりその正体を見究めるということは、反射的に行動に走る何層倍かの勇気とエネルギーを必要とする。実際、生活の中で立ちどまり、あえて沈黙するということは恐ろしいことなのだ。ましてやそれを問い正すということは。無戒名字の比丘の姿そのものが、世の人々に怖畏を生ぜしめるのも、そこに、時流に酔い痴《し》れている我身そのものを問い返さす鏡を見るからであろう。しかし、問題の正体を明らかにするためには、立ちどまり問い返すということをあえてするほかないこともまた確かなことである。

三、生死無常のことわり

なによりも、こぞことし、老少男女おおくのひとびとのしにあいて候うらんことこそ、あわれにそうらえ。ただし、生死無常のことわり、くわしく如来のときおかせおわしましてそうろううえは、おど

ろきおぼしめすべからずそうろう。(『末燈鈔』第六通、聖典六〇三頁)

そのころ、天災地変が続き、飢饉が人々を苦しめていた。多くの肉親・知友をむざむざと死なすほかなかった関東の門侶方も、その悲痛を宗祖に訴えてこられた。その手紙に対する宗祖の御返書がこの『末燈鈔』の言葉である。文応元(一二六〇)年、宗祖八十八歳の十一月と記されている。この時死んでいった人々の中には宗祖にとっても身近かな、あの人この人の名もあったはずである。少なくともこの宗祖の手紙の背後には、すさまじい現実があったはずだし、そのことは宗祖の眼にありありと見えていたに違いない。しかも宗祖の手紙は、このように厳しいものであった。

そこには確かに「あわれにそうらえ」という痛みの言葉が記されている。そしてこの言葉には無限の余韻がある。しかしその余韻を真向に打ち砕いて「ただし」と指摘されているのである。これがどうしてあわれみ痛まずにおれよう。「ただし」それがはかなく意味のないことも、また否定してみようもない事実なのである。「生死無常のことわり、くわしく如来のときおかせおわしましてそうろううえは、おどろきおぼしめすべからずそうろう」。

この言葉を、かつて、関東の門侶方に対してあまりにも無情すぎるではないか、と思ったことがあった。しかしこの言葉を無情と感じ、もう少しあたたかい慰めをと思ったのは、実は未だほんとうに悲惨な事実に遭ったことのない、まことに幸せな人間であったということなのだ。今彼らが直面しているのは、どんな人間的な愛情・いかなる努力をもはねつける、どうしてみようもない現実なのである。ましてや非当事者の同情や慰めなどにどうしてみる力があるだろう。振り返ってみると、同情や慰めなどというものは、事件にぶつかった時にわめき走り回るのと同質の心の動きだといえよう。自分自身の事件の時にはわめき走り、他人の事件の時には同情し慰めるということであって、事件に押し流されているということでは同断である。同じ事件が我身に起こった時、うろたえさわぎまわらなければおれぬ人間が何をいったとしても、そんな言葉になんの力があるだろう。当事者にあっては、かえってわずらわしいだけではないか。

その時彼らの力になりうるのは、その同じ事実に耐えて、しかも勇気を失っていない人の言葉だけである。そしてそのような、耐える勇気あるものをこそ智慧あるものというのであろう。つまり智慧ある言葉のみが、つねに、現実に生きる者の力となりうる言葉なのである。

もともと智慧とは、事実を事実として知り徹す力である。そのことは、ギリシャ人にあっても、ものを知るということが、運命によって、知らざるをえないようにしむけられて思い知らされた、という姿においてとらえられ、その知と学問とが、そのように思い知らされた事実に耐え忍ぶ激情として語られてあるという。それは「忍は謂く勝解」（『成唯識論』巻六）という言葉のように、仏教が道理によくうなずき、安住した姿、智慧のはたらきを忍とあらわすことと一脈相通ずる。その忍たる智慧のみが、自ずからの遭遇した個人的体験を耐え忍ばしめ、それを全人類的な問いにまで深め転じさせてゆく。そしてそのことのみが、悲惨さに打ちひしがれている者の閉ざされた心を限りなく開いてゆくのである。そのような智慧に支えられてはじめて、はかない人間の努力もまた、それぞれにその働きを全うすることができるのである。

そして宗教家とは、そのような智慧――仏陀によって説きあかされたその智慧に生きる者のことである。少なくとも袈裟・衣はその智慧に生きる者の身につけるべきものである。そして現在我々が、その袈裟・衣を受け継ぎ伝えるということは、智慧の伝統を絶やさぬことであり、あえてその袈裟・衣を身につけるということは、我身の現実がそれに背いているが故に一層、絶えずその智慧に帰ることを決断することを意味するのである。

その意味で、宗教家とは、智慧に背く我身と、我身の事実を根源的に問い返す智慧とのせめぎ合いの中にあえて立つ者、人間たることの根源的な問いをどこまでも消し失わず、確保するもののことだと思うのである。

心中の背景にあるもの —近松の作品をとおして—

一、民衆演劇の生命

近松の浄瑠璃作品として確実視されるもの九十四篇。そのうち時代物七十篇、世話物二十四篇。圧倒的に時代物のほうが数多く残されている。しかし歴史・伝説上の事柄や人物によって、自由に作者の夢・詩想を語りあげた時代物よりも、当時の庶民社会の出来事、いわゆる世間話を素材に、その現実生活を写実的に写した世話物の方がよりよく当時の庶民の姿、生活感情を描き出していること当然である。しかも世話物の多く、特に心中ものなどは世間話も世間話、たとえば『曾根崎心中』の場合など、元禄一六（一七〇三）年四月七日大阪曾根崎天神の森でおこった同名人物の心中事件をただちに取材、一カ月後の五月七日にはすでに初日、上演されている。万治三（一六六〇）年の有名なお夏・清十郎の事件を五十年忌にあたる宝永六（一七〇九）年一月に執筆、上演された『五十年忌歌念仏』。同じく天和三（一六八三）年の出来事に取材、主人公の三十三回忌を追善して作られた『大経師昔暦』などは例外として、その多くは現実に興った事件を一カ月から二カ月を経ずして脚色、執筆されたものであり、同時にこうした浄瑠璃作品が一因となって社会に心中事件が流行したことなどを思えば、この世話物が当時の一般庶民の生活感情に密着して生まれ育ったものであったことがわかる。

もともと浄瑠璃のような民衆演劇には、その性質上、ただいたずらに虚構をかまえて作者の個人的な人生感を観客に押しつけることは許されない反面、現実生活が不安定であるからといって、その不安定な姿をただえぐり出しあばきたてることだけでも民衆演劇としての資格を失う。不安定な現実をとおして一つの安定・慰みを観客に与えること、現実に即しつつ現実生活の底に流れている庶民の感情、願いを掬い上げ昇華すること、そこに民衆演劇の生命がある。近松作品の場合、

「ただ人々のもてはやすのみにして、中人以上はかつてその本とて取りあげ見る事もなかりしに、元禄年間に近松氏出でて（中略）自然と貴人高位も御手にふれさせ、賞し翫し給ひしより（中略）終にその名を天下に現し、かの浄瑠璃本をみるに恥なくなりて、専ら世上に流行すること数十年に及べり。これひとえに近松氏が力なり」（穂積以貫「難波土産」）

と讃えられ、彼以前の浄瑠璃を古瑠璃と呼びわけているほどではあるが、しかしそのことは彼によって浄瑠璃が知識階級のものとなったということではなく、どこまでも庶民の生活感情を写しながら、しかもそれを適格にいい表した言葉、人間社会に注ぐ眼の深さが、浄瑠璃の世界をより普遍的にしたということであった。近松氏自身は、自らその創作の根本姿勢を、

「芸というものは、実と虚との皮膜の間にあるもの也。（中略）虚にして虚にあらず。実にして実にあらず。この間に慰が有たもの也」（難波土産）

と述べていることは有名であるが、それでは近松はどのような形で慰を呈示し、庶民はどのような方向に慶を見出していったのか、そしてまたその慰みの中に仏教はどのように生きていたのか、そうした問題をその作品『曾根崎心中』を中心に、さぐってみたい。

二、『曾根崎心中』

近松の世話浄瑠璃第一作といわれる『曾根崎心中』は、その後の世話浄瑠璃に比して劇構成も単純素朴であり、人物の掘りさげもまた平板である。そこでは、人間の悲劇・闘争は明確に善玉・悪玉と色分けされた登場人物によって画き出され、しかも悪玉・九平次は善玉・徳兵衛に対する観客の同情を引き出す猿回し的位置をしか与えられてはいない。徳兵衛自身の心の中に矛盾・葛藤はなく、一直線に心中決行へと突き進み、後の『冥途の飛脚』の主人公忠兵衛が、為替金三百両を堂島の屋敷に届けにゆきながら、「心は北へ行く〳〵と思ひながらも身は南。西横堀をうか〳〵と気に染みつきし妓（新町の遊女・梅川）がこと。米屋町まで歩み来てアア、是は堂島のお屋敷へ行く筈。狐が化かすか南無三宝と引返せしが。ムヽ我知らずここまで来たは梅川が用有つて氏神のお誘ひ、ちよつと寄つて顔見てからと、立返つては、いや大事。この金持つては遣いたかろう。措いてくれうか、行つてのけうか、行きもせいと、一度は思案、二度は不思案、三度飛脚、戻れば合せて六道の冥途の飛脚と」

いうように、馴染みの遊女への誘惑と闘いつつ、ついに我と我心に破れて破滅の淵へと転落してゆく姿も、あるいはまた罪を犯してからも遊女梅川と逃げ回って生への執着に苦悩するというようなこともない。しかしこの『曾根崎心中』を上演した竹本座がこれ一作によって、それまでの莫大な借金を返済しえたほどの大当たりをとったということは、今日の眼からみて心中物の最高傑作と称される『心中天の網島』が必ずしも興行的に成功しなかったことと照らし合わせて、当時の庶民の生活意識に密接したものであったことを証拠立てているともみれるし、同時に、今の問題である〈慰〉をみる場合、その基本の図式は、単純であるだけに、明確に示されてあるともいえよう。

三、徳兵衛の俠気

『曾根崎心中』の主人公徳兵衛は、幼い時両親に別れ伯父、醤油商平野屋の主人に育てられた。今は手代として骨身惜しまず働いているが、いつか蜆川の遊女、天満屋お初と恋仲になっている。一方平野屋の主人は徳兵衛を見込み、女房の姪と夫婦にして商売させようと考え、徳兵衛の同意を得ないうちに継母に持参金を渡し、徳兵衛に結婚を強要する。すでにお初と愛を交わしている徳兵衛、言葉も荒く、

「やあら聞えぬ、旦那殿。私合点致さぬを、老母たらし叩きつけ、あんまりなされよう。お内儀様も聞えませぬ。今まで様に様をつけ、あがまへた娘御に、銀をつけて申受け、一生女房の機嫌とり、この徳兵衛が立つものか。いやと言ふからは、死んだ親父が生き返り、申すとあってもいやでござる」

伯父も、

「よい、この上はもう娘はやらぬ。やらぬからは銀を立て（返せ）。四月七日までにさっと立て。商ひの勘定せよ。まくり出して（追い出して）大阪の地は踏ませぬ」

と徳兵衛を叩き出してしまう。徳兵衛、よしわかったと在所に帰り、一旦握った金は死んでもはなさぬというほどに強欲な母から、村中の人の口添えでやっと金を取りかえす。その大事な金を、晦日一日それだけの金がなければ身代限りになってしまう、助けてくれと親友、九平次に泣きつかれた徳兵衛は、「あいつも男磨くやつ」「男づくで貸したぞよ」と貸してしまう。

そこに描かれている徳兵衛は、育ての親であり主人である伯父への義理に縛られて、お初への愛をあきらめるような弱い人間ではない。しかしその強さを支えているものは、男を磨き男を立てることに生命をかける俠気《おとこ》というべきものであった。俠気は本来、強くまたもろいものである。俠気の故に、計算を度外視し、利害を超えて純一に生きてゆく強さを持つ反面、草の根をしがみ恥をしのんででも生き延びようとする粘りはもたない。ともあれその心中の要因がいわゆる義理と人情の板ばさみという図式でないことは注意をひく。

さて九平次は約束の日を過ぎても返金せず、一杯機嫌で仲間と通りかかったのを見つけて徳兵衛が証文をつきつけ返済をせまると、逆に、その証文の印は前に落としてしまったので改印の手続きがとってある、さてはお前が拾って証文を偽造し金をゆすり取るつもりなのだろうと逆ねじを食わせる。徳兵衛は完全に九平次の術中に陥ったことを知り、腕づくで取りかえそうとつかみかかるが多勢に無勢、蓮池に追いこまれて袋叩き、「口惜しや無念やな。このごとく踏み叩かれ、男も立たず、身も立たず」と大地を叩き歯噛みをして歎く。

その夜編笠に顔を隠した徳兵衛は天満屋の門口に立つ。その姿を見かけたお初が主人たちの目をかすめて徳兵衛を縁の下へ忍ばせるところへ、九平次仲間たちと遊びに来、徳兵衛の事を罵倒する。お初は縁の下で怒りにふるえている徳兵衛を足で押さえ、一人言に託して心中の約束をかため、さらに九平次を精一杯痛罵する。さすがの九平次も旗色悪しと引きあげ、皆も寝静まった頃、白無垢の死装束をつけたお初と徳兵衛は手に手をとって天満屋を抜け出す。

四、心中――人間の弱さ

「此の世のなごり、夜もなごり、死に行く身をたとふれば、あだしが原の道の霜、一足づつに消えて行く、夢の夢こそあはれなれ、あれ数ふれば暁の、七つの時が六つ鳴りて残る一つが今生の鐘のひびきの聞きおさめ、寂滅為楽とひびくなり」

ではじまる有名な曾根崎心中道行のくだりは、曾根崎天神の森の連理の木に身体をゆわえつけ「いつまで言うて詮もなし。はや〳〵殺して〳〵」と最期を急げば「心得たり」と脇差するりと抜き放し、

「サア唯今ぞ『南無阿弥陀、南無阿弥陀』といえども、さすがこの年月、いとしかはいと締めて寝し、肌に刃があてられうかと、眼もくらみ手も震ひ、弱る心を引直し、取直してもなお震い、突くとはすれど切先は、あなたへはずれこなたへそれ、二三度ひらめく劒の刃、『あつ』とばかりに咽笛に、ぐつと通るが『南無阿弥陀、南無阿弥陀、南無阿弥陀』とくり通しくり通す腕先も、弱るをみれば両手を伸べ、断末魔の四苦八苦、あはれというも余りあり。『われとても遅れうか、息は一度に引取らん』と、剃刀とつて咽喉に突き立て、柄も折れよ刃も砕けと、えぐりくり〳〵目もくるめき、苦しむ息も暁の、知死期につれて絶え果てたり、誰が告ぐるとは曾根崎の、森の下風音に聞え、取り伝え、貴賤群集の回向の種、未来成仏疑いなき、恋の手本となりにけり」

と結ばれる。この場合徳兵衛たちを心中に追いやったものは、伯父への義理と我が愛との板ばさみ、葛藤などというものではなかった。彼を直接死にまで追いやるものは銀《かね》である。さしあたって伯父に返す銀《かね》さえあれば、それもこれもすべて自分故ご主人から大阪に止まることを禁ぜられても私がどうしてでも養い

ますと、お初の心は一途なのだから、またいろいろと工夫もあり心中までするには及ばなかったであろう。

ちなみに西鶴はその『諸艶大鑑』において当時世間に流行していた心中事件について、

「されば此おもひ死をよく〳〵分別するに、義理にあらず、情にあらず。皆不自由より無常にもとづき、是非のさしつめにてかくはなれり」

と批判し、心中に道を求めた二人の心をあわれにも美しく描き続けた近松自身、「世間におほい心中も銀と不孝に名をながし、恋でしぬるはひとりもない」（長町女腹切）と、にべもない言葉を吐き捨ててもいるのである。実際、当時世上に流行した心中事件の多く、したがってまた、近松の心中物に登場する人物の多くは、男は二十代の、たとえば『曾根崎心中』の徳兵衛が醤油商平野屋の手代であるように、主人持ち、農家の伜、寺小姓など、経済的実力も持たず、純情ではあるが思慮分別に乏しい青年であり、女の方は殆んどが遊女、それも『曾根崎心中』のお初が堂島新地という最下層の遊女。西鶴が「残らずはし女らの仕業なり。男も名代の者は、たとへ恋はすがるとても（心中は）せぬ事ぞかし」と断ずるもまた当然なのである。

ただ近松の場合、西鶴と異なって心中者への批判を持ちつつも、彼ら銀故に身動きならぬまでに追い込まれてゆく無分別な若者たちの中の、純にしてひたむきなものを取りだし、光をあてていったのである。実際『冥途の飛脚』に到っては、筋書きだけでいえば遊女への愛に溺れて公金にまで手をつけてしまい、追い詰められて遊女と逃げまわり、あげくのはて実家へ立廻ったところを捕縛されてしまうという、今の世にも跡を断たぬ愚かな人間の物語にすぎない。その愚かな姿を通して、人間としての弱さ、切なさを近松はうたいあげていったのである。

ともあれ近松は「未来成仏疑いなき、恋の手本となりにけり」と『曾根崎心中』を結んでいるのであるが、こうした態度はその後の諸作品においても変わらず、自ずから命を断っていった二人の愛を、美しい言葉をもってうたい続けていったのである。たとえば、

「首に罠を引掛くる、寺の念仏も切回向。有縁無縁乃至法界平等の声をかぎりに樋の上より、一蓮托生南無阿弥陀仏……すぐに成仏得脱の誓いの網島心中と、目毎に涙をかけにける」（心中天の網島）

「サア〳〵夜明けに間がない。明日は未来で添ふものを、別れは暫しの此の世の名残。十念迫って一念の声諸共にぐっと刺す。……類稀なる死姿、語りて感ずるばかりなり」（心中宵庚申）

「ここに屈みかしこに忍び、今は嬉し一所にと、房が死骸を尋寄る道も心も埋井戸。踏みはずしてかっぱと落ち、水の哀（泡）れや汲上げて、重井筒の心中と、御法の水をぞ湛へ（称へ）ける」（重井筒）

こうした浄瑠璃に一貫している精神構造は人間の生存在は死によって中断されることなく、「何か歎かん、此の世でこそは添はずとも、未来はいふに及ばず、今度の今度のずっと今度の、その先の世までも夫婦ぞや」（心中天の網島）「此の世で逢うは今ばかり、来世も変らぬ女夫ぞや」（博多小女郎波枕）という意識、「明日は未来で添ふものを」「一蓮托生頼みあり」（心中宵庚申）という単純な期待である。

このような主人公たちの、いささかのためらいをも含まぬ確信、そしてそれを受け容れてゆけた当時の観客たちの心を支えていたものは、疑いもなく仏教の輪廻思想である。しかもその輪廻の意識は、人間業の内面の歴史として、我が生命の重さとして自覚されることはなく、かえって此の人生を一途に生きぬいてゆく心の拠り処ともなっていたのである。それはもう、あらためてその教説を信ずるなどという必要もないほどに、当時の人々の生活の中に血肉化してしまっていたようである。

五、抜参り、お蔭まいり

近松（一六五三〜一七二四）が生れた承応二（一六五三）年、井原西鶴は十一歳、松尾芭蕉は九歳、江戸文学史上を飾る三巨人は踵を接して登場している。彼らが生きた時代は、江戸幕府草創期の緊張もゆるみ自由な生の燃焼を求める民衆の動きと、封建体制を強化して社会秩序を確立しようとする為政者との対立、諸矛盾が揺れ動いていた時であった。有名な由比正雪、丸橋忠弥の徳川打倒の陰謀が発覚したのが近松の生れる二年前の慶安四（一六五一）年。翌承応元（一六五二）年には別木庄左衛門らの老中暗殺計画、少しさかのぼって十六年前の寛永一四（一六三七）年には島原の乱と、徳川幕藩体制から脱落し追い詰められた浪人たちの陰謀反乱が相次いで起こっている。そして実は、近松氏自身、祖父杉森信重は稲葉正則に仕えて一千石の高禄を得ていた武士であり、父信義の代になって浪人、京都に移り住んだ浪人者の二男であったのである。

一方士農工商と社会的に最下級な者としていやしめられていた商人たちが、貨幣経済の発展によって次第に社会的実力を獲ちとりはじめるのであるが、と同時に銀故の悲劇があらわれはじめてきた時代でもあったのである。

そうした社会情勢を背景に、宝永二（一七〇五）年近松五十二歳の閏四月、京・大阪から伊勢の道に異様な集団が溢れ出した。抜参り・お蔭参りと呼ばれた集団である。

「おかげでさ、するりとな、抜けたとさ」と声高に唱え、単調なリズムに合わせて踊りながら、おびただしい人々が京から、やがてまた大阪から伊勢に向ってゆく。はじめ一日三、四千人ほどであったその集団は、やがて一日に十万、さらには二十万とうなぎのぼりにふくれあがり、わずか五十日あまりの間に三六二万余の大群集が、近畿一円から伊勢神宮へと洪水のように流れ続いたのである。今日のように交通が自由で便利な時代であったとしても、これはやはり驚くべき現象である。ましてやそれが「他所へ罷り越し一宿にても仕るべき節は、名主は組頭へ申合せ、其外の者は五人組に申合わせ、名主・組頭へ相断り、罷り帰り候はば、斯届け仕るべきこと」と定められ、「行衛知れざる者に一夜の宿も借すべからず」という厳しい制約が行われていた時代のことであってみれば、それは正に驚天動地の一大変事であるといわなければならない。厳しい時代社会の桎梏を通して聞く時、その単調な「おかげでさ、するりとな、抜けたとさ」という言葉にはナント生々しい実感が込められてあることか。

もともとこの抜参りは、京都一条万年町の小松屋が丁稚長八の無鉄砲な行動に触発されたものであった。ただ赤ん坊の子守りに明け暮れさせられていたこの十二歳の少年にとって、いつか人に聞いた伊勢神宮というところが、自分の求めている生きがいを象徴する名となっていた。給金の貯えが百文に達したある日赤ん坊を背に人知れず店を抜け出した少年は、九日間で実際に伊勢神宮に参って無事帰って来たのである。この驚くべき事実には、当然のことながら、神異・伝説をもって脚色され伝えられたのであるが、それは人々が内心に持っていた欲求不満に火をつけた形となり、爆発的な流行にまで発展したのである。

社会体制を「するりと」抜け出したこの庶民のすさまじいエネルギーは、しかし、その名のごとくに抜け出しはしても、決して社会制度そのものに真正面から対決するようなことはなかった。この時、京・大阪から伊勢への街道筋で後の三井財閥・室町三井をはじめ、当時の新興商人たちが競って抜参りの人々に多額の金・品を「報謝」しているのであるが、そうした商人たちをも含めて彼ら抜参りの人々がどのような功徳・利益を期待し、見出していたのか、それはわからない。しかしその何百万の人々を包んでいたものが、一種の宗教的な陶酔であったことは否定できない。

そしてこの抜参りの突発した宝永二（一七〇五）年は、実は、近松が『曾根崎心中』を発表した元禄一六（一七〇三）年よりわずか二年後であるということが注意される。もちろん近松の『曾根崎心中』とこの抜参りと関係があるなどということではない。ただそれまでの赤字を埋めて余りあるほど竹本座の『曾根崎心中』に〈慰み〉を求めて集まった観客、彼らに流れている雰囲気と、抜参りに陶酔する群集と、そこには共通した精神構造があるのではないかという疑問である。

心中・一蓮托生にその生命を賭けた心中の当事者たちをも含めて、彼らは自分たちを縛る社会の桎梏と正面切って取り組むことはしない。その行為である心中・抜参りは、露骨にいえば、現実からの逃避でしかない。せいぜい、そこにあふれている宗教的陶酔が現実の苦悩を麻痺させ、耐え忍ばせているにすぎない。一蓮托生、未来成仏の信仰が、彼らをして愛に生き愛に殉ぜしめるのであるが、しかしそれは、究竟的には「ハテ可愛いい男と死ぬる身が、浮世に心何残ろう」（丹波与作待夜の小室節）という現実遊離の姿勢をとらすこととなっているのである。

愚痴・通請・別選

一、厭苦縁から欣浄縁

厭苦縁の結び、「世尊、我、宿何《むかし》の罪ありてか……」（聖典九二頁）と韋提希が愚痴る一段を、「正しく夫人頭を挙げて仏を見たてまつって、口言傷歎し、怨結の情《こころ》深きことを明すなり」（「序分義」真聖全一、四八三頁）と示した善導大師は、以下欣浄縁と科本した一段を、次のように八分して明かされている。（真聖全一、四八五～四八七頁）

一　正しく夫人通じて所求を請して、別して苦界を標することを明かす。
二　正しく夫人所厭の境を挙出することを明かす。
三　正しく夫人浄土の妙処は善にあらざれば生ぜず、おそらくは余愆《よけん》（罪過）あって障へて往くことをえず、ここをもって求哀してさらにすべからく懺悔すべきことを明かす。
四　正しく夫人通じて去行を請することを明かす。
五　正しく世尊広く浄土を現じて前の通請を酬《こ》たへたまうことを明かす。
六　正しく夫人総じて所現を領して仏恩を感荷することを明かす。
七　正しく夫人別して所求を選ぶことを明かす。

八　正しく夫人別行を請求することを明かす。

愚痴る韋提希から、無憂悩処をと通請し、仏の光台現国をうけて極楽世界の阿弥陀仏所を別選する韋提希まで、その間ついに仏の御口から言葉は発せられてはいない。韋提希の一方的な語りかけに終始している。しかしそれが単なる韋提希の独白でなかったことは、愚痴から通請へ、通請から別選へという韋提希の廻心そのものが物語っているであろう。

愚痴が通請となる、また通請が別選へといいあてられてくる、その間の展開は、まことに前後隔絶している。愚痴をどこまで続けてみても、愚痴を出ることはないのだ。もし愚痴を徹底して続けてさえいれば、やがて自ずと請求《もとめ》る心へ展開していくというのであれば、人間、話が簡単にすぎるであろう。愚痴という世間心をどこまで拡張してみても、宗教心につながるということは絶対にありえないのである。経典記述の相の上から見ればただ韋提希の言葉が切れ目なく続いているにすぎない経文を前後に裁断し、前半を厭苦縁の結び、後半を欣浄縁のはじめとして、その間につながりえない断絶のあることを注意した善導大師の凝視には、まことに深いものがある。

世間心より宗教心への道は、徹底してたまたまなる縁を待たなければならない。斯くすれば斯くなるという予定された筋道はどこにもない。縁はまことに微妙なゆらめきであり、遇（あ）うということはまことに遇（たまたま）なる事実なのである。遇うてみればとおくその宿縁の一切が、どれ一つが欠けてもこの現実は成り立ちえなかったであろうという必然の糸に結ばれて慶ばれてくるのであるが、しかし遇う前にあれがその縁だぞというような予告は何一つあたえられてはいない。何がその縁であるか、一刻の油断もならないのである。だから縁の重大性を知る人の心は、生活に油断がないのであろう。そして今、一般の『観経』解釈を破ってまで序分を長くとり、それを三序六縁と細分して注意した善導大師こそ、もっとも深く縁のゆらめき、現実性を感得していた人であったと、私には思えるのである。

二、愚痴と釈尊の沈黙

愚痴——現にそのことが我身の上に事実として起っているのにしかもそれを納得しえないでいるその姿は、人間構造の本質そのものに深く根ざしたものなのであろう。身はもろくも事の成りゆきにしたがってゆくというところに人間の世間的な凡夫性があるのであるが、しかも人間には、そのことを拒む心もうごめいているのである。つまり愚痴は、人間の心をして事実の動きから遊離せしめている愚かさなのではあるが、同時にそれは、眼前の事柄を越えて無限絶対なるものを求める無意識な志向性をもその中に秘めているのである。もしも愚痴が徹底して人間の愚かさをしか証明しないのだとしたら、けっして愚痴ることなく事実の動きに随順してゆく動物の方がよほど秀れていることになるであろう。愚痴ることがあるというところに、動物性と神性との両面に足をつけて立つ人間の特性があらわれているとすらいえるのである。ただ悲しいことには、人間いたずらに愚痴に流されているばかりで、愚痴という形でうごめいている願いそのものにめざめ、あるいはめざめしめる善き人にめぐり遇うことがあまりにも稀なのである。

安んじて愚痴をいうことのできる人をもっているということは、人間として幸せなことに違いない。世間のいったいどれだけの人が、自分の苦悩をその重みのままに、心底から愚痴れる相手をもっているだろうか。

見仏世尊と言うは、これ世尊宮中にすでに出でて、夫人をして頭をあげて、すなわち見せしむることを致すことを明かす。（「序分義」真聖全一、四八三頁）

という善導大師の言葉は、もちろん韋提希が見仏世尊しえたことがまったく仏の他力廻向によることを明かされたものではあるが、それはそのまま、言葉を幾重にも積み重ねたこの表現によって、かくも徹底した愚痴をいうことのできた韋提希の僥倖を強調されたものともいえるのである。逆にいえば、韋提希をしてここまでその愚痴をつくさしめたというところに、釈尊の沈黙の深さがあるのであろう。

思いもかけず釈尊の温容に接した韋提希は、挙身投地し、号泣向仏する。

これすなわち、歎き恨む処ふかくして、さらに礼拝威儀を事とせざるなり。（中略）これ夫人仏前に婉転し悶絶し号哭することをあかす。（「序分義」真聖全一、四八四頁）

その愚痴は悲泣の極まりにおいて韋提希の分別を破ってほとばしりでた言葉であったから、釈尊その人を叩きののしるまでにいたるのである。即ち「世尊また何等《なんら》の因縁ましましてか、提婆達多と共に眷属たる」（聖典九二頁）と。

その言葉をうけられた釈尊は、しかし、変わらぬ深い沈黙のままにおられる。人間幸いにして愚痴を吐き出す相手をもっている時でも、適度の慰めの言葉か、人格的な包容力によって、気を晴らさせてもらうのがせいぜいであろう。しかし気晴らしが所詮気晴らしでしかないことは、つまりそのことが自己の業を真に生き抜く活力となりえないことは、生活の事実がすでに教えてくれていることである。

しかし釈尊は沈黙のままにおられた。その沈黙は、釈尊自身の懺悔、阿弥陀仏への礼拝憶念の姿でもあったのである。もしそうでなかったならば、機教相応・二尊一致の教であるといわれる『観経』の説法も、つづまるところ、諸師方が指摘したように、たんなる方便、要するに猿芝居にすぎないことになるであろう。提婆と従弟であるという釈尊の身の事実は、韋提希の問題に対して第三者であることを許さない。さらに提婆と師弟であるという関係は、教化者としての限界を釈尊に迫ってくる。その事実が、釈尊をして韋提希の問題をその問題の重さのままに忍受せしめ、ともに本願を憶念せしめずにはおかなかったのであろう。

仏陀の深い沈黙の中に自分の声がのみこまれていった時、韋提希は思わず言葉をのむ。釈尊の沈黙と韋提希の絶句と。自分の心底からあふれでた言葉が深い沈黙の中に何の反響音もなしにのみこまれてゆく時、その沈黙は鏡となって逆にその人自身を照らし返してくる。その時は、言葉がただとぎれたのではない。たとえば人は自然の美にふれえた時ですら絶句し、言葉をのみこむ。そして人がその沈黙から出て、「ナント美しい」と叫ぶ時には、すでに彼は自然に向かって、自然の外側に立ってしまっているのである。そのように、自然との場合ですら、まことのふれあいというものは、沈黙においてあらわれるのである。ましてや人との、さらには法との出会いというものは、必ず沈黙を通してのみ成就する。たとえば『歎異抄』の中の二つの対話、十余カ国の境を越えてはるばる尋ねきた関東の人々を前にしての宗祖、そして第九条の唯円に応えていられる宗祖と、その宗祖の言葉のもとには深い沈黙があったはずである。もしもその時、えたりや応と唯円の言葉に飛びついて「親鸞もこの不審ありつるに、唯円房おなじ心にてありけり」などといわれたのだとすれば、そんな尻軽な言葉が唯円の心をうち、今に伝わるはずもあるまい。時間の長短は問わず、問う者と答える者と、ともに深い沈黙の中で対面したが故に、そこに互いに本願を身に確かめるという事業が成就したのである。

ともあれ、善導大師がきびしく注意されたように、韋提希の転身は、仏をすらも陳訴してしまった言葉のあとの沈黙の中で、はじめて行なわれたものであった。仏をすらも陳訴する、それは挙身投地・号泣向仏の深さのあらわれであり、それ故に、その言葉がのみこまれたあとに見出された沈黙の深淵は底なしに深いのである。それはもはや韋提希がその内心に見出したというようなものではなく、まったく厳然たる事実として韋提希自身を呑みつくしてしまった深淵である。つまり彼女は、深淵というものをみたのではない。そうではなくて深淵における彼女自身をみたのである。外側から深淵をこわごわのぞきこんだ、ただそれだけのことならば、深淵から目をそむけ遠ざかれば事足りる。しかし事実は、目をそむけるにもそむけようはなく、遠ざかるにも去くべき場所とてないものとして深淵を見出したのである。即ち、深淵としての自己発見は、この世そのものを濁悪処として目ざめた心であったのである。

三、憂悩の底にある願い

唯、願わくは世尊、我がために広く憂悩《うのう》なき処《ところ》を説きたまえ。我当《まさ》に往生すべし。閻浮提《えんぶだい》・濁悪世《じょくあくせ》をば楽《ねが》わず。（『観無量寿経』聖典九二頁）

この一段を善導大師は、通請所求と定義された。通請とはこの場合まず、無憂悩処ならばどこでもよいという漠然とした願いであることを示すのであろう。しかし、通請・漠然とした願いというこの不思議な表現は何を意味しているのであろうか。

　韋提希は、釈尊との沈黙における対面をとおして無憂悩処を求めずにはおれなくなる。しかしそれは、韋提希の分別、言葉を破った沈黙の底でふれることのできた願いであった。だからそれは、確かに韋提希の心に目覚めた願いではあったが、しかし韋提希の分別、言葉を越えた願いであったのである。もうそれに生きるほかないという相《すがた》で韋提希の中にたしかにその願いがうずいているのであるが、しかも韋提希自身それと具体的にはいいあてることのできない、したがって韋提希自身解決のつかない願いなのである。日常、我々は数々の願いをもち、そしてそれが成就しえないことに悩んでいる。しかし同時にまた、あれこれの願いが成就してもなおかつ、いっかな満たされることのない心のあることも、疑いようのない事実である。そしてそれはおそらく、そのような日常の願いが、今この現時点において自分に欠如しているもの、さらにいえばあの人はもっているが私にはないというように、それが自分に欠如していることを意識できるものをのみ求めていることによるのであろう。実際、どれだけ広大な夢をえがいたといっても、人間の思いえがく夢などというものはまことにつつましいものでしかない。未来に描く夢の材料そのものが、所詮、何らかの形で現在の自分の手許にあるものでしかないのであるから。結局人間は、自分の尺度を離れられないものなのだ。毎日十円玉をもらって駄菓子屋に行くのを楽しみにしていた三つの子どもに、ある日百円紙幣をふんぱつしてやったところ「こんなものいらん。丸いのちょうだい」と紙幣を放りだしたことがあったが、その子にとっては十円玉こそがもっとも確かな現実であり、その子の世界は十円玉で描かれた世界であって、彼の分別を越えた百円紙幣などは、かえって頼りなく無内容に思えたのであろう。

　そしておそらくは、我々大人と称するものもまた、その人生においてはこの子どもと同じ愚かさを行っているに違いないのである。人をしてまことの幸せに目ざましめる法は頼りなく無内容に思え、自分の意識にうなずける現世的なものばかりをもっとも具体的な利益として、いたずらにありがたがっているのである。だから人間の願いを人間的に成就してきたその全体が、所詮流転の内であったのである。欲望がもっとも充足した天上界も、濁悪処・六道の内であることにおいては、欲望からもっとも引き裂かれた悲惨な地獄と同類なのである。だから天人たちは、いまや死なんとするその友に向かって「今度生まれる時はもっとよい処に生まれ、もっとよい目をみよ。よい処とは人間界であり、よい目とは仏陀の教えを聞くことである」（イテ・ウッタカ抄）と告げずにはおれないのである。

人間界は意識の世界であり、憂悩多き世界である。現生にあって明日を、老後を、そして死後までをも愁憂し、思い患う存在なのである。しかし実は、その憂悩＝問いと、六道の輪廻を断ち切る真理を求める心と、その二つは決して別なものではないのであろう。智慧あるものがあたかも牢獄に囚われているような思いで憂い悩んでいる時、その同じ環境を、愚かなものはまるですばらしい夢の国にいるかのごとくに有頂天に喜び楽しんでいる、という『正法念経』の経説は、その間の機微をとらえられたものともいえよう。問い、疑う心は、そのまま求める心である。日常生活にあって日々感じている憂悩のその底に、実は流転を断ち切る願いがすでに胎動しているのである。

しかしそのような願いが、六道の内なる存在にただちにいいあてられるものではない。そしてまた、人間がもしも人間的立場のままでその願いをとらえるならば、もうその時には、その願いもたんなる世上の俗な願望の一つに転質してしまっているのである。実際、「出家最後の怨は名利より大なるものはなし」と源信僧都が悲歎したように、人間の分別心は仏道をすらも人間の名利の道にすりかえ、現世的欲望追求の道にしてしまうものである。そのことからいえば、はからずも私の内に胎動してきたところの、私の分別を越えた願い、即ち通請を、ふたたびもとの人間分別の掌中にひき戻すものこそが、回《かえ》り来れと叫ぶ群賊悪獣であり、よく分別を突き破ってその通請を確かめ、白道を歩ましめるものこそが善知識とよばれるべきものなのであろう。そして、たまたまにしてそのような善知識に遇い、その通請に生きた姿のもっとも深いあらわれが、法蔵比丘の発願であり、韋提希の通請から別選への歩みであり、さらには天親・曇鸞二師の「軽からざる願」に生きられた姿なのである。実際、「汝自ら当に知るべし」と説く世自在王仏に「斯の義弘深にして我が境界にあらず」とこたえた法蔵比丘の「非我境界」の文字、また天親菩薩の『願生偈』巻頭の「世尊」の一句を「所願軽からず、もし如来威神を加したまわずば、まさに何をもってか達せん」（『浄土論註』真聖全一、二八二頁）と釈した曇鸞大師の「所願不軽」の文字こそ、通請の意義に目ざめ、真にそれに生きんとするものの言葉であるといえよう。

私の中に私の分別、能力を越えた願いが胎動している。いいかえれば、人間は人間を越えた願いをもつことのできる存在であるということは、まことに驚くべきことである。その願いは、目的を達成しえてはじめて満足しうるような願いではなく、その願いに目ざめえたということ、そのことがもう私の成就であるというような、そういう願いなのである。そして仏者とは、その願いに自ずから目覚め、そのことによって一切の人々の中にその願いのあることを知らしめたもうた存在である、ともいいうるのであろう。

四、仏意の目覚め

人間を越えた願いに目覚め、その願いに生きた希有な例が、法蔵比丘の発願であり、韋提希の通請から別選への歩みであった。しかもその法蔵比丘の発願に先立って世自在王仏の御許での聞法歓喜があり、韋提希の歩みには終始仏との沈黙の対話があったのである。つまり法蔵比丘の発願は、聞いてうなずかしめられ、歓喜せしめられた法そのものの運動であったのである。もしも聞法歓喜以前の発心であるならば、それはたんなる人間的計画を出ないであろう。またそのもとに沈黙における対話がなかったのならば、韋提希はもっと現世的な願いをしか発さなかったであろう。しかも世自在王仏が法蔵比丘の求めにこたえて、「すなわちために広く二百一十億の諸仏刹土の天人の善悪、国土の麁妙を説きて、その心願に応じてことごとく現じてこれを与」(『無量寿経』聖典一四頁)えられたように、釈迦牟尼仏もまた韋提希に対して十方仏国を一一に顕現して見せしめたまい、「かの所須に信《まか》せて、心に随って自ら選ばしむ」(「序分義」真聖全一、四八六頁)るのである。韋提希の心の求めるところに信《まか》せるとは、まさしく相手の心を信じることなのである。いいかえれば韋提希をして随心自選せしめるところの光台現国は、仏の韋提希への願いの深さの輝きなのである。また、仏陀の眉間の白毫相は随喜心の徳をかたどるものであるという『大集経』の説にしたがえば、厭苦縁から欣浄縁への間の釈尊には、一貫して懺悔・礼拝憶念があるのであろう。つまり、韋提希の選びと運命を共にしようとされる仏陀の、その全存在を賭けての光台現国は、まさしく仏陀の沈黙そのものの表現なのである。それ故に、その沈黙の表現の中において韋提希もまた釈尊と同じく、「弥陀の本国四十八願」を礼拝・憶念するに到るのである。

別選は、通請として心の中に芽生え胎動してきた願いをいいあてた言葉である。しかもそれは、ただたんに仏の言葉にしたがったということではなかった。もしただ言葉に左右されたのにすぎないのであるならば、たとえそれが仏陀の言葉であろうとも、やはり己れを失っている相でしかない。言葉を越えた沈黙の中での出会いであったが故に、言葉の底なる仏意に目覚めえたのである。仏意に目覚めえた韋提希の別選である。

いうなれば、すでに阿弥陀仏処に目覚めえたが故に、韋提希は阿弥陀仏処を選びえたのである。阿弥陀仏処に未だ目覚めることなしに、それを求めたにすぎないのならば、所詮現在の不満を満たすために浄土を求めたのにすぎないことになるであろう。修道に先立って法との出会い・見道があるように、別選そして得忍に先立って見土があるのである。聞法歓喜された法の運動が法蔵比丘の四十八願の選択であったように、仏力による見土の歓喜が韋提希の別選であったのである。

善導大師は、

　これ夫人総じて十方の仏国をみるに、並びにことごとく精華なれども、極楽の荘厳に比せんと欲するに、全く比況にあらざることを明かす。（「序分義」真聖全一、四八六～四八七頁）

と述べている。しかもその「全非比況」の言葉は、「定善義」に至っても再び「自余の衆行はこれ善と名くといえども、もし念仏に比ぶれば、全く比校に非ざるなり」（真聖全一、五二一頁）と再説されているのである。

阿弥陀仏処は諸仏の国土よりよいのではない。あれにしようかこれにしようかと、韋提希は外から選びわけたのではない。十方諸仏の国土を観見するその求道において、諸仏国土をして諸仏国土たらしめている願意にふれ、その願意によって選ばしめられたのである。即ち善導大師が、

　悲智双行してすなわち広く甘露を開く。これによって法潤あまねく群生を摂するなり。諸余の経典に勧むるところいよいよ多し。衆聖心をひとしくして皆同じく指讃す。この因縁あって、如来ひそかに

夫人をつかわして、別して選ばしむることを致す。（「序分義」真聖全一、四八七頁）

と讃嘆するところである。

いわば「全非比況」とは、包むものと包まれるもの、現象と根拠との関係をあらわすのであろう。次元の差異である。現象・包まれてあるものを選び取るならば、それがどれだけ秀れたものであろうとも、模倣の域にとどまってしまうであろう。いわゆる善知識頼みである。それぞれにそのもっている業の本来をかがやかしてある諸仏浄土をして、そのごとくあらしめている光そのものに生きたが故に、韋提希もまたまさしく「広開浄土之門」の事業を成就した諸仏として、共に光明の中に感応し合ったのである。

師子身中の虫

父をとおして、いつとはなしに諸先生方のお話を聞く場に親しまされていた私にとって、曾我先生とはじめてお会いし、そのお話をお聞きしたときの記憶というものは、まことに曖昧模糊として定かではない。ただ、先生についての個人的な想い出ということになると私には私なりにいろいろなことが思い出される。なかでも、昭和三十六年の四月、宗祖七百年御遠忌の記念として、比叡山ホテルを会場に、先生と鈴木大拙・金子大榮両先生との間で行われた座談会のときのことなどは、忘れられない想い出として残っている。係りとして三日間をともにすごさせてもらったのだが、あれはその何日めであったか、一階にあった食堂での会食を終わり、曾我・金子両先生をそれぞれのお部屋にご案内しようとしたときのこと、たしか二階にお部屋があった金子先生に、その方角などを説明するためエレベーターからでて廊下でまごまごしているうちに、自動装置がはたらいて、エレベーターの扉はスーッとしまり、曾我先生一人をのせたまま一階に逆もどり。びっくり仰天して、傍にあった階段をころげるように馳け降りて、私が一階エレベーターの扉の前に立つのと、その扉がスーッと開いたのとがほとんど同時であったが、そのときの先生、目をカッと見開き、エレベーターの真中に直立不動の姿勢で立っておられたのである。その緊張を緊張のままにあらわにして、凝然として直立していられた先生には、不思議な迫力があったのを憶えている。それは、一点のあいまい性も、てらいもない人の、存在の確かさというようなものであった。

私には、先生の教学の全貌を見渡すことなどもちろんできないし、その文章のすじを追うことすらおぼつかないのだけれど、ただ一つ、先生のお書物を読むたびに感じることは、その言葉の一語一語がもっているどっしりとした存在の重さというようなものである。そして、そのたびに思い合すのは、学生時分に、ひじょうに鮮烈な印象をもって読んだ先生の文章の一節である。それは初期の著作集『地上の救主』のなかにある一文の結びの一節である。

されば信仰生活は孤立の生活、奮闘の生活である。われ自我を忘れて浅き夢幻の生活を営む時、四海同胞の趣きがある。然るに一度自我意の生活に入る時、われは初めて独生独死の天地に入り、四海皆敵となりたのである。古今の諸師は皆師子身中の虫である。われは唯一人空曠の荒野をたどりて西に向いて進みつつある旅人である。かくて古今の諸師を挙げてその敵とし、静に釈迦弥陀の二尊に依りて出離の途を開かんことを求め給ひしは我が善導大師である。(1)

善導大師のうえに「個性に対する教」の顕現をみておられるこの一文は、まさにそのまま、先生がその身に実験せられた二河白道の歩みを表現されたものなのであろう。当時、学生として、仏教を学ぶということにまことに幼稚な先入感をもっていた私は、この一語一語に驚天動地の驚愕を感ぜしめられたのである。

まことに「古今の諸師は皆師子身中の虫」なのであった。外から迫ってくる障難に対しては、未だ人は勇気をもって立ちむかうこともできる。それどころか、その障難によってようやく自分の歩みが支えられていることすらあるものである。事実、その障難が消滅すると、それまでの自分の努力の目標をも同時に見失い、意欲をもなくしてしまうのが、我々の奮闘の生活でもある。その意味に於ては、外なる障難は、自我意の歩みを押し進めてゆくための跳躍板のはたらきをもしているものなのである。

ふりかえって、我身の在り様を思ってみるとき、たしかに、独去・独来であるべきはずのその歩みを曖昧なものにしてしまっているものは、まわりに繰り返されている古今の諸師の言葉である。もとより、古今の諸師の言葉は、時に厳しく鋭く、時にやさしく諄々と、真実を我々に語りかけてくださっているのである。ただ我々は、その言葉に感銘し、その言葉にひたっているうちに、いつしらず、師が生涯賭けて確かめてこられたその言葉をもって、ただちに自分自身の歩みであったかのごとくに思い誤まるようになるのである。師に慣れるということは、求道生活にとってもっとも致命的なことである。そのとき人は、自ずからの身で聞きひらき、確かめるという姿勢を忘れるからである。そして、なにかによって追いつめられると、たちまち師の言葉ににげこみ、もたれかかり、すがりつくのである。さらに救いがたいことには、そのように師の言葉にかくれて浅き夢幻の生活に堕していきながら、自分自身は、自覚の道を歩んでいるかのごとく自負しつづけるのである。

師の言葉と自分自身の言葉と、その区別がもはや自分にも判然としなくなったとき、人はまさしく無人空曠の沢にあるのである。真に出会うべき人を見出さず、したがって、自分自身もまた曖昧なものとして、その存在を見失うのである。善導大師みずからは、この無人空曠の沢を「常に悪友に随いて真の善知識に値はざるに喩う」と釈されているが、その悪友とは、自己弁護の道をすすめるものというべきであろうか。我々が、みずからの歩みの曖昧性、不徹底さを、師友の言葉で蔽いかくし、とりつくろおうとするとき、その師友は、悪友であり、群賊悪獣に他ならない。もとより師友であるその人たちの責任ではない。魔といい、群賊悪獣といい、悪友といい、それは、師友を縁としてえがきだしたみずからの精神の不徹底さであり、弱さである。まことに求道の歩みは、「古今の諸師を挙げてその敵」とするところに、真の一歩があった。信仰の道こそは、一切の妥協を排して決断される、真に主体的な歩みであった。そして実は、曽我先生の文章がもっている、意味理解をこえて人々を打つ力というものは、それがそのような真に主体的な歩みのなかから云いあてられた言葉であることによるのだと、私には思えるのである。

ただしかし、そのようには強い歩みを歩めない私には、あらためて問題になってくるのであるが、果たして一体なにによって、「古今の諸師は師子身中の虫である」と言いきるまでの自己徹視のきびしさは培われ、持続せしめられるのであろうか。或は亦、その歩みが独善的・観念的なものに転落してしまわない一点は、果たしてどこで確保されうるものなのであろうか。一切の妥協を排して歩もうとすれば閉鎖性を免れず、閉鎖性を破ろうとすればその主体性がまことに曖昧なものになる。そんな事実のなかで、そのことが今も猶問いのままに残っているのである。

註

（1）『曾我量深論集』第二巻『地上の救主』の中の「宗教の双眼なる信及び教」八六頁（丁字屋書店）『曾我量深選集』第二巻「宗教の双眼なる信及び教」二〇四頁（弥生書店）

『九州大谷研究紀要』掲載論文

等活地獄考 ―岩本泰波著「無明の深坑」批判―

一、現代における地獄

雑誌『実存主義』第五十六号は、特集テーマに「地獄」をとりあげている。編集後記において吉沢伝三郎氏が、

> 地獄というような、何か古めかしくもあり、また超現実的とも見える主題が、本誌のような性質の雑誌において、その特集テーマとなるということ、いやなりうるということは、われながらいささか考えさせられる問題です。ごく大まかに考えてみて、現代は地獄という思想が、私たちの気付かぬうちに、再びなんらかの現実的な意味を回復しつつある時代、いやそうあらざるを得ない時代であるからだ、とでもいえるのでしょうか[1]。

と記しているように、地獄という言葉は、今日、再び、我々の生活現実の何かを云いあてる言葉としてよみがえってきているようである。

扨、その雑誌『実存主義』第五十六号の巻頭に載せられている「無明の深坑―仏教における地獄試論―」と題された岩本泰波氏の論文は、すでに論題が示しているように、

> 人間は自らの現在が、どのように深い罪業のうちに在るかを全く覚《し》らない。その不覚の深坑が発《あば》き出されたものが地獄なのである。それゆえに地獄は、人間の棲息する現実の大地の底深きところに在る

と表象せられる。その深さは、言うまでもなく、無知不覚の深さである。「等活」↓「黒縄」↓「衆合」↓と低下して「欲界最低の処」にあるといわれる「無間（阿鼻）地獄」にまで下降して、罪業の自己と出会うために地獄の表象は説示せられるものと言わねばならぬ。(2)という視点に立って、第一等活地獄より第四叫喚地獄までの教説の意義を問われたものであり、多くの示唆に富んだ論文である。

ただしかし、なかにおいて、岩本氏が「殺生↓偸盗↓邪淫↓妄語↓……と常識においては罪質は軽減するとも見えるものが、地獄の業苦は逆に累加される所以はどこにあるのか」という問いを出し、それに応えて、その次第をみるに「その罪の干犯には、次第に人間の「意志」の参加の可能性が漸次に加わりうるもののようである」こと、「罪の重さが犯さんとする意志にかかわって深化する」ものであることを指摘し、それ故にこそ一見「常識に反すると見える経説の含意も理解せられるようである(3)」とされていることは、仏教における地獄の教説の真意を誤まつものとして、納得しがたいものを感じる。以下は、岩本氏の論文に触発されての、私の地獄試論である。

二、罪業の無底性をあばく地獄

地獄の名として、とくに親しいものは、等活↓黒縄↓衆合↓叫喚↓大叫喚↓焦熱↓大焦熱↓無間と次第する、いわゆる八熱大地獄の名であるが、その八熱大地獄に堕ちるべき業因として挙げられているところのものは、諸経論において必ずしも一定していない。今それら諸経論の教説を綜合整理する位置にある源信の『往生要集』においては、第一等活地獄より第七大焦熱地獄に至る前七大地獄は、殺生・偸盗・邪淫・飲酒・妄語・邪見・犯浄戒尼の七罪が、その次第のごとくに倍増してゆくものとして述べられている。即ち、等活地獄は殺生の一罪をその業因とし、第二黒縄地獄は殺生と偸盗の二罪を、そしてそのように次第に倍増して、第七大焦熱地獄は七罪のすべてをその業因とするのである。それに対して、最後の第八阿鼻大地獄に堕ちるべき業因については、『観仏三昧経』によるとして、「五逆罪を造り、因果を撥無し、大乗を誹謗し、四重禁を犯し、虚しく信施を食へる者、此の中に堕す。[4]」と記されているのである。

この『往生要集』の文においてまず注意をひくことは、前七大地獄と第八阿鼻地獄との関係である。即ち前七大地獄は、その業因も、七罪がその次第のごとくに倍増してゆくのであるから、いわば、殺生罪を中心として七罪が同心円的に次第に拡大されてゆく関係にあり、したがって『往生要集』には、前七大地獄における受苦の相を、たとえば第二黒縄地獄において先の「等活地獄、及び十六の別処の一切の諸苦を十倍して重く受く」るがごとく、「後の五の地獄（即ち、第三衆合地獄より第七大焦熱地獄まで）は、各々、前々の一切地獄の所有の諸苦をもって、十倍して重く受くること、例して応にこれを知るべし[5]」と説かれているのである。ところがそれに対して、最後の第八阿鼻地獄においては、

前七の大地獄、並及に別処の一切の諸苦をもって一分と為んに、阿鼻地獄は一千倍して勝れり。このごとくなれば、阿鼻地獄の人は、大焦熱地獄の罪人を見ること、他化自在天処を見るがごとし。[6]

と記されている。それは、前七大地獄と第八阿鼻地獄とは、すでにそのうけるべき苦において、比較を絶し、次元を異にすることを示すがごとくである。

このことに注目し、さらに、阿鼻地獄に堕ちるべき業因について、前七大地獄に共通する七罪の名が消

されて、ただ五逆・謗法のことをのみ挙げられていることに注意するとき、そこに思い合わされるのは、曇鸞が『浄土論註』上巻・八番問答の第五問答において、「このごときらの計（謗法）は、但これ已れが事なり。衆生において何の苦悩ありてか五逆の重罪に踰《こ》えたるや」と問い、答えて、

もし諸仏・菩薩、世間・出世間の善道を説きて衆生を教化する者なくば、豈に仁義礼智信あらんことを知らむや。このごとき世間の一切の善法皆断じ、出世間の一切の賢聖皆滅しなむ。汝、但、五逆の罪の重たることを知りて、五逆罪の正法なきより生ずることを知らず。この故に、正法を謗する人、その罪最も重し。(7)

と述べていることとである。

この場合、五逆罪は七罪の究竟相であり、ともに、生活の中にあらわれる罪業の具体相であるのに対し、謗法はそれら具体的な諸罪がうみだされてくる根源をあらわす名として押さえられているのである。即ち、七罪及び五逆罪は、個々の具体的な行為についての罪であり、その意味で世間道における罪であるのに対し、謗法の罪は、存在そのものの根底にまでかかわる罪であり、出世間道における罪であるともいえよう。ともあれ、もし地獄の教説が、岩本氏のいわれるごとく、我々の罪業の不覚をあばきだし、それを自覚の明るみにまでもたらすものであるとするならば、七罪に代表され、五逆罪として究竟する諸罪業の自覚も、謗法の自覚にまで深められるときはじめて徹底したものになるのであって、もしそのことがなければ、七罪・五逆の自覚といっても、それはいわゆる倫理的慚愧、日常的反省、後悔の域をついに出るものではないのであろう。

しかも『正法念処経』によれば、阿鼻地獄は、

頭面は下に在り、足は上に在り。堕ちんと欲する時に臨み大力の火焔、抖擻し打壊し、二千年を経て皆下に向い行くも、未だ阿鼻地獄の処に到らず。阿鼻地獄は、このごとく下に向うも、中間に在りて未だ往到すべからず。阿鼻と謂うは、阿鼻地獄は欲界の最下にして、此の欲界より色界に上り行き、このごとく乃至阿迦尼吒にして、両界已上、更に処あることなく、阿鼻地獄も亦復このごとくして、下に更に処なし(8)。

という。即ち、阿鼻地獄は欲界最低処にして、しかも亦無底の世界なのである。そして、その阿鼻地獄の無底性は、亦そのまま罪業の無底性をこそあらわすものであろう。人は遂に地獄を出ずる節をもたぬものなのである。いいかえれば、無有出離之縁の自覚としてのみ、地獄ははじめて、まさしく地獄たるの意味、その地獄性の全貌をあらわにするのである。即ち、罪業の自覚は、自《み》ずからの罪業の無底性の自覚としてのみ現実となるのである。そして、その罪業の無底性とは、我々の「意志」よりもはるかにふかく、我々の在り様そのものが罪業性に染汚されて在ることを意味するものなのであろう。

しかも、このような阿鼻地獄の意義からふりかえってみるならば、罪業の無底性をあばくものこそ地獄の教説であるということは、すでに第一等活地獄の上にもあらわされているのであり、しかもそのことをもっとも端的にしめしているものが、その「等活」の名であることを知らされるのである。

三、第一等活地獄の相

第一等活地獄の相について、源信はその『往生要集』において、『大智度論』『瑜伽師地論』『諸経要集』などの文意によるとして次のように描写している。
初に等活地獄とは、この閻浮提の下一千由旬にあり、縦横一万由旬なり。この中の罪人は互いに常に害心を懐けり。もしたまたま相見れば、猟者の鹿に逢えるがごとし。各々鉄爪をもって互いに劚み裂く。血肉すでに尽きて、ただ残骨のみあり。或は獄卒、手に鉄杖・鉄棒を執りて、頭より足に至るまであまねく皆打ち築くに、身体破れ砕くること、猶し沙揣のごとし。或は極めて利き刀をもって分分に肉を割くこと、厨者の魚肉を屠るがごとし。涼風来り吹くに、尋いで活《よみが》えること故《もと》のごとし。欻然として復起き、前のごとくに苦を受く。或は云く。空中に声ありて云く。この諸の有情、還《また》等しく活えるべしと。或は云く、獄卒鉄叉をもって地を打ち、唱えて活々と云うと。このごときらの苦、具に述ぶべからず。(9)

この「等活」の意義について、岩本氏は、
死はここで、「ひとたび」ではなく、はてしない反覆の苦悩として描かれている。復「活」してまた、再び前と「等」しい苦しみに打据えられて、繰返し繰返し、「殺戮」の被虐者とならねばならぬと言う。これは、まさしく、「殺生」が、一つ一つの厳然たる「生」の抹殺であるという重大な事実を忘却する人間の現実を照射するものであろう。（中略）「即時に平復して復たび苦毒を受く」という限りない「繰返し」としての「等活地獄」の応報は、ついに「生命」を覚知することなき、無明の相貌を痛ましく照明しつづける。(10)

と述べていられる。
しかし、はてしない反覆の苦悩としてのこの「等活」とは、はたしてそのように「殺生が一つ一つの厳然たる生の抹殺であるという重大な事実を忘却する人間の現実を照射するもの」なのであろうか。

すでにふれたごとく、『往生要集』が、前七大地獄に堕ちるべき業因として、殺生・偸盗・邪婬・飲酒・妄語・邪見・犯浄戒尼の七罪がその次第のごとくに倍増してゆくものとして述べ、最後の阿鼻地獄に堕ちるべき業因としては「五逆罪を造り、因果を撥無し、大乗を誹謗し、四重禁を犯し、虚しく信施を食べる者、此の中に堕す」と述べているのは、多く『正法念処経』の所説に依るものであった。[11] もっとも、『正法念処経』にあっては、堕第八阿鼻大地獄の業因としては五逆の者を挙げるのみであって、それに撥無因果・誹謗大乗など謗法のことを加えるのは、『往生要集』自身に註されているごとくに、[12]『観仏三昧海経』の文によることである。[13]

それに対し、たとえば『長阿含経巻第十九・世記経』には、八大地獄の業因として、次のように述べている。

爾の時に世尊、即ち頌を説いて曰はく。身に不善の業を為し、口・意も亦不善なれば、斯れ想地獄に堕するなり。怖懼して衣毛竪つなり。悪しき意《こころ》、父母、仏、及び諸声聞に向はば、則ち黒縄獄に堕するなり。苦痛称すべからず。但、三悪業を造りて三善行を修せざれば堆圧地獄に堕するなり。苦痛称すべからず。瞋恚の毒害を懐き、殺生の血もて手を汚し、諸の雑なる悪行を造るものは叫喚地獄に堕するなり。常に衆の邪見を習し、愛網に覆はれて、此の卑陋行を造るものは大叫喚獄に堕するなり。常に焼炙の行いを為し、諸の衆生を焼炙するものは、焼炙獄に堕するなり。長夜に焼炙を受くるなり。善果の業、善果の清浄道を捨てて、衆《もろもろ》の弊悪行を為すものは、大焼炙地獄に堕するなり。極めて重き罪行を為すものは、必ず悪趣の業を生じ、無間地獄に堕するなり。罪を受くること称すべからず。[14]

又『大智度論』には次の如く記されている。

活大地獄、（中略）衆生宿行の因縁を以て、好んで物の命、牛・羊・禽獣を殺し、田業・舎宅・奴婢・妻子・国土・銭財の為めの故に相い殺害す。この如きらの種々の殺業の報の故に、此の劇罪を受く。黒縄大地獄、（中略）此の人宿行の因縁にて、忠良を讒賊し、妄語・悪口・両舌・無義語をもって、枉《ま》げて辜無きを殺し、或は姧吏と作って、酷く暴く侵害す。この如きらの種々の悪口讒賊の故に此の罪を受く。合会大地獄、（中略）此人宿業の因縁にて、多くの牛馬・猪羊・麞鹿・狐兎・虎狼・師子・六駮・大鳥・衆鳥を殺し、この如きらの種々の鳥獣を多く残賊するが故に、還って此の衆の鳥獣の頭来って罪人を害す。（中略）叫喚大地獄、（中略）此の人宿行の因縁にて、皆、斗秤欺誑し、非法に事を断じ、寄を受けて還さず。下劣を侵陵し、諸の窮貧を悩まし、其をして号哭せしめ、他の城郭を破り、人の聚落を壊し、傷害劫剥し、室家怨毒し、城を挙げて叫喚するに由る。有る時は譎詐欺誑し、之を誘って出でしめ、復之を害す。（中略）大叫喚地獄中の人、皆、穴居の類を熏殺し、囹圄に幽閉し、或は闇烟窟中にて之を熏殺し、或は井中に投じ、他の財を劫奪す。是の如き等の種々の因縁に坐す。（中略）熱・大熱地獄、（中略）此の人宿世に父母・師長・沙門・婆羅門を悩乱し、諸の好人の福田の中に於て、悩まして心を熱せしむ。此の罪を以ての故に熱地獄罪を受く。或は宿世に生繭を煮、或は生きながら猪羊を炙り、或は木をもって人を貫いて、生きながら之を炙り、或は山野及び諸の聚落・仏図・精舎及び天神等を焚焼し、或は衆生を推して火坑の中に著く。是の如き等の種々の因縁にて此地獄中に生ず。阿鼻地獄（乃至）此の人宿行に多く大悪、五逆の重罪を造り、諸の善根を断じ、法を非法と言い、非法を法と言い、因を破り、果を破り、善人を憎嫉し、この罪を以ての故に此の地獄に入

り、罪を受くること最も劇し。(15)

このごとくに、『世記経』、『大智度論』などにあっては、そもそも前七大地獄と七罪との明確な対応はなく、またその対応を説く『正法念処経』にあっても、すでにみたごとくに、前七大地獄は七罪が同心円的に次第に倍増されてゆくのであり、したがって、たとえば殺生・偸盗・邪行(淫)・飲酒の業による第四叫喚地獄においても、その十六眷属地獄を説く一々において、

人有り、殺生・偸盗・邪行・飲酒を楽み行い、多く作さば、彼の人則ち叫喚地獄に堕ちて普声処に生る。殺・盗・邪行の業及び果報は、前に説く所のごとし。何者か飲酒なりや。(16)……

というように、先出の殺・盗などの業因を一々重ねて挙げているのである。

このことよりみても、「等活」の名を直ちに殺生罪にのみ結びつけて、殺生罪の本質を意味する名としてのみ理解することは、いささか短絡にすぎるようである。

四、阿鼻地獄の無間性

もともと、等活地獄の「等活」というその名の所以について、『大智度論』には、

宿業の因縁の冷風来り吹き、獄卒之に咄と喚べば、諸の罪人は還び活く。ここを以ての故に活地獄と名く。(17)

とあり、亦、『瑜伽師地論』には、

次で虚空中に大声発あり。この如きの言を唱う。この諸の有情、還りて等活すべし。還りて等活すべ

し、と。次で彼の有情、欻然として復起き、復由て前の所説のごとく苦を具し、更に相い残害す。この因縁に由て長時に苦を受く。乃至、先世に造るところの一切の悪、不善業を未だ尽くさず、未だ出でざるが故に、この那落迦を名けて等活となす。[18]

とある。

さらには亦、『大智度論』において、たとえばその第六熱・第七大熱地獄を語る一段においても、

羅刹鬼獄卒は、罪人を以て中に投じ、厨士が肉を烹《に》るが如くす。（中略）骨節は解け散じ、皮肉は相い離る。その已に爛るるを知って、叉を以て叉し出す。行業の因縁を以て、冷風吹いて活くれば、復炭坑の中に投じ、或は沸屎中に著く。[19]

と、「等活」のことが述べられ、或は亦、『世記経』にあっては、八大地獄、更にはその八大それぞれにおける十六小地獄を罪人が次々と経めぐることを述べるとき、その一々において、繰りかえし繰りかえし「其罪未だ畢らざるが故に死せざらしむ」、或は「余罪未だ尽きざれば、猶復死せず」と説かれているのである。[20]

これらの経・論の文によれば、「等活」のことは地獄の全体を通じて説かれてあり、――因に、先述のごとく八熱大地獄とそこに堕ちるべき業因を配対して述べている『正法念処経』にあっては、その第一地獄は単に「活」地獄と名付けられ、しかもその名の由来についてはなんら触れられていない。――又、そのごとき「等活」としての反覆の苦悩を受けしむるものは、「宿業の因縁の冷風」であり、「先世に造るところの一切の悪、不善業を未だ尽くさず、未だ出でざる」ことによるのである。

そのことより云えば、「等活」の名は「『殺生』が、一つ一つの厳然たる『生』の抹殺であるという重大

な事実を忘却する人間の現実を照射するもの」[21]ではなく、実は、どれほど苦しみ、慚愧し、どれほど償おうとも、「其罪未だ畢ら」ず、「余罪未だ尽きざ」ることをこそあらわす名であるとみるべきであろう。「還等しく活へる」ということに即していえば、それは、底なき苦悩の只中にあって、人が最後に夢みることのできる、休息としての死をすら奪うものの名なのである。そして、そこにあらわにされてくるものは、死すらもなんらその終末、償いとはならない罪業の深さである。まさに「其罪未だ畢らざるが故に死せざらしむ」ものこそが、地獄なのである。

もともと、死によって結末がつき、帳消しになるようなものならば、それは罪業と呼ぶほどのものでもないのであろう。一死もって罪を償う、という。しかし、死が罪の償いとなるのならば、人はすべて死するものであり、したがって究竟的には、人はなんら罪を畏れることはないことになるであろう。なぜなら、死は人間の手中ににぎられた最後の切り札であることになり、その死という切り札によって、人は最終的には罪に対して優位に立つこととなるから。

しかし、その死すらもけっして最後の切り札たりえないこと、死が真に死とならないことを自覚せしめられたとき、その罪業性は遂に逃れえぬものとして、人を圧倒する。幾度び死すとも、その罪業性は厳然としてその存在を貫ぬき、残る。そのことを知るときにはじめて、人は罪業性をまさしく罪業性として身に自覚するのである。「或は獄卒、手に鉄杖・鉄棒を執りて、頭より足に至るまで、遍く皆打ち築《つ》くに、身体破れ砕くること、猶し沙揣のごとし」[22]とは、まさに、罪業の重みに破砕された存在の悲惨を意味するものであろう。そして実は、そのような罪業の無底性を端的にあらわす名としてこそ、「等活」という名があるのであって、けっして「殺生が一つ一つの厳然たる生の抹殺である」ということを「照射」する名としてあるのではない。

さらにいえば、地獄最深所の第八阿鼻地獄のその無間性を、もっとも肉体的・具象的に表現するものが、地獄最浅所である第一等活地獄の名なのであり、逆に「等活」の事実をもっとも内にふかく内面化したものが「無間」の自覚なのである。人はまず「等活」――死をもっても償いえぬ身の事実として、その罪業性に目ざめるのであり、それは「無間」――無底性へのうなづきとして、はじめて、究竟的に自《み》ずからの罪業の重さを自覚せしめられるのである。

五、地獄に堕ちる業因

ところで『正法念処経』、及びそれに依る『往生要集』において、八大熱地獄に堕ちいるべき業因として数えあげられている、殺生↓偸盗↓邪淫↓飲酒↓妄語↓邪見↓犯浄戒尼↓逆謗のその次第は、たしかに、岩本泰波氏が指摘されるごとくに、世間の常識によってみれば、罪質の重きより軽きへの次第とみえる。にもかかわらず、地獄の教説においては、それぞれの業因によってうける業苦を、次第して累加されるとして説かれているのであるが、それについて岩本氏は、はじめにふれたごとくに、それらの諸業の次第は「次第に人間の『意志』の参加の可能性が漸次に加わりうる」ことによる序列を示すものであり、そして「罪の重さが犯さんとする意志にかかわって深化する」ものであるが故に、このような殺生・偸盗・邪淫の次第は、やはり罪の軽きより重きへの次第をあらわしているのであるとされるのである。そして、それ故に「『殺』が罪業であることの不覚は、殺さねば生きられぬ、いわば肉の生に直接する事実である。それは、余りにも身近に生に密着する」ものであり、人の意志をこえて、生の構造そのものよりして、犯さざるをえないものが殺であるが故にこれを罪の浅きものとして説かれているのであるとされるのである。[23]
しかし、このことについても亦、果してそのように云い切ることができるものかどうか、疑問が残る。
もともと、諸経・論において説かれているところの、地獄の教説において云われている殺生は、けっして、鳥・獣・魚などの生物にかぎるものではなく、明らかに殺人の意味をも含んでいる。もとより岩本氏もそのことには触れてはいられるが、しかし、それについても、

「殺さなければ生きられぬ」という事実は、人間と人間の相関の根底を貫く「生」の根源的形式である、(中略)平和を粧う面貌にもかかわらず「人生は戦いである」と人は内心深く想っている。一つの戦が終焉し、傷つき斃れ、後悔と絶望に悶えるとき、一たびは戦うことの悲惨と残虐を識知することであろう。しかし、次の瞬間にはまた、新しい状況の下に「皮肉」を復して、敵を求めては戦いを挑む心を秘めている。「不覚」の場にあるかぎり「生」は常に必ず「殺」の上に立つと想わないでは生きていけない。[24]

と、一貫して、同じ視点に立っていられるのである。しかし、たとえば次のごとき『正法念処経』の文は、必ずしも岩本氏の視点だけではとらえきれないであろう。即ち、

彼の殺生者にして、若しは善人、若しは受戒せる人、若しは善を行ずる人を殺し、他の衆生有りて衆生の想有るに、殺生の心有りて、その命根を断ち、此の業を究竟して心に悔を生ぜず、他に向って讃め説きて(ここまでは岩本氏も引文されているが、これに続く以下の文をなぜか省略していられる)、復更に作す。復他に殺を教え、殺を勧めて随喜し殺生を讃嘆し、若しは他をして殺さしめ、このごと

き癡人にして、自ら作し他に教えて罪業を成就せんに、命終りて活地獄中に生る。[25]

と。

さらには亦、たとえば「若し人、三種の悪・不善の業なる、所謂る殺生・偸盗・邪行を、楽み行い多く作さんに、彼決定して合大地獄を受く[26]」というように、八大地獄に堕ちる業因の一々に、一貫して、「楽み行い多く作さんに」の言葉が附け加えられていることも、注意しなければならない。すくなくとも、この様な『正法念処経』の経文によるかぎり、「殺さねば生きられぬ、いわば肉の生に直接する事実」としてのみ、殺生の業をみることは的をえていないと思われる。たとえ、他の命を奪い食することが、「生に直接する事実」であるとしても、そのことを懺悔することなく、日々続けているとすれば、そこには必ず「楽み行い多く作」す心が動いているのである。ましてや「他に殺を教え、殺を勧めて随喜し、殺生を讃嘆し…」することに到っては、それを「生に直接する事実」などと割りきりえないことはいうまでもない。しかも殺を随喜し、讃嘆することは、けっして、特異な、いわゆる殺人鬼のことではない。そうではなく、正義の名により、組織の名により、思想の名によって、そのことが常に我々の身近かにおいてなされているのである。というより、戦争を体験した我々は、そのとき、まさに「他に殺を教え、殺を勧めて随喜し、殺生を讃嘆し」て、これに英雄の名を与えてたたえてきたのである。「人間が正義をもつときいかに残虐になれるか[27]」、その事例を身近かに、或は人類の歴史のなかに数えあげるとき、枚挙にいとまがないであろう。しかもそのことは、断じて「生に直接する事実」なのではない。それはどこまでも、人間の無明性の証しなのである。

六、地獄の最深処に堕ちる謗法罪

そもそも、岩本氏が「罪の重さが犯さんとする意志にかかわって深化する」といわれる、その「意志」とは、そのことを為すことが罪であることを知りながら、しかも敢てそれを犯さんとするところの「意志」を意味するものであろう。それはたとえば、永観の『往生拾因』に、三乗の五逆罪を挙げて、

謂わく、一には故《ことさら》に思うて父を殺す。二には故に思うて母を殺す。三には故に思うて羅漢を殺す。四には倒見して和合僧を破す。五には悪心をもって仏身より血を出だす。(28)

と述べているところの、その「故に思うて」、「倒見して」、「悪心をもって」の意味であろう。

しかし、もしもそのごとくに、殺生→偸盗→邪淫……の次第が、生の構造そのものに根拠する罪より、個々人の作意、意志に根拠する罪へという次第を物語っているものであるとすると、仏教が説くところの八大地獄の次第というものも、まことに世間的・常識的な次第であることになりはしないか。しかも、この岩本氏の見方は、実は氏御自身の、「地獄が開示しようとするものは、この罪業を覚《し》らないことの畏ろしさ」(29)であり、したがって、地獄の教説は、その生存の罪業性を自覚にまでもたらすところにあるとされる説そのものにも矛盾するものに思えるのである。なぜなら、「故に」、「意志」して為すということには、それを為すことが罪であることを認識しているということが前提されているのであり、したがって、八大地獄の次第が、「犯さんとする意志にかかわって深化」しているとするなら、つまり、浅きより深きへ次第に故意による業因が数えあげられていくのであるとするなら、それは不覚より覚への次第であるということになり、したがってそれは、罪業の深きより浅きへの次第とみなければならぬこととなるからである。

曇鸞は『論註』八番問答の第三において次のごとく問答している。

問うて曰く。たとい一人五逆罪を具して、正法を誹謗せざれば、経は生ずるを得ることを許す。復一人有り、但だ正法を誹謗して五逆の諸の罪無く、往生を願う者は生ずるを得るや不や。

答えて曰く。但だ令《も》し、正法を誹謗するのみならば、更に余罪無しと雖も、必ずや生ずるを得じ。何を以て之を言うや。経に言う。五逆の罪人、阿鼻大地獄中に堕ち、具さに一劫の重罪を受く。正法を誹謗する人は、阿鼻大地獄の中に堕ち、此の劫若し尽くれば、復た転じて他方の阿鼻大地獄の中に至り、是くの如く展転して百千の阿鼻大地獄を逕る。仏、出ずるを得るの時節を記せず。正法を誹謗するの罪極めて重きを以ての故に。(30)

同じく阿鼻大地獄に堕ちるべき業因である五逆と謗法の二罪において、一は「一劫」という、いわば有期刑であり、一は「出ずるを得るの時節を記せ」ざる無期刑であるとされている。その有期刑とは、出獄の可能性を猶残していることを意味しているのであるが、しかもその可能性は、実は、五逆罪における「故に思うて」為すところのその故意性のなかに見出されているのである。つまり、「犯さんとする意志」によるものであるところに、猶それが、時あって、罪の自覚、廻心懺悔への転機となりうる可能性を残していることがみられているのである。

それに対して、地獄のもっとも深みに堕ちるべき業因として挙げられる謗法は、すくなくともその様な意味での「犯さんとする意志」によるものではない。謗法とは、たとえば「衆生、憍慢を以ての故に、正法を誹謗し、賢聖を毀呰し、尊長を捐捨す(31)」といわれるごとく、自ずからの思想・行為を正しと確信し、他の尊勝を認めぬ憍慢心によるものであり、自ずからの在り方こそ本来なるものであると肯定し、執するものである。そこには「犯さんとする意志」がではなく、自ずからの在り方への執、無明性があるのみである。したがって、謗法とは、ただ単に、仏法の外にあって自ずからに慉慢なるもののみの犯す罪なのではない。仏法の中にあって、仏法を信じていると自負する、その信における慉慢心もまた、謗法の相なのである。というより、たとえば、親鸞の『御消息』にある、

領家・地頭・名主ノヒガゴトスレバトテ、百姓ヲマドハスコトハサフラハヌゾカシ。仏法ヲバヤブル人ナシ。仏法者ノヤブルニタトヘタルニハ、獅子ノ身中ノ虫ノ獅子ヲクラフガゴトシトサフラヘバ、念仏者ヲバ仏法者ノヤブリサマタゲサフラフナリ。(32)

という言葉によるならば、真に仏法をやぶりさまたげる謗法者は、外なる領家・地頭・名主などではなく、実は「獅子ノ身中ノ虫」のごとき、仏法の内なる仏法者そのものなのである。そして、その仏法者とはまさしく、

真実ニ仏法ニソノココロザシハアサクシテ、ワレヨリホカハ、仏法ノ次第ヲ、存知シタルモノナキヤウニオモヒハンベリ。(33)

と蓮如によって指摘されているごとき、慉慢者そのものの名なのである。それは、あくまで自分が正しく、勝れていることへの妄執に生きる姿であり、そのかぎりにおいて「犯さんとする意志」とはもっとも類を異にする在り方であるといわなければならない。しかも、仏教における地獄の教説では、その意味で罪の意識よりもっとも遠くある謗法者をもって、地獄最深処に堕ちるものと説かれているのであり、そのかぎりにおいて、岩本氏の視点、即ち罪における意志の参加の度合をもって地獄各処の浅深の次第をみることは、教説の真意を見誤るものといわなければならないであろう。

七、異人の苦報を受くるに非ず

謗法が人間にとって根源的な罪であるということは、しかし、人間の常識的な知においては認識外のことである。謗法の罪業性を自覚せしめるものは、ただ正法への信知のみである。それに対し、殺生が罪であることは、人間の常識にもっとも容易に識知しうることである。

たしかに殺生は、「殺さねば生きられぬ、いわば肉の生に直接する事実である」。即ち、人の生は、一面、死をその本質において抱えこんでいると同時に、他面、殺にその生の持続を依存しているのである。しかもこの場合、人の生にとって、いつかは必ず死ぬという事実はけっして相矛盾するものではないが、しかし、他の生命を奪わなくてはその生を保ちえないという事実は、どうしようもない矛盾として迫ってくる。

死はもっとも鋭く生を問いかえし、そのことによってもっとも深く生の意味をあらわにするところのものとして、生に一如である。それはあたかも、闇の深さがかえって、光の明るさを明確にするがごとくである。事実、我々は、自ずからの死について無自覚であるとき、必ず、自ずからの生に対してあいまいであることを知る。それ故に、死への覚悟は、生の本来への目覚めをうながすのである。つまり、生きるというその歩みにおいては、生と死とは、けっして相矛盾するものとして対立するものではない。

しかし、それに反し、我々が自分の命を生きつづけるためには、必ず、他の命を殺しつづけねばならぬということ、生は殺なくしては在りえないということは、全く相矛盾する事実である。しかも、生—死の図式が人に実存認識をうながすのに対していえば、生—殺の図式は、人にその社会的在り方の根底をあばくものとして迫るのである。まさしく、岩本氏が指摘されるごとく、生は決して「共存」でもなければ「関係」でもない。もし「関係」であるなら、それは「殺すか、殺されるか」の必死の対立としてのそれであろう。「生」はその根源において「殺」に依存する。[34]のである。そして、敢ていうならば、此身が此の世で成仏する道を追求する聖道自力の道が、生―死の図式をその根底にすえているのに対して、生―殺の図式を根底にひきすえるところから、国土としての救いを願求する願生道が展開してきたともいえるであろう。

ともあれ、いかなる命であれ、命はすべて平等に尊いということを認めなくては、我々がともに生きてゆくことのできる世間的な基盤は失われる。しかも同時に、他の命を奪わなくては自ずからの生を保ちえないことも亦、厳然たる身の事実である。岩本氏もふれておられる、尸毘王の物語りにおいて、鴿を救った尸毘王に対して、鷹が「王は一切衆生を度せんと欲す。我は一切に非ざるや。何を以て独り愍を見せずして、而も我の今日の食を奪いたまうや[35]」――鴿の命を救われることは、その鴿の肉を食べなければ保てないこの私の命を見殺しにすることに他ならないのだと鷹が迫るとき、我々の甘い理想主義を破って、まさしくそのごとき矛盾をかかえた生の現実が暴露されてくるのである。そして、その厳然たる事実の前には、いかなる折衷案も、妥協も成り立ちえないことは、尸毘王がその身の全体を投げだすまで、どれだけその身の肉を削りとって秤にのせようとも、ついに小さな鴿の肉の重さと等しくなりえなかったことによって示されている。鴿と尸毘王と、その命の重さにおいては、まったく等しいのである。それ故に、一つの命を真に救うためには、究竟的には、他の一つの命が死ななければならないのである。

まことに、人がこの世に生きつづけんとするとき、殺生は逃れえぬ事実として、我身に在る。そして、もしそれを、生の必然性であり、「肉の生に直接する事実」であることにおいて、あえて肯定しようとするとき、我々自身も亦、より強大な存在のために自分の命が奪われ、利用されることをも認めなくてはならなくなる。しかしもし、いかなる存在どのような理由によってであれ、自分の命が奪われることを拒むのならば、そのときには自分の命を保つために他の命を奪うことを正当化し、黙認することも亦許されなくなる。そしてそのとき、自ずからの命における生―殺の図式は、生きつづけるかぎり逃れえぬ罪業性として、生存の足下に横たわるに至るのである。そのとき「汝は地獄の縛を畏るるも、此は是、汝の舎宅なり」[36]といい、「異人の悪を作して、異人の苦報を受くるに非ず。自ずからの業にて自ら果を得るにて、衆生皆是のごとし」[37]という地獄の閻魔羅人の声は、まさしく自己の内奥より自己を告発しつづける声としてひびく。まさしく、地獄の認識において、人は、自己の内奥よりかぎりなく告発されつづけてあるものとして、自己を見出すのである。

八、罪業性への無知を自覚させるもの

ともあれ、謗法の罪の自覚しがたいのに対して、殺生の罪は、我々の日常意識においても、もっとも容易に識知しうるものである。たしかに我々は、自《み》ずからの命を養い保つために日々殺生をくりかえしていることを意識してはいない。生きつづけているということは、そのまま、殺しつづけていることであるなどと、自覚することもほとんどない。しかし実は、それは岩本氏の表現をかりれば、まさしく、「殺されるもの」のかけがえのない「いのち」は、その「肉の甘《うま》さ」のなかに見喪われて、それは全く「物」である。「魚より牛肉がうまい」と言う選択には、「生《いのち》」が「唯一であること」の「覚知」

はない。それゆえに、「いのち」はレストランのケースに「値段」をつけて陳列せられる[38]。そのことを次元においてのことである。つまり、口にしているものがまさしく一個の生命であるという、そのことを日々の生活のなかでは意識していないということである。したがって、そのことは決して、殺生が罪業であることを自覚しえないことを意味するものではなく、却って我々が、もし一度でも、日々口にしている食物を「食べもの」としてではなく、まさしく一個の生命としてみるときがあるならば、我々はそれを口にすることに抵抗を感じ、あえて口にしたとき、そのことが心に重くのこるのであり、ましてや、自ずからが正義の名において、或は組織やイデオロギーの名において殺戮している相手が、いわゆる「敵」ではなく、まさしく一人の「食べて、寝て、愛する」[39]普通の人間であることを膚で感じたとき、殺人の意識が人を懊悩させることを意味するものであろう。

つまり、殺が「肉の生に直接する事実」であるのと同様、およそ生命を奪うことを自分の生命そのものが嫌悪し、畏れることもまた、否定しえない人間の事実である。たとえば、ドストエフスキーがその『罪と罰』においてえがいたラスコーリニコフの苦悶は、まさにその典型的な一例であるといえよう。即ち「自分の思想のために死骸や血を踏み越える必要のある場合には、僕にいわせると、彼ら（非凡人）は自分の内部で、良心に照らして、血を踏み越える許可を自分に与える」[40]。そのようにして、世のなかのもっとも無意味なしらみ、「痩せた、へどを吐きそうな、小役人の金貸し婆ァ」を殺したラスコーリニコフが、しかもその結果「……おれは一刻も早く踏み越えたかったんだ、……おれは人間を殺したんじゃない、主義を殺したんだ。主義はいかにも殺したが、踏み越えるほうが踏み越せずに、こっち側に居残ってしまった」[41]と呻くのである。その主義・思想においては「踏み越え」ていても、その生身は「踏み越せずに、こっち側」に、法律に服従し、したがって罪の意識に悩む側に「居残ってしま」うのである。「非凡人」を自負するラスコーリニコフすら、事実として一人の人間の命を奪ったとき、やはり罪の意識に悩まねばならなかったように、殺生の罪は、実は我々の罪の意識にとって、もっとも近くにあるものなのである。

したがって、八大地獄におけるその次第序列は、けっして岩本氏のいわれるごとくに、「次第に人間の意志参加の可能性が漸次に加わりうる」ことによる罪の浅深としての序列を意味するものではなく、実は、我々においてその罪業性に目覚めることの遅速・難易の次第を意味しているものであるとみるべきものであろう。であればこそ、はじめて地獄の深さは、我々の不覚無明の深さを意味するというのである。したがってまた、八大地獄が上より次第を追って、その地獄での寿命が長くなると説かれていることも、その罪業性を自覚しつくすまでの永さを意味しているものとみられるのである。

生―殺の図式を徹底するところに、人間をその本質において罪業深重の存在として見出した仏教にあって、救いへの契機はその罪業性を自覚し、それ故に法への絶対的な帰命に生きるかどうかの一点にかけられているのである。もし八大地獄の教説におけるその浅深の次第を、意志の参加の度合による罪の軽重を示すものとして受けとるならば、それは本質的に、仏教における宗教心の内景としての地獄観に反するものとなってしまうであろう。いかに仏に背いて自ずからの無明性のなかにこもっていたかの、いかに日常性のなかに埋没していて自ずからの罪業性に無知であったかの自覚を迫るものこそ、仏教における地獄の教説なのである。

九、地獄が説かれる意義

猶、その意味で注意をひくことは、第一等活地獄について、『諸経要集』及び『世記経』にあっては、これを想地獄と名付けていることである。(42)『諸経要集』及び『世記経』の文は、ほとんど同じい。今『世記経』の文によれば、その想地獄は、次のごとくに描写されている。

いかんぞ想地獄と名づくるや。そのなかの衆生の手に、鉄爪を生ず。その爪長利にして、迭相《たがい》に瞋忿す。毒害の想を懐き、爪をもって相いかく。手に応じて肉堕つ。想、已に死せりとなす。冷風来り吹き、皮肉還生す。尋いで活き、起立して自から想言す。「我今、已に活く」。余の衆生、言く。「我想う、汝活く」と。是の想をもっての故に、想地獄と名づくるなり。(43)

と。ここでは、その死するも活きるも、いずれも「想」においてであるということ、そのことが、地獄の第一の意義を示す名として用いられているのである。

もともと、地獄という言葉の意義については、「又地とは底なり。謂く、下底。万物の中、地は最も下に在り。故に名けて、底と為す也。獄はそれ局也。局とは、いわく、拘局、自在を得ず。故に地獄と名く」(44)と釈されている。その「拘局、不得自在」たらしめているものが、想である。我々の死も活も、その日々における在り様のすべてが、想を出でず、想に閉ざされてあるということ、そのことこそが、地獄の端的な相であり、その意味において、まさに地獄は「自獄」(45)なのである。『無量寿経』にあって、穢土の衆生の三毒・五悪の相を述べられる一段に、くりかえし説かれているところの言葉、「身愚かに神闇く、心塞がり意閉づ(46)」、「心開明ならず(47)」、「昏矇閉塞(48)」、「心中閉塞して、意開解せず(49)」というその閉塞性、さらには曇鸞が三界の虚偽相・輪転相・無窮相の譬喩として、「蚇蠖循環」とともに挙げている「蠶繭自縛(50)」のすがたこそ想に生き、想にこもる相であるといえよう。そして、人が一度「心塞意閉」するとき、その苦悩はかぎりなく内に倍増して、止まるところがなくなるのである。それに反して、もし人が法において「耳目開明(51)」を得、「心開明を得(52)」るならば、その苦悩すらも亦却って、その人の生の豊かな内容ともなりうることは、阿闍世の廻心として『涅槃経』に詳説されているところである。まことに、苦悩において人を絶望せしめ、押しつぶすものは「心塞意閉」としての想地獄なのである。

しかも、我々の生の事実は、まさに、源信が「一生は尽くといえども、希望は尽きず(53)」というがごときありさまである。この源信の悲痛は、まさに、自ずからの想によって自ずからが拘局されて止まるところのない我々の相を剔抉するものであろう。一生が尽きんとするそのときに到っても、猶、事実を事実としてあきらかに受けとることができず、むなしい希望、幻想にふけりつづけているのである。

そして実は、想を出でずということこそが、たんに地獄に止まらず、六道の全体を貫く穢土の本質なのである。つまり、想、源信の言葉で云えば「希望」の虚影が生の事実によってひき裂かれる悲惨として身に迫ってくるところの地獄に対して、虚影としての「希望」のはかない満足に酔い痴れ、一時我を忘れている世界として、天上界はある。源信が、天上界を退没する苦を押さえて「まさに知るべし。この苦は地獄よりも甚だし(54)」と述べ、さらに「天上界を退かんと欲するとき、心に大苦悩を生ず。地獄の衆《もろもろ》の苦毒も、十六の一にも及ばず(55)」とうたわれている『正法念処経』の偈文を引文し、「非想（非想天）も阿鼻を免れず。まさに知るべし。天上も亦楽うべからず(56)」と結ぶとき、そこには、天上界の背後に地獄を見据える眼があるのである。

したがって、「等活」の名が、八大地獄を貫く罪業性の外相をあらわすものであるとすれば、それに対して「想」の名は、六道を貫く穢土の根源的な在り方、その内実をあらわすものともいえよう。そして、その中にあって、もっとも深く、その存在の全体が想のなかに閉塞し、自認していて、いささかの疑いをも持ち得ないものの相、即ち地獄の無底性そのものをあらわすものが、謗法の相なのである。

註

（1）『実存主義（第五十六号）』（理想社、一九七一年）八六頁、上段
（2）『実存主義（第五十六号）』（理想社、一九七一年）二頁、下段
（3）『実存主義（第五十六号）』（理想社、一九七一年）五頁、下段
（4）『往生要集』大正蔵巻八十四、三六頁b（真聖全一、七四〇頁）また、『観仏三昧海経巻第五』（大正蔵巻十五、六六九頁b）を参照
（5）『往生要集』大正蔵巻八十四、三三頁c（真聖全一、七三一頁）
（6）『往生要集』大正蔵巻八十四、三六頁a（真聖全一、七四〇頁）
（7）『無量寿経優婆提舎願生偈』大正蔵巻四十、八三四頁b（真聖全一、三〇九頁）
（8）『正法念処経巻十三』大正蔵巻十七、七七頁c
（9）『往生要集』大正蔵巻八十四、三三頁a～b（真聖全一、七二九～七三〇頁）
（10）『実存主義（第五十六号）』（理想社、一九七一年）四頁、上段
（11）『正法念処経巻十三』大正蔵巻十七、七四頁a
（12）『往生要集』大正蔵巻八十四、三六頁b（真聖全一、七四〇頁）

(13)『観仏三昧海経巻第五』大正蔵巻十五、六六九頁b
(14)『長阿含経巻十九、世記経』大正蔵巻一、一二五頁a～b
(15)『大智度論巻十六』大正蔵巻二十五、一七五頁c～一七六頁a
(16)『正法念処経巻七』大正蔵巻十七、四〇頁c
(17)『大智度論巻十六』大正蔵巻二十五、一七五頁c
(18)『瑜伽師地論巻四』大正蔵巻三十、二九五頁c
(19)『大智度論巻十六、大正蔵巻二十五、一七六頁b
(20)『長阿含経巻十九、世記経』大正蔵巻一、一二二頁a～b
(21)『実存主義(第五十六号)』(理想社、一九七一年)四頁、上段
(22)『往生要集』大正蔵巻八十四、三三頁a(真聖全一、七三〇頁)
(23)『実存主義(第五十六号)』(理想社、一九七一年)五頁、下段
(24)『実存主義(第五十六号)』(理想社、一九七一)四頁、下段
(25)『正法念処経巻五』大正蔵巻十七、二七頁b
(26)『正法念処経巻六』大正蔵巻十七、三三頁a
(27)司馬遼太郎『人間の集団について』(中央公論社)二五頁
(28)『往生拾因』大正蔵巻八十四、九四頁a
(29)『実存主義(第五十六号)』(理想社、一九七一)三頁、下段
(30)『無量寿経優婆提舎願生偈註』大正蔵巻四十、八三四頁a(真聖全一、三〇八～三〇九頁)
(31)『無量寿経優婆提舎願生偈註』大正蔵巻四十、八三九頁c(真聖全一、三三〇頁)
(32)『親鸞聖人御消息集』大正蔵巻八十三、七二五頁c(聖典五七四～五七五頁)
(33)『御文』大正蔵巻八十三、七九三頁c(聖典八一一頁)

(34)『実存主義(第五十六号)』(理想社、一九七一)三頁、上段
(35)『大智度論巻四』大正蔵巻二十五、八八頁b
(36)『正法念処経巻六』大正蔵巻十七、二九頁c
(37)『正法念処経巻七』大正蔵巻十七、三六頁b
(38)『実存主義(第五十六号)』(理想社、一九七一)四頁、上段
(39)司馬遼太郎『人間の集団について』(中央公論社)二五頁
(40)『罪と罰』(『世界の文学』第十六巻、中央公論社、池田健太郎訳)二七二頁
(41)『罪と罰』(『世界の文学』第十六巻、中央公論社、池田健太郎訳)二八七頁
(42)『諸経要集巻十八』大正蔵巻五十四、一六六頁c
(43)『長阿含経巻十九、世記経』大正蔵巻一、一二一頁c
(44)『諸経要集巻十八』大正蔵巻五十四、一六六頁a
(45)久重忠夫「地獄的なるもの=自獄」(『実存主義(第五十六号)』理想社、一九七一年)四四頁
(46)『無量寿経』大正蔵巻十二、二七五頁a(聖典六一頁)
(47)『無量寿経』大正蔵巻十二、二七五頁a(聖典六一~六二頁)
(48)『無量寿経』大正蔵巻十二、二七五頁a(聖典六二頁)
(49)『無量寿経』大正蔵巻十二、二七七頁a(聖典七四頁)
(50)『無量寿経優婆提舎願生偈』大正蔵巻四十、八二八頁a(真聖全一、二八五頁)
(51)『無量寿経』大正蔵巻十二、二七五頁b(聖典六三頁)
(52)『無量寿経』大正蔵巻十二、二七五頁b(聖典六四頁)
(53)『往生要集』大正蔵巻八十四、三九頁c(真聖全一、七五二頁)
(54)『往生要集』大正蔵巻八十四、三九頁b(真聖全一、七五〇頁)

(55) 『正法念処経巻二十三』大正蔵巻十七、一三一頁b
(56) 『往生要集』大正蔵巻八十四、三九頁b(真聖全一、七五一頁)

胎生の世界

一、まいらせ心がわろき

親鸞は『教行信証』の「方便化身土巻」を、

しかるに濁世の群萠、穢悪の含識、いまし九十五種の邪道を出でて、半満・権実の法門に入るといえども、真なる者は、はなはだもって難く、実なる者は、はなはだもって希なり。偽なる者は、はなはだもって多く、虚なる者は、はなはだもって滋し。(1)

という深い悲嘆の言葉から書き出している。それは、「濁世の群萠、穢悪の含識」という、時代社会的にも、主体的にも、混迷を極めている者が、しかも、ようやくにして九十五種の邪道を出で、真実の法門に入ることができたにもかかわらず、今、現実はまことに悲嘆すべきものであるという、絶望的とも云える言葉である。それは、単純に、ひとたびは教えに遇いながら、今は教えに背いていると批判しているのではない。教えに遇い、それなりにひたすら教えに生きている、その在りようが、しかも真実なる者はまことに希であり、虚偽なる者がはなはだもって多い現実を、深い痛みをもって指摘されているのである。

それは、真実に生きることによって、いつ知らず、真実に生きている自己自身を、だから自分は真実なる者だとして自負してしまう相として、いつの世にも具体的にみることのできる姿である。劇作家の木下順二氏は、自分の劇作の源泉を「自分が正しいと思うものを追求してゆく行為が、結果としては、自分を否定する行為でしかないことを発見する」と表現しておられる。しかし、そのような発見を体験できる人は、それこそ、はなはだもって難く、はなはだもって希である。それは余程に、純潔な精神の持主においてのみ、体験されうることであろう。多くの場合は、正しいと思うものを追求しているのだという自負の心が、そのまま いつ知らず、自己を正しきものとして自認せしめてしまうのである。源信における、

則ち知る、出離の最後の怨は、名利より大なる者はなきことを。(2)

という言葉は、その現実に目覚めた者の呻きとして聞こえる。因みに、この言葉を源信は、諸経に説く行業を総結して、

一には財法等の施。二には三帰・五戒・八戒・十戒、多少の戒行。三には忍辱。四には精進。五には禅定。六には般若(第一義等を信ずる是なり)。七には菩提心を発す。八には六念を修行す(仏・法・僧・戒・施・天を念ず、之を六念という。十六想観亦之を出でず)。九には大乗を読誦す。十には仏法を守護す。十一には父母に孝順し師長に奉事す。十二には憍慢を生ぜず。十三には利養に染まざるなり。(3)

と挙げた後に、書きつけている。その十三に総結された諸業において、一から十一まで、正しいことを行じてきた、その歩み自体が生み出してくるものとして、憍慢心と、利養に染まる心が押さえられ、それを克服するところにはじめて仏道が仏道として成就することが見すえられているのである。

さらに蓮如は、より生活の現実にひきつけて、次のように、その間の事情を語っている。

「よきことをしたるが、わろきことあり。わろき事をしたるが、よき事あり。よき事をしても、われは法儀に付きてよき事をしたると思い、われ、と云う事あれば、わろきなり。あしき事をしても、心

中をひるがえし、本願に帰するは、わろき事をしたるが、よき道理になる」由、仰せられ候う。しかれば、蓮如上人は、「まいらせ心がわろき」と、仰せらるると云々(4)

二、胎生・疑城胎宮の問題

真実を求め、真実に生きることにおいて、自己が開かれ、人々との関わりが命のぬくもりをもって回復されるはずのところが、逆に真実に生きる者としての自己主張となり、その自己を認めないものとの関わりは、これを断ちすててゆくことになる。

それは、人間の歩みに常にまとわりついて離れない相《すがた》である。今、願生浄土の歩みにおいても、その現実が胎生・疑城胎宮の問題として提示されている。

『無量寿経』の智慧段、胎生・化生の因縁が説かれるところにおいては、胎生の世界が次のように説かれている。

その時に仏、阿難および慈氏菩薩に告げたまわく、(中略)「かの国の人民、胎生の者あり。汝また見るや、いなや」と。対《こた》えて曰《もう》さく、「すでに見たまえつ」と。「その胎生の者の処するところの宮殿、あるいは百由旬、あるいは五百由旬なり。おのおのその中にしてもろもろの快楽《けらく》を受くること、忉利天上のごとし。またみな自然なり」と。

その時に慈氏菩薩、仏に白《もう》して言《もう》さく、「世尊、何の因、何の縁なれば、かの国の人民、胎生化生なる」と。仏、慈氏に告げたまわく、「もし衆生ありて、疑惑の心をもってもろもろの功徳を修して、かの国に生ぜんと願ぜん。仏智・不可思議智・不可称智・大乗広智・無等無倫最上勝智を了《さと》らずして、この諸智において疑惑して信ぜず。しかるに猶し罪福を信じ善本を修習してその国に生ぜんと願ぜん。このもろもろの衆生、かの宮殿に生まれて寿《いのち》五百歳、常に仏を見たてまつらず。経法を聞かず。菩薩・声聞聖衆を見ず。このゆえにかの国土においてこれを胎生と謂う。(5)

この胎生について説かれている一段は、実は、『無量寿経』の古経と呼ばれる『大阿弥陀経』『平等覚経』においては、正依の『無量寿経』における胎化得失の一段というように、独立したテーマとしては説かれてはいない。といって、胎生の問題が全くふれられていないということではない。ただ、それが、『大阿弥陀経』においては、いわゆる三輩段の第二輩において、

其の人寿命終り尽くるに及びて、即ち阿弥陀仏国に往生すれども、前《すす》みて阿弥陀仏の所に至ることを得ること能わず。便ち道に、阿弥陀仏の国界の辺の自然七宝城の中を見て、心便ち大いに歓喜し、便ち其の城中に止まる。即ち七宝の水池の蓮華の中に於て、化生して、則ち身を受け、自然に長大す。城中に在ること、是の間に於て五百歳なり。(中略)其の人城中に於て亦快楽あり。其の城中に比べば、第二忉利天上の自然の物の如し。しかりといえども、其の人城中より出ずることを得ること能わず、復阿弥陀仏を見たてまつることを得ること能わず、但其の光明を見たてまつりて心に自ら悔責し、踊躍して喜ぶのみ。亦復経を聞くことを得ること能わず、亦復諸の比丘僧を見たてまつることを得ること能わず、亦復阿弥陀仏の国中の諸の菩薩・阿羅漢の状貌は何らの類と見知することを得ること能わず。(6)

と説かれているだけである。そのことは同じ古経、二十四願経である『平等覚経』においてもほとんど同

じである。それが、三十六願経の『荘厳経』においてはじめて、胎生の経文が胎化得失を説く一段として、巻末に説かれてき、さらに、それが正依の『無量寿経』と、同じ四十八願経である『如来会』とにおいてもほとんど同じ内容、同じ形で説かれているのである。

つまり、胎生、疑城胎宮の問題は『無量寿経』が、二十四願経、三十六願経、四十八願経と展開してくる歴史の中で、次第に深く掘りさげられ、次第に明確に説かれてきているのである。

三、求道者が必ず出会う難関

『大阿弥陀経』や『平等覚経』においては、胎宮にとどまって城中より出ることが出来ないのは、願生者の中でも一部のもの、つまり中輩と下輩であって、上輩の者については、胎生のことは全くふれられていない。そのことは、云うなれば、願生の歩みにあって、胎宮にとらわれ、出られなくなるのは一部のものであって、願生者全体の問題としてとりあげられているわけではないことを示している。

それが、『荘厳経』から『如来会』、『無量寿経』に到って、胎化得失の一段として、独立したテーマとして展開されてくるということは、この胎生の問題が、願生道を歩む者個々の問題として在るのではなく、実は、仏道そのものがかかえている必然的な問題としてあるということが示されてくるのだと云うことができよう。つまり、いかなる求道者であれ、必ず出会う問題であり、陥らざるをえない問題、仏道そのものがかかえている難関として自覚されてきたことを物語っているのである。

そのことは、同じ方便化土をあらわす懈慢界についての、『往生要集』における源信の問いかたにもあ

らわれてくる。すなわち、源信は、

問。『菩薩処胎経』の第二（実際は第三）に説かく。「西方此の閻浮提を去ること十二億那由他に懈慢界有り、国土快楽にして、倡伎楽を作す。衣被・服飾・香華もて荘厳せり。七宝転開の床ありて目を挙げて東を視るに、宝床随いて転ず。北を視、西を視、南を視るも、亦是の如く転ず。前後に意を発する衆生、阿弥陀仏国に生まれんと欲う者、皆懈慢国土に深く著して、前進みて阿弥陀仏国に生まること能わず。億千万の衆、時に一人有りて能く阿弥陀仏国に生ずと」已上。この経を以て准難するに生を得べきや。(7)

と問うておられるが、その直前の問答、及びこの問いに対する答えの文において挙げている懐感の『群疑論』においては、同じ『菩薩処胎経』の文を引かれて後、

この経を以て准難するに生を得べきや、何因って今彼の仏国を勧むるや。(8)

という言葉をもって、問いを結んである。ところが今、源信は、その結びの「何因って今彼の仏国を勧むるや」の文を除き、「生を得べきや」を自らの言葉として、問うておられるのである。

懐感の問いは、その途中に国土快楽な懈慢界があり、そのために、阿弥陀仏国に生まれんとする多くの者が、その懈慢界にふかく執われてしまって、それからさらにすすんで阿弥陀仏国に生まれることのできるものは、億千万に一人というような、そういう阿弥陀仏国になぜ生まれることを勧めるのか、と、その仏意を問うている。その「生を得べきや」の一句も、その後の「何因って今彼の仏国を勧むるや」という問いの前提として述べられているにすぎない。それは、いうなれば、懈慢界の外に立っての問いであるということができよう。何もわざわざそういう危険な道を選ばなくてもよいのに、なぜそういう危険な道を

選んで勧めておられるのか、と。

それに対して源信の問いには、いわば、懈慢界に陥ることをまぬがれないものとして、その懈慢界の中に身をすえて、「この経を以て准難するに生を得べきや」と問うておられるのを感ずる。避けることのできない難関として懈慢界がとらえられているのである。そのように、懐感の問いを承けて問われている源信の問いには、丁度、『大阿弥陀経』や『平等覚経』を承けた『荘厳経』、『如来会』『無量寿経』における胎生の説かれ方と同じ移りゆきを感じるのである。

四、人間の意に即した宗教心の世界

『無量寿経』等においては、すでに述べたように、仏道を歩むとき必ず逢着する難関、避けることのできない問題として説かれているのであるが、しかもその説き方は、『無量寿経』、『如来会』ともに、仏が、阿難及び慈氏菩薩（弥勒）に向かって、「かの国の人民、胎生の者あり。汝また見るや、いなや」というように、問題意識を呼びおこし、確認させる形で説かれている。このように、一つひとつ念をおし、注意をうながすような形で説かれている経文は、他にあまり類例をみない。そしてそのことは、逆に云えば、人間の側からは、問題としてまことに自覚し難い問題であるということをあらわしていると思われるのである。

つまり、胎生、その生まれる疑城胎宮の世界は、実は、もっとも人間の意に即した宗教心の世界なのである。「もろもろの快楽を受く」という言葉で胎生の世界が押さえられていたように、信仰生活における快楽に満ちた世界なのである。人間がその思いで求めている救済、人間の思いのごとく、人間の願いに応えている世界であり、それ故に、人間の宗教心が思いのごとくに満たされた世界なのである。

『無量寿経』には、序分と正宗分の二カ所に、重ねて、声聞、縁覚の地を超越して、空、無相、無願三昧を得るということが説かれている。それは、つづまるところ、我欲による願いがすべて捨てしめられることをあらわす。我欲による欲願、個人的な欲望による願、それは捨て難いものとして生活を貫ぬき、支配している。その欲願が、しかも、捨てしめられるほどの大きな世界、大きな歴史との出遇いとして宗教体験は開かれるのである。そこでは、もはや個人的な欲願なぞ問題にならなくなる。というより、思いもかけず、そういう個人の欲願がけし飛ぶほどの大きな志願に呼びさまされていたということ。そういう体験として信仰生活はあるのである。

にもかかわらず、その信仰生活のなかに、いつ知らず個人的な心、世間的な心が入ってくる。そのとき、その歩みは、自分は道を歩んでいるという自認の心によって、事実としてはまことに懈怠な在り方に沈みこんでおり、自分は歩んでいるという自負の心によって、かぎりなく憍慢になっていくのである。その、信仰における自己満足の世界を、先の『菩薩処胎経』は、懈慢界にあっては、

七宝転開の床ありて、目を挙げて東を視るに宝床随いて転ず、北を視、西を視、南を視るも、亦是の如く転ず。(9)

仏法の世界であるから、懈慢界も亦、七宝をもって荘厳されている。但しそれは「七宝転開の床」としてあるといわれる。その国に生まれた者が、東を視、北を視、その目を四方に転ずるとき、その目が向くよりも早く、七宝の床がその方向に転じてきているというのである。だから、目にするものはいつも、ど

こも七宝の床なのである。そのため、懈慢界の住人は、自分の住んでいる世界のすべてが七宝の床でできていると思いこんでいるというのである。

そのように、目の向くところへ、目が向くよりも早く七宝の床が転開してくる世界というものは、まことに調法であり結構なことのように思えるが、しかしあらためて考えてみると、これほど悲惨な世界はないことに気付く。その七宝の床が転開しているということは、その七宝の床が、その世界の住人の視野の幅だけしかないということを意味している。一部分だからくるくると転開することができるのであって、もし七宝の床がその世界の床全体にはられているのであれば、転開するということはできないはずであり、亦転開する必要もないはずである。

懈慢界にあっては、一部分だけが七宝の床である。他の部分、視野の外になる部分は、ただの木の床か、タイルの床か、荒土のままなのか、いずれにせよ七宝の床でないことだけは確かである。

一部分でしかないものを、自分一人だけが、世界全体がそうなのだと思いこんでいるとしたら、足もとは荒土のままなのに、自分は七宝の床にいるのだと思いこんでいるとしたら、これほど悲惨なことはないであろう。その世界の住人は、全く自己満足のなかに閉じこもって、世界に目を開くことがない。にもかかわらず、我こそは、仏法の世界の中心に居るもの、仏法の世界を荷負っているものと自負し、自認している。それはまことに滑稽にして、亦悲惨な世界であるというほかない。

五、仏法を信じるという形で仏法に背く

そのような、信仰生活における自己満足、それは、その信仰生活において自分が積んだ善根に対する自負、自認と表裏をなしている。胎生の世界における「もろもろの快楽を受く」ということと、「仏智を了らず」ということと、両者は表裏の関係においてある。どちらも、自己の思いに立ち、自己の思いにおいて満足している。その意味では、『荘厳経』が胎生の世界を次のように説いていることは意味深い。

世尊、此の界の衆生は、何の因何の縁によりてか胎生に処する。仏、慈氏に言わく。これらの衆生の種うるところの善根は、相を離るること能わず、仏慧を求めず、妄に分別を生じて深く世楽人間の福報に著す。是の故に胎生なり。もし衆生ありて、無相の智慧をもってもろもろの徳本を植え、身心清浄にして分別を遠離し、浄刹に生ぜんことを求めて仏菩提に趣かば、是の人命終刹那の間に、仏の浄土に於て宝蓮花に坐し身相具足せん。何ぞ胎生有らん。(10)

ここには、胎生と化生と、その二つの世界を区別する根本は、分別・無分別とにあると説かれている。『荘厳経』は、とくに般若思想を背景としているということにおいて、『無量寿経』の展開の歴史の中でも特色のある経典であり、そのことがこの胎生の一段においても色濃くあらわれているといえよう。

分別の上に建立されている信心の世界、それが胎生の世界である。それは、仏法を信ずるという形で仏法に背いている。信心という形で信心が変質されていく。仏法を、仏法に生きるという形で危うくしていくもの、親鸞はそれを次のように注意している。

領家・地頭・名主のひがごとすればとて、百姓をまどわすことはそうらわぬぞかし。仏法をばやぶる

ひとなし。仏法者のやぶるにたとえたるには、「師子の身中の虫の師子をくらうがごとし」とそうらえば、念仏者をば仏法者のやぶりさまたげそうろうなり。[11]

仏法を根底から危うくするものは、けっして外なる権力による非道ではない。内なる仏法者の存在だと云われているのである。その言葉は、自らも流罪に処せられ、生涯を通じて法難の嵐を肌に受けとめて歩んでこられた親鸞の言葉であるだけに、まことに重いひびきがある。

そして、ここに厳しく批判されている仏法者こそは、懈慢界の住人の名であるということは、蓮如の『御文』に照らしてみるとき、明白である。

そもそも、いにしえ近年このごろのあいだに、諸国在々所々において、随分仏法者と号して、法門を讃嘆し、勧化をいたすともがらのなかにおいて、さらに真実にわがこころ当流の正義にもとづかずとおぼゆるなり。そのゆえをいかんというに、まずかの心中におもうようは、われは仏法の根源をよくしりがおの体にて、しかもたれに相伝したる分もなくして、あるいは縁のはし、障子のそとにて、ただ自然と、ききとり法門の分斉をもって、真実に仏法にそのこころざしはあさくして、われよりほかは仏法の次第を存知したるものなきようにおもいはんべり。[12]

これらの仏法者、胎生の者は、それ故に、三宝の世界にあって、しかも三宝をみることがない、といわれる。

三宝をみないといっても、仏も法も僧も全く存在しないということではない。仏も法も僧もまします。しかも、胎生の世界にあっては、その仏を法を僧を我が思いで見ているのである。私の仏であり、私の法であり、私の僧伽なのである。つづまるところ、仏法僧の三宝において、わが思いをしか見ていないといってもよい。安田理深師は、そのすがたを次のように指摘されている。
慢は人間個有の心ですけど、その人間心が求道の中に入ってくる。願生浄土の中に世間心が入ってくる。そして願生心を不純にし、腐らしてしまう。願生心の中に比較意識とか競争意識が入ってくる。信仰で徒党を組むというようなことになる。（中略）先生をも私が所有する。（中略）所有して、御輿のようにかついで歩く。それは先生を尊敬しとるようだけど、実はそういう尊敬すべき先生の一番弟子だというように、自分を高めるために先生をかつぐ。求道心というものにはそういうものがあるんです。[13]

六、仏智を了らぬ心を破る

今、三宝を我々の現実に近づけて云えば、それは、師であり、法を学ぶ会であり、ともに学ぶ友を意味する。そして我々はそれなりに、師をもち、聞法の場に参加し、聞法をとおしての友をも恵まれている。そしてそこでは、帰依三宝の言葉をも、ともに唱和してもいる。その意味では、三宝に恵まれ、三宝を見て歩んでいるということもできる。

しかし、胎生・懈慢辺地の教説は、三宝に生きているつもりのその在り方を、ただ三宝を支えにし、三宝に護られて、自分の思いを満たしているのと、どこかちがうかと、問いかけてくる。「汝、見るやいなや」と説くときの仏陀の眼は、我々の意識の底までをも、鋭く見透されているのを感じる。三宝を見たてまつるということは、実は、いまだかつて光に照らされたことのない、私の心底の闇、無明の闇を照らし出して下さる世界に遇うということなのであろう。それが逆に、三宝に包まれ、三宝によって、いよいよ自己を護ってゆく。そのかぎり、仏法を聞けば聞くほど執着を深くしてゆくばかりである。信心に生きているという意識における懈慢。そこに特徴的なことは、その歩みが一路平坦、ゆきづまるということがないということである。信仰生活においてすこしもゆきづまることがないというのが、実は胎生の世界なのである。

歩みにおいてゆきづまるということは、云いかえると、歩みにおいて歩んでいる自分自身が問いかえされてくることを意味する。その意味では、胎生の世界は、歩みにおいて歩んでいる自分というものがすこしも問題になってこない、という在り方として現前しているのであろう。まさに快楽きわまりない世界なのである。歩みにおいて、歩んでいる自分を自認し、自負していけるのである。そのときには、止まることなく歩んでいるといっても、結局は、座りこみ、居眠りしているのと異りがない。歩むということは、いままでの自己が否定され、問われてくるような世界に出遇ってゆくこととしてのみ、あるのであるから。

胎生の世界は、その信心が、三宝をただの自己満足の世界として閉ざしている世界であるが、そのような胎生性を破るものは、仏法についての固定観念を破って、身に迫ってくる人間の現実に応答しようとする感覚だけであろう。そして、先の『群疑論』のように、西方阿弥陀仏国に生まれんとする歩みにおいて、胎宮・懈慢の世界に染著するということは、実は、西方阿弥陀仏国のみが、我々の自意識を破って、胎宮・懈慢の世界を自覚せしめ悲歎せしめる光明であることをあらわされているのであろう。そして、その悲歎のみが、よく懈怠・憍慢にして仏智を了らぬ心を破って、聞法の初心に帰らすのであろう。

註

(1)『教行信証』「化身土巻」聖典三三六頁
(2)『往生要集』「往生諸行」真聖全一、八八八頁
(3)『往生要集』真聖全一、八八七～八八八頁
(4)『蓮如上人御一代記聞書』一八九、聖典八八九頁
(5)『無量寿経』聖典八〇～八一頁
(6)『大阿弥陀経』「三輩往生」真聖全一、一六二～一六三頁
(7)『往生要集』「問答料簡」真聖全一、八九八頁
(8)『釈浄土群疑論巻第四』大正蔵巻四十七、五〇頁c
(9)『菩薩処胎経巻第三』大正蔵巻十二、一〇二八頁a
(10)『荘厳経巻下』真聖全一、二三八頁
(11)『親鸞聖人御消息集』一〇、聖典五七四～五七五頁
(12)『御文』三帖目第十二通、聖典八一一頁
(13) 安田理深『教行信証講義ノート　化身土巻（一一）』（東海聞法学習会）三一～三二頁

想地獄考

一、想によって作られる地獄

本『紀要』第二号において私は、その頃雑誌『実存主義』（第五十六号）に掲載された岩本泰波著「無明の深坑」についての批判を、「等活地獄考」として発表した。そのとき、最後に、この八大地獄の第一をあらわす「等活地獄」という名が『世記経』にあっては「想地獄」と名づけられていることにふれておいた。

『世記経』には、その地獄を「想地獄」と名づける所以を次のように説いている。

いかんぞ想地獄と名づくるや。そのなかの衆生の手に、鉄爪を生ず。その爪長利にして、迭相《たがい》に瞋忿す。毒害の想を懐き、爪をもって相摑《あいか》く。手に応じて肉堕つ。想、すでに死せりとなす。冷風来り吹き、皮肉還生す。尋《つ》いで活き、起立して自から想言す。〝我今、すでに活く〟。余の衆生、言く。〝我想う、汝活く〟と。是の想をもっての故に、想地獄と名づくるなり。[1]

ここにもやはり「等活」のことが説かれているが、しかしその主題は、死するも活きるも、いずれも「想」においてであるということを指摘することにおかれている。そしてそのように、地獄の第一の名として「想地獄」の名が用いられていることは、そのまま、人間が「想」によって生きはじめるとき、そのとき地獄がはじまるということをあらわしているのだと思われる。さらにいえば、人間世界を穢土たらしめている第一のもの、それこそが「想」であるということを示していると思われるのである。

実際、それぞれの指に長く鋭い鉄の爪が生じ、互いに瞋忿し、毒害の「想」をいだいて切り裂きあうと説かれている「想地獄」のありようは、そのまま、今日の世界のありようそのものを、まことに的確に云いあらわしていると私には思われるのである。たとえば、いよいよ泥沼化の様相を深めてきているボスニヤ・ヘルツェゴビナの内戦を告発した、当時十一才の少女、ズラータ・フィリポヴィッチの文章が、私には深い痛みとともに思い合わされるのである。

戦争は日を消し去ってそれを恐怖で置きかえ、いまでは新しい日のかわりに恐怖がめぐってくるようになりました。この「政治」とは、セルビア人とクロアチア人とモスレム人のことのようです。でも彼らはみんな同じ人間なのです。ちがいなんてありません。手があって足があって頭があって、歩いたりしゃべったりします。それなのに、この三つの人たちをちがうものにしようとする「なにか」があるのです。

わたしの友だちやパパとママの友だち、それに親戚にもセルビア人とクロアチア人とモスレム人がいます。みんな混《ま》ざっていて、どの人がセルビア人でどの人がクロアチア人やモスレム人かなんて、考えたこともありませんでした。それなのにいま、政治が割りこんできて、セルビア人にはS、モスレム人にはM、クロアチア人にはCをつけて、それぞれを分けようとしています。そしてそれをするために、いちばんたちのわるい、真っ黒なえんぴつを選んでしまいました。苦しみと死ということばしかつづることのできない、戦争というえんぴつです。(2)

互いに血を流し合うその悲惨な現実のただなかで、ズラータは「真っ黒なえんぴつ」を選ばしめたものを見つめている。そのズラータの云う「みんな同じ人間」なのに、S・M・Cをつけて、「それぞれを分けようとして」いるもの、それこそが、仏教が「想」と呼んでいるものであり、その「いちばんたちのわるい、真っ黒なえんぴつ」こそが、想地獄にうごめく住人の鉄爪そのものだと、私には思われるのである。そしてさらにいえば、自然を切りきざみ、人間を差別し、切り裂きしてきた我々の人類の、その歴史を通底しているもの、それをこそ、経典は「想地獄」の名のもとに説き示しているように思われるのである。

二、想とは戯論

想とは、

境において像を取るをもって性となし、種々の名言を施設するをもって業となす。(3)

と定義されている心性作用を意味する。云いかえれば、事柄をすべて対象化し、その相を頭に思いえがき、言葉をもって定義づける作用を意味する。そして亦、そのような「想」にたっての議論を「戯論」として、仏陀はこれをきびしく拒けられているのである。「戯論」については、

戯論とは、憶念して相をとり、此彼を分別するに名づく。(4)

と定義されている。そして亦、「戯論」の具体的な事例として、一青年が仏陀に突きつけた十四の疑難・問い(5)がとりあげられるのが常である。その十四の難は、まとめれば、世界及び我は永遠不変のものであるかどうか、世界及び我は限りあるものかどうか。生きとし生けるものはその死後も存在するのかどうか。身体と霊魂とは一つなのか別なのか、の四つの問いにまとめられよう。

その十四の疑難に、仏陀は遂に答えられなかった。しかしそれは、たとえば、人間は死後も存在する、あるいは逆に、死後は空無に帰するというように、どちらに断定しても、それは事実に背くことになるから答えられなかったということか。たしかに「この事、実無し。故に答えず」とある。しかし更には、その後に「これを問いに非ずとなす。答うべからず[6]」と云いきっておられる。つまり、その問い方、問題のとりあげかたそのものが人間を誤またしめるのだという、きびしい批判がその言葉にはこめられているのであろう。

十四の疑難にみられるこのような問題のとらえかたには、世界、あるいは命というものを実体的なものとして、対象的にとらえようとする意識＝「憶念して相をとる」すがたがあり、「彼此を分別する」すがたがある。そのような態度は、つづまるところ、互いにそのとらえかたの是非を争う「闘争の法[7]」になるほかない。したがって、そのような問いに答えることは、かえって、真に問うべき問いを正しく問いつづける心を覆いかくし、ゆがめ失わしめることにもなる。それはちょうど、害虫がいるとわかっている川に人を導くようなものだと、いましめているのである[8]。

おおよそ、事象の外に立って、事象を対象的にとらえることは、仏陀のけっしてとらないところである。

如来戯論を過ぎたり。而も人戯論を生ず。戯論は慧眼を破る。是皆仏を見たてまつらず[9]。

と龍樹がうたっているように、人は戯論することによって、かえって現実から遠ざかり、真に出会うことがなくなるからである。

三、ものを理解する二つの様式

戯論というのはけっして、特別な論じ方というものではない。現代の私たちの物への接し方、とらえ方そのものにふかくあらわれているものが、この戯論的なとらえ方である。

たとえば、エーリッヒ・フロムの次のような文章がある。フロムは、ものを理解する仕方に、二つの様式があることを指摘している。

持つ存在様式とある存在様式との間の違いを理解するための序論として、故鈴木大拙が「禅に関する講義」において言及した、類似の内容を持つ二つの詩を実例として用いたい[10]。

として、同じように、散歩中に目にした花をうたった二人の詩人の詩を例にあげている。ひとつはイギリスの詩人アルフレッド・テニソン（一八〇九～一八九二）の詩であり、今ひとつは芭蕉（一六四四～一六九四）の俳句である。

テニソンは次のようにうたっている。

ひび割れた壁に咲く花よ
私はお前を割れ目から摘み取る
私はお前をこのように、根ごと手に取る
小さな花よ――もしも私に理解できたら
お前が何であるのか、根ばかりでなく、お前のすべてを――
その時私は神が何か、人間が何かを知るだろう

そして、それに対置するものとしてあげられている芭蕉の句は、

よく見れば　なずな花咲く　垣根かな

の一句である。その二つの、たまたま目にした道端の花についてうたった二人の詩人のその態度の相違について、フロムは次のように指摘している。

この違いは顕著である。テニソンは花に対する反作用として、それを持つことを望んでいる。彼は花を「根ごと」「摘み取る」。そして最後に、神と人間の本性への洞察を得るために花がおそらく果たすであろう機能について、知的な思索にふけるのだが、花自体は彼の花への関心の結果として、生命を奪われる。私たちがこの詩において見るテニソンは、生きものをばらばらにして真実を求める西洋の科学者にたとえられるだろう。

芭蕉の花への反応はまったく異なっている。彼は花を摘むことを望まない。それに手を触れさえしない。彼がすることはただ、それを「見る」ために「目をこらす」ことだけである。（中略）テニソンはどうやら、人びとや自然を理解するために花を所有する必要があるようだ。そして彼が花を持つことによって花は破壊されてしまう。芭蕉が望むのは見ることである。それもただ眺めるだけでなく、それと一体化すること、それと自分自身を〈一にする〉こと——そして花を生かすこと——である。(11)

対象を持つ態度——我々の場合、見るということも、けっして芭蕉のように一体化する行為としてではなく、逆にテニソンのように対象を持つ態度において見ているのが一般である——と、対象と自分自身を一つにする態度と、その違いは、フロムの指摘のように、まことに大きい。花を直接手にとるということ

は、もっとも花に近く関わる態度のようであるが、しかしそのことによって花は破壊され、人は生きた花そのものから遠くはなれたところに取りのこされてしまう。つまり、花を手にとりバラバラにしてしまうことで得た花の知識は、当然のことに、いのちのかよわない花の虚像でしかない。しかもその人自身は、自分は花について一番よく知っている専門家だと自負するとしたら、事はまことに悲劇的である。

そのことはもちろん、詩人の上にのみあることではない。化学者が、生命が化学者の手中に置かれる時は、近いのであり、化学者は生命ある物質を随意に減成したり、増成したり、変更したりするのである[12]。

というとき、生命が、テニソンにおける花のように「所有され」「ばらばら」にされ、そして「生命を奪われる」危うさを感ずる。「生命を奪われ」た生命とはそも何でありうるのか、まさにそれこそが戯論の結果するものなのであろう。

つまり、戯論とは、かぎりなく対象に近づいていくことによって、逆に、そのものからいよいよ遠ざかってしまうという、そういうかたちであらわになってくるところのいとなみであるといえよう。

四、対象化し細分化する科学的視点

現代の科学技術は、まさにそのように、すべてを対象化し、「ばらばらにして真実を求め」ようとする傾向をぬきがたくもっている。そしてそれは、必然的に、専門化してゆき、細分化されてゆく。たとえば、生命に直接関わる医学の分野では、今はすでに百幾つかの学会に分かれており、生命そのものとのまるまるの関わりのなかで苦闘している街の古いタイプの医師にとって、それらの学会は、まったく理解しがたい異界の学会になっているという歎きを聞いたことがある。かつて田中美知太郎氏は、そういう状況を、すでに次のように指摘されていた。

自分のやっていることからちょっと離れると、他の人の研究は分らない。ある人が、われわれ科学の専門家の研究は、エレベーターに乗っているようなもので、自分の乗っている四角な箱は非常に明るいけれども、それから外は真暗で全く分らない、ただその狭い箱の中を登ったり降りたりするだけなのだと云いました。つまり、現在の科学、純粋に知ることだけを目的として、その興味だけでどんどん開拓されていく科学の状況というものは、専門に分れていて、隣りは何をする人ぞという関係で、みな別々になっていて、全体としてはほとんどまとまりがないという状況にあるわけです。[13]

もちろん、そういう現状への反省から、いわゆる学際的研究、営為がすすめられているが、しかしその事柄への関わり方そのものへの根本的な問い直しはあまりすすめられていないように思われる。それどころか、人類全体としては、フロムが次のように指摘している方向へといよいよ突きすすんでいるようにみえる。

技術が私たちを全能にしたということ、科学が私たちを全知にしたということ。私たちは神になりつつあったのだ。自然界を私たちの新しい創造の単なる建築材料として用いることによって、第二の世界を造り出すことのできる至高の存在に。[14]

人類は、全知全能の神としての第二の世界、すなわち人工の世界を創りあげることに熱中しており、その眼には、たとえば山は海を埋めるための土の塊とみえるように、自然そのものは、単に第二の世界をつくりあげるための「建築材料」としてしか写らなくなっていく。そして一方、人工波を楽しめる人工の渚をつくりそれをドームで覆って、四季の別なくいつでも泳げる建物をつくり、収益をはかる。マルティン・ハイデッガーもまた、それらを貫ぬくものは「計算する思惟」であると指摘して、次のように述べている。

今や世界は、計算する思惟が、それに向ってさまざまな攻撃を開始するところの対象であるかの如くに、現れて来るのであり、それらの攻撃には最早、何物も抵抗し得るはずはないのであります。自然は、他に比類なき一つの巨大なガソリン・スタンドと化し、つまり現代の技術と工業とにエネルギーを供給する力源と化します。(15)

五、受用という言葉をもつ仏教

自然を建築材料として、あるいはまたガソリン・スタンドとしてとらえる。そこにあるものは、自然を利用しようとする感覚である。それに対して想地獄を説き、戯論寂滅を願う仏教は、受用という言葉をもつ。

天親は浄土の生活をあらわす荘厳功徳を受用功徳の名をもってしている。さらに亦曇鸞は、国土は認識対象としてとらえられるものではないということを、

衆生は別報の体と為す。国土は共報の用と為す。(16)

と云いあらわしている。その場合「別報の体」「共報の用」と、衆生・国土のいずれも、「報」の文字をも

ってあらわされていることが注意される。「報」とは、文字どおり「むくわれてきた」ということであるから、ここでは衆生も国土も歴史性においてはじめてとらえられるものであることが押さえられているといえる。つまりまず、ものごとを歴史的・社会的な関わりのなかで、成りつつあるもの、変化しつつあるものとしてみることを意味している。

『大無量寿経』に「身、自らこれを当《う》くるに、有《たれ》も代《か》わる者なし(17)」と説かれているように、人間は一人一人、誰に代わって貰うこともできないいのちをその身に生きているのである。その意味では、存在はまったく個別的な存在である。しかしだからといって、その生命は、空無のなかから唯独りポツンと生まれでたものではない。どこまでさかのぼりうるか、想像もできない歴史をもった生命なのである。そのかぎりない歴史をもつ生命をその身において受けとめ、担うところに、主体性が押さえられているのである。「別報の体」という言葉には、そういう厳しさがこめられていることを思う。

それに対して、国土は「共報の用」とある。国土は、自分一人は例外であり別個だということが成りたたない、「他の人と一緒に自分があらわれる(18)」世界であり、他の存在と共にということが成り立つ「存在の場」である。

その国土が「器」と云いあらわされるのであるが、その「器」ということを曇鸞は、

器は用なり。謂く彼の浄土は是、彼の清浄の衆生の受用する所なるが故に、名けて器となす(19)。

と釈している。古来「器は能なり」といわれ、一能一用というところにおいて器と名づけられる。たとえば鍋は、ものを煮たきするはたらきにおいて鍋と呼ばれるのであり、もし煮たきできなければ、形はどれほど鍋に似ていようとも、鍋とは呼ばれえない。そしてその鍋を鍋本来のはたらきにおいて受用するとこ

ろに、器としての関わりが成り立つのである。即ち、器というとき、そのもののはたらきを受けとめ、そのはたらきにおいてそのものを生きることをこそ意味するのである。それは人間の私意によって、ものを「第二の世界」のための「建築材料」として利用することとは遠くはなれた関わりを意味する。つまり受用するということは、そのものと一体化し、そのものによって満たされている事実を生きることを意味しているのである。

さらには亦、対象的な認識の仕方に対置される言葉として、善導の「極楽を感成せり[20]」という言葉がある。感覚にまで成就するということ、つまりそのようにしか生きられなくなるという形で、私を生かすはたらきとして自覚されてくるということであろう。

そのことからいえば、「世界が像となり、人間が主観となるという、近世の本質にとって決定的なこの二つの出来事[21]」とハイデッガーが云うとき、それは、世界と人間との間に「感成」と呼びうるような活きした、分かちがたく一体化した関わりが失われたことを云いあらわしているのだということもできるであろう。それはまた、「私たちの時代の特徴と言うべき数量化、抽象化、非人格化の精神[22]……」というフロムの指摘とも重なるものである。

人間が「数量化、抽象化、非人格化」されてゆくことこそ、人間が爪をもって切りきざまれていくすがたであり、まさしく地獄の第一の在りようである。

そしてそれらの「私たちの時代の特徴」を痛心するとき、すくなくとも、そういう特徴を生みだしてきたものが問われるのであり、そのとき、私には、「想」という教説を今あらためて、心にふかく思念すべきことを思うのである。

想――対象的にものを考えるという、我々にふかく巣くっている傾向性、それは、それではといって断ち捨てるなどということのできるものでは、決してない。ただその傾向性がもたらす問題を視つめ、真実を正受し、受用し、一つに生きんとする精神を――それはハイデッガーが「計算する思惟」に対置させているところの「気遣いつつ思いを潜める追思」「省察する思惟」という言葉とひびきあう精神だと思えるのだが――つねに自ずからに呼びさまし、目覚めさせておくことが肝要のことなのだと思われるのである。

註

（1）『長阿含経巻第十九・世記経地獄品』第四、大正蔵巻一、一二一頁c
（2）『ズラータの日記』（二見書房、一九九四年）、一三五頁
（3）『成唯識論巻第三』大正蔵巻三十一、一一頁c
（4）『中論巻第四・観如来品二十二』大正蔵巻三十、三一頁a
（5）『大智度論巻第二』大正蔵巻二十五、七四頁c
「問曰。十四難不答。故知非一切智人。何等十四難。世界及我常世界及我無常。世界及我亦有常亦無常。世界及我亦非有常亦非無常。世界及我有辺。無辺。亦有辺亦無辺。亦非有辺亦非無辺。死後有神去後世。無神去後世。亦有神去亦無神去。死後亦非有神去亦非無神去後世。是身是神。身異神異」
（6）（5）の文につづいて次の文がある。「答曰、此事無実故不答。諸法有常無此理。諸法断亦無此理。以是故仏不答。譬如人問搆牛角得幾升乳。是為非問。不應答」
（7）『大智度論巻第十五』大正蔵巻二十五、一七〇頁aに、「此十四難、是闘争法。於法無益、但是戯論。何用問為」とある。
（8）『大智度論巻第二』大正蔵巻二十五、七四頁c～七五頁aに、「佛知十四難常覆四諦諸法実相。如渡処有悪虫水不応将人渡。安隠無患処。可示人令渡」とある。

(9)『中論巻第四・観如来品二十二』大正蔵巻三十、三〇頁c〜三一頁a
(10) エーリッヒ・フロム『生きるということ』(紀伊國屋書店、一九七七年)三四頁
(11) エーリッヒ・フロム『生きるということ』(紀伊國屋書店、一九七七年)三五〜三六頁
(12) マルティン・ハイデッガー『放下』(『ハイデッガー選集十五』理想社、二二頁)に、「今年すなはち一九五五年の夏、(向うの)リンダウでは再び、ノーベル賞受賞者達の国際的会合が催されました。その折、アメリカの化学者スタンレーは、次のやうに言ひました」として、この言葉が引かれている。
(13) 田中美知太郎『人間であること』(文芸春秋社、一九八四年)一七七〜一七八頁
(14) エーリッヒ・フロム『生きるということ』(紀伊國屋書店、一九七七年)一五頁
(15) マルティン・ハイデッガー『放下』(『ハイデッガー選集十五』理想社)一九頁
(16)『浄土論註』大正蔵巻四十、八四一頁c(真聖全一、三三八頁)
(17)『無量寿経』聖典六〇頁
(18) 西谷啓治「仏教の近代化ということ」(『大地別冊Ⅸ』所収)五六頁
(19)『浄土論註』大正蔵巻四十、八四一頁c(真聖全一、三三八頁)
(20)『観経四帖疏』「序分義」大正蔵巻三十七、二五八頁b(真聖全一、四八七頁)
(21) マルティン・ハイデッガー『世界像の時代』(『ハイデッガー選集十三』理想社)三五頁
(22) エーリッヒ・フロム『生きるということ』(紀伊國屋書店、一九七七年)二五頁

「時機純熟」考

一、時と機を離れない真実教

親鸞は、その『教行信証』の第一、「教巻」において、真実の教を六句をもって讃嘆するその結句を、「時機純熟の真教」[1]という言葉をもってしている。そしてそのように、「時機純熟」というところに真実の教をみるということは、遠く『教行信証』の最後、「化身土巻」において、

信に知りぬ、聖道の諸教は、在世正法のためにして、まったく像末・法滅の時機にあらず。すでに時を失し機に乖けるなり。[2]

と批判されていることと表裏をなし、さらには巻末「後序」の、

竊かに以みれば、聖道の諸教は行証久しく廃れ、浄土の真宗は証道いま盛なり。[3]

の確信とあい通じているといえよう。すなわち、その教が、真に時代社会の現実を生きる人々の上に成就し、はたらくものであるかどうかは、「時機純熟」いかんにあると云われているのである。どれほど深遠なる真理を説く教であろうと、「時を失し機に乖」いているときには、それはけっして人々の事実となってはたらくことはなく、もはやただその形骸を空しく残すのみとなるというのである。

「時機純熟之真教」という言葉は、敢て読みくだせば、一つには、「時機において純熟せる真教」と読むことができよう。そのときには、真実教といいうるものは、その「教自体が純熟する時代性・人間性を内

容として」[4]はたらくものであることをあらわす言葉となる。

しかし亦、この「時機純熟」という言葉には、時と機が教によってようやく熟したという意味もあり、そのことからいえば、この「時機純熟之真教」という言葉は、「時機を純熟する真教」という読みとなる。ただそのいずれにしろ、真実教は時機をはなれてはありえないことを意味する言葉だということには変りない。

時機をはなれれば、教は、主観性、観念性のなかにとりこまれて、教としての真生命を失うこととなり、逆に、真教をはなれれば、時機はただいたずらに流転をつづけているというだけのことであって、そこにいかなる悲歎もおこることはない。そして、人生に対する悲歎も感動もないところには、時や機が問われるということなどありえないであろう。

二、動詞としての時

もともと「時機」という言葉は、時代と存在というように、単にそれぞれの時代状況と、その時代のなかに生きる存在というものを並列的に語る言葉ではない。つまり、人間存在を機という言葉であらわすのは、人間がただ状況のなかに生きて在るものではないことによる。人間は、現に生きて在りながら、「本当に生きたい」と渇望しつづけているものであり、現に〝自己〟でありながら、自己が曖昧になり見失い、それ故に自己に成りたいともがくものである。常に、今在る在り方を越えて、自己の本来を成就しようとするものである。その自己を越えて自己と成ろうと、渇望し、もがき、歩むもの、そういう精神のいとなみにおいて、仏教は人間を機という言葉をもってあらわしてきた。
その機という言葉のもつ意義を、仏教は、たとえば、機微・機宜・機関という三義をもって説明している。それは簡単にいえば、自己のうちに自己をうながしてやまないものが胎動しており、真実なるものにふれるとき深くうなづく感覚をもち、そのうなづきとともに歩みつづけようとしている存在であることを示すものと云えよう。そのことをひっくるめて云えば、人間は人間としての本来を成就（成仏）する機会・チャンスをもったものとして生きているものということであろう。そして、その機会・チャンスを現実のものとする場として、時を自覚するのである。つまり、時において機を自覚し、機において時を自覚していくことをあらわす言葉が「時機」なのである。
たとえば、安田理深師は、
時機純熟――そういうところから時の問題はやはり機に関係してまいります。「機は時によって熟する」、あるいは「機を熟するものが時である」、こういう意味で「時熟」という言葉を使うわけです[5]。
と指摘され、さらにつづけてハイデッガーが時をあらわすのにZeitigenという言葉を用いていることを注意して、
Zeitは「時」ですからこれは普通の日常語ですが、Zeitigenというのは動詞です。それをやはり「時熟する」というのです。Zeitは「時」ですけど、Zeitigenという動詞の場合は「時熟する」という。「何かを熟する」。やはり時にはものを成熟させる意味がある。だから「時が熟する」、「時が何かを熟する」、あるいは「時自身が熟する」[6]。
時は本来、名詞をもってあらわされるものではなく、動詞をもってあらわすべきものなのであろう。た

とえば、時というものがまずあって、その時がなにかを熟していくというのではなく、なにものかが熟していく、そのすがたの上に時という言葉が立てられるのである。

単に無内容なる時というものは抽象に過ぎない。春という時の器があって其の中に花が開くのではない。花の開くこと其のことが春なのである。（中略）時はそれ自体に於て存するのではない。必ず法に依って立つものとして先づ規定される。それは世界の遷流に基くということであり、それが時無別体・依法而立ということであって、このことが仏教に於ける時の根本的不動の規定と考えられる。(7)

ということ、それが、時の具体的な現実相なのである。

同時に亦、「熟する」という言葉は、そのもののあらゆる要素を集め、活かし、完成させるということを意味するのであろう。その意味では、『孟子』において、「集大成」するはたらきということにおいて「時」という言葉が用いられていることが、あらためて注意される。

三、時においてすべてが総合される

すなわち『孟子』巻十「万章章句」において、次のように語られている。

孟子曰。伯夷《ハ》聖之清《ナル》者也。伊尹《ハ》聖之任《タル》者也。柳下恵《ハ》聖之和《ナル》者也。孔子《ハ》聖之時《ナル》者也。孔子《ハ》之《ヲ》謂《フベシ》二集大成《セリト》一。(8)

これは、孟子が弟子たちから、聖人として貴ばれている人はいろいろおられるが、そのなかで、孔子はどういう徳を成就された方だと思っているかと尋ねられて答えた言葉だといわれている。

この言葉について、小林勝人氏は、

孟子は〔これらの聖人を〕批評していわれた。四人ともみなひとしく聖人ではあるが、伯夷は聖人の中でもとくに清廉潔白な人であり、伊尹は聖人の中でもとくに責任感の強い人であり、柳下恵は聖人の中でもとくに調和の心の豊かな人であり、〔それぞれ一方に偏ったきらいがあるが〕、孔子は〔一方に偏らず〕時の宜しきに従って行動した人である。ゆえに孔子こそ、すべての徳を集めて大成（完備）した人というべきである。(9)

と釈され、あるいはまた、蟹江義丸氏は、

是れ孔子の出処進退の絶えて拘泥渋滞する所なくして、皆時宜に適せるをいへるなり。(10)

と読まれている。つまり「時者也」ということは、「時宜に適」しているということを意味するものとして釈されている。しかし、この「聖之時者也」という言葉のもつ響きと、この「時宜に適」しており、「時の宜しきに従って行動した人」という釈文とは、なにかそぐわないものを感ずるのである。もともと、時宜に適うということは、「その時にちょうどよいこと。その場（時）にかなって都合のよいこと」(11)、「時勢によく対処する」(12)、「時の丁度よいこと。その判断。程よいころあい」(13)というように使われており、次の「集大成」という言葉にも結びつきにくく、亦伝え聞いている孔子の生きざま、その姿とも一つにならないものを感ずる。

その意味では、貝塚茂樹氏が、自分は孟子研究の専門家ではないがと断っておられるのだけれど、その訳文、

伯夷は聖人の清潔型である。伊尹は聖人の責任感型である。柳下恵は聖人の調和型である。孔先生は

聖人の歴史的総合型である。孔先生は聖人のもろもろ型を集めて総合した人といってもよい[14]。の方が、私には親しい。

時という言葉は、そのもののあらゆる要素が一つに総合して現成する、その端的をあらわすのであるということができよう。

四、真実が私の上に成就した時

経典にかえっていえば、『無量寿経』において、世自在王仏が法蔵菩薩の発願・思惟の歩みをみて、

汝今可説。宜知是時。発起悦可一切大衆[15]。（汝、今説くべし。宜しく知るべし。これ時なり。一切の大衆を発起し悦可せしめよ。）

と説かれる、その「宜しく知るべし、是れ時なり」の「時」、それはまさに、法蔵菩薩の上に本願の歴史が集大成し、成熟した時をこそ意味している。

あるいはまた、『歎異抄』第一条において、

弥陀の誓願不思議にたすけられまいらせて、往生をばとぐるなりと信じて念仏もうさんとおもいたつこころのおこるとき、すなわち…[16]

と語られているその「とき」も、けっして、年月日、あるいは時刻をもってあらわされる「とき」ではない。もしこれが「おもいたつこころをおこすとき」と語られているのならば、その「とき」は年月日をもって刻まれ、時刻とともに記憶される「とき」を意味することになるが、今『歎異抄』においては、「こ

ころのおこるとき」といわれている。わが思いでおこしたのではない、はからずもおこったのである。あらゆる縁が集大成されてきて、わが身に発起したとき、縁熟したときということである。

そもそも、「念仏もうさんとおもいたつこころ」すなわち宗教心というものは「おこる」ものであって、けっして人間が自らの意志、力でおこしうるものではない。もし自分の意志、自分の力でおこしたものであるなら、それは個人的関心を超えるものではありえないであろう。

つまり、「おもいたつこころ」をおこすときであるならば、そのときは、日常生活のなかに流れていく年月日、時刻をもってきざまれる「とき」でしかない。それは、kāla の語をもってあらわされる「とき」である。そしてその限り、宗教心をおこしたということも、過去の思い出となっていく体験でしかない。

それに対して、「おこるとき」という「とき」は samaya をもってあらわされる「とき」であり、それは宗教心が日常の時を破ってはからずも我身の上に成就された感動をあらわす「とき」である。永遠なるものを感受せしめられた「とき」である。さらにいえば、それは、今までの自己がひるがえされて、あらたな歩みを呼びさまされた「とき」である。けっして過去の記憶となって遠ざかってゆく「とき」ではなく、生涯を貫いてその歩みを支えつづける「とき」である。

経典巻頭の、samaya の語をもって説かれている「一時」、時成就と科文される「一時」について、香月院深励師は、

又た嘉祥疏の釈では、一時とは、きくに前後なきことを顕す。金口より説く経を直ちに阿難の耳から聞く。仏の説法と阿難能聞とがただ一時ぢやと云ふことにて一時と云ふと釈す。(17)

とあげられている。それはそのまま、この一時釈に先立つ「我聞」釈において、

今阿難聞くといはずに我聞と云ふは、我親しく仏の所にありてきくと云ふことなり。（中略）我聞とあるので阿難の親聞を顕はす。又伝へに聞たのではない、我れ親しくきたのぢやほどに、まちがひはないぞと、末代の衆生の信を生ぜしむる証信序の言になるなり。(18)

と釈されていると重なる了解であろう。

しかし今は、香月院師の釈の是非はともかく、嘉祥の「きくに前後なきこと」という言葉に心牽かれるものを感ずる。一生涯がそこに凝縮するような「時」の体験というものを、それはあらわしているように思われるのである。自分の一生涯がそこに一挙に決するような「時」である。昨日の続きに、今までの生活の流れのなかで、日常の意識のままに聞いたのではない。或はまた、その説法が終ると同時に、今までの日常意識にもどり、世間話に花を咲かせるような、そういう意識で聞いたのではない。

そうではなくて、「きくに前後なきこと」ということは、自分の今までの生活が根底から破られる時の体験であり、全くあたらしい世界がひらかれる時の体験ということをあらわしているのであろう。前後のある時というのは、昨日から今日、今日から明日へと流れていく時にすぎない。それに対して、宗教的体験とは、前後即ち私の日常性を破り、裁断して永劫なるものが、私の上に成就した時の体験である。

五、仮時と実時

親鸞は、その『教行信証』総序の文において、「多生」「億劫」「曠劫」という、かぎりない時の流れの

なかでの、真実なるものとの値遇の体験を語っている。云いかえれば、その値遇において、「多生」「億劫」「曠劫」の語をもってあらわされるような時の中に、自己自身を見出だされたのである。それは、samayaをもってあらわされる時の体験である。samaya は「仮時」という言葉をもって、その意味をあらわされる。つまり、ある年、ある日というように、特定の時を指さず、仮りに立てられた時という意味において仮時と云われるのである。

それに対して「後序」においては、親鸞は、「承元丁卯歳仲春上旬之候」とか、「建暦辛未歳子月中旬第七日」などというように、何年・何月・何日という具体的な年月日をもって、その身に体験した事柄が記述されている。それは、暦や時計をもって特定される時における体験の記録であるといえる。そういう特定された時を「実時」、kāla の語をもってあらわされる。そして実は、宗教的な体験というものは、その二つの時の同時の体験として具体的に語られうるのである。

因に、そういう時の両義をもって「一時」の言を釈されたものとして思い出されるのは、善導の『観経四帖疏』「序分義」での釈である。すなわち、善導は『観経』の「一時」について、四つの釈を開いている。そのうち、後の二釈は、「阿闍世正起逆時」と、仏が耆闍山に在って「即《チ》聞《キタマフ》㆘阿闍世起㆓此悪逆㆒因縁㆖」時という、直接『観経』の経文に即しての釈であるから、今は略するが、初めの二釈、すなわち、

㈠正《シク》明《ス》㆓起化之時《ヲ》㆒。仏将《ニ》㆓説法《セント》㆒先《ヅ》託《シタマフ》㆓於時処《ニ》㆒。但以《テ》㆔衆生《ノ》開悟必《ズ》藉《ルヲ》㆓因縁《ニ》㆒、化主臨《ミテ》㆑機《ニ》待《チタマフ》㆓於時処《ヲ》㆒。

㈡又言《ス》㆓「一時《ト》」㆒者、或就《ク》㆓日夜十二時、年月四時等《ニ》㆒。此皆是《レ》如来応《ジテ》㆑機《ニ》摂化《シタマフ》時也。(19)

の二は、まさに「時」の二義を押さえられたものということができよう。

㈠の「起化之時」、すなわち如来が衆生教化のために立ちあがった時、如来が真実普遍の法を説くために「機に臨みて時処を待ちたまう」時である。云いかえれば、真実普遍の法が時処を待って機の上に成就した時である。真実普遍の法は、時処の限定を超えている。しかしその真実普遍の法は、時処において具体的な機の事実となることがなければ、その真実普遍性を成就することはできない。同時に、具体的な機は、その真実普遍の法に依ってはじめて自己自身を見出し、成就するということが成り立つ。敢ていえば、如来出世の大事と如来を求むる衆生の出世の大事とが値遇する時であり、そのことによって、真実普遍の法が具体的な時処において具体化し、はたらきをもつ時である。samaya、仮時の語をもってあらわされる時である。

次で、善導が「一時」釈において挙げている第二の釈、「或は日夜十二時、年月四時等に就く」とは、まさしくkāla実時としての時である。いつ、どこでという具体的な限定をはなれては、真実普遍の法といっても具体的なはたらきをもって成就することはできない。その意味で、この「日夜十二時、年月四時等」という時をいかに受けとめているかということが大事な問題として押さえられるのである。

六、二つの時が呼応する体験

仮時と実時という、時の両義性について、安田理深師は次のように語っておられる。

何月何日という時を馬鹿にする人は、また億劫にも獲難いという劫ではかるような時間の感銘もない。何月何日というような時間は業で感ずるような時間であり、劫という時は業の内面をなす内面的な時間である。業の内面は本願である。時にはそういう両方があるのではないかと思う。歴史が証しされるということは、私を超えた歴史が私において証しされるということであり、或は私が私を超えた歴史を通して私を自覚することである。歴史的自己乃至は歴史の先端における自己の成就である。「親鸞一人」ということは、そういう意味であろうと思います。（中略）つまり、親鸞一人とは歴史から生まれて歴史を形成して行くという意味において、歴史の先端という意味ではないか。歴史的要素であるという意味ではないか、それは全く具体的な人間存在ではないかと思う。[20]

何年・何月・何日という時は、人間の生活体験を具体的におさえる言葉であるということからいえば、その時は、人間の悲喜の情をもって生きられている時であるといえよう。時代というのは、常にその時代の苦悩・課題をもつ時としてある。時代に生きるということは、その時代のかかえている苦悩・課題を生きることに他ならない。その時代の苦悩・課題を受けとめ担う、その時代に生きる者としての、その実存的責任をもって感覚されるものが、何年・何月・何日である。すなわち「業で感ずるような時間」である。

どこまでも時代の現実をはなれないということは、いうまでもないことだけれども、時代に埋没することではない。もともと、時代を、時代の課題を担うには、時代を超えて時代を見通す眼がなくてはならない。時代・現実といっているものが、自分の鼻先きしかみない、或はみえない時代・現実であるとき、人は時代を担っているという意識のままに、時代に埋没し、時代に流されているだけということになってしまっている。後からふりかえってみれば、ただ時代のなかに組みこまれていただけであったということになってしまっていることがしばしばである。そのことは、先の大戦の最中の自分自身をふりかえって思うとき、痛切に思い知らされることである。

る。

は、その時々の現象・事柄を通してあらわれている真実を見通すということはほとんどありえないのであ

嘗て友から、「現実とは、現行する真実」であると教えられたことがあるが、そのことから云えば我々に

そういう智慧をもたないとき、我々に見えているのは、ただ個々の現象・事柄であって、現実ではない。

「多生」「曠劫」の歴史を貫くものを感得する智慧がなくては、時代を担うということは不可能である。

その意味で、先に触れたように、『教行信証』の巻頭「総序」に、「多生」「億劫」「曠劫」の語をもってあらわされる仮時をもって真実の法、歴史に値遇した感動を述べ、巻末「後序」には年月日をもって示される実時をもって、身をもって生きられた現実を記述されてあることに深い意味を感ずる。つまり『教行信証』をもって説きひらかれた世界は、その二つの「時」(仮時と実時)の感覚が呼応し、交錯して展開されているのである。

そしてそのことは、本来、人間の宗教的な歩みというものは、その二つの時の同時体験としてあるということをあらわしてもいるのであろう。それは、たとえば安田理深師が、

時を貫いて変わらんのが道理だけれども、その道理が時によって働く。時をまって我々は道理に会う。道理に会えば道理自身が我々を転ずる。——「五劫思惟の願をよくよく案ずればひとへに親鸞一人がためなりけり」という場合、この劫は一刹那が積み重なって劫になるのではなく、一刹那が劫の意義をもっている。尽しても尽しても尽しきれない質の意味をもっている。——完全なものが完全として働くためには人間が目覚めることを必要とする。目覚める時を必要とする。目覚めることも時なんです。勝手に目覚めようとおもって目覚めるわけじゃない。時に賜るんです。それはやはり信仰が個人

経験でないこと、廻向であることをあらわしている。そういうのがやはり「時機純熟」じゃないかと思うのです。——思いを超えた一念に目覚めるためには、目覚めなかった長い間が成熟したのだと。[21]と語られているような体験である。

七、宿善開発の自覚

このような「時機純熟」の自覚、その感動をこそ、たとえば蓮如は「宿善」の言葉をもってあらわしたのであろう。すなわち宿善開発の自覚を蓮如は『御文』一ノ四において、

「一念発起　平生業成」と談じて、平生に、弥陀如来の本願の、われらをたすけたまうことわりをきひらくことは、宿善の開発によるがゆえなりとこころえてのちは、わがちからにてはなかりけり、仏智他力の御さずけによりて、本願の由来を存知するものなりとこころうるが、すなわち平生業成の義なり。[22]

と書きしるしているが、その「わがちからにてはなかりけり、仏智他力の御さずけによりて、本願の由来を存知する」ということこそ時機純熟の自覚であり、宿善開発の歓びをあらわすものであろう。「わがちからにてはな」くして「本願の由来を存知する」ということが我身に発起している、その事実にふかく、永い歴史的必然を感ずる心として、時機純熟・宿善ということが云われているのである。

云いかえれば、宿善の自覚は「遇いがたくして今遇うことを得たり」というその事実において、その事実の希有さ、「わがちからにてはなかりけり」と感動する心である。わがはからい、わがちからよりも深

い命の事実として出遇っているそのことに、かぎりない願力の回向を感得した言葉である。

歴史的必然とは、個人的には偶然である。個人的立場からみれば偶然であるものが、却って歴史的には必然の意味をもっている。だから法に遇うということ、自分が信を得るということは、歴史的なのである。(23)

その獲信の事実が「個人的立場からみれば偶然である」ということ、そのことの自覚が「わがちからにてはなかりけり」という言葉をもってあらわされ、しかもそのことに仏法における「歴史的必然」を感じとったところに、宿善という言葉があるのであろう。

宿善・無宿善の機という言葉を聞くとき、ともすれば、個々の人間の上に、この人は宿善の機、あの人は無宿善の機と見分け、区別することのように思うのであるが、蓮如においてはどこまでも獲信の事実において宿善の言葉は使われているのである。獲信の事実において、「わがちから」への執心が破られ、願力の歴史、世界に眼を開かれるところに、宿善の自覚が語られているのである。

だから、蓮如は、

「時節到来と云うこと。用心をもし、そのうえに事の出で来候うを、時節到来とは云うべし。無用心にて事の出で来候うを、時節到来とはいわぬ事なり。聴聞を心がけてのうえの、宿善、無宿善とも云う事なり。ただ、信心は、きくにきわまることなる」由、仰せの由に候う。(24)

と云われてもいるのである。

聴聞を心がけるということをぬきにして、宿善、無宿善ということはないことだという。宿善は獲信における歓喜の実感として、無宿善は獲信しえざる我身への悲歎の実感として、あくまで仏法を心に入れて聴聞申す身にとってのうなづきとして用いられている言葉である。

八、新しい一人が生みだされた時

親鸞は、「時機純熟の真教」即ち「浄土真宗」を、浄土真宗は、在世・正法・像末・法滅、濁悪の群萌、斉しく悲引したまうをや。(25)と示しておられる。その「在世・正法・像末・法滅」という言葉は、単に、正法がやがて仏滅とともに像法・末法・法滅と衰滅していく次第を記述したものではない。そのことは、その言葉と並列して「濁悪の群萌」という言葉がおかれていることからもうかがわれる。在世から法滅へと、教法を衰滅せしめていくもの、それはけっして、ただ単に仏陀釈尊ましまさぬということにあるのではない。そうではなくて、教法に生きる人間、機の「濁悪群萌」性にこそよるものである。だからこそ、「斉しく悲引したまう」と云われているのであろう。この「斉しく」とは、「在世・正法・像末・法滅」の、そのあらゆる時代の機、即ち「濁悪群萌」としての機を斉しく、と云われているのであろう。正法から法滅への、その歴史があらわして来たものが、いつの世にあっても変わらぬ、人間の「濁悪群萌」性であったのである。

もしそうではなくて、いわゆる末法史観が、正法から末法・法滅へと衰滅していくという、その現象をとらえて悲歎する歴史観であるとしたら、それは、正法がいよいよ隆盛になっていくことを夢みる発展史観を物指しにして、現状を歎いているというだけのことになる。そのときにはただ愚痴があるだけで、そこからはなんの歩みもはじまらないであろう。そうではなくて、正法が法滅に到る必然性を「濁悪群萌」

という機の自覚のうちに見出しているのである。

教法が教法としての輝きを失い、更にはその教法が見失われてしまっていること、真に人間としてこの世を生きてゆく根拠を見失っているということ、そして更には、もはや見失ってしまっていることすら問題にされなくなっているという現実を、聖道門の人々は、猶自己自身の外に、単に時代社会の現象として見、それ故にいよいよ釈尊在世の時を追慕し、釈尊にかえれと叫び、さらには明恵のように「末世のみなしご」と歎いているほかなかったのである。

それに対して親鸞は、「濁悪群萌」性自らの罪業性、機の自覚において時代の現実を受けとめているのである。時代社会の現実において深く自己・人間存在の罪業性を自覚し、自己・人間存在の罪業性の自覚において、時代社会の現実を深く悲痛しているのである。末法の現実はけっしてかりそめのことではない。機の現実が招来したものである。したがって、もはや自己において正法の世の再来を夢みることは、徹底して許されないのである。それ故に親鸞は、

濁世の道俗、善く自ら己が能を思量せよとなり。知るべし。(26)

と云い、さらにくりかえして、

今の時の道俗、己が分を思量せよ。(27)

と勧励しつづけているのである。

人間の、自己の濁悪性、罪業性への悲歎、懺悔において、はからずも、すでにその事実に応えられていた願心にふれ、目ざめた。その時、人は自らを、多生・曠劫・億劫の語をもってあらわされるような歴史のなかに、自己を見出したのである。それはつねに、永遠なるものに生きる「今」「今日」への、深い感

動をともなった体験として自覚される。すなわち「時機純熟」とは、「今日世尊……今日世雄……」と讃嘆する阿難の「今日」[28]、仏の「汝いま知れりやいなや」の呼びかけに応答する韋提希の「世尊、我がごときは、いま仏力をもってのゆえに」[29]と云う今、そして更には親鸞の、いわゆる三願転入の文における「しかるにいま特に方便の真門を出でて、選択の願海に転入せり」[30]の今、の体験であり、しかもその今は「ここに久しく願海に入りて」と、久遠劫来の久しき時の成就としての今として歓喜される今、である。

それ故に、あえていえば、「時機純熟」とは、この「時機」の自覚とともに、新しい一人が生みだされたということにおいて具体的になるのである。

註

（1）『教行信証』「教巻」聖典一五五頁
（2）『教行信証』「化身土巻」聖典三五七頁
（3）『教行信証』「後序」聖典三九八頁
（4）藤元正樹「『時機純熟の真教』ということ」（『大地会報』第五九号所収）二頁
（5）『信心における道理と時』（『安田理深講義集』第6巻）参照
（6）『信心における道理と時』（『安田理深講義集』第6巻）参照
（7）中山延二『仏教における時の研究』四頁
（8）『孟子（下）』（岩波文庫）一六七頁
（9）『孟子（下）』（岩波文庫）一七四頁
（10）蟹江義丸『孔子研究』（京文社、一九二七年）二三五頁
（11）諸橋・鎌田・米山編『廣漢和辞典（中巻）』（大修館書店）四二八頁

(12) 白川静『字通』六八五頁
(13) 新村出編『広辞苑』
(14) 『孟子』(『人類の知的遺産』第九巻、講談社)二四六頁
(15) 『無量寿経』聖典一五頁
(16) 『歎異抄』「第一条」聖典六二六頁
(17) 香月院深励『無量寿経講義』一二〇頁
(18) 香月院深励『無量寿経講義』一一三頁
(19) 『観経四帖疏』「序分義」真聖全一、四六五頁
(20) 安田理深「歴史への発遣」(『親鸞教学』第二〇号所収)九三頁
(21) 『信心における道理と時』(『安田理深講義集』第6巻)参照
(22) 『御文』「一帖目第四通」聖典七六三頁
(23) 安田理深「歴史への発遣」(『親鸞教学』第二〇号所収)八九頁
(24) 『蓮如上人御一代記聞書』聖典八七四頁
(25) 『教行信証』「化身土巻」聖典三五七頁
(26) 『教行信証』「化身土巻」聖典三三一頁
(27) 『教行信証』「化身土巻」聖典三六〇頁
(28) 『無量寿経』聖典七頁
(29) 『観無量寿経』聖典九五頁
(30) 『教行信証』「化身土巻」聖典三五六頁

真実の教　―主観性の克服―

一、無明業障のおそろしき病

真実の教というとき、それはあらためていうまでもなく、ただ単に真理をあきらかにしている教えということを言いあらわしているのではない。すなわち、教の真実性は、その理の深遠さ、真理性にのみあるのではなく、人をして真に人間として成就せしめるはたらき、人の上に成就しているはたらき、その事実性にこそあるのである。

もともと、真実という言葉は、真（理）を人々の生活の（事）実にまでもたらし具体化していること、真なる法が衆生の実として成就しているそのはたらきをこそ意味している。

その真実教は、人を通して流行《るぎょう》してゆく。それ故に、具体的には、我々が、法に目覚めている人との出遇いを通して、法は伝わり成就していくのである。

しかし、現実にかえるとき、教法を聞く縁にも恵まれ、亦同じく歩む人々にも縁をもちながら、しかも真に出遇うこともなく、空しく時を過ごしてしまうということが、我々の常としてある。なぜそうなるのか、そのことがあらためて問いとなってくるのであるが、そのとき私には蓮如上人がその『御文』に書きしるしておられる「無明業障のおそろしき病」という言葉があらためて思いあわされてくるのである。

蓮如上人は、その『御文』二帖目の第十三通において、

あら、殊勝の超世の本願や。ありがたの弥陀如来の光明や。この光明の縁にあいたてまつらずは、無始よりこのかたの、無明業障のおそろしき病のなおるということは、さらにもって、あるべからざるものなり。(1)

と書きしるしている。この『御文』は、周知のように、五帖目の第十二通にも、再度編みこまれているということにおいても、注意せしめられる。

言うまでもなく、この「無明業障」という言葉は、すでに善導が『法事讃』においてもちいている。即ち、善導は、その『法事讃』巻上の「前行法分」において、

上従《リ》㆓海徳初際如来㆒乃至今時《ノ》釈迦諸仏、皆乗《ジテ》㆓弘誓《ニ》㆒悲智雙行《シ》、不《シテ》㆑捨《テ》㆓含情《ヲ》㆒三輪普化《クシタマフ》。然《ルニ》我無明障重《ニシテ》、仏出《ニ》不㆑逢《ハ》。設使《ヒ》同生《スレドモ》　還如《シ》㆓覆器《ノ》㆒。(2)

と言い、更に同じく『法事讃』巻下、「転経分」において、

人天四趣罪根深《シ》。過現《ノ》諸仏皆来《リテ》化《スレドモ》、無明業障《モテ》不㆓相逢《ハ》㆒。慚愧《ス》。(3)

と記している。そこでは、過現の諸仏皆来たりてこの私を教化し賜うているにもかかわらず、無明業障の身のゆえに、相逢うことができずにいる。たとえ仏と同じ時代、同じ世に共に生きていても逢うことができないままに終わってしまうと、その無明業障の身を「覆器」にたとえて、慚愧されているのである。

空過する、それほど人間にとって悲しいことはない。「死ぬことが情けないのではない。空しく終わる人生が、やりきれないのだ(4)」と浅田正作氏がうたうとき、それは多くの人に共感をもって聞きとられるにちがいない。「人身受け難し、いますでに受く。仏法聞き難し、いますでに聞く」と唱和されるように、

まことに希有なる縁を受けて一人一人、この人身を賜っているのにもかかわらず、そのすべてを空しく過ごしてしまっているのである。

もとより、今現に、その一生を空過してしまっている人に、空過などという意識はありえないであろう。空過の自覚は、たしかな世界に出遇い、そこにおいて自己自身をふかくよろこぶ身となった者において、はじめて、いかに今まで自分が空しく時をすごしてきていたかを、とりかえしのつかない思いとともに自覚するのである。遇いがたき仏法に今遇いえているが故に、「もしこの法に遇っていなかったなら、今頃自分はどうなっていたかと」、空過のおそろしさを身にしみて思い知らされるのである。今、蓮如上人が「無始よりこのかたの無明業障のおそろしき病」と言いあらわされているのも、まさにそのような空過のおそろしさを言いあてておられるのであろう。

二、自己の在り方を変えていく学び

無明とは、広くは煩悩全体を言いあらわす言葉であり、限っていうときには、貪・瞋・痴の三毒の上の愚痴の有り様を言いあらわす言葉とされる。そして、それら通仏教の用い方に対して、浄土門仏教にあっては、とくに、仏智の不思議を信じない、不了仏智の意味をもって無明と言われる。仏智を信じえないとき、人は己の理智分別をもって依りどころとする。そこでは己れを立場とし、己れの物指しをもって判定するばかりで、事実をあきらかに見るということがない。その愚かさを、無明と呼ばれているのである。

それ故に、無明とは、いろいろな事柄について何も知らない、何もわからないということを意味するのではなく、仏法の智慧がないということをこそ意味しているのである。猶ここで仏法の智慧というのは、機法二種深信をもって開かれるような智慧をこそ意味する。

そのような智慧ある人を、近くは、曾我量深師が、両眼ある人、両眼人と言いあらわしておられる。

今の思想界には無眼人（第一の信眼なき懐疑的現実主義の人）あり　又一眼人（唯第一の信眼ありて第二の智眼なき人）ありて　両々真面目不真面目を諍ふ　誠に二者共に真面目也　而も又不真面目也今代にあるべくしてなきものは両眼人に候　如来を信ずる信眼あると共に自己の現実を照知する智眼ある人に候(5)

本来、真実の法を聞きうなずくということがあるとき、それは必ず、結果として真実ならざる自己が照らしだされあらわにされてゆくこととなるものである。

そもそも学ぶということには、「或る事柄を会得するその知が、会得の過程において、同時に、知る自己自身をも内から変えて行く(6)」ということがあるはずである。そのことは、ひとつの道を窮めていくことが、そのまま、いよいよその道の奥深さを知らされることになっていくというのと同じ道理である。そういうこととして、主体的な学びということはあるはずである。

しかし今日の学びの在り様を思うとき、ある事柄についての知識をもつことが、その人間の在り方になんの変革をももたらしていないことに思いあたらざるをえない。しかもその学びの対象は、いよいよ専門化がすすみ、その事柄についての知識を増やすことが、そのまま全体に眼を開いてゆくことになるどころか、逆に、全体像をいよいよみえなくさせていくということにすら、なっている。

そのことはすでに、一九七六年三月の、日本原子力産業会議において、田中美知太郎氏が、次のように注意を喚起されているところである。

自分のやっていることからちょっと離れると、他の人の研究は分らない。ある人が、われわれの科学の専門家の研究は、エレベーターに乗っているようなもので、自分の乗っている四角な箱は非常に明るいけれども、それから外は真暗で全く分らない。ただその狭い箱の中を登ったり降りたりするだけなのだと言いました。つまり、現在の科学、純粋に知ることだけを目的として、その興味だけでどんどん開拓されていく科学の状況というものは、専門に分れていて、隣りは何をする人ぞという関係で、みな別々になっていて、全体としてはほとんどまとまりがないという状況にあるわけです(7)。

三、人格の分裂としての無明

古来、人間の心のはたらきの三大要素として、知・情・意ということがいわれる。それは一般に、知性・感情・意志として示されている。知的理解力、情的感覚力、そして意的判断力と言いかえてもよいかと思う。その情・意、即ち感覚力・判断力は、人間における常識の領域をしめすものであろう。もっとも、今日では、その常識ということも、知的理解力としてのみ考えられるようになってしまっている。たとえば、『広辞苑』の「常識」の項をみてみると、

common sense、普通、一般人が持ち、また、持っているべき標準知力。専門的知識でない一般的知識とともに、理解力・判断力・思慮分別などを含む(8)。

とあり、全く、知力のこととして定義されている。現代がいかに知に偏った人間観をもっているか、その

良い例であるように思う。

本来 sense は、感覚、感じ、の意を第一義とする言葉である。思慮・分別などという意味は、四、五番目にはじめて出てくるにすぎない。にもかかわらず、『広辞苑』のような理解が一般になってしまっているのである。いかに知を第一としているかが再確認される思いがする。

もともと、common sense を常識と訳したのは福沢諭吉であるといわれているが、文字の上からいえば、常識という文字の、その識の字を知識とかぎって受けとったところに、自ずと『広辞苑』のような理解がされるようになってきたのであろう。因に、中部大学の学長山田和夫氏は、「共通の感性」と訳語しておられるという。(9) もちろん、『広辞苑』のような受けとめは、単に文字の理解の仕方にのみよることではない。現代社会の、科学的知に対する偏りが反映しているにちがいない。

そういう問題点を取り上げられているものに、西谷啓治氏の「行ということ」という一文がある。氏はまず、

近世とか近代とかいわれる歴史の時期を根本的に特徴づける一つの事情は、人間形成の道から「行」という契機が脱落してきたということである。特に知性の面において、客体的な事物に関する知、科学が代表するような客観的な知が支配的になり、客体についての究明と主体の自己究明とが切り離せない一つのものであるような、そういう知の次元が閉ざされてきたことである。(10)

と指摘し、

その傾向の由来するところは、前にも言ったように、科学に代表されているような客観知が人生を支配していることである。いま言った傾向は、特にいわゆる知識人の「知性」に一般的な傾向である。

その知性の求める合理性は、情意から切り離された、抽象的な、科学的合理性である。その知は高い全人的な統一点に成立する知ではない。そういう統一点のない場合、知も情も意志も、人間のうちで、ばらばらに動き、特に知との結びつきを失った情意は低迷したり暴発したりしながら彷徨する。すなわち人格の分裂が現われる(11)。

西谷氏の指摘される「情・意から切り離された、抽象的な、科学的合理性」のみを身につけたとき、人は、一つの専門分野についてはまことに有能な力を発揮するが、反面、自己自身、人生そのものが大きな問いとなって迫ってくるとき、その知はまったく無力であり、依るべきところ、向かうべき方向を見出すことができず、深い不安のなかに沈みこむことにもなる。理数系の最高学府を卒業した、知的水準の高い青年たち、最も物事を合理的に考えるはずの青年たちが、あのオウム真理教にひきこまれていったのも、そのよい例であろう。

そして亦、逆に、知と切り離された情・意は、その正当な発表の場も、表現力をももちえずに、いたずらに「低迷したり暴発したりしながら彷徨する」ようになる。今日の青少年たちがかかえているイライラ、それを正当に表現し伝達することができないままに突っ走ってしまう犯罪の数々、その殺人の場にあっても、人間としてここまでは犯すことはありえないであろうという人間としての感覚が全く欠落してしまっていることを思い知らされる現状など、それぞれに知・情・意の全人的な統一を失い、まさに「人格の分裂」をおこしていることのもたらした結果だといえよう。

それらの現実をもたらしてきているもの、それを仏教は、無明と示すのである。

四、主観性と観念性を破る真実の教え

扨以上、「無明業障のおそろしき病」がもたらす空過の現実、更には「人格の分裂」がもたらす諸問題に注意をむけた。

更にそのような無明業障は、その求道の歩みにあっても、必ず、沈み迷うという在り様を結果してくると、親鸞聖人は指摘されている。『教行信証』の「別序」はそのことの確認であろう。『教行信証』六巻において「教・行二巻」は「伝統相承の巻」とされている。[12] 親鸞聖人が、遇いがたくして遇いえた仏法、その仏法の歴史、世界というものを受けとめ、展開されたものが教行二巻であり、それを親鸞聖人は、『正信偈』をもって結ばれているのであると、曾我量深師は押さえられているのである。そして、それを承けて、別序をおいて開かれている「信巻」以下の四巻を、曾我師は、「己証の巻」と呼んでおられる。

つまり、教法は教・行二巻で終わっている。しかし、そこにはじめて、人間の問題が照らし出されてきたのである。それが、「沈自性唯心」と、「迷定散自心」という、沈み、迷うという問題である。それはもとより、人間の問題、機の問題であるが、しかし同時にそれは、人をして沈み、迷わせている教の在り方の問題でもあること、したがって、人をしてその「沈自性唯心」「迷定散自心」という在り方を克服して、常に願心に立ちかえらせ、願心に生きるものたらしめていくところにこそ、真実の教としてのはたらきがあることを、あきらかにされているのであろう。蓬茨祖運師が、

真実の教の意義は、この世の常なみの人びとに、この世の苦悩を超越して、しかもその苦悩を意義あらしめていくというところにあるわけです。[13]

といわれるごとくである。ただそれが、我々における具体的な歩みとなるとき、超越してゆこうとするその歩みにおいて、しかも沈み、迷うということがおこってくるのである。

別序においては、「末代の道俗」、「近世の宗師」とあるが、この沈迷の問題は、いつの時代にあっても変わらない問題といわねばならないであろう。

古来「沈自性唯心」は聖道門の問題、「迷定散自心」は浄土門での問題というように見分けられているが、しかしそういうように図式的に見られることではなく、この二つの言葉において、おおよそ人間の宗教的な精神生活における問題、その主観性が押さえられているのである。

宗教経験というものは、どこまでも、一人一人において歩まれるものであるけれども、その歩みにおいて沈・迷するとき、その歩みはただたんに、個人的経験という意味を出ないものとなってしまう。そのときその歩みは、敢えて宗教経験というに値しない主観的なものになってしまっているといわなければならない。

宗教経験というのは、個人の経験というよりは、敢えていえば、その教法において個人を経験することだというべきであろう。自己の経験ではなくて、教法において自己を経験すること、さらにいえば、自己において人間の事実を経験していくことであるといえよう。

たとえば、善導大師は、菩提心というものを、

唯願《ハクハ》　我《ガ》身、身《ハ》同《ジク》二虚空《ニ》一、心《ハ》斉《シク》二法界《ニ》一、尽《クサン》二　衆生《ノ》性《ヲ》一。(14)

と言いあらわしている。ただ願うことは、我が身において衆生性、即ち人間としての在りようのすべてを尽くしたいというのである。しかもそれはどこまでも「身は虚空に同じく、心は法界に斉しく」と願われ

ている。どこまでも法において衆生性を尽くさしめられるのであって、個人的主観における個人的体験としてではないのである。

そのことを、和田稠師は、次のように言いきっておられる。

私は真実の信心というのは、我々の方から真実を目指して進むということではなくて、実は真実の方からの問いかけにおいて、自己の体質、体制をたのんで生きているわれらの真実ならざる在り方が徹底して知られることだと思います。ところが、その真実からの問いかけを聞き流しながら、逆に自ら真実を目指そうとするところに、どうしても現実を離れた主観主義に陥ってしまう。

「自ら真実を目指そうとする」、そういう在り方、理想主義的な在り方は、理想を実現しうるものとしての自己確信のうえに立つものであるから、それは必然的に、主観主義に陥るのであり、主観主義に陥るところに沈迷の相があらわになってくるのである。

そしてそのような、人間に根深い病である個人性、主観性を破って、人間の上に、真に開かれた世界を成就する力、はたらきあるものをこそ、真実の教と呼ばれるのである。

そして、その事が、真実の教の経証として「教の巻」に引かれている『大経』発起序の文、即ち仏陀釈尊と阿難との出会いが説かれている文において展開されているのであろう。即ち、個人的主観性や観念性を破られる体験として、出会いということはあるのであろう。

出会いは、ただ単に、二人の人間が互いに相手を認めあうこととして成りたつものではない。なぜなら、そこでは猶、互いがその主観において相手をうけとり、理解しているだけであって、現実は、マルティン・ブーバーの言う「ゆきちがい(15)」、互いに誤解の上で受けとめあっているということがありうるからである。

出会いは、ただ単に、個人と個人が互いに相手を認めあうこととしてあるのではない。それは猶主観的・閉鎖的でありうる。そうではなくて、人と人との間に「さればひとつなり」といいきりうる体験が共有されることとしてひらかれてくるのである。そのことを端的に言いあらわしてある希有なる文章として、私には『歎異抄』後序の言葉が思いあわされるのである。

法然聖人のおおせには、「源空が信心も、如来よりたまわりたる信心なり。善信房の信心も如来よりたまわらせたまいたる信心なり。されば、ただひとつなり。別の信心にておわしまさんひとは、源空がまいらんずる浄土へは、よもまいらせたまいそうらわじ(16)。

すなわち、出会いとは、一人一人がその「ひとつ」なるものにおいて自己を見出し、同時に、同じその「ひとつ」なるものにおいて他者を見出すこととして開かれるのであろう。そこでは「御智慧才覚」をはじめ、あらゆる人間の上の異なりを超えて、互いに「善き親友」としてうなずくということがおこるのである。

そして、すべての人のうえに、「さればただひとつなり」と言いうるものをあきらかにすることにおいて、一人一人をその自然にかえすものをこそ、「真実の教」と言われているのであろう。

註

（1）『御文』「二帖目第十三通」聖典七九二頁
（2）『法事讃』真聖全一、五六一頁
（3）『法事讃』真聖全一、五八七頁

（4）浅田正作『骨道を行く』（法藏館、一九八八年）七四頁
（5）『両眼人』（春秋社、一九八二年）一二頁
（6）西谷啓治『宗教と非宗教の間』（岩波書店）三頁
（7）田中美知太郎『人間であること』（文芸春秋、一九八四年）一七七〜一七八頁
（8）新村出編『広辞苑』
（9）本田真哉『葩』（法藏館、一九九六年）一四六頁
（10）西谷啓治『宗教と非宗教の間』（岩波書店）三頁
（11）西谷啓治『宗教と非宗教の間』（岩波書店）七頁
（12）曾我量深『教行信証「信の巻」聴記』（『曽我量深選集第八巻』）一三頁
（13）『教行信証の基礎講座』七二頁
（14）『観経四帖疏』「序分義」大正蔵巻三十七、二六〇頁a（真聖全一、四九二頁）
（15）マルティン・ブーバー『出会い』（実存主義叢書十三、理想社、一九六六年）七頁
（16）『歎異抄』「後序」聖典六三九頁

『大地塾報』掲載論文

願っていること

人間の才知などというものは、どんなにすぐれたものでも、浅くせまいものである。なるほど一時は才知あるものが世にもてはやされ、人々を導くかのようにもみえる。けれども、単に個人の才知からのみうみだされたものは、けっきょく、同じ才知ある人々にしか通じず、その仕事は、その個人の死とともに薄れ、消えてゆく。つまり個人的な才能や感覚にのみよる仕事は、所詮、個人性を越えることはできないものなのだ。そして、たとえそのあゆみが遅々としたものであっても、人間そのものの根底にふれ、その心の内奥にふれたものだけが、時代を越え国を越えて、あらゆる人々の心にたえずかたりかけ、ひびいてゆく。そういう言葉、行為のみが、歴史を生みだし、歴史となってゆく。そして実は、人間の才知というものも、そういう歴史にふれてはじめて、大きな力となって働くことができるのである。

最近、思想する人々によって、地獄という言葉があらためてとりあげられているということにも、人間の個人的才知への断念がふまえられてあるように思う。たとえば、『地獄論』の著者、笹原伸夫が、「己れ自身の内なる部分を凝視するところからしかなにごともはじまらないのではないか、と私は考える。その部分を己れ自身の手で掘りぬくことで、思想は初めて肉体性をもつことができる。己れの生死、己れの存在の根源をみつめることによって、そこから抽象的な思考といったものが生まれるべきなのだ」という文章をもってその一文を書きはじめるとき、さらには「地獄とは逃れえぬ現実世界である」と定義するとき、そこにはやはり、人間の個人的才知への断念があるといえよう。あらゆる思想的たてまえに対して、地獄としての逃れえぬ現実世界を放置し、問い返してゆくことによって個人的才知を突破して、己れ自身の内なる部分、人間の命の歴史そのものともいうべきものにふれてゆく。

いささか飛躍しすぎるかもしれないが、私には、このような知識人の多くが、地獄という言葉をあらためて凝視しだしたことと、最近の一般大衆の中にある墓や仏壇への強い関心とは、けっして無縁ではないように思える。そこには、個人性の主張がその限界を体験することによって、逆に個々の存在を生みだし、つらぬいて流れる命の歴史そのものへの開眼が、自覚的にあるいは無自覚に生きられてあるように思えるのである。そしてとくに、大衆の、自分の命そのものが、その中に位置すべき歴史というものへの志向、感情には、ともすればなんらかの絶対的権威を待望し容認する危険な傾向性があるのであるが、しかしまたこのような大衆の志向、感情とのかかわり、あるいは、きりむすびなしには、いかなる歴史的、社会的な行動というものも成り立たないように思えるのである。そしてそのためには、社会的行動のなかにあって、しかもその個々の社会的行動の全体を見通し、見わたす、不動の場を必要とするのである。

画家、村上華岳は『製作は密室の祈り』と題した一文において、画家が画室で製作するのは、丁度密教で密室において秘法を修し加持護念するのと同じだとのべている。画家がその現実生活の中で体験し、凝視し、写生した素材を、真に一個の作品にまで——つまり個人的体験や印象を全人的な表現にまで具体化し、深めるためには、画家は独り静かにそのアトリエに入らなければならない。そのように、日常生活の中での生な体験、思索を、真に一個の思想にまで深めるためには、人はやはり静慮の場に入らなければならないのである。経論には、そのような場を、楼閣として表現している。

青年求道者、善財童子をして求道の旅へとかりたてた指南の師は、文殊菩薩であった。『華厳経』には、文殊菩薩はその善安住楼閣より立って街に出て、人中に善財童子を見出したと説かれている。善安住とは、深く豊かな智慧を意味する。しかもそこは楼閣である。楼閣は、天親菩薩が浄土の地功徳荘厳の相として、『願生偈』に「宮殿諸楼閣　観十方無碍　雑樹異光色　宝蘭遍囲繞」（聖典一三六頁）とうたわれているように、十方を遠く広く見渡すことのできる場である。そして智慧とは、そのように、遠く広く現実を見渡すことのできる力である。そして、そのような楼閣をもたないわれわれの在りようは、まさに釈尊が韋提希に告げられた言葉そのままに、「心想羸劣にして未だ天眼を得ず、遠く観ることあたわ」（『観無量寿経』聖典九五頁）ざる凡夫そのものである。

われわれは悲しいことに、その視野が狭く浅く偏より、事柄の表面、一面のみをみて右往左往し、現実にその事柄にまきこまれていながら、しかも少しも事柄の本質、真相が見抜けないでいるのである。そのためにわれわれの行動は、まるで下手な素人大工そのもので、机の脚の高低をなおそうとして、右が高い、今度は左だと、切りきざんでばかりいて、いつまでたっても水平にできないでいるすがたにすら似てくる。それ故に、生活の全体を支える大地の功徳として、かえって、生活の場をはなれて、静かに十方を観ずる楼閣で語られるのである。

しかもまた『観経』にあっては、楼閣は、日想観よりすすんできた浄土観察の歩みの究竟として、それまでの一切の観察行を完成させ成就させるものとして説かれている。すなわち、楼閣を観ずる宝楼観の一段において、

この想成じ已《おわ》るを、名づけて粗《ほぼ》極楽世界の宝樹・宝地・宝池を見るとす。これを「総観想」とす、「第六の観」と名づく。（聖典一〇〇頁）

と説かれている。楼閣を観ずることなしには、宝樹・宝地・宝池を観ずる歩みもその統一も成就もないままに終わるのであり、楼閣はその一切に意味を全うする精神性をかたどるものとしてある。

もし智慧なくして衆生のためにする時んば、すなわち顚倒に堕せん。もし方便なくして法性を観ずる時んば、すなわち実際を証せん。（「証巻」聖典二九五頁）

とは、曇鸞大師の悲痛であった。智慧なきものの実践は、いたずらに事態を混乱させ、自らをも損傷する。さればといって、実践なき理論は空虚な観念にすぎない。その二律背反の苦悶は、心ある実践家・思想家の常に逢着してきた問題であったにちがいない。それ故に、『浄土論註』には、浄土の大菩薩の徳の第一に、不動にして而も遍く十方に至ることを願われた意をたずねているのである。

そして今われわれは、われわれ個々のそれぞれの行動をして真に自立せしめ成就せしめるための楼閣たらしめんという願いにおいて、学習塾を開いている。その現実は常に常に、二律背反の苦悶にゆれ動いて、不動遍至には及びもつかないものであるが、しかし、お互いに実践と思索の両面を学習してゆくことにおいて、少なくとも問いつづける精神を持続してゆくことにおいて、「大地」の歴史を生きたいと願っているのである。

（『大地塾報』一九七三年三月一日）

なにごとのおわしますか

なにごとのおわしますかは知らねども　忝けなさに涙こぼるる

一般に、西行法師が伊勢神宮に参詣した折詠めるものとして伝えられているこの歌が、最近しきりと思われるのである。というより、この歌が、越えがたい壁のごとくに、私の目の前に立ちはだかっているのを感じる、というべきであろうか。

曰く、大谷派本願寺規則変更。曰く、靖国神社法案採決。またさらにあえてつけ加えるならば、ギリシヤ正教とはなんの関わりももたない日本人歌手夫妻が、アテネ最大のミトロプロス大寺院で結婚式を挙げようとした話。これらの事例には、根底に一貫した心情が流れているように、私には思えるのである。歌手夫妻の問題は措くとして、ゼネスト最中の四月十二日、なんの審議もしないまま、わずか数分で単独採決を強行した自民党の卑劣さは、大谷派における本願寺規則変更案を提出したときのそれと、まさに兄たりがたく、弟たりがたいものがある。しかもその卑劣さは、火事場泥棒的強引さにのみあるのではない。それ以上に許しがたいのは、彼らがともに、国民（宗門）感情を楯に、自ずからの作為を粉飾していることである。

ところで、そのいうところの国民（宗門）感情に共通して流れているもの、それが先の和歌にみごとに詠いあげられているところの、日本人に特徴的な宗教感情であると私には思えるのである。ただ「忝けなさに涙」をこぼして、「なにごとのおわします」かはあえて問おうとしない。したがって、その折その折に「忝けなさ」を感じさせてくれるものであるならば、それがどのような宗教であれ、なに一つこれを選びすてることをしない。

そこにある「忝けなさ」というものは、いうなれば、帰命なき讃嘆でしかないといえよう。そしてそのような、帰命なき讃嘆は、どこまでいっても、自《み》ずからの情にこもり、陶酔する気分でしかない。どれほど忝けながっていようと、しかしその人には、けっして、その宗教によって自ずからが破られ、その教えによって自ずからが生かされていくことがないのである。つまり、「忝けなさ」に涙するのみで、「なにごとのおわします」かはあえて問うことをせず、したがってそれとの懸命の対決などはじめからもたないとき、その姿がどれほど宗教的な色彩をほどこしていようと、所詮それは、自ずからの情に涙するものにすぎない。けっして、法に生きる心なのではない。それはあたかも、他人《ひと》への単なる同情心というものが、けっしてその他人のために自ずからを捨てる心ではないのと、同断である。

かくて、その一生の間において、誕生・結婚・葬式と、通過儀礼それぞれにふさわしい宗教を、あれもこれも、ただそのときだけ、ありがたく忝けなきものとして利用しつくす。かの歌手夫妻のそれは、その国際版であるにすぎない。日本人に特徴的な、宗教の混淆態である。そのようにして、あれこれの宗教を、なんの区別もなくありがたく受け入れる日本人が、どの宗教をも、真に自覚的には、選びとり信順していないことはいうまでもない。したがってそこでは、国の為に命を捧げた者を国が神社に祀るのは当然という気持ちが、ごく自然なのである。

それは、すこし譬えが穏当を欠くかもしれないが、商売繁盛はお稲荷さまに、交通安全はお不動さまに、そして安産はお地蔵さまにと、自分の思いを、それぞれ適当な神々に頼む精神構造と同質である。そしてそれはまた、大谷派における、理屈はどうであれ、「ご門跡さま」をお苦しめするようなことは……という心情と、ごく自然にむすびつき、さらにはまた、天皇の神格化へとなだれこむ可能性を、十分に含んでいるのである。それ故に、日本人の信仰生活が真に自覚的なものとなることがなければ、第二・第三の靖国法案・本願寺規則変更案がいくたびでも企図され、提出されつづけるであろう。

「信心は理屈ではない」といわれる。たしかにそのとおりである。しかしそのことは単に、信心は情であるということを意味しているわけではけっしてない。たとえば、

宗教の宗教たる所以の本性においては、信仰を根本となすと雖も、（中略）決して道理に違背したる信仰を要とすと言うにあらず。もし道理と信仰と違背することあらば、むしろ信仰を棄てて、道理を取るべきなり。何となれば、真の道理と、真の信仰とは、到底一致に帰すべきものなれども、道理はこれを正すに方あり、信仰はこれを改むるに軌なければなり。（『清沢満之文集』二四四～二四五頁）

という『宗教哲学骸骨』における清沢満之の言葉がある。綿々として尽きることのない妄情ですらも首肯かざるをえないところまで道理をつくし、いかなる理屈によっても破られることのない柔軟心を成就してゆくところに、信心の風光があるのである。もともと、われわれが、「信心は理屈ではない」と揚言するその心底には、実は、法によって自己が破られることへの畏れがひそんでいる。法を頼みとして、自ずからにまどろもうとする弱さがよどんでいる。少なくともそこには、問いかえし、聞きひらいてゆく明るさも、強靭さもないことはたしかである。

しかし、われわれの妄情は底なく根深い。まさしく藕糸《ぐうし》、れんこんの糸である。一刀もってれんこんを見事に断ち切っても、その糸はなおすじをひいてつながりけっして切れることはない。情的惑い・思惑を

このような譬えをもって表現した先覚の心には、深い悲歎がよみとれる。そしてまた、欲界に六、色界・無色界にそれぞれ四と、三界に十四もの諸天が層をなしていると説く仏教の宇宙観もまた、まさに、破れども破れども、なおその先をうずまきつらなる人間の妄情の厚さを示しているものと思える。あるいはまた、見道から修道へと展開する仏道は、まさしく、その妄情・思惑との果てしなき闘いの道のりを示しているのであろう。法然はそのごとき妄情の底までをも照破する唯一の白道として、本願念仏の一道を選択した。しかもなおその仰せに生きた親鸞は、その念仏に生きる相のなかにすら真仮を見分けなければならない身の現実をみたのである。まさにそれは、藕糸との格闘である。

幸いにして、大谷派の本願寺規則変更案はひとまず取りさげられた。靖国法案に対しても、今宗教各界を中心として反対運動がすすめられている。そのために為しうる現実的行動を、われわれは持続してゆかなければならない。しかし、その運動が真に全うされるためには、西行の歌が詠いあげている、日本人的、あまりに日本人的な心情を徹底的に掘りおこし、これを自覚の明るみにまでもち出すことがなされなければならない。そしてそれはまず、自ずからにおける、親鸞の言葉との懸命の対決をとおしてのみ、具体的となるのであろう。

（『大地塾報』一九七四年四月）

等活ということ

地獄とは、たとえば私にあっては、始めもなく終りもなく、しかも等質に流れつづいてゆく、無限延長としての日常性こそそれである、と思えるのである。もともと、仏教における地獄の教説は、まことに多岐にわたっていて、一様ではない。その類別にしても、大きくは八熱大地獄、八寒大地獄などの名から、細かくは数えきれないほどに多くの名が立てられている。したがって、地獄ということもそう簡単にはいいあらわすことはできない。ただ、なかでももっとも代表的な類別が、八熱大地獄であることをしり、さらに、その八熱大地獄を一貫して説かれてあることが、等活ということであることをしるとき、その等活ということが、地獄的なるものをあらわす一つの基本的な言葉であるということができるように思われるのである。

もともと、その等活という言葉は八熱大地獄の最上層に位置すると説かれている、第一地獄の名として掲げられてある言葉である。その第一等活地獄の名については、たとえば『大智度論』には、

宿業の因縁の冷風来り吹き、獄卒之に咄《とつ》と喚《さけ》べば、諸の罪人は還び活く。ここを以ての故に活地獄と名く。（『大智度論』巻十六、大正蔵巻二十五、一七五頁c）

と説かれ、さらに『瑜伽師地論』には、より細かに、

次で虚空中に大声発あり。この如きの言を唱う。この諸の有情、還りて等活すべし、還りて等活すべし、と。次で彼の有情、欻然《くつぜん》（たちまち）として復起き、復由て前の所説のごとく苦を具し、更に相

い残害す。この因縁に由て長時に苦を受く。乃至、先世に造るところの一切の悪、不善業を未だ尽くさず、未だ出でざるが故に、この那落迦《ならか》（地獄）を名けて、等活となす。（『瑜伽師地論』巻四、大正蔵巻三十、二九五頁c）

と述べられてある。

つまり、等活の世界にあっては、刑罰としてうけるその苛酷な責めの時間が、いささかも減ずることなく、変質することなく、はてしなく繰りかえされる、と説かれているのである。もとより、そのように等活しつづける苦の生の長さは、獄卒の残虐さをあらわしているわけではない。「その罪いまだ畢らざるがゆえに、死せざらしむ」といわれ、「余罪いまだつきざれば、なおまた死せず」と『世記経』に説かれていることよりいえば、その存在それ自身の、内なる罪そのものの深さをこそ、等活する生の長さはあらわしているのである。したがって、苦痛をうったえ、あわれみをもってその苦痛を軽減してくれるようにとすがる罪人にたいして、獄卒は繰りかえし、誰も他のものがお前に苦痛をあたえているわけではない、汝は汝の悪業の報いを、今うけているにすぎないのだと言いきるのである。

その意味において、

つまり、人間は自らの現在が、どのように深い罪業のうちに在るかを全く覚《し》らない。その不覚の深坑が発《あば》き出されたものが地獄なのである。それゆえに地獄は、人間の棲息する現実の大地の底深きところに在ると表象せられる。その深さは、言うまでもなく、無知不覚の深さである。（岩本泰波氏『実存主義』第五十六号、理想社一九七一年、八六頁）

という言葉は、まことに的確である。

ただし、その岩本氏が、この等活の意味を、それが殺生罪に対応する第一地獄の名であることに注目して、「〝殺生〟が、一つ一つの厳然たる〝生〟の抹殺であるという重大な事実を忘却する人間の現実を照射するもの」としておられるのは、うなずけない。地獄に関する教説をみると、この等活のことは、八大熱地獄を通じて説かれてあるのであって、かならずしも第一地獄にかぎることではなく、したがって、等活の意味を殺生罪にのみ関係させて理解することは、すこし性急にすぎるように思えるのである。私には、等活の名は、はげしい苦悩のただなかにあって、人が最後に夢みることのできる、休息としての死をすら奪うものの名であると思われるのである。つまり、等活という名においてあらわにされてくるものは、死すらもなんらその終末、償いとはならない罪業の深さなのである。しかも、そのように死が死とならず、等しきすがたにおいて幾度びでも活きかえるという、そのことは、ただたんに苦悩が持続しつづけるということをのみ意味しているのではないであろう。

つまり、単にその受苦のときに終りがないということをのみ言いあらわそうとしているのであれば、かならずしも等活という表現をとる必要はないのであって、ただ不終とのみ言いあらわせばよいはずである。それを、不終といわず、等活と言いあらわされていることに気づくとき、その「等」の文字が深い意味をもっていることをしるのである。つまり、等活の世界にあっては、その受苦は、つねにあらたに、その身に思いしらされつづけてゆくのである。やっと終ったという安堵の思いが、繰りかえし繰りかえし破られることによって、期待の空しかったことを、繰りかえし繰りかえし思いしらされつづけるのである。

等活としての地獄の教説は、そのごとくに、死すらもなんらその償いとはならず、したがって、死ぬということも結末とはなりえない罪業の深さ、死ぬということのその絶対性をはぎとられてしまう世界をこそあらわしているものなのである。もともと、死によって結末がつき、帳消しになるようなものであるのならば、それは罪業とよぶほどのものでもない。しかしひとたび、その死すらもけっして最後の切り札とはなりえないことを思いしるとき、そのときはじめて、人は、ついに逃れえぬものとしての我身の罪業性を自覚せしめられるのである。幾度び死のうとも、その罪業性は厳然として、その存在を貫きのこるのである。

あるいは獄卒、手に鉄杖・鉄棒を執りて、頭より足に至るまで、あまねくみな打ち築《つ》くに、身体破れ砕くること、なおし沙摶《しゃだん》(砂の塊)のごとし。(真聖全一、七三〇頁)

という『往生要集』の言葉は、まさに、罪業の重みに破砕しつくされた存在の悲惨さをこそ意味するものなのであろう。

そして、そのような悲惨さの内景こそが、八大熱地獄の相そのものであるとするならば、八大熱地獄の第一等活地獄の、その等活性と、第八阿鼻地獄の、その無間性とは、それぞれに対応をなすものである、ということが思われるのである。第八阿鼻地獄は、欲界最底所にあり、しかもまた、無間、無底の世界であると説かれている。

頭面は下に在り、足は上に在り。堕ちんと欲する時に臨み、大力の火焔、抖擻《とうそう》(ふるいおこしはらい清める)し、打壊し、二千年を経て、皆下に向い行くも、未だ阿鼻地獄の処に到らず。阿鼻地獄は、このごとく下に向うも、中間に在りて、未だ往到すべからず。(『正法念処経』巻十三、大正蔵巻十七、七七頁)

と、『正法念処経』には、この阿鼻地獄の無間性をえがいている。そして、そのごとくに、つねに中間にあり、どこまでも無間であるということこそ、等活しつづけるものの体験する世界の風景であるといえよう。つまり、第一等活地獄は、自ずからの地獄性に無知なるものが、そのことを外からのはたらきかけによって、その身に思いしらされるすがたであり、第八無間、阿鼻地獄は、自ずから、無間に降下しつづけてゆくものとしての自分を生きつづけしめられるすがたであるとみられるのである。

さかしまに、どこまでもどこまでも堕ちつづけてゆく。しかもなお、つねに中間にあるのだということ、そのとどまるところのない、無限・無底のイメージは、鮮烈である。そして、この阿鼻地獄の無底性は、そのまま罪業の無底性をあらわすものであることは、いうまでもない。まさしく、人はついに地獄を出ずるときをもたぬものなのである。いいかえれば、無有出離之縁の自覚としてのみ、地獄ははじめて、まさしく地獄としての意味、その地獄性の全貌をあらわにするのである。つまり、「地獄は一定すみかぞかし」（『歎異抄』聖典六二七頁）という自覚としてのみ、地獄は体感されうるのである。「一定すみか」と自覚されていないかぎり、地獄を口にしても、それは猶、逃れ出ずることのできるものとして、受けとられているのであり、そのかぎりにおいてそれは、地獄ですらないのであろう。

その意味において、「汝は地獄の縛を畏るるも、これはこれ、汝の舎宅なり」という『正法念処経』の言葉は、まことに端的にして、具体的である。ちなみに、地獄という言葉の意義については、たとえば『諸経要集』には、

また地とは底なり。いわく、下底。万物の中、地はもっとも下に在り。故に名けて、底と為す也。獄はそれ局なり。局とは、いわく、拘局、自在を得ず。故に地獄と名く。（『諸経要集』巻十八、大正蔵巻五十四、一六六頁c）

と釈されている。そのことからいえば、「拘局、自在を得」ざらしめているもののなかにこそ、われわれ生存在の「舎宅」があり、「一定すみか」があるということであろうか。しかも、その「舎宅」「すみか」においてこそ、その生は、具体的な内容をもって生きてゆくところの場をもつことになるのである。

ともあれ、六道の底は無底である。無底なるものにおいて、生存在はあるのである。したがって、無底なるもの、等活するものにふれることなしには、生存在の全貌にふれ、理解することはできないのである。もともと、存在の重さとは、等活するものの重さなのであろう。つまり、等活するもののなかにこそ、その存在の本質があるのである。したがって、その理性において、地獄の経説を蔑視し、無視した現代のわれわれが、そのことにおいて、等活するものへの凝視を怠ったとき、同時に自己における生の確かな存在感をも見失ってしまったことは、当然の帰結であったというべきであろう。

その存在を貫いて等活するものをみないとき、そこにあるものは、つねに転変しつづける現象への虚ろな関心のみであり、喉もとをすぎればたちまち熱さを忘れてしまう感覚のみである。そしてそのことは、たとえ、頭上の焔をはらうがごとき、切迫した状況認識のもとでの、急作急走であろうとも、同断である。というより、われわれにおける現実への関わり、行動というものは、頭上に焔を感じたときのような、切迫した状況認識によってのみ、はじめて成り立つのである。つまり、われわれにおける行動への情熱というものは、具体的な状況、事件性によってかきたてられているのであって、その事柄の事件性が色あせるとき、情熱もまた次第にしめってゆくのが常である。

たとえば、私たちにあっても、今までに、現実の事柄にそれぞれそれなりに、はげしく関わってきたこともあったわけだけれども、そしてまた、確かにそのことによって、問題の局面が変化したこともないわけではないけれども、しかし、少し長い目でみるとき、事柄そのもの、問題そのもの、つまり現実世界そのものは少しも変わっていなかったという事実を思い知らされるのが常である。そのために、すべては徒労なのではないかという重苦しい思いにとらえられることが一再ならずあった。現実世界に関わってきたつもりが、けっきょくは、現実の上面を撫でてとおりすぎただけであったという苦い思い。言いかえれば、それは、われわれにおける日常性をこそ意味しているのではないか。

そのときそのときの事件性を貫いて、しかも無間に等活しつづけてゆく日常そのもの。人の目くるめく思いにおける決断、存在を賭けた行為をもすべて、いつのまにか呑みこみ呑みつくして、何事もなかったかのごとくにおだやかな、その日常性こそ、無底の底たる地獄そのものではないか。たとえば、一人の人間が今、生死の瀬戸際にあって必死の想いにあるそのとき、しかもまわりには、サンサンとしてあかるい陽光がふりそそぎ、子供のさざめきがつたわってくる。それはまことに残酷な風景ではないか。それは一瞬の泡だちとともに、一つの命を呑みこんで、またもとのごとくにおだやかに流れつづけてゆく川の非情さそのものである。私にとってそれがすべてである。この唯一の命が死滅してしまおうと、なんのこともないこの日常性というもの。私の生存の全体を呑みこんで静まりかえっている日常性というもの、それは、したがって、ただに地獄的なるものとしてのみあらわれるのではなく、天上界にあっても、その悦楽のすべてを呑みこんで、五衰の淵にしずめるものとして息づいているのである。

日常性という、このけっして人の目にその全身像をみせることのない巨大な獣、けっして死にたえることなく、いつのまにか足下に在って、その底なき口をあけている獣は、われわれの情熱・歓喜・苦悩のすべてを呑みこんで、空しく流し去ってしまうのである。もとより、そのような日常性というものも、けっして、外から立ちあらわれてきているものではなく、すでに獄卒が叱責しているごとくに、われわれ自身のなかからたちあらわれてきているのである。その源を、経は「想」と説いている。『諸経要集』及び『世記経』が、第一地獄を等活の名をもってせず、想地獄の名をもってあらわしているのがそれである。死するも活くるも、その日々における在りようのすべてが、自ずからの想をいでず、想に閉ざされてあるということ、源信の告白をかりれば、「一生は尽くといえども、希望は尽きず」（『往生要集』真聖全一、七五二頁）という姿、そのむなしい希望、幻想にふけりつづけてきた、そこに等活としての日常性の源がある。

地獄は、そのようなわれわれの希望、幻想を破るものとして、痛苦の世界である。したがって、地獄の認識は日々の平凡な事柄の背後に、自己の生の在りようを決定する重さを感じとる厳しさと、にぎにぎしい事件性の背後に日常性を読みとる鋭さとして生きられるのである。そしてそのような、地獄の認識を失うとき、われわれの生はその無底性を失うが故に、すべての行為が無間の時の流れにただよう一点として、日常性のなかに埋没してしまうのである。

（『大地塾報』一九七四年八月十日）

良源をめぐる三人 ―増賀・性空・源信―

比叡山中興の祖と仰がれる慈恵大師良源（九一二～九八五）をめぐる三人の弟子、多武峰の増賀（九一七～一〇〇三）、書写山の性空（九一〇～一〇〇七）横川の源信（九四二～一〇一七）の求道の軌跡は、そのまま、藤原忠平の知遇、師輔の庇護によって天台座主の地位につき、一山の結構をととのえ、ついに大僧正の位にまでついた師良源の、その名利の相を克服せんとする三人三様の魂の軌跡でもある。

四歳にして叡山に登り、十歳にしてすでに良源の門下となり、以降三十七年間叡山ですごした増賀にとって、師良源への思いは、けっして浅く単純なものではなかったであろう。朝廷より大僧正の位を贈られた師良源が、美々しく行列をととのえて都大路をねりあるいたとき、劒にみたてた干鮭を腰にさしこみ、破衣をまとい、牝牛にのってその行列の先頭に割って入り、「誰人が我をのぞきて禅房の御車の牛口前駆を勤仕せんや」（『続本朝往生伝』）と叫んだ増賀の心底には、名利にひたる師への悲痛な願いがあったといえよう。増賀の狂態を書きとどめる文は、このほか『大日本国法華験記』、『今昔物語』、『方丈記』、『選集抄』と数多くあるが、しかもそれらの記述は、師良源をはじめ、人々が「増賀狂せり」としたとき、「思いのごとく叶いぬ」（『今昔物語』）と山を出でて多武峰にこもったとか、「かくのごとく世を背くの方便はなはだ多し」（『法華験記』）などと記述しているように、その狂気が装われたものであったことを記している。

増賀をして狂気を装わしめたもの、それは、名利心の底なきことへの自覚であったといえよう。名利の世界は、みずからの姿勢を正し、名利を求める心をすてることで消し去れるほど単純なものではない。たとえ名利の世界をすてたとしても、却ってそのことで、その人を世間が讃嘆するとき、そこにより深い名利の世界があらわれてくる。事実、増賀についても「事に触れて狂うことのみありけれども、それにつきて、貴き思《おぼ》えはいよいよ増りけむ」（『今昔物語』）と記るされている。真に世間をすて、名利をすてんとするのならば、逆に、世間の方がその存在を見捨て、抹殺するようにしむけることである。増賀の装われた狂気には、その読みがあった。しかし、そのように狂気を装うとき、大事なことは、世間の意識と自分の狂態との距たり、緊張関係を、誤りなく把握していることである。もしその判断を誤るならば、まさに狂人そのものとなってしまうか、逆に、世間の道化師に堕してしまうかのどちらかとなる。

狂気を装うものの姿は、まことに危い一点に屹立するものの、必死の姿である。それを支えるものは、ただ、自己の感覚への強烈な自信のみである。それは、自意識の極に立つものの姿である。「臨終のときに、まず独り囲碁し、つぎに泥障《あふり》（鞍につけた泥よけ・飾り）を被りて胡蝶の舞を学ぶ。弟子の仁賀その故を問うに、答へて曰く。少年の時にこの両のことをみて心の中に慕いき。今最後に及びてその思い忽ちに発りぬ。仍りて本懐を遂ぐるなりといえり」（『続本朝往生伝』）という増賀の臨終の姿は、その生涯がいかに強靱な意志による自己演出のそれであったかを物語っているといえよう。

増賀のごとき強靱な意志と、さめた知性の持主は稀であろう。またよし、増賀のごとくに狂を装うて名利の世界を越ええたとして、もしそれだけにとどまるならば、所詮それは、我一人を清しとする小乗性を越ええないのではないか。とすれば、それは、仏法を私する名利の世界の人と、その本質において異なるところはないのではないか。

増賀の名を源信が知らなかったはずはない。源信の回心の縁となったという母親の手紙に、事実「嫗《はは》の望むところ、利名を脱屣《し》すること、一に多武峰の聖人のごとく……」（『源信僧都行実』）とあったとすれば云うまでもないこと、たとえそのことがなかったとしても、「則ち知る、出離の最後の怨は、名利より大なる者はなきことを」（『往生要集』真聖全一、八八八頁）と身にしみて知った源信である。世評やかましい増賀を知らなかったとは思えない。にもかかわらず、源信には、増賀との交渉を物語る記録はない。そのことは、源信の増賀に対する無言の批判をあらわしているように思える。

源信は、名利を越える道を「麻中の蓬」となることに求めた。それは一人狂を装うて立つ増賀の歩みと鋭い対照をなす。もともと、源信が不染利養を説く文の結びにおく、この「麻中の蓬・屠辺の厩」（真聖全一、八八八頁）という言葉は、麻の中に生えた蓬はおのずと真直ぐに伸び、屠所の傍におかれた象は自然と狂暴性をましたということによって、身を置く場を選べとすすめるものである。性空は、文字どおり、名利の場と化した叡山をはなれて、当時全く無名であった書写山にこもり、徹底して師良源を無視した。しかし、ただ比叡山を書写山に移し変えても、所詮、同じ世間の内である。

源信は、その麻を、母親の訴へを縁として、人々の心奥の道心の中に見出していったのである。彼の、勧学会・二十五三昧会という、道心を同じくするものとの結縁を求めての歩みは、まさしく、麻中の蓬たらんとする歩みの一つであった。ただしかし、源信は、その勧学会や二十五三昧会という結社を、究極なるものとしたわけではない。源信にとって、結社そのものは、あくまでそのときの縁によることであって、まさしく依るべきは、人々の道心そのものであった。

「則ち知る、昇沈の差別は、心に在りて行にあらざることを」（『往生要集』真聖全一、七八六頁）といい、「外儀は異なるといえども、心念は常に存せよ」（『往生要集』真聖全一、八〇九頁）という源信の言葉を一貫するものは、まさしく「内に確然たる純正の信念ありて、しかも一切の形式について円融無碍である。彼は全く信者の態度にして、導師の態度ではないからである」（曾我量深『伝統と己証』）という姿勢であった。それは文字どおり「予が如き頑魯の者」（真聖全一、七二九頁）という自覚であった。この『往生要集』巻頭の言葉を、石田瑞麿氏は、「源信と同じような念仏の道を歩く愚かな人たちのために、この書を執筆して廃忘に備えようとする姿勢があったからである」（『日本思想大系』源信）といわれる。しかし「同朋意識」とは、自己を類へと拡大してゆく意識ではない。逆に、すべての人々と出会いうる根源を自ずからに生きんとするものの自覚である。「私と同じような愚かな人たち」ということではない。「人間の愚かさを思い知らされている私にあっては」、ということである。

したがって、源信が『往生要集』を著わしたのは、石田氏の云われるごとき、二十五三昧会の具体的な実践のための手引き・指針としてではない。源信には、現実に為しうることとして、二十五三昧会などの運動に誠実に関わってゆきながら、しかも同時に、そのような人間の営みのもつ限界を見通す澄明な眼があった。その澄明な眼を源信にもたらしているものが、頑魯の者としての自覚であり、教法にかぎりなく還帰してゆく心である。それ故に、源信が終生の事業としたことは、あらゆる人間の営みのもつ転変を見通して、そのなかに、常に新たな力、歴史が生みだされてくる原《もと》、教学を書きとどめ、明らかにすることであった。その歩みの跡として、『往生要集』があるのである。良源をめぐる増賀・性空・源信の三人三様の歩みのそれぞれから、どのような歴史が生みだされてきたか、そのことを問いかえすことは、これからの我々の歩みの上にも、多くの意味をもつことであろう。

（『大地塾報』一九七六年三月）

親鸞聖人の帰京について

親鸞聖人は、そのご門弟たちが、聖人を人師とし、宗教的権威としていわば神格化することから逃れて、関東をあとに帰京されたのであるという見方がある。しかし、これほど親鸞聖人の心に遠い見方はあるまい、と思えるのである。少なくとも、そのような見方をする人は、所詮、聖人の「煩悩成就の凡夫」(「証巻」聖典二八〇頁『文類聚鈔』聖典四〇七頁)とか、「とても地獄は一定すみかぞかし」(『歎異抄』聖典六二七頁)という言葉を、ただたんなる言葉としてしか読めない人であると思える。

親鸞聖人にとって、「煩悩成就の凡夫」とか、「地獄は一定すみかぞかし」という言葉は、けっして観念上の言葉ではなく、その生活の事実そのもののうなづきであり、覚悟であったはずである。「地獄は一定すみか」と覚悟するには、どれほどのきびしく重い断念を、その内奥に必要としたことか。少なくとも、どこまでいっても、自己への、自己の歩みへの理想主義的な甘い幻想を棄てきれずにいる我身をふりかえれば、その覚悟のすさまじさだけは思いしれる。そして、すでにそのように「地獄は一定すみか」と思いさだめられた親鸞聖人であってみれば、今さら、人師として人々にまつりあげられることぐらい、親鸞個人の問題としては、なにほどのことでもなかったはずである。

たしかに親鸞聖人は、

是非しらず邪正もわかぬ　このみなり
小慈小悲もなけれども　名利に人師をこのむなり(『帖外和讃』聖典五一一頁)

と和讃し、また、

誠に知りぬ。悲しきかな、愚禿鸞、愛欲の広海に沈没し、名利の太山に迷惑して、定聚の数に入ることを喜ばず、真証の証に近づくことを快しまざることを、恥ずべし、傷むべし、と。（「信巻」聖典二五一頁）

と悲歎され、さらには「親鸞は弟子一人ももたずそうろう」（聖典六二八頁）と『歎異抄』に語っていられる。名利に人師をこのむ心とのきびしい戦いの歩みが、そこにはきざまれている。

しかし、この悲歎・告白の深さこそ、実は却って、人々から人師としてあがめられることから逃がれるために、親鸞聖人は関東の地をはなれられたのであるとする説を、根底から否定するものであると思われる。なぜなら、これらの言葉はすべて親鸞聖人が、自己の内なる名利の心の断ちがたいことを悲歎されているものだからである。周りの人々があがめるから人師としての名利の世界にひきずりこまれるのではない。内なる名利心が、人々の誘いに乗り、ひきずりこまれていくのである。『徒然草』の第一段に「増賀ひじりのいひけんように、名聞くるしく、仏の御をしへに違ふらんとぞおぼゆる。ひたぶるの世すて人は、なかなかあらまほしきかたもありなん」と記されている増賀聖は、狂人を装ってまで名利の世界を断ち切ろうとしている。もっとも、その努力がかえって、人々の尊敬をあつめ、先の『徒然草』や、「このごとく、事に触れて狂うことのみありけれども、それに付きて、貴き思《おぼ》えは、弥《いよいよ》増りけむ」という『今昔物語』の言葉となってかえってその名声をたかめるという皮肉な結果になっているのであるが。

また源信僧都は、その『往生要集』に、

則ち知る、出離の最後の怨は、名利より大なる者はなきことを。但、浄名大士（維摩居士）は、身は家に在れども心は家を出で、薬王の本事は塵寰を避けて雪山に居せり。今の世の行人も亦応に是のごとくなるべし。自ら根性を料りてしかも之に進止せよ。もしその心を制すること能わずば、猶須くその地を避くべし。（真聖全一、八八八頁）

と書き誌し、さらにまた増賀聖・源信僧都らとともに慈恵大師の下で学んだ性空上人は、比叡山を捨てて独り、未開の書写山に隠れている。そこには、やはり、名利とのきびしく、長い戦いがあったのであろう。しかし、増賀聖や性空上人にあっては、それは、外なる誘惑を断ち切り、突き破ろうとする努力でしかなかったのではないか。そしてそのように、周りから尊ばれ、あがめられるのを畏れる心と、逆にそのような誘惑に溺れてしまう心と、それは同じ次元の心であったのではないか。

どれほど周りが、神格化し、人師としてあがめようとしても、自分自身に、そのような人々の動きに乗ってしまう心がなければ、超然としてもいられるはずだし、亦そのことで自ずと、周りの人々のそういう目を破り、開くこともありうるであろう。してみれば、断ち捨てるべきは、なによりもまず、自己の内なる名利心であったはずである。そして、たとえ人師としてあがめる人々から逃げ去ることができたとしても、名利を好む自分自身の心から逃げ去ることのできる土地など、あるはずはないのである。またたとえ、「もしその心を制すること能わずば、猶須くその地を避くべし」という『往生要集』の言葉そのままに、人師としてあがめる周りの人々から逃げ去ることができたとしても、そのように、自分の純粋性をまもるために人々を見棄てるとすれば、それこそ名利を求める心ではないのか。

なぜなら、名利の心とは、真理を私する心にほかならないからである。自己一身の、念仏者としての純粋性がたもてるかどうか、などということは、どこまでも個人的な私的関心事でしかない。そして、仏法

を私的関心に於て生きるものの姿こそ、名利に染着しているものの姿なのである。丸山照雄氏の、
「異端」の迫害を受けた近代百年の先駆者は、ことごとく宗門の外へ出ることによって「私的世界」に没し去った。しかし、大谷派なる「伝統」に身を捨てたからこそ、（清沢）満之は今日においても「公的」位相に立ちつづけているのである。（「南御堂」一九七号）
という清沢満之への評価は、その間の機微を指摘されたものといえよう。汚濁の世界から身をひきはなすことで自ずからの純粋性を保とうとする営為は、結局その人を「私的世界」に落ちこませる。そして、その「私的世界」こそが、名利の世界そのものなのである。

人師として人々からあがめられることから逃がれるために、親鸞聖人は、関東を後に、京都に帰られたのではない。「地獄一定」と見定められ覚悟された親鸞聖人にとって、もはや自分個人が人師とあがめられることなどに、なにほどの意味があろう。それ故に「ただ仏恩の深きことを念じて、人倫の嘲を恥じず」（聖典四〇〇頁）と「後序」に表白されているのである。因に、清沢満之師もまた、
ただそれ絶対無限に乗託す。故に死生の事、また憂うるに足らず。死生なおかつ憂うるに足らず、いかにいわんやこれより而下なる事項においてをや。追放可なり。獄牢甘んずべし。誹謗擯斥許多の凌辱豈に意に介すべきものあらんや。我等はむしろ、ひたすら絶対無限の我等に賦与せるものを楽しまんかな。（「絶対他力の大道」『清沢満之文集』四六頁）
とうたわれている。

すなわち、親鸞聖人は、自分が人師としてあがめられることを、自己自身のこととして畏れられたのではなくて、親鸞聖人を神格化し、絶対化することによって、関東の念仏者たちが、聖人の模倣者となり、

たんなる盲従者や狂信者となってしまうこと、そしてそのことによって、僧伽が文字どおり、閉鎖的な徒党の集団となってしまうことをこそ、畏れられたのである。

つまり、親鸞聖人が、関東を後に京都に帰るという決断をされたときに、願われていたことはただ一つ、機縁熟して念仏者となった関東の人々が、まさしく念仏者として、それぞれに独立すること、すなわち、仏法の歴史を自ずからに荷負う「一人」となることであった。自分が人師に堕するか否か、いかにしてその危険を避けて自己の純粋性を保つことができるか、などという発想は、すでにその発想自体が、名利の世界のものでしかない。問題は、いかにして、仏法の歴史を荷負う「一人」にならしめられるかという、その一点の他にはない。

そして人は、そのような「一人」となるとき、まさにその歴史そのものから、荷負すべき使命を賜るのである。そして、その賜った使命のみが、われわれの歩みをして名利性を越えせしめる唯一のものなのであろう。帰京後に完成された『顕浄土真実教行証文類』とは、まさにそのような、親鸞聖人が見出された仏法の歴史そのものであり、荷負された使命の表白であったのである。

（『大地塾報』一九七九年四月）

「歎異と改邪」を承けて

先号において宗氏は、それまでの藤元氏の「教団論の復権」に応えて、「歎異と改邪」を書いておられる。それは、藤元氏の問題提起を受けとめつつ、「宗門という内からの視座と、教団という外からの視座がなければ、現実に組織されている教団を問題にすることはできない」と指摘され、その教団の問題を荷負して歩いてゆこうとするとき「その鏡になるものが、『教行信証』」であり、「そうした『教行信証』の歩みの中から、『歎異抄』が生まれ、『改邪鈔』が生まれてきていること」に注意をうながし、最後に、「今日の教団の問題を明らかにしていくには、歎異から改邪への歩みを深く省みる必要がある」と、問題を提起しておられる。

現在の教団問題にかかわって『歎異抄』を、その歎異の精神を、基本的な姿勢として明示されたのは、寺川俊昭氏が最初ではなかったかと思う。そしてそのことは、くりかえし確認されるべき事として、受けとめられてきた。ただしかし、現実の具体的な事柄にかかわってゆくなかで歎異の精神が、より強く改邪の実践として、いつしらず変質していったこともまた否めないことのように思われるのである。

ただ、この「宗門という内からの視座と、教団という外からの視座」という区別は、現実には、云うほどに容易くもないし、明確でもない。事実、内からの視座に身を据えているつもりが、いつの間にか、外からの視座にすりかわっているということがけっして稀ではない。そして外からの視座になってしまっているにもかかわらず、猶、内からの視座に立っていると自負しているとき、事は致命的になってしまう。

それ故に、自らの視座の在り場を問いかえすことは、どれほど重ねても重ねすぎるということはないであろう。もともと、藤元氏は、その内と外ということについて、「内からの名告りとしての宗門」といい、「組織社会のうちの一個の組織として、外から領域付けられている……組織社会における一部分としての教団」という云いあらわしをしている。内からとは、その教団を自らの宗門として選びとったものの主体的・自覚的な名告りにおいてということであり、外からとは、たんに社会的組織として、他律的に領域付けられたものとしてみるということであると思われる。

したがって、「宗門という内からの視座と、教団という外からの視座」というとき、私には「宗門」、「教団」という概念の相違よりも、「内から」視る、「外から」視るという、その視方の相違の方がより根本的な問題であると思えるのである。「内から」視るという視方は、実は、つねに自己自身の姿勢を問いかえす内部批判を自らに持ちつづけることによってのみ開けるものであろう。内なる自己批判の眼を失うとき、その意識はどうあれ、その視座は外なるものになっているはずである。内なる自己批判、内からの問いかえしは、教団が教法を伝持するものの組織であるかぎり、つねに、教法からの問いかえしと、「組織社会の一部分」としての社会的責任という面よりする問いかえしの、二面を伴う。

その、社会的責任ということについては、嘗て、ある著名な弁護士が云われた言葉を思いだす。それは、すでに四・五年前のことなのだが、今回の紛争について、その弁護士の方の意見を求めたとき、紛争の経緯・現状を聞き終って開口一番、その人は「それじゃ、まあ、どちらも一緒に地獄に堕ちてもらうんですな」とつきはなすような厳しさで云いきられたのである。いつも問題を徹底して明確にすることをせず、争うべきときに争わなかった、しかも始末の悪いことには、それを宗教家の美点であるかのごとくに思いこんでいて、そのために却って、社会にたいして大きな罪をつくってきたことになんの反省もない、という厳しい指摘であった。それは、社会的責任という外なる事実を、内なる教法の名において観念化してきたことの、その罪の重さにたいする鋭い指摘であった。

争うべきときには徹底して争わなければならないのである。ただ、だからこそわれわれは、自らの在り方が本願を疑い、教法に背くものとなってはいないかを、つねにつねに、自らに問いかえさなければならないのである。それは、自らを歎異する心、といってもよい。もし、自らを歎異する心を失うならば、それはただ単に、歎異する心を失っているだけに止まらず、必ずや、自己の正当化、絶対化を主張することになっていく。まさしく、「歎異から改邪への歩み」である。但し、先号の宗氏の一文の、「『今日の教団』の問題を明らかにしていくには、歎異から改邪への歩みを深く省みる必要がある」という言葉は猶、指摘にとどめられていて、そのこめておられる意味は今一つ明確にされてはいない。したがって、その「歎異から改邪への歩み」をどうみてゆくかが、宗氏よりの指摘をうけたわれわれの課題なのであろう。

ただ、宗氏が、『歎異抄』と『改邪鈔』の違いを、「『歎異抄』における教団は、まだ社会の中に機構制度をもって組織化されきっている教団ではない。しかし、『改邪鈔』や『御文』における教団は、機構制度をもって組織化されている教団であるといえよう。そこに歎異と改邪の違いがあるのではないだろうか」という指摘は、直ちには納得できないものを感じる。

「今案の自義をもって名帳と称して祖師の一流をみだる事」（聖典六七七頁）、「絵系図と号して、おなじく自義をたつる条、謂なき事」（聖典六七八頁）という『改邪鈔』の書きだしは、仏光寺を中心とする他の真宗諸派が、名帳・絵系図をもってその組織を拡大しつつあったのに対して、衰微のままにとり残されている本願寺教団を、なんとか隆盛にみちびきたいという苦闘の跡であったし、亦、蓮如が『御文』を書きしるしたのも、諸派の隆盛をよそに本願寺のみが参詣の人影も絶えたままで、それはもはや、衰微というよりは喪失とよぶにふさわしい状態のなかからであったのであり、いずれにしろ「機構制度をもって組織化されている教団」という表現には、ほど遠かったのではないか。

云いうるとすれば、それらは「機構制度をもって組織化されている教団」を目指して書かれ、生みだされたものということである。そしてそのために、『改邪鈔』は、自らを黒谷（法然）・本願寺（親鸞）・大網（如信）三代伝持の血脈として、その正統性を主張し、とくに「本願寺」の名をもって親鸞聖人をあらわして、真宗諸派の本廟たるべきことを名告ったのである。その意味において、

> （教団の）盛衰の事実を根底から決定してくるものは、まさしく存在の理由そのものへの問いかけなのである。その意味において、本願寺教団衰微の理由は、親鸞の血統を継ぐということが、主たる教団存続の理由となることによって、却ってそのことが、法灯伝持の場たるべき普遍的存在意義を蔽いがちであった、というところにあるのではなかったか。（『歎異抄の諸問題』）

という廣瀬杲氏の指摘は正しいと思う。

もとより、覚如にも、『改邪鈔』と対をなす『口伝鈔』がある。しかし、三代伝持という血脈をもって、ただちに自己の正当性の証とする『改邪鈔』と、弥陀の本願をその所依として、善導、法然二祖の相承を受けつぐものであることを名告る親鸞が、「法然のおおせまことならば、親鸞がもうすむね、またもって、むなしかるべからずそうろうか」（聖典六二七頁）と語っておられる『歎異抄』の心と、その差異は決定的であると思われるのである。遇いえた法への確信と、同時に、その法を語る自ずからに誤りなきかを畏れ、

自らの「偏頗」（『御消息集』聖典五七五頁）性をけっして見失わずに、「詮ずるところ、愚身の信心におきてはかくのごとし。このうえは……面々の御はからいなり」（聖典六二七頁）と云い切られている『歎異抄』の精神。そこまで柔軟に躍動している道心を、つねにつねに念じなければならないことを思う。

その意味で、それが宗門としての組織であろうとするかぎり、その組織はつねに、内からの自己批判、組織自身の内からよりする組織批判を不可欠とするのである。もし組織の内における組織批判の目を失うなら、そのとき宗門は、宗門としての組織ではなく、宗門の名を僭称する組織のための組織になり終るであろう。

（『大地塾報』一九七九年九月）

「一人」に凝視されている者として ―『歎異抄』添え文の意味するもの―

『歎異抄』の末尾におかれている承元の法難の記述、いわゆる添え文については、古来、『歎異抄』とはまったく無関係のものであり、他の聖教に書き添えられていたものがまぎれこんだものだという香月院師の説から、これが後序のなかにある「大切の証文」であると指摘されている妙音院了祥師の説、あるいは後の人が『歎異抄』を読まれた後に備忘的に書き添えられたものであるとされる多屋頼俊師の説など、いろいろ説が分かれていて、いまだ定説と呼びうるものがない。その中で、蓬茨祖運師ひとり、

われわれはこうした記録を、たんに事件の報告としかみないから、これがこの抄となんの関係があるかと思うしかないのであるが、唯円がこの記録をかかげたのは、権実真仮とは、たんに聖教の内容を判別することではなく、実に死罪・流罪にもめげずに歩んだ先師およびその同朋の血涙そのものであったことを知らせるためであろう。「おのおの十余ヶ国のさかいをこえて、身命をかえりみずしてたずねきたらしめたまう」人々に対しても、断固として権を捨て、実をとり、仮をさしおきて真をもちいることを示して、「親鸞におきては」という言葉の基礎にあるもの、それを大切の証文として最後にこの書に添えたものというべきであろう。念仏を称えれば首を切る、やめれば助ける、という断頭台の下で、念仏して首を切られた記録がこれであるというてよい。（歎異抄講座『念仏者の世界』二二六～二二七頁）

と、この流罪の記録こそまさに、大切の証文であることを指摘されている。

この『歎異抄』の添え文としての承元の法難の記録を、同じ法難の事実を記述されている『教行信証』後序の文と照らし合わせてみるとき、『歎異抄』添え文の記述の方が具体的になっていることが知られる。そのことから、蓬茨祖運師は、この『歎異抄』の添え文における記述は、ただたんに「『教行信証』後序の記録にもとづくばかりでなく、親鸞の物語からもきている」(『念仏者の世界』二二六頁)とみておられるのである。

この場合、記述がより具体的だというのは、とくに、その流罪、さらには死罪に会うた人の名が一人ひとり書きとどめられてあることである。とくに死罪に処せられた四人については、

被行死罪人々。
一番　西意善綽房
二番　性願房
三番　住蓮房
四番　安楽房(『歎異抄』聖典六四二頁)

と、あたかも一人ひとりのその名を刻みこむようにして、列記されていることが注意される。流罪の人々の名が、縦に列挙されているのに対し、死罪に処せられた人々の名は、一人ずつ行を改めてその名が記され、しかも一、二、三、あるいは一者、二者、三者ではなく、一番、二番、三番と示されている。確証はないが、その「一番、二番……」という表現の仕方は、次々と呼びだされて刑場にその命を断たれた次第を書きとどめたものと、私には読めるのである。「一番、二番」とその名を書きとどめたその人は、刑場に向かって一歩一歩と足をふみしめていった西意善綽房、性願房などの、その姿に深い思いをひそめてい

たのであろう。

その後の親鸞聖人のご生涯において、この承元の法難がもった意義などについては、今はふれない。今ここで眼をすえたいのは、この、一人ひとりの名が刻みこまれているという、そのことである。それはけっして、死罪に処せられたその人々への追憶の念にふけるということではない。一人の、理不尽にも断ちきられた生涯の、そののっぴきならない事実において、法難という事件、その問題が問われているのである。「念仏を称えれば首を切る、やめれば助ける、という断頭台の下で、念仏して首を切られた記録」と、蓬茨先生は読みとられているのであるが、それはいい換えれば、何者も代わることのできない「一人」に対する行為の上に、国家の、教団の真の姿が凝視されているということを意味していると思われる。そしてまた、そのことを、その基本的な姿勢を、『歎異抄』の筆者は、親鸞聖人から聞きとられ、学びとられたのだと思われるのである。

教法の真実は、もとより、その属する人々の数の多寡によって決定するものではない。その数の多きも、また逆に寡きも、依り処となるものではない。どこまでも「一人」の「一心」の問題なのである。そしてまた、それ故に、「一人」に対する姿勢のなかに、関わり方のなかに、その教法を口にする者の姿が、根源的にあらわになってくるのである。

われわれは今日、人々に向かって、いと安易に、御同朋・御同行を口にし、あるいはまた、ときには、名もなき人々の代表をもってみずからを任ずることがある。しかしそれは、はなはだしき憍慢であったのではないか。第一、名もなき人々の代表として歩むということをいうとき、われわれははたしてどこに、その名もなき人々を見ていたのか。少なくとも、自分自身をその代表として任じうるかぎり、そのような安易で楽観的な考え方ができるかぎり、そのときのわれわれが見ている〝名もなき人々〟は、まことに浅く軽いものとして、おそらくは〝多くの人々〟というあいまいさにおいてあつかわれているにちがいないのである。もし、名もなき人々と敢えていわれうる人々があるとすれば、その人々は、いかなる者にも自分たちを代表してくれることなどを期待しない、というより、どこまでもそのことを拒否する人々であるにちがいないのである。

そして実は、私たちには、その拒否の重さを自分への問いかけの重さとして、きびしく受けとめ、生きてゆくほかに、道はないはずである。それは、したがって、その人々を代表し、代弁するものとして生きることではなく、まったく逆に、その人々から問いつめられ、凝視されているものとして生きてゆく、ということを意味するはずである。少なくとも、名もなき人々を代表して、と自負したとき、その瞬間から、おそらくは、われわれの堕落がはじまるのであろう。

親鸞聖人は、おそらくは、「一番……、二番……」と、聖人からその物語を聞きとった人がその名を刻みこまずにはおれなくなったほどに、一人ひとりの名を大事に語られたのであろう。そして、それ以後の親鸞聖人は、その名に、その足音に問いつづけられているものとして、生涯、教法に聞きつづけてゆかれたのだと思う。

そして、そのようにして語られるとき、その「一人」は、単に一私人としてではなく、歴史的現実というものを、社会の根底に胎動している歴史的必然性というものを私に開示してくれる「一人」として、みえてくるはずである。

「一人」を軽くあつかうということは、「公」の名において、つまり教法の、国家の、教団の名において

「一人」を切りすててゆくことはもちろん、歴史的必然性というものから切りはなされた一私人としてのみあつかうことを意味するのである。

（『大地塾報』一九八二年一月）

新たなる出発を期して

二月十九日深更、安田理深先生がご逝去されました。私たちにとって、それはまことに思いもかけぬ突然のことでありました。けれども実は、突然のことと狼狽しましたのは私たちの愚かさによることであったのです。先生は、すでにそこまで、その命を私たちのために燃やし尽くしていてくださったのでした。そのことにも気づかず、まだまだ先生をあてにし、頼みにしていた怠惰な私たちでありました。

その入涅槃こそは、「師」の最後の教化であることを、仏陀の八相化儀は教えてくださっています。それは、学んでいるつもりでその実、師の傍らにまどろんでいる弟子たちに、それこそが求道者にとって救いようのない致命傷であることを、その身をもって教示されたお姿であったのです。それまで私たちがその傍らに安んじ、まどろんでいた師の色身が消しさられることによって、「以て汝如何となす」と、私たち自身の歩みを厳しく迫られる発遣の事業であったのです。そして今、安田先生もまた、その身をもって私たちを仏道へと発遣してくださったのです。

ここにあらためて、大地の会誕生のときのことが思われます。

「信をより純化し、思想の貧困をこえて、現下にひらかれている大乗の僧伽を自己自身にどうききひらくか」というテーマのもとに、われわれは先ずあつまることにしました。

という言葉にはじまる文章をもって全国の有志に集会を呼びかけたのが、昭和三十七年七月二日のこと。その趣旨に賛同して発起人として名を連ねたもの六十六名。記録によりますと、七月二十四日より二十七日の四日間、曾我・金子・安田の三先生のご講義と共に、日経連・総評代表者との座談会なども組まれていますが、なによりも、その間参会者によってくりかえされた激しく厳しい話し合いが忘れられません。そのなかから確認された歩み、それが、今日までつづいている大地の会聞法会であります。

大地の会連絡誌第三号に載っています第一回大地の会聞法会の〝お知らせ〟をみますと、「日取　昭和三十八年六月十日より十八日／場所　東寺宝菩提院／講題　『大無量寿経』正宗分／講師　安田理深　蓬茨祖運　信国淳先生」とあります。大地の会聞法会は、『大無量寿経』正宗分を聞く会として発足しました。曾我量深先生より「大地の会」という名を賜ったのですが、その大地を、『大無量寿経』に尋ね、聞いてゆこうとしたのです。そして特に、『大無量寿経』正宗分の講義を安田理深先生にお願いし、爾来、昭和四十二・三・四年の三年間ご病気のため欠講になった以外、連続してそのご講義を賜ったのでした。そのご講義は、

宗教心は歩んでいるものである。脱皮して一層内面的になり、一層純潔な形をとってきた。こういうことが考えられなくてはならぬ。われわれが『無量寿経』を理解するということはなんでしょうか。それの歴史を知ることではないか。ものを知ることはものの歴史を知ることである。『無量寿経』はただあるものではない。あるところのものにまでなった。そういう具合に成長してきたものなのである。それをわれわれが理解することが大事なのではないか。つまりできあがったものとして『無量寿経』を見ずに、成長してきたものという意味でみる。理解というのは、そういう意味ではないかとおもう。はじめからできあがった既成品として『無量寿経』をみずに、そこまで歩みきたり、展開して

きた『無量寿経』をみる。（大地別冊Ⅱ）

という姿勢で一貫されていました。まさに「展開する本願」の歴史そのものとして、『大無量寿経』が講じられたのです。経典というものを、机上におかれたテキストとしてなされる経典講義に親しんでいた私たちにとって、先生のご講義は、聴聞するもの一人ひとりが、内に眠っていた魂を呼びさまされ、その歴史のなかに押しだされてゆく感動に包まれるものでありました。

しかし、もはや二度と、その安田先生のご講義を賜る機会はなくなりました。まことに無人空迥の沢に立ちすくむ思いであります。しかも、あらためて見まわすとき、私どもが『大無量寿経』正宗分に聞いてゆこうと思い立たざるをえなかった当時の状況は、今日いよいよその不安の相を深めています。

当時その出発に際して、宗正元氏は「大地の会主催聞法会に処して」という一文の中で次のように記しておられます。

しかし、更に『大無量寿経』の正宗分を聞かんとする事由がある。それは、現代が、われわれにとって最も遠いものを足下に喚んでいるからである。今日、「不安」という言葉でとらえられているものが、それである。今日あえて不安といわれるものは、たんに貧困とか、病気とか、闘争とかいうものによってもたらされている不安な感情というものではない。そういう主観的な感情と無縁とはいえないが、現代の不安といわれるかぎり、それは現代の危機を象徴しているのである。（中略）危機というのは、われわれに立てられた人間観・世界観の挫折である。なお、それが仮りに像として立てられているにしても、たんに理想的なもの解説的なものにすぎず、われわれの生活そのものを真に反映している人間像でも世界像でもないならば、われわれは危機にあるといわねばならない。（大地の会連絡誌三

号)

安田先生がお亡くなりになった今、大地の会も閉じられるのかというご質問を受けることがあります。けれども実は、私たちは、この会の歩みを一層確かなものにしてゆくべき使命を痛感するのです。この聞法会を思い立たざるをえなかった状況が、今なお私たちを包んでいるとすれば、にもかかわらずその歩みを止めることは、今日まで、大地の会といえば安田先生の会と思いこまれるほどまでに、その命を尽くして私たちに説きつづけてくださった安田先生のお心を空しくすることになるでしょう。

しかも安田先生は、この連続講義のはじめに、

その発起のご精神というものに非常に感動いたしまして、参加させていただくと、こういうような気持でこの講義をお引受けした(中略)皆さんが今回、とくに『大無量寿経』を選んでそれを拝読してゆかれるについて、私がなにか特別の意見をお話しするということはできない。ただ、皆さんがこの会を催された事業に参加し、一緒に『無量寿経』の精神というものを聴聞する機会、あるいは私自身がそれを聴聞する機会をあたえられたということを非常にありがたく思っております。(大地別冊1)

とおっしゃってくださっています。今更もうすのも妙な話ですが、この会は安田先生の会ではなく、私たち一人ひとりの会であったのです。そして、その私たちの会のために、曾我先生・金子先生・安田先生が、それぞれそのご生涯の最後まで、力を尽くしてご講義いただいてきたのです。この会を発起した一人として、この会にかけてくださった先生方の悲願に、今こそ応えてゆかなければならないことを、あらためて痛感するのであります。

ここに私たちは、その志願をあらたにし、亡き先生方の護持・護念を念じつつ歩みをつづけてゆくこと

を決意いたしました。藤元正樹君の『大無量寿経』の連続講義を中心に、私たち互いにその力を尽くしあって、大地の会を名告った初志を歩みつづけたいと切念いたしております。もとより、依るべき師を失った私たちの歩みは、まことにおぼつかないものとなることでしょう。なにとぞ、願いを共にしていただける方の、一層のお力添えを念ずる次第であります。

（『大地塾報』一九八二年五月）

（「新たなる出発を期して」の一文は、安田理深先生ご逝去後の、大地の会聞法会再出発の「案内」を宮城顗先生によって執筆されたものです。）

大地自然の鼓動

一

昨年の大地の会報恩講において、宗さんは、

本当の意味で罪業を懺悔する時それが現代であると。差別の問題にしても、戦争の問題にしろ、あるいは支配にしろ、いろんなことが出てまいりますけど、そういうことを、だれかが行なったとして、その責任者を見つけ、犯罪人を見つけることに眼を奪われている。そういういわば理知の眼をひるがえして、本当にわれわれ人間の問題として受けとめていく、そういう感覚を回復することが大事でないかと。こういうことを（安田理深先生が）提起してくださったんだなあということを思うわけでございます。（『大地塾報』第五十四号）

と話され、

戦争犯罪人をはっきりさせたり、差別者というものをはっきりさせて、それを追求すると。あるいは、犯罪人をはっきりさせて、そちらを裁くというのがこの世なのでしょうが、それは罪悪をなくしていくどころか、一層罪悪を深くしていくということがある。何か責任を追求しているようであるが、実は、責任を他に転嫁してむしろ無責任になっていく、そういう人間の問題が見落とされているのではないかなあと思います。

と、その安田先生の問題提起を受けとめておられる。

もとより、戦争犯罪や差別の問題に眼をつぶり、無関心でいることや、自己の内面にのみ眼を向けることを良として、すすめられているわけではない。そうではなくて、他に責任を追求し、指摘してゆくことにおいて、自分自身を罪なきもの、正義に生きるものとして自負してしまうこと、いつしらずそうなっていくことを悲歎され、見詰めての発言であったと思う。

その「何か責任を追求しているようであるが、実は、責任を他に転嫁してむしろ無責任になっていく、そういう人間の問題」は、同時に、正義に生きることによって、いつしらず正義に生きているものとして自分を正義の側に立ててしまうこと、或は亦、神や仏を信ずることにおいて、自からを神や仏の側に立て、他を悪魔呼ばわりしてしまうことによって、もたらされる問題にも通じることである。

その、正義に生きることと、自分を正義の側に立ててしまうこととの違い、神や仏の教えに生きることと、神や仏の側に立って他を批判することとの違いほど、見分けがたく自覚しがたいものはない。しかも、その微妙な異なりが、現代の各分野においてもたらしている問題には、まことに大きく、深刻なものがあるように思われる。

二

遠く、七祖の歴史にあって、そのこととももっとも厳しく格闘し、苦悩した人として、源信がいる。源信は出離生死のために歩んでいたはずの自分が、いつしらず、その生死の世界にドップリと染まって、世間名利の道を歩んでいたことを思い知らされて、愕然としたという。

そのことは、源信が、『往生要集』の大文第九の、念仏以外の往生の諸業をあかす一段において、その諸業を総括して、十三の行にまとめて挙げるとき、六波羅蜜の行をはじめとして、第七発菩提心、第八修行六念、第九読誦大乗、第十守護仏法、第十一孝順父母、奉事師長と挙げ、次いで、第十二に不生憍慢、第十三に不染利養の名をもって総結諸業を結んでいることにもあらわれている。第一から第十一までの諸業を実践してきたことによって、いつしらず憍慢心が生じ、その自己の歩みに対する憍慢心が必然的に、利養に染まらしめる、そのことの悲歎・懺悔がそこには押さえられている。つまり一から十一までは、斯く斯くの業を為すべしと説かれてきて、最後第十二・第十三においては、不生、不染と、否定の言葉をもって押さえられているのである。もし憍慢心が生じ、利養に染まるならば、それまでの歩みのすべてが、一挙に、名利のための道に変質してしまう。そのことの痛切な体験が、不生、不染の二句にはこめられているのであろう。

それ故に、源信は、さらに、

『仏蔵経』に迦葉仏、記して云わく。「釈迦牟尼仏は、多く供養を受くるが故に、法は当に疾く滅すべし」云々。如来にして尚爾なり、何に況や凡夫をや。（『往生要集』真聖全一、八八八頁）

と書き、

則ち知る、出離の最後の怨は、名利より大なる者は莫きことを。（真聖全一、八八八頁）

と結ぶのである。その「則ち知る」の一句には、源信自身の、身をもって思い知ったという、痛恨の思いがこめられているのであろう。

しかもこのとき、源信は、「出離の最後の障りは」とは云わずに、「怨は」と云っている。まさに臍を噛む思いが、この「怨」の文字にはこめられているのであろう。このことひとつのために、今までのすべての努力が水泡に帰し、求めて歩みつづけてきたのとは全く相反する世界に迷いこんでしまっていたという悲歎である。しかもその原因は、他にあるのではない。ただただ、己れの無明にあったことを思い知っては、まさに「怨」と云うほかないことであろう。

そこに源信が挙げている譬えは、まことに意味深妙である。

大象の窓を出ずるに、遂に一の尾の為に碍げられ、行人の家を出ずるに、遂に名利の為に縛せらると。（真聖全一、八八八頁）

大象が長い苦心、苦行のすえに、ようやくその巨体を窓より抜け出させることに成功した。やれやれ、これで無事解放されたと喜んだのもつかのま、窓枠にからまった一つの尾のために、遂に自由を得られなかったと。行人が名利のために縛られて、遂に解脱を得られないこと、まさにその大象の姿そのものであるというのである。

頭で考えれば、馬鹿馬鹿しい話である。象の巨体からいえば、あるとも云えないほどの小さな、短かい尻尾なぞ、どれほど強く窓枠にからまっていたかしらないが、その尻尾をピンと伸ばしさえすれば、それで事足りる話ではないか、と思う。にもかかわらず、「遂に一の尾の為に碍げらる」とは、何を意味するのか。大象が、その一つの尾のために、ついに自由になれなかったとしたら、それは、まさか尻尾がからんでいるなどとは思いもできなかったときであろう。巨体を無事脱出させえたということ、その歓びと自負が、尻尾を意識させなかったのである。

一つの尾は、まことに短かく、ちっぽけなものである。その一つの尾をもって譬えられる名利心は、同じく、まことに微かなものである。但し、その微かということは、量的に微かということではない。そうではなくて、われわれの意識をもってしては、在るとも思えぬほどに、深くひそんでいるということである。われわれの意識が自覚するよりも早く、その意識自身をも染めてしまっているのである。だから、自分自身、名利を求めているなどとは、露思わない。ひたすら、仏道に、正義に生きていると自負している。にもかかわらず、その自分の歩みが、いつの間にか名利に染めあげられていたのである。「何か責任を追求しているようであるが、実は、責任を他に転嫁してむしろ無責任になっていく、そういう人間の問題」もまた、全く同じ構造によることであると思われる。

意図して、欲望にかられて名利を求めているのは、浅間しくても、その在りようはまことに単純であり、その及ぼす害も狭く浅い。しかし、そうではなくて、どこまでも正義に生き、道を求めて歩んでいるという自負心において、しかも結果として利養の世界に染まっているとき、その自損損他の害は、かぎりなく深く、とめどなくひろがって、とどまることを知らないのである。

三

宗さんは、現代の課題として、現代のいろいろな問題について、常に責任者を他に見つけて追求するような見方、「そういういわば理知の眼をひるがえして、本当にわれわれ人間の問題として受けとめていく、そういう感覚を回復すること」ということを、安田先生から提起して貰ったのだなあと思うと、語っておられる。そこでいわれている「理知の眼をひるがえす」ということ、そしてそのことによって回復されるという「本当に、われわれ人間の問題として受けとめていく、そういう感覚」とは、どういうものなのか、ということがあらためて問われてくる。

そして、そのとき思い浮かぶのは、あの『末燈鈔』において親鸞が書きしるしている、法然の「浄土宗のひとは愚者になりて往生す」（聖典六〇三頁）という言葉である。親鸞は、その「愚者」を、「ものもおぼえぬあさましき人々」（聖典六〇三頁）と表現されている。その文面からいえば、「ものもおぼえぬあさましき人々」のことを、愚者と云っておられるようにも思える。しかし、そういう人々に、親鸞が「愚者」というレッテルをはって、「さかさかしきひと」と区別されているのでは、もちろんない。愚者が往生するといわれているのではない。「愚者になりて往生す」といわれているのである。愚者であるというのではない。敢ていえば、「愚者にまで成長して」というのである。

つまり、「ものもおぼえぬあさましき人々」という、その在り方を愚者といっているのではなく、そのような人々において等しく生きられている素朴な心、自らにあたえられている状況をキッカリと受けとめて、その現実において、本当の人間として歩むべき道を、聞きなおし聞きなおししながら生きてゆく、その生き方において、愚者といわれているのである。云いかえれば、自らを愚者として、自己の現実に真正直に頭を下げてゆけるほどに、それほどに確かな世界に出遇っているすがたをこそ、愚者とうなづいておられるのである。

そのことからいえば、曾我先生のいわれる「農業の精神」というものが、その「愚者」の心に通じるように、私には思われる。

浄土真宗の教え――阿弥陀の本願の信心というおみのりは、やはり農業というものと深い結びつき。そうすると、だんだん人間が農業をやらなくなり、都会へ出て商業とか工業とかに転業すると、そうなると浄土真宗は滅亡するか。私はしかし、そうは思わん。私は素朴な一つの精神、そういうものを――たとえ工業に従事しても農業の精神を失うということになると、大変な結果になると思う。今私は素朴な、きわめて正直な人間の心は、農業と深いつながりを持っていると思う。(曽我先生実語抄)

嘗て、長浜の老農夫から聞いた言葉が、思い出される。「私らの時代は田圃をつくりました。けれど、今の百姓は稲しかつくりません」。その言葉をかりれば、ひたすら田圃そのものを、大地そのものを、豊かに活きたものにまで育てることに心をつくし、その結果恵まれる実りを、ふかい感謝とともに受けとっていた、その素朴にして正直な一つの精神をこそ、「農業の精神」と云われているのであろうか。

私にはもちろん、農業について云々できるような経験はない。ただ、戦争中であった中学一年・二年のほとんど毎日を、もっぱら農業動員、近郊の農家で出征兵士の留守宅の百姓仕事に連れ出されたおかげで、田植以外の農事、真夏の田圃に四つん這いになっての草取り、そして稲刈り、さらには、木枯しに吹きさらされながらの株おこしと、ひととおり体験させてもらった。とくに一面見はるかす田圃の稲株を一人で一株一株おこしていく仕事は、中学一年当時の私には、辛く、心細く、そしてなによりも、いつ終るともしれない限りなさに涙したことを覚えている。そして、そんな情けない涙の後で、なんとなく、自分の思い、気分、計画を押し通して仕遂げようと力むかぎり、それは耐えがたい労働となる、強引にあせることは禁物。あえていえば、永久に株をおこしつづけてゆくような、大地自然の鼓動と自分の鼓動とをともにするような動作になってきたとき、はじめて農業に従事できるものであることを、そんな面倒なこととして考えたのではないが、それなりに体が感じとっていたということがあった。

大地自然と鼓動をともにする農業の精神は、風に聞き雲に聞き、木々に聞き大地に聞く、常にあらゆるものの微かな動きにも、その意味することを聞きとり、受けとめる。そのようになるまで心が澄まされ、耳目が、心が開明されているのであろう。しかし、今日、私たちは、つねに理知に立ち、理知をもって自然に挑む。大地自然のすべてを、いかに効率よく利用するかということに腐心している。

そのために、私たちは、周りのすべてのものを、それぞれ対象的にとりあげて、まことに微細にまでわたって観察し、調査する。しかしそれらは、人間の理知によって斬りとり、すくいあげ、腑分けしたものであって、そのとき洩れおちたものはその視野に入っていない。少なくとも、大地自然が、全体として発している音を聞きとり、身に感じとる感覚は、いよいよ失われてきてしまっている。にもかかわらず現代のわれわれは、嘗ての、大地自然とともに生きた人々とは比較にならぬほど緻密精緻に、すべてのものを観察し、理解し、把握していると自負している。その愚かさが結果している無惨な悲劇は、自然破壊、生命操作によるいのちの破壊など、まさに、曇鸞の言葉を借りれば、「これ等《ら》のごときの事、目に触るるにみな是なり」（聖典一六八頁）という有りさまである。

自然を理解しようとして自然から遠ざかり、いのちを把握しようとしていのちのぬくもりを失う。そのことと、責任を追求していくことによって無責任になっていくことと、その根は一つなのだと思われる。そしてそれ故に、「理知の眼をひるがえして、本当にわれわれ人間の問題として受けとめていく、そういう感覚を回復すること」――それが聞法の歩みだと思われるのだが――そのことが、今、厳しく求められ、問われているのだと思う。

（『大地塾報』一九九四年一月）

日常性のなかで

一

ひとつの問題意識に生きようとするとき、ひとはかならず、のっぺりとつづいてゆく日常生活を、どこかで、あるいは、なんらかのかたちで突きやぶり越えでることを求められます。しかし、同時にまた、それがたんなる個人的野心ではなく、人間としての普遍的な問題であるときには、その歩みはまたかならず、人々の日常生活のなかにはたらき、それを変革してゆくことがなくてはならないはずです。しかし、日常性というものは、底知れない深みをもち、あたかもブラック・ホールのように、あらゆるものを呑みこむ魔性をもっているように思えます。それは、たとえば、はげしい波立ちとともに、ひとつの命をのみこみながら、一瞬ののちには、まったくなにごともなかったかのように、もとのおだやかな流れとなって流れつづけている川にたとえることもできるかと思います。

あるいはまた、日常性というとき、私は、黒沢明の往年の作品、「野良犬」のラストシーンを思い出します。拳銃を奪われた刑事がようやくその犯人を見つけ、必死に逃げる犯人を追いつめ、飛びつき、組みふせ、遂に手錠をかける。瀕死の獣が、かくれているように、ざわめいている草むら、

人間の声とも思えぬうめき声は、その中から聞こえる。

「おおう、おおう、おおう」。かけもどって来た村上（刑事）、総毛立つ思いで雑草の中を覗きこむ。

遊佐（犯人）が、草いきれの中をころげ廻って吠えている。
村上、凝然となる――こんな怖ろしい泣き方は見たこともない。
胸から血が吹きあげるような泣き声
どうにもならぬ悔恨の中でドロドロになったその姿
手錠だけが冷然と光っている！
しかも、そういう遊佐をとりまくものは
青い晴れ渡った空と白い雲――蝶々――野の花――遠くを過ぎて行く子供達の歌声。
それは、怖ろしい光景だった。

脚本では、そのようにえがかれている「怖ろしい光景」。絶望と悔恨のなかでのたうちまわっている一人の男のまわりに、何事もないかのようにとりまいている青い空・白い雲・野の花・子ども達の歌声。それが、日常性のもっている怖ろしさであります。少なくとも、今私は、そういうこととして、日常性という言葉を使っています。

二

平凡な日常の風景ということは、いつでも、どこにでもある風景ということですし、その風景のなかでは、一回きりの、今ここにのみ生きている私という存在も、そしてこの身に感じている歓びも悲しみも、そして必死の努力も、まるで見分けることもできないほんの一点、あそこにもありここにもあり、あのときもありこのときもあるものとして呑みこまれてしまうのです。

そのような日常性に呑みこまれてしまったものの苦悩ということを思うとき、たとえば私には椎名麟三のことが頭に思い浮かびます。彼は戦時中、つまり非合法時代の共産党員として官憲にとらわれ、西日のさす、赤茶けた古畳の刑事部屋で、きびしい拷問を受けたそうです。耐えがたい肉体の苦痛や、このまま殺されるのではないかという恐怖心とたたかいながら、自分の信念、その組織や仲間を守るために必死に拷問に耐えていたとき、彼はフト、自分の鼻さきの日だまりのなかで、一匹の蝿がいとものんびりと手すり足すりしている姿を目にします。その蝿の姿を見たとたんに、心の中で必死に自分を支えていたなにものかが崩れていくのを感じたと、彼は後になって書いています。事実、その後に、椎名は転向届を出して出所しています。そしてその転向したという事実を重くひきずりながら、彼は、その後亡くなるまで思想の遍歴をつづけながら、それを哀感に満ちたユーモアをもって表現しつづけていったのです。

ひとつの思想・信仰に生きるものにとって、それを批判し、否定し、押しつぶそうとするあらゆる力に対しては、かえって力をかきたて、戦い、あがらうこともできるものですが、しかし、一人の人間の必死の歩みにも無関係に、流れつづける川、燦々と輝く陽光、笑いさざめく子どもの声、手すり足すりする蝿の姿に象徴される日常性は、いつしらず、その歩みを内面から崩してゆき、力を奪いとり、退転させてしまうのです。そして、その日常性に抗して、自分の歩みを堅くたもちつづけようとするとき、人はしばしば、逆に、日常性から遊離してしまうという結果に追いこまれてしまうのです。

日常性といっても、もちろん具体的には、この時代社会にあって生活している人々の現実をはなれてあるわけではありません。そして、そういう人々を、問題意識の欠落しているものとして斬りすてるとき、その歩みは、結局、意識を同じくするものだけの、独善的なものになってしまうのです。

三

くどくどと書いてしまいましたが、実は、私の生活の現場に即していえば、自分が関わっている学生諸君と、問題意識を共有することがなかなかできないでいるということが、重い問題としてあるのです。そして常に、悪しき教師根性をふるいたたせるか、無力感に呑みこまれていくか、その両極を彷徨している自分にいらだっているということがあるのです。

一九七六年度、大地の会での鸞音忌において、安田先生は、最近の学生がこせこせした暗い人間になっていることを恐ろしいことと指摘され、

大乗仏教というのは楽しんでやるというのではない。人間が自分の手で自分を抹殺するような、そういう人間の動作に対する抗議なんですね、本能的な。それが大乗教学です。恐ろしいという意味はそういうことですね。人間の本能が抗議しているようなものですね。そういうところに大乗精神が生まれたんだと。（『大乗の魂』）

ということをおっしゃっています。

「本能」という言葉は面倒ですが、今私は、この「本能」という言葉の上に、藤元君の次の言葉を重ねています。

いずれにせよ私たち自身の本性――本有といった場合、本性――私たち自身の中に脈々と流れている。

そして、それは私たちがつくったものでも与えたものでもない。人類の歴史の以前から、私の中に流れているものです。人間をして人間たらしめているような人間の意味を与えるいのちを「本有」ということであらわしています（『解放への祈り』）

いずれにせよ、「人間が自分の手で自分を抹殺するような、そういう人間の動作」に対して、本能的に抗議するような感覚をその身に備え、行動していくような若者、そういう感覚においてこれからの歴史・社会を担うてゆく人たちが一人でも多く生まれでてくれることを願い、そのために行為することを自分の生活の現場としているのですが、そして彼らにもそういう本能、本有が脈々と流れていると思うのですが、それをどうしても具体化できずにいるということがあるのです。

そして、そこに痛感させられていることが、日常性の問題なのです。彼らがどっぷりとひたっている日常性を突き破ることができない無力感とともに、いつしらず、自分自身も亦日常性のなかにからめとられ、呑みこまれていくことを思い知らされているのです。ただ、そのなかで、ひとつ気づかされたことがあります。それは、彼ら学生諸君と、問題意識を共にしようとあせるばかりで、彼らがそういう問題意識に立てないでいる弱さ、弱さゆえの惑いを、自分が少しも共有していなかったという事実です。そして、そのように、弱さを、惑いを共有できないままに、彼らを上から批判し、叱責していたということです。あらためて、その弱さに眼ざしをむけてみると、そのなかに、今までは少しも感じとれなかった悲しみがにじみでているということに、はじめて気づかされました。

四

最近ある人から、関本りえさんの『一番好きなもの』という詩を教えてもらいました。児童教化連盟編集のテキスト『いのち』にも、この関本さんの詩が収録されていることを後で知りました。関本さんは次のように歌っておられます。

わたくしは高速道路がすきです／わたくしはスモッグで汚れた風がすきです／わたくしは魚の死んでいる海がすきです／わたしはゴミでいっぱいの街がすきです／殺人、詐欺、自動車事故がすき／そして何よりもすきなのは／多くの人が涙を流す、血を流す戦争がだいすきです／飢えと寒さのなかで戦って死んでいく姿を見ると／背中がゾクゾクするほど楽しくなります／毎日毎日、大人が子供が／生まれたばかりの赤ん坊が／次から次へと死んでいるかと思うと／心がゆったりとします／歴史を歴史と感じ／過去を過去として思う／無感情な時の流れに／自分自身にたまらなく／喜びを感じます／こんなわたしを助けてください／たった一粒でもいいのです／こんな私に涙というものを／与えてください／たった一瞬でいいのです／こんなわたしに尊さというものを与えてください／わたしの名前は人間といいます

そこにうたわれている、心の二重性、それはそのまま、彼ら学生諸君の在りようであると教えられました。

この詩の前半、それこそが、私たちの日常性がつくりあげてきた世界の在りようそのものだと思います。私たちは、日常生活において、より便利に、より豊かにと願い、あれしたいこれ欲しいと個人の欲望を追

い求めています。曇鸞は所求という言葉をつかっていますが、その所求の生活が結果しているものこそ、この詩にうたわれている現代社会の現実相であるだろうと思います。もちろん、テレビが写しだす戦火の地の、その地の人々の涙や血を、自分自身の涙や血と感覚している人がいないというわけではありません。しかし、遥かに多くの人々が、私自身をふくめて一般に、自分とは遠く距たった国のことであり、無縁のこととして、テレビの前の観客でしかありえていないということを思います。

「歴史を歴史と感じ」とは、結局、自分の生活とは遠く距たったテレビや新聞の記事として見たり、読んだりしているだけで、すこしも自分自身の問題となってこないということであり、「過去を過去として思う」とは、つまり、過去の出来事が今の自分自身の問題にならないということだと思います。結局は、今というこの時を、この私というかけがえのない存在を、ノッペラボーに、無感情な時の流れとして生きている。そしてそのようにノッペラボーに事もなく過ぎてゆくことに、幸せを、喜びを感じてさえいるのです。

そういう在り方こそ、今まさにその命を奪われ、脅かされ、その存在が無視され、差別されている人々を横に、陽だまりに手すり足すりしている蝿の姿そのものなのだと思い知らされます。ただその底深くに「こんなわたしを助けてください」といういのちの叫び、曇鸞はそれを情願と呼んでいますが、そういう情願が流れていた。そして、他者《ひと》の悲しみのためにあたたかい涙を流す、そういう自分を回復したいと切に願う、そういう情《こころ》が息づいていたのです。

五

前回の拙文『大地自然の鼓動』について、近藤祐昭さんから、問題点をいろいろご指摘、ご批判をいただきました。

現実の仏教の歴史をふり返ったとき、人間の名利心を問題にしながらも、他方で世俗の不正義に加担し、また積極的に不正義を行ってきたように思う。大谷派教団も名利心の問題を説きながら、被差別部落の門信徒を差別してきた、名利心を説くことが差別からの解放につながっていかなかっただけではなく、むしろ名利心を説くことによって差別を維持・助長してきたようにも思えるのだが、支配者・権力者の名利心にはふれずに、民衆や被差別者の名利心を問題にし、支配への批判を封じこめ、支配に従順な門信徒を生み出すことに勤めてきた教団の歴史と現実があるように思う。そうした歴史と現実を、私たちはどう受けとめていったらよいのだろうか。今なお、差別問題は人間の名利心の問題であると繰り返すだけでは無責任ではないだろうか。(『解放真宗研究会通信第十一号』)

というご指摘は、肝に銘じていくべきことだと思います。ただ『大地自然の鼓動』に於て、私はけっして、「差別問題は人間の名利心の問題である」と繰り返したことはなかったはずです。私も近藤さんの仰言るように、「自己の限界を持ちながらも、やはり、不正義を自己の課題として持ち続けたいと思う」のですが、ただ、そこで私が問うたのは、そのことがどのようにして私の上に成り立ち、いかにしてその運動を変質させることなく住持していけるか、ということでありました。その歩みをおこし、その歩みのなかで問われてくる問題として問うたのであって、けっして、不正義を問うまえに、まず名利心を克服しろなどということを主張したわけではありません。「大地自然と鼓動をともにする」という云い方で問題にしたのは、その歩みを日常のこととして担う持続性・柔軟性ということでありました。

正義に生きることと、自分を正義の側に立ててしまうこととの違い、神や仏の教えに生きることと、神や仏の側に立って他を批判することとの違いを問題にしたのも、端的に云えば、その真剣な歩みがなぜいつも孤立していくのか、なぜその裾野がひろがっていかないのかということのなかで問うたことでした。

もともと、世の不正義を問うということと、自分が名利心から解放されるということとは、どちらを先にし、どちらを後にするかという問題ではないはずです。それはどちらもこの時代社会を生きていくかぎり、果てることがない課題であるはずです。しかもそれは、たとえば曇鸞において、智慧と方便を菩薩を生み出す父母としてあげる文脈において、

もし智慧なくして衆生のためにする時んば、すなわち顚倒に堕せん。もし方便なくして法性を観ずる時んば、すなわち実際を証せん。（「証巻」聖典二九五頁）

と指摘されているのと、同質の問題だと思います。智慧なくして衆生のためにする時には、その歩みは真理性を失う。だからといって、まず智慧を身に成就してと、衆生の現実の苦悩への関わりをなくして法性をあきらかにすることにのみ没頭するときには、結局、個人的・観念的な世界に陥ってしまうという問題を、曇鸞はみつめているのです。

そしてさらにさかのぼれば、それは、願作仏心と度衆生心の矛盾として、仏道の歴史とともに担われてきたことでもありました。仏に作らんと願えば、衆生を度さなくてはならない。衆生を度するということがなければ、それは阿羅漢であっても仏ではない。といって、凡夫はもとより、菩薩といえども、衆生を

度すということを成就することは不可能な事である。それはまさに二律背反として、解決不可能な事実として、問われつづけて来ました。それは、どちらを先にするということでもないし、ともに補いあってということでもないはずです。大事なことは、菩薩道が、不住生死・不住涅槃という、不住道行として展開されてきましたように、不住にどこまで徹しうるかということだと思います。どちらにも腰をおろさず、どちらからも問われているものとして、その問われていることを自分をうながすエネルギーとして歩みつづけることだと思うのです。

実際、自分の意志や意識で、その歩みを、変質もさせず散失もさせないなどということは不可能なのです。ただ、ともすれば腰をおろそうとする自分に、教法と現実の両面からつきつけられてくる問い、その問いのきびしさだけが、耐えて歩ましめられる情熱となるのだと、実感しているのです。そして亦、そのとき、はじめて、教法と現実に学ぶということ、日常性のなかに埋没し、惑うている人たちを自分の内に受けとめながら歩むということがはじまるように思うのです。

（『大地塾報』一九九五年五月）

建言我一心

曾我先生が亡くなられて、すでに二十三年という歳月が過ぎました。亡くなられた翌年一九七二年より、毎年の大地の会聞法会の一日を鸞音忌として、曾我先生を偲び、安田理深先生に記念の講演をお願いしてまいりました。その第一回・一九七二年度から一九七六年度までの五回分は、すでに『大乗の魂』（一九七七年刊）として出版したことであります。

その後も毎年、聞法会のたびに鸞音忌を勤め、安田先生に記念講演をお願いしてきたのですが、悲しいことにそれも、第十回目の一九八一年度を最後として、安田先生もまた還浄されました。

以来、『大乗の魂』につづいて、安田先生の記念講演をまとめ、出版することを念願してまいりましたが、申し訳ないことに、一九七七年度分のテープと一九八一年度分のテープを喪失してしまい、心ならずも今年まで果たすことができませんでした。しかし幸い、今回、事務所の倉庫からと、山形の故青山光吉さんの奥さんがその時のテープを保管しておられたことから、そのテープをお借りすることができ、ここに漸く発刊することができるようになりました。

一九八一年度の、最後となった鸞音忌の記念講演「論主建言我一心」において、先生は、「今日はお話はそこまでにしときましょう」と、いったんお話を結ばれてから、あらためてまた、次のように言葉を続けられました。

なにか生きた言葉はやっぱりまた、感動した言葉はまた感動を呼びおこしてくる。「論主建言我一心」という言葉が、やっぱり曇鸞が驚嘆した言葉が親鸞にもきとるわ。親鸞もまた驚嘆・共鳴しとるわね。それを自分の言葉として使っている、親鸞は。

そして実は、鸞音忌での安田先生のご講義自身が、まさにそのような精神の営みとしてなされたものであったという思いを、私は今またあらたにしています。そこには、親鸞聖人の言葉に感動した曾我先生が、その感動を、全身を挙げて――そのことを安田先生は「心理で思索せずして生理で思索したというような……臭覚をもって嗅ぎつけるような思索ですわ」と表現され、また「曾我先生は本能ということを考えたんじゃない。本能的に考えたんです。一ぺん喰いついたらもう放さんというやつです。それほど執拗なんです」ともいいあらわされていますが――言葉にまで刻みこまれ、そしてまたその曾我先生の言葉に安田先生は感動され、その感動のよって来たる所以を尋ね、明らかにして、厳密なご自身の言葉にまでいいあててくださったということがあったのです。そこにはまさに、教法の展開があり、感動と感動が呼応し、ひとつの言葉にまで凝縮されてゆく歴史のいとなみがあったのです。

だからこそ、その安田先生のご講義の場に身をすえるとき、私たちもまた、ひとつの確かな歴史に出遇い、その呼応のいとなみに立ち会わせてもらい、共同させてもらっているという感動がありました。したがって、その鸞音忌の場はけっして、ただたんに亡くなった曾我先生を追憶するというような、生活の片隅での仏事ではなく、言葉の厳密な意味での仏事、つまりそこから一人一人が自分自身の人生を尋ね、歩み出すということがうながされる場として開かれつづけたのです。

曾我先生にふれて以来、曾我先生の言葉を領解するということにかかりはてたというかたちになりました。

と安田先生は仰しゃっているわけですが、その「言葉を領解する」ということは、その言葉をただたんに文字として解釈し、了解するということでないことは、いうまでもありません。曾我先生の言葉に感動された、その感動を、安田先生は自らの言葉にいいあて、明確にすることとしてかかわりはてられたのでありましょう。そのことを、先の「論主建言我一心」のお話の最後において、安田先生は、

最初にいう、というようなことが、これが建言でしょうね。最初にいうと。まず最初に。――あとになってから、あっち向いたりこっち向いたりして、結論としていうんじゃない――建言をやらなきゃいけないんだ。

と仰しゃっておられます。その意味では、安田先生は曾我先生の建言を聞かれたのだと思います。「建言」、最初にいうということは、ただたんに時間的に初めということでないことはいうまでもないでしょう。ギリギリまで聞思を重ねられたなかから、理として結論するのではなく、生活の全体を挙げて、聞思せしめた歴史に応答された言葉ということでしょう。真言の歴史を通して自己の本来にふれえた感動を全身的に表白した言葉、ということだと思います。つまり、安田先生が、

人間の内面というものに人間を超えるような一つのものがそこによこたわっているんだと、こういうものをあらわす。人間は人間の根底に人間を超えたようなものを根底としているというような、そういうもの、根底にふれてur-menschという、つまり、原始的人間の自覚というものが成り立ってくる。

といわれている、その「原始的人間の自覚」の言葉であり、「原始的人間の自覚」を生みだす言葉こそが「建言」なのでしょう。一九七一年度の大地の会聞法会での西谷啓治先生の「仏教についておもうこと」の中の一節が思いあわされます。

教学というものの本来の立場というものは——一面からいうと、だんだんこわしていくということですが、そのこわすということがたえず何かを建設する、construct するという、そういう意味をもってこないといけないと思うのです。

construct するということは、実はもとへかえることですね。本来の生き方というものがつかまえられてくればくるほど、それが自分をとおして生きてくる。——それによって、別に construct するというような意図、意識でもって動くということではなくても、おのずから自分が生きていくということをとおして、何かそのもとの、本来の生き方というふうなものが生きてくるという、そういうことだと思うのです。（別冊Ⅷ、九四頁）

鸞音忌の場は、鸞音忌での安田先生のご講話は、曾我先生の建言を憶念しつつ、先生もまた建言をもって応えていかれたのだと思います。そしてそれ故に、今、その場につらなることのできた私たち自身の建言が問われているのだということを痛感することであります。

安田先生の第十三回法会の年にあたります此の時に、この書をお贈りできることに深い歓びを感ずることでありますが、同時にご講義の記録を文章化するにあたり、先生のご真意を損なってはいないか、そのことをふかく畏れていることであります。

（『大乗の魂・自証自覚の信』、安田理深先生十三回忌記念出版「あとがき」）

収載論文初出・所収一覧

「浩々洞」
『清澤満之の研究（『教化研究』別冊）』（教化研究所、一九五七年）

「源信」
『真宗宗祖伝』〈改訂版〉（東本願寺出版部、一九八二年）

「曇鸞――『論註』『讃阿弥陀仏偈』を中心にして」
宮城顗〔他〕著『講座　親鸞の思想6　中国における展開』（教育新潮社、一九七八年）

「無上の世界」
宮城顗著『現代の真宗9　無上の世界』（彌生書房、一九八〇年）

「哀れなるかな、悦忽の間に」
宮城顗著『現代の真宗9　無上の世界』（彌生書房、一九八〇年）

「読誦大乗」
『教化研究』44号（大谷派教学研究所、一九六四年）

「大教院をめぐって――宗門の土壌――」
『教化研究』48号（大谷派教学研究所、一九六五年）

「宗教家とは何か―智慧に生きる者―」

『教化研究』50号（大谷派教学研究所、一九六六年）

「心中の背景にあるもの―近松の作品をとおして―」

『教化研究』52号（大谷派教学研究所、一九六六年）

「愚痴・通請・別選」

『教化研究』55号（大谷派教学研究所、一九六八年）

「師子身中の虫」

『教化研究』66号（大谷派教学研究所、一九七一年）

「等活地獄考―岩本泰波著「無明の深坑」批判―」

『九州大谷研究紀要』2号（九州大谷短期大学、一九七四年）

「胎生の世界」

『九州大谷研究紀要』17号（九州大谷短期大学、一九九〇年）

「想地獄考」

『九州大谷研究紀要』22号（九州大谷短期大学、一九九五年）

「『時機純熟』考」

『九州大谷研究紀要』24号（九州大谷短期大学、一九九八年）

「真実の教―主観性の克服―」
『九州大谷研究紀要』27号（九州大谷短期大学、二〇〇一年）

「願っていること」
『大地塾報』8号（大地の会、一九七三年）

「なにごとのおわしますか」
『大地塾報』14号（大地の会、一九七四年）

「等活ということ」
『大地塾報』15号（大地の会、一九七四年）

「良源をめぐる三人―増賀・性空・源信―」
『大地塾報』20号（大地の会、一九七六年）

「親鸞聖人の帰京について」
『大地塾報』28号（大地の会、一九七九年）

「『歎異と改邪』を承けて」
『大地塾報』30号（大地の会、一九七九年）

「『一人』に凝視されている者として―『歎異抄』添え文の意味するもの―」
『大地塾報』36号（大地の会、一九八二年）

「新たなる出発を期して」
『大地塾報』37号（大地の会、一九八二年）
「大地自然の鼓動」
『大地塾報』56号（大地の会、一九九四年）
「日常性のなかで」
『大地塾報』57号（大地の会、一九九四年）
「建言我一心」
安田理深先生十三回忌記念出版『大乗の魂・自証自覚の信』「あとがき」（大地の会、一九九四年）

あとがき

第一巻は、「浩々洞」をはじめとする宮城顗先生の書き下ろし文を蒐集したものである。「浩々洞」から「師子身中の虫」までのほとんどは、既に各出版社などから刊行されたものを掲載した。九州大谷短期大学の『九州大谷研究紀要』掲載の論集五本は、一九七〇年の本学開学年から二〇〇七年の宮城先生在職の期間に発表されたものである。

『大地塾報』関係の論文は、一九七三年から一九九四年のあいだ、宮城先生が学習塾に参加されて、時々の問題をともに語られたもののまとめ、あるいは参加者からの問いや要請によって書かれた論文である。

なお、本巻の文中における不適切と思われる表現や語彙などについては、この巻の編者責任者及び編集長の責任において、若干の修正をほどこした。

第一巻の編集を担当していただいたのは、門井斉・津垣慶哉・吉元信暁の三氏である。ここに厚く御礼を申し上げます。

二〇一〇年一一月

『宮城顗選集』編集長　蓑輪秀邦

宮城顗選集　第一巻　論集

二〇一〇年一一月二一日　初版第一刷発行
二〇一五年　四月二〇日　初版第二刷発行

編　者　宮城顗選集刊行会

発行者　西村明高

発行所　株式会社　法藏館
京都市下京区正面通烏丸東入
郵便番号　六〇〇-八一五三
電話　〇七五-三四三-〇〇三〇（編集）
〇七五-三四三-五六五六（営業）

装幀　山崎　登

印刷・製本　中村印刷株式会社

ISBN 978-4-8318-3420-1 C3315

宮城顗選集　全十七巻

宮城顗選集刊行会編

第1巻　論集（第一回配本）
第2〜4巻　講座集Ⅰ〜Ⅲ（第二・三回配本）
第5・6巻　講演集Ⅰ・Ⅱ（第三・四回配本）
第7巻　浄土三部経聞記（第四回配本）
第8・9巻　嘆仏偈聞記・本願文聞記Ⅰ・Ⅱ（第五回配本）
第10〜13巻　教行信証聞記Ⅰ〜Ⅳ（第七・八回配本）
第14・15巻　浄土文類聚鈔聞記Ⅰ・Ⅱ（第六回配本）
第16・17巻　浄土論註聞記Ⅰ・Ⅱ（第九回配本）